RÉCITS

D'UN

MÉNESTREL DE REIMS

AU TREIZIÈME SIÈCLE

PUBLIÉS POUR LA SOCIÉTÉ DE L'HISTOIRE DE FRANCE

PAR NATALIS DE WAILLY

À PARIS
LIBRAIRIE RENOUARD

HENRI LOONES, SUCCESSEUR
LIBRAIRE DE LA SOCIÉTÉ DE L'HISTOIRE DE FRANCE
RUE DE TOURNON, N° 6
—
MDCCCLXXVI

RÉCITS
D'UN MÉNESTREL DE REIMS

AU TREIZIÈME SIÈCLE.

IMPRIMERIE GOUVERNEUR, G. DAUPELEY

A NOGENT-LE-ROTROU.

RÉCITS

D'UN

MÉNESTREL DE REIMS

AU TREIZIÈME SIÈCLE

PUBLIÉS POUR LA SOCIÉTÉ DE L'HISTOIRE DE FRANCE

Par Natalis De WAILLY.

A PARIS
LIBRAIRIE RENOUARD
HENRI LOONES, SUCCESSEUR
LIBRAIRE DE LA SOCIÉTÉ DE L'HISTOIRE DE FRANCE
RUE DE TOURNON, N° 6

MDCCCLXXVI.

EXTRAIT DU RÈGLEMENT.

ART. 14. — Le Conseil désigne les ouvrages à publier, et choisit les personnes les plus capables d'en préparer et d'en suivre la publication.

Il nomme, pour chaque ouvrage à publier, un Commissaire responsable, chargé d'en surveiller l'exécution.

Le nom de l'éditeur sera placé à la tête de chaque volume.

Aucun volume ne pourra paraître sous le nom de la Société sans l'autorisation du Conseil, et s'il n'est accompagné d'une déclaration du Commissaire responsable, portant que le travail lui a paru mériter d'être publié.

—

Le Commissaire responsable soussigné déclare que l'édition des RÉCITS D'UN MÉNESTREL DE REIMS AU TREIZIÈME SIÈCLE, *préparée par* M. Natalis DE WAILLY, *lui a paru digne d'être publiée par la* SOCIÉTÉ DE L'HISTOIRE DE FRANCE.

Fait à Paris, le 15 septembre 1876.

Signé L. DELISLE.

Certifié,

Le Secrétaire de la Société de l'Histoire de France,

J. DESNOYERS.

PRÉFACE.

Pour que le titre inscrit en tête de ce volume n'induise personne en erreur, je me hâte d'avertir que les *Récits d'un ménestrel de Reims au treizième siècle* ne diffèrent pas au fond de la *Chronique de Rains* publiée en 1837 par M. Louis Paris. J'ajoute que ce titre nouveau ne m'a été fourni par aucun manuscrit, et que je suis seul responsable du changement que je me suis permis. Je me justifierais mal si je me bornais à dire que le second éditeur, M. de Smet, a usé avant moi de la même liberté, en débaptisant la *Chronique de Rains* pour l'intituler *Chronique de Flandres et des croisades*. Il vaut mieux aborder franchement l'objection qu'on ne manquerait pas de me faire, et prouver (si je le puis) que j'ai eu raison de chercher un titre nouveau pour une œuvre qui n'avait pas encore été appelée de son vrai nom.

M. Michaud est, à ma connaissance, le premier qui ait signalé l'existence de ce texte. Il en a parlé d'abord dans son *Histoire*, puis dans sa *Bibliothèque des Croisades*, où il en a donné tout à la fois un résumé et des extraits assez étendus[1]. Il ne méritait donc pas que M. Louis Paris lui reprochât de n'avoir point assez lu cet ouvrage pour en apprécier l'importance[2] ; je crois au contraire que M. Michaud le connaissait assez pour avoir le droit d'en dire son avis. Ce qui est vrai, c'est qu'il ne l'a désigné par aucun titre spécial ; mais dans un recueil où il avait à citer tant de textes différents, il était assurément dispensé de suppléer par des conjectures au silence des manuscrits.

M. Paulin Paris n'a pas observé la même réserve dans son Romancéro français[3], et on doit lui en savoir gré ; car tout en contestant à certains égards l'exactitude du titre proposé par lui et adopté par son frère, je déclare qu'il a eu parfaitement raison d'attacher de l'importance aux détails sur l'échevinage de Reims, sur les frais du sacre, sur les démêlés de l'archevêque Henri de Braine avec les bourgeois, et sur le procès de Thomas de Beaumetz avec l'abbé de Saint-Rémi. Personne sans doute ne refusera d'y voir, comme lui, autant de traits qui trahissent un auteur appartenant au diocèse, sinon à la ville de Reims. C'est là une observation tout à fait judicieuse, dont il était juste de tenir compte ; mais il ne fallait peut-être pas aller jusqu'à en conclure que l'œuvre de ce rémois fût une

---

1. *Hist. des Croisades*, t. II, p. 531 ; *Bibl. des Croisades*, t. III, p. 339.
2. *La Chronique de Rains*, p. XIII.
3. P. 143.

chronique de Reims. En effet, comme l'a dit un juge qui avait étudié de près la question, « des détails pris « dans un petit nombre de chapitres ne semblent pas « suffire pour caractériser tout un ouvrage. »

C'est bien le cas de rappeler que nous apercevons la paille dans l'œil de notre voisin, sans voir la poutre qui est dans le nôtre. M. de Smet, dont je viens de citer les propres expressions, et qui se montre si clairvoyant quand il s'agit de critiquer le titre proposé par M. Paulin Paris, ne s'aperçoit pas qu'il aggrave le mal au lieu d'y remédier, en effaçant le nom de la ville de Reims pour attacher l'étiquette de la Flandre sur un produit de l'esprit français. « Nous pensons, dit-il, que « le titre que nous avons choisi se justifie mieux par « l'ensemble de l'ouvrage[1]. » Il est impossible d'être de meilleure foi dans l'erreur. Non-seulement ce n'est que dans un petit nombre de passages, et non dans l'ensemble de l'ouvrage que l'on rencontre des détails sur la Flandre, mais encore ces passages fournissent la preuve que l'auteur était étranger, sinon hostile, à ce pays. Il est vrai que M. de Smet a voulu arrondir son titre en associant les croisades à la Flandre; mais pourquoi ne pas parler de la France, qui, à elle seule, occupe plus d'espace dans l'ouvrage que la Flandre et les croisades réunies? Pourquoi ne pas parler non plus de l'Angleterre, qui disputerait presque le second rang aux croisades? Pourquoi enfin placer au premier rang la Flandre, qui n'arrive en réalité qu'à un

---

1. *Recueil des Chroniques de Flandre*, III, p. 573.

long intervalle après la France, les croisades et l'Angleterre?

On le voit, M. de Smet s'est condamné lui-même, et l'arme dont il s'est servi contre M. Paris se retourne contre lui. La conséquence qui découlait naturellement de son principe, c'est que l'ouvrage n'a pas le caractère d'une chronique locale. En effet, quoique l'auteur ait trahi son origine en racontant des faits appartenant à l'histoire de sa ville natale, il ne s'est renfermé que par exception sur ce théâtre restreint, et il a voulu presque toujours planer de plus haut pour agrandir l'horizon de ses récits. Comme il est question dans son ouvrage du pape et de l'empereur, de la France, des affaires d'outre-mer, de l'Angleterre, de la Flandre et de l'Espagne, il semble qu'on pourrait l'intituler *Chronique universelle*. Mais ce titre aurait l'inconvénient de laisser croire que l'auteur est un narrateur désintéressé qui fait équitablement la part de chaque pays et de chaque sujet. Or, il en est tout autrement : sa prédilection est pour la France d'abord, ensuite pour les croisades. C'est là ce qui occupe la plus grande partie de son récit; les autres sujets ne lui ont fourni que des épisodes, ou des digressions assez courtes pour ne pas compromettre l'unité du livre. On serait donc plus exact en disant que c'est une chronique de France et d'outre-mer, écrite par un habitant de Reims au treizième siècle.

Mais il est possible d'atteindre à un plus grand degré de précision en profitant d'une judicieuse appréciation de M. Victor Le Clerc. Pour lui, l'auteur de cette

composition un peu frivole « est un trouvère ou un
« jongleur qui veut à chaque instant réveiller l'atten-
« tion de ses auditeurs par des rencontres merveil-
« leuses, par de tragiques catastrophes[1]. » En émet-
tant cette opinion, M. Le Clerc avait pris soin de
répondre d'avance à une objection qui serait venue à
l'esprit de bien des lecteurs. En effet, quand on se
figure un trouvère, on ne se le représente guère autre-
ment que chantant des couplets sur l'air qui leur était
approprié, ou s'aidant d'une sorte de récitatif pour
faire entendre des poésies d'une certaine étendue ; et
cependant il n'est pas douteux qu'à l'occasion il débitait
aussi de la prose. « Les conteurs qui s'en allaient, dit
« M. Le Clerc, chantant de province en province leurs
« histoires rimées de chevalerie et d'amour, pouvaient
« redire ainsi, même en prose, les faits qu'ils avaient
« appris la veille, et qu'ils ne croyaient pas défigurer
« par des ornements semblables à ceux dont ils se
« plaisaient à revêtir les traditions les plus accréditées
« et les plus saintes légendes[2]. »

Il est facile maintenant de comprendre pourquoi,
écartant le terme de *Chronique*, et profitant d'ailleurs
des données certaines fournies par M. Paulin Paris sur
le pays de l'auteur, j'ai été conduit à intituler ce livre
Récits d'un ménestrel de Reims au treizième siècle.
Mais tout en acceptant comme parfaitement exacte
l'opinion de M. Victor Le Clerc, je crois pourtant

---

1. *Histoire littéraire de la France*, XXI, 713.
2. *Hist. litt. de la Fr.*, p. 712.

qu'elle a besoin d'être justifiée par quelques preuves nouvelles.

Parmi ces preuves, il en est une qui lui faisait défaut quand il publia en 1847 sa remarquable Notice sur la *Chronique de Rains*. N'ayant sous les yeux que le texte reproduit par M. Louis Paris, il ne pouvait soupçonner que la division par chapitres était le résultat d'une interpolation dont il n'existe aucune trace dans les manuscrits de la première famille. Or il est manifeste que l'auteur a composé son livre pour des auditeurs plutôt que pour des lecteurs, puisqu'il s'est abstenu d'y introduire des titres de chapitres, et qu'il les a remplacés par des phrases uniformes où il se charge lui-même d'annoncer à ceux qui l'écoutent le passage d'un sujet à un autre : « Ci vous lairons esteir « dou conte de Pontiu et de la contesse, si revenrons « au roi Phelipe (§ 22). » M. Le Clerc, qui juge cet auteur capable de supporter la comparaison avec les meilleurs écrivains du temps, explique par une négligence apparente ces formules si complétement étrangères à l'art des transitions[1]. Mais, s'il avait connu la rédaction primitive, où ces formules ne font pas double emploi avec des titres de chapitres, il aurait pensé plutôt qu'un ménestrel placé en face de son auditoire n'avait pas besoin d'affecter son inexpérience dans un art qui lui était complétement inutile. Il ne s'agissait pas pour lui de lier un chapitre à un autre, mais de remplacer une scène par une autre scène, de

---

1. *Hist. litt. de la Fr.*, p. 716.

congédier en quelque sorte certains acteurs et d'en introduire de nouveaux, de transporter ses auditeurs d'Orient en France ou de France en Orient, en un mot de s'arrêter tout court à certains points de son récit, et de frapper brusquement un coup pour avertir qu'il changeait de temps, de lieu et de personnages.

Mais ce n'est pas seulement quand il faut passer d'un sujet à un autre que des formules telles que *vous lairons esteir* (§ 13, 22, etc.), *dès ore mais revenrons* (§ 70), *vous dirons* (§ 13), *parlerons* (§ 336), montrent un conteur qu'on écoute au lieu d'un auteur qu'on lit ; il n'est pas rare d'en rencontrer d'autres qui fournissent de nouvelles preuves à l'appui de l'opinion émise par M. Victor Le Clerc. C'est ainsi qu'une espèce d'interpellation précède l'énoncé du fait le plus simple, « et *sachiez de voir* que il n'avoit que targier (§ 440), » ou l'expression d'une sentence qui n'avait pas besoin de cet accompagnement, « mais *sachiez vraiement* que « boidie ne puet estre celée (§ 316), et *bien sachiez de* « *veritei* qui est sans conscience il vit bestiaument « (§ 459). » S'il est question de personnages dont les noms viennent d'être indiqués, le conteur se dévoilera encore en disant *que je vous ai ci nommeiz* (§ 278). Le verbe *lire* s'emploie bien quand il s'agit d'un roi qui fait lire une lettre ou d'un évêque qui la lit (§ 18 et 73); mais quand il s'agit d'un passage du récit qui s'est présenté ou qui se présentera plus tard, c'est le verbe *oïr* qui est préféré à tout autre : « Ceste requeste que « vous avez *oï* (§ 234); dont vous *orrez* parler ci en « avant (§ 1); si comme vous l'*orrez* ça en avant (§ 316);

« si comme vous *orrez* conteir ça en avant (§ 11, 69, « 152). » J'ajoute enfin que si l'auteur rencontre une occasion de qualifier son œuvre, ce n'est pas le titre de *Chronique*, c'est celui de *Conte* qu'il emploie (§ 144, 230 et 287).

Si j'ai insisté sur ces détails, afin de confirmer par quelques preuves nouvelles l'opinion de M. Victor Le Clerc, c'est parce qu'il faut se placer à ce point de vue pour bien juger un tel ouvrage. Quand on se représente un ménestrel devant un auditoire dont il doit éveiller l'intérêt et soutenir l'attention, on s'explique mieux ces nombreux dialogues qui viennent à chaque instant se mêler au récit pour en rompre la monotonie. Un homme habile, comme il en existait sans doute plus d'un, devait alors s'efforcer de varier ses gestes, son attitude et ses inflexions de voix, de manière à jouer tour à tour le rôle de chacun des interlocuteurs : il devenait acteur, et la chronique se changeait en drame.

Il y a, tout compte fait, dans le cours de cet ouvrage, dont l'étendue est peu considérable, plus de cent vingt passages où le récit s'interrompt pour donner place à des dialogues ou à des discours directs. Mais ce qui était favorable à la vivacité du débit, l'était bien plus encore à la verve comique de l'auteur. C'est là surtout qu'il se plaît à semer les plaisanteries, et à faire ressortir les ridicules de certains personnages; là plus qu'ailleurs encore, il montre son désir d'étonner et d'amuser à tout prix, même aux dépens de la vérité. Il y a dans son récit proprement dit des erreurs qu'il peut avoir empruntées à d'autres et qu'il répète de confiance ; mais les discours et les dialogues offrent généralement tous les caractères d'une œuvre d'imagination aussi dénuée de vérité que de vraisemblance historique.

M. Victor Le Clerc, qui sait gré à cet auteur de n'être pas un homme d'église, d'écrire comme les laïques en langue vulgaire, de s'exprimer sur le clergé et même sur le pape avec une grande liberté[1], reconnaît en même temps que l'ignorance, l'envie de paraître tout savoir, la malignité, les préjugés, ont pu lui faire commettre bien des fautes[2]. Voilà autant de causes d'erreur signalées par un juge qui était en somme plus indulgent que sévère pour les récits de notre ménestrel, et j'aurais pu, sans autre examen, en conclure qu'il faut les lire avec une extrême défiance. Mais un de mes devoirs, comme éditeur, était de les confronter avec l'histoire, et je les ai trouvés si souvent en défaut que le résultat de cette comparaison a été de leur enlever tout crédit. Je ne prétends pas que la vérité en soit absolument exclue ; mais qu'elle y figure seulement comme un accessoire de la fiction. L'auteur se propose avant tout de plaire à ses auditeurs, et il les trompe sans scrupule quand il n'a pas d'autre moyen de les amuser. Il ne se croit obligé en conscience ni de vérifier les faits qu'il ignore, ni de respecter ceux qu'il connaît ; mais il use à son gré du

---

1. *Hist. litt. de la Fr.*, XXI, 716.
2. *Ibid.*, 717.

droit qu'il s'arroge d'arranger, d'embellir, de transformer ou de défigurer l'histoire. En un mot ce n'est pas un chroniqueur, c'est un conteur, qui peut avoir des titres à l'indulgence de ses lecteurs, mais qui n'en a aucun à leur confiance.

Je ne dissimulerai pas que cette conclusion n'est pas celle de M. Victor Le Clerc, et que tout en considérant l'auteur comme un trouvère qui débitait ses récits devant des auditeurs, il ne lui a pas refusé le titre de chroniqueur. Non-seulement il blâme ceux qui n'ont vu dans cette œuvre qu'un roman historique[1], mais il la qualifie de chronique populaire[2] ou même d'histoire contemporaine[3], et va jusqu'à louer le vieux chroniqueur français de nous avoir rendu la narration épique des historiens de l'antiquité[4]. Pour me raffermir dans mon opinion j'ai besoin de me rappeler que l'illustre critique s'en rapproche ailleurs quand il reconnaît que ces récits ne sont pas la réalité pure et simple[5], qu'on y voit se succéder les anecdotes vraies ou fausses « et « peut-être les fausses plutôt que les vraies, car il « suffit à l'étrange historien d'étonner et d'amuser[6]. » Au fond je n'ai pas dit autre chose, et je trouve que M. Victor Le Clerc a exprimé mon opinion sur le ménestrel de Reims mieux que je n'y aurais réussi moi-même quand il l'a appelé « un ingénieux conteur « d'histoires[7]. »

---

1. *Hist. litt. de la Fr.*, XXI, 712.
2. *Ibid.*, 713. — 3. *Ibid.*, 714. — 4. *Ibid.*, 715. — 5. *Ibid.*, 712. — 6. *Ibid.*, 713. — 7. *Ibid.*, 714.

Si plusieurs de ces histoires rappellent la narration épique de l'antiquité, il en est d'autres au contraire qui descendent jusqu'au ton de la farce. Or ce mélange de ce que M. Victor Le Clerc appelle si bien « les grandes « et les petites scènes[1] » paraîtra sans doute peu compatible avec le caractère d'une composition historique. Au contraire on y reconnaîtra sans peine un moyen de succès habilement calculé par un ménestrel qui, pour mieux captiver l'attention de ses auditeurs, devait tour à tour les émouvoir et les égayer. Il n'est donc pas étonnant qu'il ait habituellement préféré la fiction à la vérité [2] dans des récits pathétiques ou plaisants dont le succès devait être assuré avant tout par le naturel du style et la vivacité du débit.

Faut-il en conclure que l'histoire n'a aucun profit à retirer d'un tel livre? Je ne le crois pas. Je n'irai pas jusqu'à dire avec M. Victor Le Clerc qu'on y trouve un tableau exact des opinions, des mœurs, de l'esprit du pays, au milieu du treizième siècle[3] ; je dirai seulement qu'on y apprend quel était le genre de fictions et de satires par lesquelles un ménestrel pouvait plaire à certains auditeurs. Un autre passage du savant article que je ne me lasse pas de citer prouve que par *l'esprit du pays* M. Le Clerc entendait « la pensée de la bour- « geoisie d'alors sur les hommes et sur les choses[4]. »

---

1. *Hist. litt. de la Fr.*, 713.
2. On en trouvera des preuves nombreuses dans le sommaire critique qui précède le texte de l'ouvrage.
3. *Hist. litt. de la Fr.*, XXI, 717.
4. *Ibid.*, 716.

S'il dit ailleurs que le conteur s'adresse à la *multitude*, que son livre est fait pour le *peuple*, et que d'humbles proverbes le font descendre au niveau de la *foule*[1], il ne faut pas prendre ces expressions à la lettre, mais en chercher l'interprétation dans le passage que je viens de citer. Je serais même d'avis qu'il faut plutôt s'élever au-dessus de la bourgeoisie pour trouver les auditeurs habituels du ménestrel de Reims, parce que c'était dans les châteaux qu'il pouvait espérer, avec les applaudissements les plus flatteurs, les récompenses les plus généreuses. Mais ce qui me paraît le plus probable c'est qu'il ne se bornait pas à une seule classe d'auditeurs, et que se plaçant tour à tour devant un public différent, il réglait suivant les circonstances le choix et l'étendue de ses lectures.

Sans rechercher devant quel genre d'auditoire il a pu débiter son récit des troubles de Milan et de la discorde entre la cour de Rome et Frédéric II (§ 214 à 242), je dirai qu'il semble avoir pris à tâche de discréditer, à force d'erreurs et d'invraisemblances, tout ce qu'il dit contre l'avarice du pape et des cardinaux. Au lieu d'une accusation sérieuse qui pût obtenir quelque créance auprès des contemporains, je ne vois là qu'une bouffonnerie destinée à égayer leur malice. Quoi qu'il en soit, on en doit conclure que la liberté pouvait être impunément poussée jusqu'à la licence contre les personnages les plus sacrés, et qu'un ménestrel ne craignait pas, même sous le règne de

---

1. *Hist. litt. de la Fr.*, 716 et 717.

saint Louis, de parcourir la France en débitant contre le pape les plaisanteries les plus injurieuses. Tel n'est pas l'aspect sous lequel le treizième siècle apparaît aujourd'hui à beaucoup de nos contemporains : les uns se figurent que la foi préservait l'esprit humain de tous les écarts; les autres tombent dans l'erreur contraire et supposent qu'il sommeillait engourdi par l'ignorance. Tous ceux qui liront ce volume reconnaîtront à n'en pas douter que la liberté existait alors comme aujourd'hui, avec ses tentations et ses chutes.

Quoique le ménestrel de Reims soit du nombre de ceux qui ont usé largement de cette liberté, et qu'il ait cédé trop souvent au désir de se faire applaudir aux dépens de la vérité, il serait injuste de faire peser sur lui la responsabilité de toutes les erreurs contenues dans son ouvrage. Parmi ses récits il en est plusieurs qui se retrouvent ailleurs, et dont le fond s'était sans doute conservé dans la tradition populaire. Je ne pourrais, sans allonger outre mesure cette préface, reproduire ici le détail des rapprochements que j'ai indiqués[1] dans une notice sur les six manuscrits qui m'ont servi à préparer cette édition; je me bornerai donc à en présenter un simple résumé. Aux récits du ménestrel de Reims sur la passion d'Éléonore d'Aquitaine pour Saladin (§ 7 à 10), sur le prétendu suicide de Henri Plantagenet (§ 22 à 26), sur le complot tramé par Richard Cœur de Lion contre la vie de son rival

---

1. On pourra consulter sur ce point les pages 326 à 336 du tome XXIV (2ᵉ partie) des Notices et extraits des manuscrits.

(§ 60 à 64), sur les soupes que Philippe-Auguste fit tailler pour ses barons avant la bataille de Bouvines (§ 280 et 281), correspondent dans la compilation connue sous le titre de *Chronique de Flandres*[1] autant d'anecdotes analogues pour le fond, mais de forme différente, et dérivant certainement d'une autre source parce qu'il y a désaccord dans certains détails caractéristiques. Quant à la célèbre anecdote du ménestrel Blondel (§ 77 à 83), elle a son pendant et dans la *Chronique de Flandres*, et dans une autre chronique citée par le président Fauchet[2] d'après le manuscrit français 5003; mais en comparant ces trois versions, on reconnaît qu'il n'est pas possible de leur assigner la même origine. Ce que l'on est autorisé à conclure de tous ces rapprochements, c'est qu'il existait un fonds de traditions populaires pour des anecdotes telles que la passion coupable de la reine Éléonore, le suicide de Henri Plantagenet, la révélation du complot de Richard Cœur de Lion par le comte de Flandre mourant, les soupes de la bataille de Bouvines, le dévouement de Blondel, et que certains chroniqueurs ont pu, sans se copier, entendre et répéter les mêmes

---

1. Elle a été publiée par Sauvage; mais j'ai consulté de préférence pour tous ces rapprochements la version contenue dans le manuscrit français 2790.

2. La célèbre citation de Fauchet se trouverait au besoin, soit dans son ouvrage intitulé *Origine de la langue et de la poésie française*, 1581, in-8°; soit dans le recueil de ses *Œuvres*, 1610, in-4°; soit dans le tome XV de l'*Histoire littéraire de la France*, p. 127; mais on doit préférer le texte du manuscrit 5003, que l'on croyait perdu, et dont l'existence m'a été révélée par mon savant ami M. Léopold Delisle.

récits. Le mérite du ménestrel de Reims, c'est de les avoir faits siens en les marquant au cachet de son esprit original et de sa vive imagination.

Il y a au contraire une compilation où l'on retrouve un grand nombre d'emprunts faits au texte même du ménestrel de Reims, c'est celle de Pierre Cochon. Je puis en donner une idée suffisamment exacte en disant que les trois premiers chapitres de l'édition de la Chronique normande de Pierre Cochon, publiée en 1870 par M. de Beaurepaire, n'ont pas d'autre source. Outre que le début est le même, les matières s'y succèdent exactement dans le même ordre, sans différence pour le fond des récits et avec des rapports fréquents pour la forme. Ce qui distingue la rédaction reproduite par Pierre Cochon, c'est qu'elle est très-abrégée, puisqu'elle embrasse en quarante-neuf pages tout le fond des récits dont se compose l'œuvre du ménestrel, sauf les affaires de Flandre (§ 398 à 455) et le procès relatif à la garde de l'abbaye de Saint-Remi (§ 466 à 479). J'ai rencontré aussi un assez grand nombre d'emprunts faits directement au ménestrel de Reims dans un roman d'aventures[1] qui commence au folio 16 du manuscrit français 9222. C'est une composition bizarre où les traditions historiques sont entremêlées aux fictions les plus invraisemblables. Je me borne à citer quelques-uns de ces emprunts avec la double indication des feuillets du manuscrit et des paragraphes de la présente édition : au feuillet 17, les

---

1. C'est aussi M. Delisle qui m'a fait connaître ce manuscrit.

aventures d'Éléonore d'Aquitaine en Orient (§ 7 et suivants); au feuillet 18, la passion déloyale de Henri Plantagenet pour la fiancée de son fils (§ 18 et suivants); au feuillet 18 b, le suicide de ce roi (§ 22 et suivants); au feuillet 22, la couronne de Jérusalem rendue à Gui de Lusignan (§ 29 et suivants).

L'auteur de ce roman d'aventures écrivait au quatorzième siècle, et Pierre Cochon au quinzième; le souvenir des récits du ménestrel de Reims n'était donc pas entièrement perdu deux cents ans après sa mort. Mais aurait-il pu les reconnaître s'il les avait revus à l'état d'altération où ils étaient réduits, abrégés ou mutilés, travestis dans une langue qui n'était plus la sienne? Je me suis efforcé d'en faire revivre la physionomie première, et l'on pourra voir dans la notice qui fait suite à cette préface que j'ai eu à ma disposition des ressources nouvelles qui avaient manqué à mes devanciers. Mais il ne suffisait pas de rechercher les meilleures leçons de ce texte, et de rétablir chaque phrase dans toute sa pureté; il fallait aussi apprécier l'œuvre dans son ensemble et en déterminer la véritable signification. Voilà pourquoi j'ai discuté et contesté l'autorité historique de cette composition singulière, qui laisse à peine entrevoir quelques lueurs de vérité à travers les mensonges de la fiction et les exagérations de la satire. Il fallait montrer que ce masque de chroniqueur cachait un ménestrel débitant ses récits devant l'auditoire dont il briguait les applaudissements.

NOTICE

SUR LA PRÉSENTE ÉDITION.

Que la thèse soutenue dans la préface de ce volume soit ou non admise, je dois expliquer ce que j'ai fait pour ramener à son état primitif un texte qui avait subi de nombreuses altérations. Je puis m'exprimer sur ce point avec d'autant plus de liberté que je ne me propose pas de faire valoir mon travail aux dépens de celui des premiers éditeurs, mais de comparer les manuscrits défectueux qu'ils ont eus à leur disposition avec des manuscrits plus sincères dont ils ignoraient l'existence.

Les six manuscrits auxquels cette notice est consacrée se divisent en deux familles. Je désigne par la lettre A le manuscrit additionnel 11753 du British Museum, dont je dois une excellente copie à M. Julien Havet; par la lettre B, un manuscrit de la bibliothèque de Rouen, dont M. Paul Meyer m'a signalé l'existence; par la lettre C, le manuscrit français 10149 de la Bibliothèque nationale, qui n'est que du XVIe siècle, mais qui appartient, comme les deux autres, à la première famille. Il a été acquis par Sainte-Palaye, en même temps que le manuscrit de Lucques où se trouve le Joinville rajeuni à l'usage d'Antoinette de Bourbon; comme il est de même format, de même disposition, écrit de la même main, et qu'il renferme aussi un texte du moyen-âge rajeuni au temps de la renaissance, tout porte à croire qu'il fut exécuté à l'usage de la même princesse, d'après un original qui s'était conservé à côté de l'*Histoire de saint Louis* dans la librairie du château de Joinville.

La seconde famille comprend aussi trois manuscrits, celui de Bruxelles, que je désigne par la lettre D, et qui a fourni le texte publié par M. de Smet sous le titre supposé de *Chronique de Flandres et des croisades*[1] ; le manuscrit 24430 du fonds français (autrefois 454 du fonds de Sorbonne), le seul qu'ait employé M. Louis Paris, et qui est désigné par la lettre E ; enfin, le manuscrit F qui porte le numéro additionnel 7103 du British Museum, et dont il existe une copie à la Bibliothèque nationale sous le n° 13566 du fonds français. Cette copie, accompagnée des principales variantes du manuscrit A, fut exécutée, vers 1863, par M. Blancard, archiviste des Bouches-du-Rhône, et consultée pour l'édition d'un fragment contenu dans le vingt-deuxième volume du *Recueil des historiens de France*.

Comme il eût été fort difficile, sinon impraticable, de renvoyer aux pages de six manuscrits différents, je cite de préférence les numéros de la division en paragraphes que j'ai introduite dans la présente édition, et qu'un tableau de concordance, publié à la fin de cette notice, met en rapport avec les pages de chacun des manuscrits.

J'entre maintenant en matière et, me réservant de faire connaître plus tard les caractères essentiels qui sont communs aux trois manuscrits de la seconde famille, je commencerai par montrer comment on peut les distinguer entre eux. Il me suffira pour cela de signaler une différence acces-

---

1. *Recueil des chroniques de Flandre*, t. III. Je ne connais le manuscrit D que par l'édition belge ; mais, comme elle n'a pas d'autre source, j'ai pu la citer avec confiance comme un équivalent suffisamment exact du manuscrit d'où elle dérive.

soire, mais tout à fait apparente, je veux dire l'inégalité
dans le nombre des chapitres et le désaccord fréquent dans
le texte des rubriques qui les précèdent. Tandis que le
manuscrit E n'a que trente-deux chapitres, le manuscrit D
en a cent quarante-deux, sans que le texte de l'un soit infé-
rieur en étendue à celui de l'autre. La véritable cause de
cette différence, c'est que le même système de division n'a
pas été suivi : il suffira de savoir, par exemple, que le der-
nier chapitre du manuscrit E a fourni dans le manuscrit D
la matière des chapitres CXXXVIII à CXLII. Le sujet traité
dans cette partie de l'ouvrage est cependant le même; c'est
un procès entre l'archevêque de Reims et l'abbé de Saint-
Remi, raconté dans les mêmes termes de part et d'autre,
mais annoncé sans détail par une courte rubrique du manu-
scrit E, tandis qu'il y a dans le manuscrit D cinq rubriques
qui en distinguent toutes les phases.

Aux yeux de M. de Smet, ce grand nombre de chapitres
et de rubriques constituait, en faveur du manuscrit D, un
avantage sur celui qu'avait employé M. Louis Paris. J'avoue
que pour moi je serais resté dans le doute, et que j'aurais vu
là une difficulté à éclaircir plutôt qu'un motif de préférence
à constater. Mais en admettant qu'il m'eût été possible, en
cette conjoncture, de recourir au manuscrit F, je ne serais
pas pour cela sorti d'incertitude; car j'y aurais trouvé un
troisième système de division qui a produit cinquante-quatre
chapitres, c'est-à-dire vingt-deux de plus que dans le manu-
scrit E et quatre-vingt-huit de moins que dans le manuscrit
D. Il est bon de remarquer, en outre, qu'il n'y a pas dans
le manuscrit F de chapitre particulier dont la rubrique
mentionne le procès entre l'archevêque de Reims et l'abbé
de Saint-Remi, quoique ce procès y soit raconté tout au
long, comme dans les deux autres. La cause de cette omis-
sion, c'est que le cinquante-quatrième chapitre de F, qui
correspond au cent vingt-neuvième de D, aurait dû être
suivi de quelques autres dont le copiste aura négligé de

transcrire les rubriques. Quant à celles qui ont été reproduites, elles sont en désaccord, pour ainsi dire constant, avec les rubriques de E, et n'offrent que des rapports encore bien incomplets avec celles de D.

De là, une difficulté qu'on croirait insoluble, et qui le serait en effet si l'on n'avait à sa disposition que les éléments dont je viens de montrer les contradictions tout à fait inconciliables; mais cette difficulté disparaît dès qu'on jette les yeux sur les manuscrits de la première famille. En effet, comme il n'y existe aucune trace de chapitres ni de rubriques, on peut en conclure tout de suite que les uns et les autres n'existaient pas dans le texte original, et que les trois systèmes de division entre lesquels on eût été fort embarrassé de choisir, au lieu de se rattacher à la composition première de l'ouvrage, sont de véritables superfétations qui sont venues s'y ajouter après coup. Je dirais même qu'à défaut des manuscrits de la première famille, on aurait pu s'apercevoir, en y regardant de près, que le livre dont je m'occupe ne devait pas avoir de chapitres, parce que, suivant un usage dont les compositions du temps fournissent plus d'un exemple, le passage d'un sujet à un autre y est annoncé uniformément par une phrase qui fait partie intégrante du texte. Cette phrase, dont l'expression varie à peine, signifie au fond : « Maintenant, nous laisserons là tel sujet ou tel « personnage pour vous parler de tel autre. » Il est évident que l'auteur ne se serait pas condamné à répéter jusqu'à satiété une telle formule s'il eût songé à mettre dans son livre des titres de chapitres qui eussent pu en tenir lieu.

Une autre différence aussi facile à constater distingue entre elles les deux familles de manuscrits. C'est seulement dans les manuscrits de la première famille qu'on trouve un apologue où une chèvre menacée par un loup représente le personnage de Marguerite, comtesse de Flandre, en lutte avec son fils Jean d'Avesnes (§ 404 à 419). Ce morceau, assez étendu, qui a été publié dans le vingt-deuxième volume des *Historiens de France,* manque au chapitre cxix du manuscrit D, au chapitre xxviii du manuscrit E, ainsi qu'au chapitre li du manuscrit F. Mais s'il a disparu du texte de ces manuscrits, ce n'est pas, comme on pourrait le supposer, à la suite d'un de ces retranchements que certains copistes se permettaient pour abréger leur besogne; c'est pour effacer toute trace du blâme qui s'y trouvait exprimé contre Jean d'Avesnes. Pour en acquérir la preuve, il suffit de se reporter quelques pages plus haut, au récit du procès intenté par les deux fils de Bouchard d'Avesnes à la comtesse Marguerite de Flandre, leur mère. Là encore, c'est un esprit tout différent qui a inspiré la rédaction des deux familles de manuscrits. Dès l'exposition du fait (§ 398), on voit poindre une divergence qui doit bientôt se prononcer davantage. La version de la première famille refuse à Bouchard d'Avesnes le titre de *monseigneur*, qu'elle accorde à Guillaume de Dampierre, tandis que l'autre version, sans se contenter de rétablir la balance entre les deux personnages, qualifie le premier de *gentilhomme* et de *vaillant*. Quand il s'agit de faire connaître le résultat du jugement (§ 399), la première version le présente comme tout à fait favorable aux enfants du second lit; l'autre version au contraire constate qu'une part a été faite aux fils de Bouchard aussi bien qu'à ceux de Guillaume de Dampierre. Ce qui achève de séparer complétement les deux familles de manuscrits, c'est que le récit se termine là dans la seconde, tandis que la première y ajoute une conclusion où la mémoire de Bouchard d'Avesnes est ouvertement condamnée en même temps que la cause de ses fils. On le voit, l'apologue dans lequel Jean d'Avesnes, sous la figure allégorique d'un loup, persécute injustement sa mère, n'est pas un hors-d'œuvre; c'est le développement naturel des sentiments défavorables qui se font jour à plusieurs reprises dans la version des manuscrits de la première famille. Réciproquement, ce n'est pas accidentellement que cet apologue a disparu des manuscrits de la seconde famille;

c'est un retranchement qui a été préparé avec réflexion par des changements introduits dans la partie préliminaire du récit. De là vient le désaccord qui éclate de nouveau quand il s'agit de raconter la fin de Jean d'Avesnes, mort en grande pauvreté suivant la première version, et en grand honneur suivant la seconde (§ 433).

Je dois cependant prévenir une objection qui pourrait m'être faite. Sans contester la différence qui sépare ces deux rédactions, on pourrait penser que la plus ancienne est celle qui se montre favorable aux fils de Bouchard d'Avesnes, en sorte que l'apologue du loup et de la chèvre serait une addition faite au texte primitif. Mais on va voir que cette hypothèse n'est pas admissible, et que le texte de la seconde famille fournit la preuve d'une suppression faite à l'endroit même où cet apologue se lit dans l'autre rédaction. Pour le bien faire comprendre, je dois commencer par résumer en peu de mots un récit commun à tous les manuscrits.

Après le prononcé du jugement, Jean et Baudouin d'Avesnes se hâtent de s'emparer de Rupelmonde, d'où ils chassent les troupes de leur mère. A cette nouvelle, la comtesse de Flandre les fait assiéger dans ce château par son fils Gui de Dampierre; puis elle vient en France implorer l'aide de Blanche de Castille, qui la renvoie au comte d'Anjou. Celui-ci, après l'avoir écoutée assez froidement, se décide enfin à prendre parti pour elle, du moment où elle lui promet pour récompense le comté de Hainaut. L'accord une fois conclu, elle retourne au siège de Rupelmonde (§ 400 à 403). Arrivés à ce point du récit, les manuscrits de la seconde famille continuent en ces termes : « Or revenrons à nostre « matere, et dirons dou conte d'Ango ki assembla moult « grant ost, et s'en ala à Risplemonde (§ 420). » Comment s'expliquer une transition qui a pour objet d'annoncer qu'on revient à un sujet dont on n'a pas cessé de parler? Cette explication, il faut la chercher dans le texte de la première famille. Après la conclusion de l'accord et le retour de la comtesse de Flandre au siége de Rupelmonde, le récit historique, au lieu de se continuer, s'interrompt brusquement pour faire place à l'apologue : « Or vous vuel dire un « essemple, etc. (§ 404). » Il en résulte que pendant plusieurs pages on perd de vue la comtesse de Flandre et le comte d'Anjou. C'est précisément à la fin de cette longue digression que se trouve la transition citée plus haut, qui annonce qu'on revient à un sujet dont en effet on s'est écarté depuis longtemps. Cette transition, qui est un non-sens dans les manuscrits de la seconde famille, ne s'y trouverait donc pas s'ils ne l'avaient empruntée à un texte où la longue digression de l'apologue l'avait rendue nécessaire.

Mais ce n'est pas seulement dans l'intérêt des enfants de Bouchard d'Avesnes que la rédaction primitive a été remaniée. Un autre passage fournit encore un exemple, non pas d'une contradiction aussi frappante, mais d'une différence bien caractérisée entre les manuscrits de la première famille et ceux de la seconde. Ce passage est celui où est rapportée la mort de Richard Cœur de Lion. Après les mots « et rendi « son esperit (§ 133), » le manuscrit A ajoute immédiatement : « Et lors commencierent sa genz le graingneur duel « que onques gent feissent. » Il en est de même dans le manuscrit B, et l'on doit croire que le manuscrit C eût été, comme d'habitude, d'accord avec les deux autres si ce passage n'y eût été omis par une erreur de copiste. Les manuscrits de la seconde famille contiennent aussi les mots « et rendi son « esperit, » mais ces mots sont séparés de la phrase que je viens de citer par un éloge du roi Richard qui ne peut appartenir à la rédaction primitive de l'ouvrage. Partout en effet où il est question de la rivalité de Richard avec Philippe-Auguste, l'auteur, loin de dissimuler sa sympathie pour le roi de France, porte sur le roi d'Angleterre les jugements les plus sévères. A l'en croire, Philippe-Auguste a tout dirigé au siège d'Acre, pendant que Richard allait se divertir dans les îles avec les dames et les demoiselles (§ 54).

La ville une fois prise, Richard accourt, le cœur plein de félonie, et paye des empoisonneurs, qui toutefois ne réussissent qu'à mettre en danger la vie de Philippe-Auguste. Il trame ensuite, mais sans mieux réussir, la mort de son rival, de concert avec les comtes de Flandre, de Champagne et de Blois (§ 60). De retour en Angleterre, il entreprend sans profit guerre sur guerre, dominé toujours par une haine qu'il ne peut assouvir, jusqu'à ce qu'enfin la mort le frappe sans qu'il se soit amendé (§ 86 à 88, 116, 119, 129 à 133). Voilà en résumé le portrait de Richard Cœur de Lion tel qu'il est tracé dans les manuscrits de la seconde famille comme dans ceux de la première. Évidemment, ce n'est pas le même auteur qui, après l'avoir accusé de meurtre et d'empoisonnement, s'est chargé tout à coup d'entonner ses louanges et de réclamer pour lui les joies du paradis. L'éloge de Richard est comme celui de Jean d'Avesnes, un travail de seconde main, qui dénature le texte original, et qui oblige à se défier des manuscrits de la seconde famille.

Le récit de la mort de Guillaume de Hollande, roi d'Allemagne, fournit encore une preuve d'un remaniement semblable. On sait que ce prince, ayant tenté une expédition en Frise, s'avança un jour à quelque distance de son escorte, et qu'il éperonna son cheval pour franchir un fossé, au fond duquel il tomba et fut tué sans défense par des paysans. Au lieu de reproduire simplement la leçon primitive, *et fiert cheval des esperons*, les manuscrits de la seconde famille y introduisent une explication ou une excuse : « et li rois « *par son grant hardement* fiert cheval des esperons « (§ 429). » Ensuite ils suppriment la réflexion malveillante qui termine le récit dans A B C, « ainsi gaaingne qui mal « brace, » et la remplacent par une parole de regret, « dont « che fu grans damages. » Il est facile de voir que cette courte variante se rattache aux remaniements plus considérables qui concernent directement Jean d'Avesnes. En effet, prendre la défense de Guillaume de Hollande, qui était son beau-frère, c'était obéir à la même pensée qui, après avoir fait supprimer l'apologue de la chèvre et du loup, s'inquiétait aussi de modifier les passages défavorables à sa personne ou à sa cause. C'est par la même raison qu'à l'occasion d'une expédition de Guillaume de Hollande, restée sans résultat, les manuscrits D E F se contentent de dire « et s'en rala ainsi comme il vint, » sans ajouter avec A B C « à moins d'avoir et à plus de honte (§ 428). »

On voit que les manuscrits de la seconde famille contiennent, dans tous les passages qui viennent d'être cités, un texte profondément altéré; mais ces altérations mêmes fournissent de nouvelles preuves à l'appui de l'opinion de M. Victor Le Clerc sur la profession de l'auteur. Si le blâme n'est pas ménagé dans certains passages relatifs aux fils de Bouchard d'Avesnes et à Richard Cœur de Lion, c'est parce que cette première rédaction était destinée à des auditeurs qui n'avaient pas grande sympathie pour la cause ou la mémoire de ces personnages. Mais le ménestrel qui allait exercer son art en Angleterre, pour y recueillir des applaudissements et des cadeaux, savait bien qu'il fallait traiter avec quelque ménagement la mémoire de Richard Cœur de Lion, et que s'il n'était pas possible de dissimuler ses fautes, il fallait au moins lui accorder à sa mort des regrets et une sorte d'oraison funèbre. A plus forte raison, quand il s'agissait de parcourir le Hainaut, fallait-il renoncer au charmant apologue du loup et de la chèvre où Jean d'Avesnes joue un si triste rôle, et transformer toute cette partie du récit en effaçant avec soin tout ce qui ressentait l'ironie et l'animosité. Sans prétendre que le même ménestrel se chargeât tour à tour de débiter ces rédactions contradictoires, je dis que de telles variantes s'expliquent naturellement quand on admet avec M. Victor Le Clerc qu'elles étaient destinées, non à des lecteurs isolés, mais à des auditoires qui n'avaient ni la même patrie ni les mêmes opinions.

Si la seconde famille des manuscrits se distingue nettement de la première par un certain nombre de changements qui ont été introduits volontairement dans le texte original pour en altérer le sens, elle en diffère aussi par d'autres fautes qu'on doit imputer à la négligence des copistes. Il a été nécessaire d'entrer dans le détail pour montrer par quelle combinaison d'additions et de suppressions l'esprit de la rédaction primitive a été modifié, d'une manière sensible, dans un certain nombre de passages; quant aux erreurs involontaires, je me contenterai d'en signaler un petit nombre d'exemples, et je renverrai pour de plus amples renseignements au travail que j'ai publié dans le *Recueil des notices et extraits des manuscrits*[1]. Je dois d'ailleurs avertir le lecteur qu'il trouverait au besoin les indications les plus complètes dans les notes de la présente édition, où je me suis attaché à relever toutes les variantes de quelque importance.

Parmi les fautes qui échappent involontairement aux copistes il n'en est pas de plus ordinaires et en même temps de plus graves que les omissions. Il y en a deux qui méritent d'être signalées comme ayant entraîné chacune un contresens grossier dans les manuscrits de la seconde famille. On en trouvera un exemple, dès le début du livre, où le doge de Venise aveugle, c'est-à-dire Henri Dandolo, est mentionné comme ayant opéré la prise d'Acre, et non celle de Constantinople (§ 1). Pour corriger cette erreur il faut recourir aux manuscrits de la première famille. Par suite d'une autre distraction, le roi Louis VIII, au lieu d'être enterré richement près de son père dans la nef de Saint-Denis, n'obtient qu'une sépulture vulgaire dans le cimetière commun (§ 335). Il suffit de comparer la leçon mutilée de la seconde famille avec la leçon complète de la première pour reconnaître que la cause évidente de cette lacune est la répétition d'un mot qui se représente à intervalle dans le texte : un copiste aura

---

1. Tome XXIV, 2ᵉ partie, p. 289.

par mégarde confondu le premier participe *enfouiz* qui précède *richement* avec le second qui précède *en la cimetiere*. Or, il n'est pas douteux que de tels bourdons ne soient la cause la plus fréquente de l'altération des textes[1], à ce point que le manuscrit B, à lui seul, en contient plus de vingt. Il est donc certain qu'un texte pour lequel on est réduit à un seul manuscrit ou même à des manuscrits appartenant à une seule famille peut contenir un assez grand nombre d'erreurs auxquelles il est à peu près impossible de remédier, parce qu'il est bien rare qu'on puisse combler avec quelque probabilité des lacunes du genre de celle que je viens de citer.

Mais c'est principalement lorsqu'il faut choisir entre des variantes qui semblent avoir la même valeur, qu'il importe d'avoir pu préalablement classer les manuscrits par famille, et en déterminer ainsi l'autorité relative. Si l'on n'est pas embarrassé pour rejeter des leçons évidemment altérées telles que *Bierlegnie*, *Berliguin* et *Bierleginen* (§ 361), ou *Lerinon* ou *Lorinon* (§ 363) par lesquelles les manuscrits de la seconde famille désignent Bellême et Lusignan, on n'a pas de motif pour condamner celles de *Vicoigne* (§ 315) et de *Saint-Quentin* (§ 426), sinon qu'elles sont en désaccord avec d'autres leçons dont l'avantage unique ou principal est d'appartenir aux manuscrits habituellement plus sincères de la première famille. Voilà pourquoi j'ai maintenu au paragraphe 428 la leçon *Danois* et *Danemarche*, quoiqu'il s'agisse effectivement de la *Frise*. Mais je considère cette correction fournie par les manuscrits de la seconde

---

1. J'ai indiqué une lacune analogue qui a été causée par la répétition des mots *le conte Renaut* (§ 285 et 286). Là c'est dans les manuscrits de la première famille et dans le manuscrit D que le sens est altéré par l'omission de plusieurs lignes; et c'est le manuscrit E, ordinairement assez défectueux, qui permet de rétablir la leçon du texte original.

famille comme altérant le texte original, parce qu'elle en fait disparaître une erreur qu'il faut attribuer à l'ignorance de l'auteur plutôt qu'à une faute de copie.

Que l'auteur ait voulu ou non parler du Danemarck, on est bien sûr qu'il n'a pu le qualifier d'*anieus* (autrement dit d'*ennuyeux*); une telle leçon devrait donc être rejetée sans hésitation quand même elle ne serait pas fournie par les manuscrits de la seconde famille. La leçon du manuscrit A *iawex* ou son équivalent *iaweus*, dérivée du latin *aquosus*, permet de supposer qu'*anieus* a été lu par erreur au lieu d'*aiveus*, qu'on dériverait aussi d'*aquosus* en le traduisant comme *iaweus* par *marécageux*. Mais il y a dans les manuscrits de la seconde famille des variantes qui offrent un sens acceptable, et qu'il faut cependant rejeter parce qu'elles sont en désaccord avec le texte de la première famille. Il semble à première vue qu'on est en présence d'un passage tout à fait sincère quand on lit dans D E F que Frédéric II « tenoit LX femmes ou plus en *son ostel* « (§ 241). » En cet endroit, B a *soinentaigne* et C *son notaige;* mais ces leçons, tout inintelligibles qu'elles sont, ramènent à celle de A, qui est la véritable (*en soingnetage*, c'est-à-dire *en concubinage*). Un peu plus loin, le Ménestrel, racontant que Jean sans Terre fit noyer son neveu Arthur, dit dans un langage un peu trop familier qu'il le jeta aux maquereaux (§ 245) : « et le rua enz à maqarias « (A), aus maqueriaux (B). » Le mot *maquereau*, mal lu ou mal compris, a disparu de DEF : « le rua dedens (E), le « rue en mer (D F). » Au paragraphe 315, il est question du faux Baudouin que l'on mit « en un abitacle comme « renduz (A B); » mais les mots *en un abitacle comme* sont remplacés dans D E F par *en abit d'omme*. Au paragraphe 428 les mots *et bien peu* appliqués dans A B à un cheval frais, nouveau *et bien repû*, ont donné lieu à une autre équivoque : ils sont commentés et paraphrasés dans D E F comme s'ils signifiaient que Guillaume de Hollande

avait avec lui *bien peu* de ses gens : « et avoit avoec lui
« poi de sa gent. » La même pensée est développée dans la
phrase suivante, qui est une des additions faites à la rédaction primitive dans l'intérêt du beau-frère de Jean d'Avesnes:
« Car il estoit auques seus, et mal aferoit à si grant signour
« com il estoit que sa gens ne li fust plus priès. »

J'arrive à d'autres défauts, qui ne sont pas moins saillants, mais qui ne sont plus communs aux trois manuscrits de la seconde famille. Je signalerai d'abord dans le manuscrit D une lacune considérable, qui porte sur le récit entier de la croisade de saint Louis (§ 367 à 397), et qui ne peut guère s'expliquer que par une suppression faite à dessein. Au contraire, il y a dans le manuscrit E une lacune qui doit être le résultat d'une omission involontaire : il s'agit d'un passage relatif à des aventures imaginaires qui seraient arrivées à l'évêque Milon de Beauvais, depuis son sacre jusqu'à sa mort (§ 184 à 195). Ce morceau, qui fait suite dans A B C D au récit du sacre de l'évêque, est placé dans F entre les paragraphes 338 et 339, c'est-à-dire qu'il s'y trouve classé parmi les événements du règne de saint Louis, conformément à l'ordre chronologique. Mais l'accord des quatre autres manuscrits prouve que dans le texte primitif on avait préféré ne pas scinder ce qui concernait l'évêque de Beauvais. Il est donc probable que le copiste du manuscrit E avait sous les yeux un exemplaire où la transposition était indiquée par un renvoi, sans avoir encore été réalisée, et qu'ayant interrompu sa transcription au point marqué, avec l'intention de la reprendre plus loin, il aura oublié ensuite de revenir à la portion du récit qui fait suite au paragraphe 183 et de l'intercaler entre les paragraphes 338 et 339. Cette hypothèse est justifiée par cette circonstance qu'après le paragraphe 183, le texte du manuscrit E annonce qu'il sera question plus loin de l'évêque de Beauvais (*chi vous lairons ester de l'evesque de Biauvais, car bien i revenrons*), et que cependant le nom de ce prélat n'est plus prononcé dans la suite du récit. Au contraire, le manuscrit F, où on lit au même endroit que dans E les mots *car bien i revenrons*, contient en effet, après le paragraphe 338, le complément que ces mots annoncent au lecteur.

En tenant compte de ces indices, on peut conjecturer que la rédaction de certains manuscrits de la seconde famille a subi, dans les passages relatifs à l'évêque de Beauvais, des modifications successives ; qu'elle est plus ancienne dans D, où les aventures de Milon, évêque de Beauvais, occupent encore la même place que dans A B C; qu'elle est en voie de transformation dans E, qui représente un manuscrit où la transposition n'est encore qu'à l'état de projet; enfin qu'elle est plus récente dans F où le changement est consommé.

Un passage du paragraphe 141 donne aussi à croire que la rédaction de D est plus ancienne que celle de E F; car on y retrouve une leçon commune aux trois manuscrits de la première famille, au lieu d'une variante qui se lit dans E F et qui est certainement un remaniement de la rédaction primitive. A propos de la ville de Beirout, où Jean de Brienne fut couronné roi de Jérusalem, on lit dans D comme dans A B C : « Car c'est maintenant li sieges où on couronne « les rois de Jherusalem. » Dans la leçon de E F le couronnement d'un roi de Jérusalem est devenu un souvenir tout à fait ancien : « Car c'estoit adont li lius ù on coronoit « les rois de Jherusalem. » Ailleurs le Ménestrel parle de la tour de Fîmes qu'on a vainement essayé de détruire en la minant et en l'incendiant (§ 343); la leçon primitive *et encore tient* (A B C) a été remplacée dans D par un équivalent (*et est boine encore*) qui ne se retrouve plus dans E F.

Mais il y a des variantes qui fournissent des indications précieuses et sur la date relative des manuscrits et sur celle de la rédaction primitive. La trace de ces modifications existe dans dix paragraphes; on n'en observe aucune dans A; mais on en trouve environ la moitié dans B et D, la presque totalité dans C et E, la totalité dans F. De la comparaison de ces variantes il résulte, d'une part que la rédaction du texte remonte très-probablement à l'an 1260, de l'autre que, le manuscrit A excepté, tous les autres ont été copiés au plus tôt en 1295.

Les leçons du manuscrit A, qui ont échappé à tous ces changements, sont naturellement celles qui peuvent fournir les indications les plus exactes sur la date de la rédaction primitive. Il est certain d'abord que l'auteur écrivait avant 1286, date de la mort de Jean Ier, comte de Bretagne, puisqu'en parlant du mariage de ce comte avec Blanche de Champagne, il ajoute : « Qui ore est cuens de Bretaingne « (§ 353). » Ailleurs il parle de Henri III, roi d'Angleterre, mort en 1272, comme d'un personnage encore vivant : « Pere au roi Henri qui ore est (§ 456). » C'est dans les mêmes termes qu'est mentionné Richard son frère, mort en 1271 : « Li cuens Richarz ses freres qui ore est rois d'Ale- « maingne (§ 354). » S'il n'avait pas écrit avant 1270, il n'aurait pas dit en parlant de saint Louis « Qui ore regne « (§ 456); » il n'aurait pas non plus affirmé que le surnom de Tristan était encore porté par Jean, comte de Nevers, qu'il désigne à tort sous le nom de Pierre : « Et encore est « il apeleiz Pierres Tristanz (§ 378). » Deux passages différents prouvent qu'il n'a pas connu la mort tragique de Conradin, en 1268 : « Et de ce fil (Conrad) i a un fil qui doit « estre rois de Jherusalem (§ 142); — et en ot un fil qui « encore vit, qui deust avoir le roiaume de Jherusalem « (§ 233). » A propos de la prise de Namur par Henri III, comte de Luxembourg, en 1259, il affirme que la ville depuis lors n'a pas changé de maître : « Et la tient encore (§ 455). » Or Gui de Dampierre attaquait Namur en 1264 et l'année suivante il y entrait en vertu d'un traité par lequel Henri III lui accordait la main de sa fille. Le même auteur qui, en parlant de Richard d'Angleterre, le désigne, comme on vient de le voir, sous le double titre de comte et de roi d'Allemagne (§ 354), ne parle pas du titre de roi de Sicile conféré en 1263 au frère de Louis IX ; il ne connaît ce prince que comme comte d'Anjou : « Et est cuens d'Anjo (§ 314). » Dans le long récit du procès relatif à la garde de l'abbaye de Saint-Remi, récit qui termine l'ouvrage, Thomas de Beaumetz, qui mourut en février 1263, est mentionné comme occupant encore le siége de Reims : « L'archevesque « Thomas qui ore est (§ 467). »

Voilà des indices nombreux et concordants qui prouvent que l'auteur était contemporain de tous les personnages dont je viens de rappeler les noms. Il n'y a plus maintenant qu'un pas à faire pour montrer qu'il écrivait en 1260. J'en trouve la preuve au paragraphe 460 où, en parlant de la douleur profonde qu'éprouvèrent saint Louis et Marguerite de Provence à la mort de leur fils, il ajoute que la reine « estoit « *grosse d'enfant,* » sans dire pourtant qu'au mois d'août de cette même année elle accoucha de sa dernière fille Agnès. Or le nom de cette princesse est omis ailleurs (§ 355) dans la liste des enfants, au nombre de huit, que la reine *a dou roy.* La conclusion que je tire du rapprochement de ces deux paragraphes est d'autant plus vraisemblable que la rédaction du manuscrit A ne fait nulle part allusion à aucun fait qui soit postérieur à l'an 1260.

On pourrait objecter que le procès de l'abbé de Saint-Remi contre l'archevêque de Reims durait encore en 1271, et que cependant le texte relate un arrêt qui a donné gain de cause à l'abbé. Mais il s'agit d'un arrêt de 1259, qui statuait provisoirement sur la saisine du droit de garde, sans trancher la question de propriété. Le tort de l'auteur est d'avoir donné à cette décision, qui était au fond contraire à l'archevêque, un caractère définitif qu'elle n'avait pas.

En comparant les termes de cet arrêt[1] avec les détails contenus dans les paragraphes 468 à 476, on reconnaîtra sans

---

1. Voy. *Archives admin. de la ville de Reims*, t. I, p. 790; *Olim*, t. I, p. 454.

peine que le récit de la chronique est calqué en entier sur ce document. On pourrait objecter encore que le mariage conclu en 1270 entre Marguerite, fille de saint Louis, et Jean Ier, duc de Brabant, est indiqué dans le passage où il est dit que cette princesse « est donnée au fil du duc de « Brabant (§ 355). » Mais il s'agit dans ce passage d'une promesse de mariage qui remonte à l'an 1257, et qui concernait le frère aîné de Jean Ier. Cette promesse ayant été résiliée plus tard d'un commun accord, Marguerite épousa, non un fils du duc de Brabant, mais le duc de Brabant lui-même; car Jean Ier était investi du duché quand le mariage fut célébré. Le même paragraphe fournit d'ailleurs la preuve que les mots cités plus haut ne peuvent s'appliquer à un mariage conclu en 1270, car il mentionne Blanche, sœur de Marguerite, sans ajouter qu'elle était unie à Fernand de Castille, ce qui fut réalisé en 1269 conformément à une promesse contractée dès 1266.

Il me reste à montrer que tous les manuscrits (A excepté) ont été copiés au plus tôt en 1295. C'est dans le paragraphe 355 que je crois en trouver la preuve, à propos du mariage de saint Louis avec Marguerite de Provence. La leçon de A, qui remonte à l'an 1260, est ainsi conçue : « Et sachiez de « voir que celle damoisele que li rois de France prist à famme « ot à non Marguerite, qui mout *est* bone dame et sage, et « *a* dou roi huit enfanz. » Il était naturel que la reine Marguerite fût mentionnée en 1260 comme une personne encore vivante, et que le chroniqueur dit au temps présent : « *C'est* « une bonne dame qui *a* du roi huit enfants. » Or, comme ces verbes au temps présent sont remplacés dans les autres manuscrits par les prétérits *fu* et *ot*, il en faut conclure que la mort de Marguerite, arrivée en 1295, est la circonstance qui a déterminé l'introduction de ces variantes dans la rédaction primitive.

Toutes les données fournies par la rédaction du manuscrit A sont donc parfaitement concordantes, et permettent d'assigner à ce texte la date précise de 1260. Comme j'étais sûr d'ailleurs qu'il avait été écrit par un habitant de Reims[1], je me trouvais en possession des deux éléments à l'aide desquels il est possible de préparer une édition critique. Je me suis donc décidé à renouveler pour le Ménestrel de Reims l'expérience que j'avais tentée pour Joinville. J'expliquerai en peu de mots comment j'ai procédé.

A défaut d'un recueil de chartes originales qui me manquait, j'ai pu étudier les règles de la langue de Reims au treizième siècle dans le registre officiel des Plaids de l'Échevinage, où l'analyse sommaire des procès portés devant cette juridiction locale, de 1248 à 1299, a été consignée au jour le jour par plusieurs habitants de la ville. J'ai bien vite acquis la conviction que ce registre, par la variété et l'authenticité des écritures, réunissait, aussi bien qu'un recueil de chartes, toutes les conditions nécessaires pour qu'on pût y étudier avec confiance le dialecte propre au temps et au lieu où il a été rédigé. J'ai reconnu en outre que la langue de ce registre offrait une grande conformité avec celles qu'écrivaient les clercs de la chancellerie de Joinville, en sorte que l'autorité des chartes s'en trouve affermie, en même temps qu'elle se communique au registre des Plaids. Enfin j'ai constaté que quelques traces de l'orthographe commune aux clercs de l'Échevinage et à ceux de Joinville se sont conservées dans deux des manuscrits de la première famille. Dans le manuscrit A on trouve, par exemple, *queis* (§ 38), *treif* (§ 55), *neis* (§ 66), *teis* (§ 88), *deleis* (§ 90), *entreis* (§ 91), *sommeir* (§ 469), pour nos mots *quel, tref, nef, tel, delez, entrez, sommer*. Dans le manuscrit

---

1. Ce fait me paraît trop bien établi par les observations de M. Paulin Paris, pour qu'il y ait lieu d'attacher quelque importance aux nombreuses traces de dialecte picard qui existent dans les manuscrits de la seconde famille : il est naturel qu'un texte si gravement altéré au fond dans cette famille de manuscrits, y ait subi aussi des altérations dans la forme.

C, plusieurs substantifs et plusieurs participes passés ont pour finales *ei* ou *ey* au lieu de *é*, notamment *bontey* (§ 47), *citei* (§ 52), *feaultey* (§ 292), *costey* (§ 131), *grei* (§ 270), *celey* (§ 26), *espousey* (§ 30), *amenei* (§ 205). J'ai pu conclure de là que le Ménestrel de Reims avait écrit dans une langue semblable à celle du registre des Plaids.

Ce fait une fois établi, je me suis attaché à étudier la langue de ce registre, et j'ai consigné le résultat de cette étude dans un mémoire[1] où sont exposées en détail les règles d'après lesquelles a été établi le texte de cette édition. L'application de ces règles a eu pour conséquence de modifier l'orthographe du manuscrit A (que j'ai généralement suivi de préférence aux autres) lorsque cette orthographe s'est trouvée en désaccord avec celle du registre des Plaids. Mais quelques-unes de ces modifications ne sont pas justifiées seulement par l'orthographe dominante du registre; la citation que je faisais tout à l'heure prouve qu'elles le sont aussi par certaines variantes du manuscrit. Par exemple j'étais doublement autorisé à remplacer par *queis* la forme *ques* existant au paragraphe 8 du manuscrit A, puisque je pouvais m'appuyer tout à la fois sur le registre des Plaids et sur la variante *queis* qui se rencontre dans le même manuscrit au paragraphe 38. Dans une édition paléographique il aurait fallu reproduire la variété des leçons du manuscrit, tandis que dans une édition critique il était permis et même convenable de choisir entre ces leçons celle qui s'accorde avec l'orthographe dominante du registre des Plaids, du moment où il est constaté que ce registre fournit un spécimen authentique de la langue de Reims.

Je dois avertir d'ailleurs que le registre des Plaids lui-même n'est point exempt de telles variations. Ainsi quoiqu'il

---

[1]. Mémoires de l'Académie des inscriptions, tome XXVIII, 2ᵉ partie, p. 287. Ce mémoire est intitulé « Observations sur la « langue de Reims au XIIIᵉ siècle. »

soit constaté par de nombreuses leçons que l'*a* tonique latin suivi d'une seule consonne se changeait en *ei* dans la langue de Reims (ce qui explique pourquoi les infinitifs latins en *are* s'y changeaient en *eir*), cependant cette règle était quelquefois négligée, en sorte qu'on pouvait écrire tour à tour *tel* et *teil, jurer* et *jureir,* etc. Mais comme les formes *teil* et *jureir* sont les plus ordinaires, j'ai considéré *tel* et *jurer* comme des exceptions dont je ne devais pas tenir compte. En un mot c'est l'orthographe dominante du registre que j'ai introduite dans cette édition et que j'ai tâché d'observer d'une manière uniforme. J'ai eu soin néanmoins de placer entre parenthèses dans le Vocabulaire les variantes que j'ai cru devoir exclure du texte comme étant contraires, soit à la grammaire du temps, soit à l'orthographe dominante du registre. Le lecteur est donc bien averti que l'uniformité d'orthographe qui existe dans l'édition n'est constatée relativement au manuscrit A que pour les leçons inscrites au Vocabulaire sans indication d'aucune variante.

Si le texte du Ménestrel a conservé, comme par hasard, dans les manuscrits A et C un petit nombre de leçons qui le rattachent au dialecte de Reims, on peut dire que dans tous les manuscrits sans exception, malgré les libertés et les négligences des copistes, il offre, à n'en pas douter, la physionomie et les allures d'une prose profondément française. Dans la seconde famille, comme dans la première, il est impossible de ne pas reconnaître une langue souple et gracieuse, qui a brisé toutes les entraves de la phrase latine, et qui se plie sans effort à tous les genres de récits. C'est une raison de plus pour moi de signaler un petit nombre de passages qui me sembleraient avoir pour original un texte latin, non que je les trouve écrits avec moins d'aisance, mais parce qu'il s'y trouve des noms propres altérés par une traduction inexacte.

On lit dans A que des envoyés de Henri Plantagenet trouvèrent Philippe-Auguste à *Meleun* (§ 17), et dans un autre passage, le manuscrit D indique *Meleun* (§ 268) comme le lieu où se tenait un parlement. Mais la leçon *Meleun* est contredite chaque fois par cinq manuscrits : les variantes du paragraphe 17 sont *Monlaon, Monloon, Montlaon* et *Montleun*, en sorte que la première syllabe n'est écrite *me* que dans A; les variantes du paragraphe 268 sont *Monleum, Monloon, Montlaon, Montleun* et *Montloon*, en sorte que D seul donne *me* pour syllabe initiale. C'est donc une leçon isolée contredite une fois sur deux par A D et condamnée par l'accord des autres manuscrits. Du moment où il faut préférer les autres variantes, il n'est pas difficile d'y reconnaître des équivalents de la leçon latine *Mons Lauduni*, qui a été employée pour désigner la ville de Laon, comme on peut le voir notamment dans Hadrien de Valois (p. 290), dans la *Table des diplómes* (tome I) et dans le *Recueil des Historiens de France* (tome X). Les variantes *Monlaon, Monloon*, etc., n'ayant pas été comprises, on est arrivé à la mauvaise leçon *Meleun*.

Le surnom de *Colemede* (§ 236), attribué par cinq manuscrits à Pierre, archevêque de Rouen, dérive aussi d'une leçon latine dont il représente le calque, et non la traduction : en effet, la forme *de Collemedio,* qui se rencontre dans les textes latins, n'a pas été faite sur *Colemede*, mais *Colemede* sur *Collemedio*. Il est vrai qu'on n'est pas bien sûr de connaître le véritable surnom de cet archevêque, mais jusqu'à preuve contraire on peut admettre celui de *Colmieu* qu'on lui attribue généralement. De ce que *Colmieu* n'est pas représenté exactement par *Collemedio*, qui répondrait plutôt à *Colmi*, il faut conclure seulement que la traduction latine de ce nom vulgaire rentre dans la classe nombreuse de celles qui laissent beaucoup à désirer.

Le dernier exemple que j'ai à citer ne peut donner lieu à aucune incertitude : il n'est pas douteux que si le Ménestrel de Reims indique le siége du château de Loche comme celui où Richard Cœur de Lion a été blessé mortellement, cette erreur doit être attribuée à la fausse interprétation d'un texte latin. On sait que ce prince a été frappé au siége du château de Chalus, appartenant au vicomte de Limoges, et que les chroniques latines appellent ce lieu *castrum Lucii*. C'est donc par une double méprise que le texte du Ménestrel mentionne à ce propos « un chastel qui estoit le roi Phelippe « que on apele Loche (§ 130). » Est-ce au Ménestrel qu'il faut attribuer cette mauvaise traduction, ou est-il coupable seulement de l'avoir acceptée toute faite? c'est un problème plus facile à poser qu'à résoudre.

Au lieu de risquer sur cette question accessoire une conjecture qui ne pourrait être suffisamment justifiée, j'aime mieux montrer en peu de mots que le plan de cette édition est d'accord avec ce que j'ai dit sur la nature de l'ouvrage et sur la valeur inégale des deux familles de manuscrits.

Puisque l'ouvrage n'est pas une chronique, mais un récit où la fiction se mêle sans cesse à la vérité, il faut que le lecteur puisse en goûter le charme sans être interrompu à chaque instant par des notes destinées à rétablir l'exactitude des faits, des noms ou des dates. Tous ces renseignements ont été placés plus convenablement dans le *Sommaire critique* qui précède le texte. Ils forment là un ensemble où l'on reconnaît plus facilement le nombre et la gravité des erreurs qu'on peut reprocher au Ménestrel. Cette disposition avait d'ailleurs l'avantage de réserver le bas des pages aux notes qui ont pour objet de recueillir les variantes.

De telles notes devaient être d'autant plus nombreuses que la différence entre les deux familles de manuscrits est plus considérable. Il fallait y signaler les variantes relatives à toute altération de quelque importance qui a été introduite dans le texte, soit volontairement par addition, suppression ou changement de rédaction, soit involontairement par omission ou faute de lecture. Quant aux variantes purement orthographiques, j'ai dit tout à l'heure qu'elles avaient été consignées dans le Vocabulaire.

En résumé, je me suis efforcé de donner dans cette édition

le texte sincère du meilleur manuscrit de la première famille, en le ramenant à l'orthographe de la langue de Reims, qui était celle de l'auteur. Les éditions précédentes n'avaient pu reproduire, d'après les manuscrits de la seconde famille, qu'un texte dont la forme et le fond étaient également altérés. Sans être certain d'avoir réussi à rétablir partout les formes de la langue de Reims au treizième siècle, j'espère du moins que je me suis rapproché du but auquel j'essayais d'atteindre. J'affirme surtout que j'ai toujours respecté scrupuleusement le fond, en sorte que si j'ai eu tort de contester l'autorité historique de ces récits, j'ai du moins le mérite de leur avoir rendu leur pureté originelle, et d'avoir ainsi posé une base solide sur laquelle la critique littéraire pourra désormais s'appuyer en toute confiance.

Concordance des paragraphes de la présente édition avec les folios des manuscrits et les éditions connues.

NUMÉROS des paragraphes.	MS. A. BR. M. 11753.	MS. B. ROUEN O 53.	MS. C. FR. 10149.	MS. D. ÉDITION de Smet.	MS. E. FR. 24430.	MS. E. ÉDITION L. Paris.	MS. F. BR. M. 7103.	MS. F. FR. 13566.
1	1	1	1	575	59	1	1	1
11	2	4	3	578	59 c	7	3	3 b
21	3 b	8	6	580	59 d	14	5	5 b
31	4 b	11	8	583	60 b	19	6 b	7 b
41	5 b	15	10	585	60 d	25	8 b	10
51	7	18	13	588	61 b	33	11	12 b
61	8 b	22	16	591	61 d	43	13 b	16
71	10	26	19	594	62 b	49	16	19
81	11	30	21	597	62 d	55	18 b	21 b
91	12 b	33	23	599	63 b	59	21	24
101	13 b	37	26	602	63 d	64	23	26 b
111	15	41	29	604	64 b	69	25 b	29
121	16 b	44	31	607	64 d	75	27 b	31 b
131	17 b	48	34	610	65 b	79	30	34
141	19	51	36	613	65 d	86	32 b	36 b
151	20	54	38	616	66 b	90	34	38 b
161	21	58	41	618	66 d	95	36 b	40 b
171	22 b	61	43	621	67 b	100	38 b	42 b
181	23 b	65	45	623	67 d	104	40 b	44 b
191	24 b	68	48	626	»	»	70 b	81 b
201	26	72	51	629	68	108	42	46
211	27	76	53	631	68 c	112	44 b	48 b
221	28 b	79	56	634	69	118	46 b	51
231	29 b	83	58	637	69 c	123	49	53 b
241	31	87	61	639	70	128	51	56
251	32	90	63	642	70 c	133	53	58 b
261	33	93	65	644	71	138	55	61
271	34	96	68	647	71 c	143	56 b	63
281	35 b	100	70	649	72	147	58 b	65 b
291	36 b	103	72	651	72 b	153	60	67 b
301	37 b	106	74	653	72 d	157	62	70 b
311	39	110	77	656	73 b	165	64 b	73 b
321	40	113	79	658	73 d	170	66	75 b
331	41	116	81	660	74	175	67 b	78
341	42	119	84	663	74 c	183	72	83
351	43	122	86	665	75	189	73 b	84 b
361	44 b	125	88	668	75 b	193	75 b	87
371	45 b	129	90	»	75 d	198	77	89
381	46 b	132	93	»	76 b	204	79	91 b
391	48	135	95	»	76 d	209	80 b	93 b
401	48 b	138	97	670	77	213	82	96
411	50	142	99	»	»	»	»	»
421	51	146	102	671	77 b	215	83	99
431	52 b	149	104	674	77 d	220	85	102
441	53 b	152	106	677	78 b	225	87	104 b
451	55	156	109	679	78 d	230	89 b	107
461	56	160	111	682	79 b	236	91	109
471	57 b	163	113	684	79 c	240	93	111 b
479	58 b	167	115	686	80	244	94 b	113

SOMMAIRE CRITIQUE.

J'aurais enlevé au récit du Ménestrel de Reims tout son charme, si je l'avais interrompu pour signaler une à une les erreurs qui s'y mêlent sans cesse à un petit nombre de traditions plus conformes à la vérité historique. Il m'a paru préférable de présenter à part un sommaire critique de l'ouvrage, en y rétablissant l'exactitude des faits, des dates et des noms propres.

Pour faciliter au lecteur la recherche des différents passages où se trouvent des erreurs à rectifier, il n'y avait rien de mieux à faire que de se référer à la double série de numéros, l'une en chiffres romains, l'autre en chiffres arabes, qui est établie dans le texte original.

Les numéros en chiffres romains, au nombre de quarante-quatre, marquent dans le récit des repos naturels ou des changements de matière. Ils se retrouvent dans le sommaire, accompagnés de titres qui permettent d'embrasser le plan de l'ouvrage, et de suivre la succession des sujets traités par le Ménestrel.

Les numéros en chiffres arabes sont ceux des paragraphes ou alinéas qui servent à subdiviser le texte original. Ces mêmes numéros accompagnent les observations contenues dans le sommaire, et dirigent toutes les recherches du lecteur avec plus de précision encore que ne le ferait un renvoi aux pages du volume. Comme la table alphabétique des matières qui termine l'ouvrage se réfère aussi aux numéros des paragraphes, elle se trouve être en rapport à la fois avec le corps du texte et avec le sommaire critique.

I. — *De ce qui advint outre mer et en France depuis Godefroi de Bouillon.*

Après avoir rappelé par une courte mention quatre faits toujours vivants dans la mémoire populaire, la prise d'Antioche en 1098, de Jérusalem en 1099, d'Acre en 1191, et de Constantinople en 1204 (§ 1), le Ménestrel de Reims prend pour point de départ de ses récits les temps qui suivirent le règne des deux premiers rois chrétiens de Jérusalem, Godefroi de Bouillon et son frère Baudouin Ier, mort en 1118. Un roi juste, qui corrigeait les malfaiteurs au lieu d'en tirer de l'argent pour remplir sa bourse, régnait alors en France : c'était Louis le Gros, appelé ici du faux nom de Raoul le Justicier (§ 2). Louis le Jeune, qui lui succéda en 1137, conserve son vrai nom, mais en revanche il perd son titre d'héritier légitime pour être transformé en usurpateur : il supplante un frère plus âgé que lui, que les barons déclarent incapable de régner, et dont ils font, faute de mieux et par dédommagement, un comte de Dreux. La maison de Dreux se trouve ainsi avoir pour tige, non plus le troisième fils de Louis le Gros, mais le premier né de Raoul le Justicier, le prince Robert, d'où sortirent les *Robertois* « qui disent encore qu'on leur fait tort du « royaume. » Telle était la légende qui servait à expliquer pourquoi, au bout d'un siècle, Pierre Mauclerc, cadet de la maison de Dreux, se révoltait contre la reine Blanche et contre saint Louis (§ 3 à 5).

II. — *De Louis le Jeune et de la duchesse Éléonore.*

S'il n'est pas vrai que Louis le Jeune ait usurpé le trône, il n'est pas vrai non plus qu'il ait attendu son avènement pour épouser, par le conseil de ses barons, la duchesse

Éléonore : il venait en effet de conclure ce mariage quand il hérita de son père en 1137. La nouvelle reine était fort riche ; mais la légende l'avait rendue plus riche encore qu'elle ne le fut réellement, puisque la Normandie, l'Anjou et la Touraine figurent ici, bien à tort, au nombre de ses domaines (§ 6). C'est aussi contrairement à la vérité qu'elle est accusée d'avoir profité de son séjour en Orient pour nouer une intrigue avec Saladin (7 à 10). Des griefs plus réels ne manquèrent pas à Louis le Jeune quand il se décida en 1152, trois années après son retour de la croisade, à faire prononcer la nullité de son mariage. « C'est un diable, « lui disaient ses barons ; elle vous fera tuer, et d'ailleurs « vous n'avez pas d'enfant d'elle. » Le Ménestrel ignorait donc qu'elle avait donné deux filles à Louis le Jeune (§ 11) ; il ne savait pas non plus le compte des enfants qu'elle eut de son nouvel époux, Henri Plantagenet : sur huit, il n'en connaissait que trois. Mais ce qu'il n'ignore pas, c'est que ce roi d'Angleterre est celui qui fit occire saint Thomas de Cantorbéry (§ 12).

III. — *Mariage de Louis le Jeune avec Alix de Champagne.*

Délivré de la mauvaise reine Éléonore, le roi de France s'empresse de se remarier ; toutefois il n'est pas question ici de sa seconde femme Constance, dont le nom était, paraît-il, tombé en oubli : celle que les barons s'empressent de désigner à son choix, c'est Alix de Champagne, de laquelle naquit, en 1165, le fils si longtemps désiré, qui devait effacer le souvenir des humiliations paternelles par la conquête de la Normandie et par la victoire de Bouvines (§ 13 à 16).

IV. — *De la déloyauté du roi Henri d'Angleterre et de sa mort.*

En racontant que Henri Plantagenet demanda pour un de ses fils la sœur de Philippe-Auguste, et qu'il séquestra cette princesse pour la déshonorer, le Ménestrel a recueilli une accusation dont l'histoire, à tort ou à raison, a conservé le souvenir. Mais il n'est pas vrai que Henri au Court-Mantel fût le fiancé d'Alix de France, et qu'il soit mort de douleur en apprenant sa honte (§ 17 et 18); il était marié à une autre sœur de Philippe-Auguste, à Marguerite de France, quand une maladie l'enleva en 1183. Le fiancé d'Alix était Richard Cœur de Lion, qui la retint en Angleterre jusqu'en 1195, quoiqu'il eût succédé à son père dès 1189, et contracté un autre mariage l'année suivante. Ce qui est plus exact, c'est qu'Alix devint comtesse de Ponthieu par son union avec Guillaume III (§ 20 et 21). Il n'y a au contraire que fiction dans la prétendue expédition de Gerberoi, où Henri II aurait été surpris par Philippe-Auguste, et n'aurait échappé aux coups de son ennemi que pour s'étrangler de ses propres mains (§ 22 à 27) : il est mort en 1189, vaincu par son rival et trahi par ses fils; mais c'est une maladie qui a terminé ses jours. Il a été inhumé à Fontevrault et non à Rouen.

V. — *Comment Gui de Lusignan conserva la couronne de Jérusalem.*

Il y a plus d'une erreur à signaler dans le récit des affaires d'Orient. La reine Sibylle qui a fait asseoir son mari, Gui de Lusignan, sur le trône de Jérusalem, n'était pas la sœur d'Amauri Ier mort en 1173, mais sa fille (§ 28). Au lieu de succéder immédiatement à son père, elle avait vu régner avant elle son frère Baudouin IV, mort en 1185, puis son propre fils Baudouin V, né de son premier mari Guillaume de Montferrat dit Longue-Épée. Quand elle reçut la couronne en 1186, en même temps que Gui de Lusignan, leur principal partisan était Héraclius, patriarche de Jérusalem, qui figure à tort au nombre de leurs ennemis avec un prétendu seigneur de Beirout; mais on peut compter parmi leurs adversaires Guillaume III dit le Vieux, marquis de Montferrat, Raimond II, comte de Tripoli, et Renaud, seigneur de Sidon ou Sayette (§ 29). Le reste du récit n'est pas plus exact, puisque la cérémonie du couronnement eut lieu à Jérusalem et non dans une église d'Acre (§ 31), sans qu'il ait jamais été question pour Sibylle d'abandonner son époux, et d'en choisir un autre parmi les prétendants qui auraient aspiré en secret à le remplacer. La scène où elle couronne Gui de Lusignan comme le plus digne est une des fictions imaginées ou recueillies par le Ménestrel pour captiver l'attention de ses auditeurs (§ 32).

VI. — *Comment les barons trahirent Gui de Lusignan.*

La trahison ourdie par tous les barons contre le rival qui venait, soi-disant, de leur être préféré, est une autre fiction, qui pouvait servir à expliquer la défaite des chrétiens à la bataille de Tibériade. Parmi les conjurés qui se vendent à Saladin (§ 33) figurent de nouveau le prétendu seigneur de Beirout et le patriarche de Jérusalem, qui était en réalité le plus zélé défenseur de cette reine, désignée toujours dans le récit comme la sœur et l'héritière immédiate d'Amauri Ier (§ 34). Suivent des conversations imaginaires, et si précises pourtant qu'elles sembleraient avoir été recueillies par un témoin (§ 35 à 41). Après tous ces pourparlers, la trop célèbre bataille du 11 juillet 1187 se livre à la fausse date de la décollation de saint Jean-Baptiste (§ 40); Saladin d'abord vaincu (§ 43) somme le comte de Tripoli de tenir ses promesses (§ 44), et Gui de Lusignan, abandonné de tous les siens, tombe au pouvoir de l'ennemi (§ 45).

VII. — *Saladin rend la liberté à Gui de Lusignan.*

La conversation du sultan vainqueur avec son prisonnier n'inspirera de confiance à aucun lecteur (§ 46). Quant à la délivrance de Gui de Lusignan, elle a été le prix de la reddition d'Ascalon, et non un de ces actes de générosité dont la crédulité populaire a fait honneur à Saladin (§ 47). Une fois libre, le roi ne put se faire ouvrir les portes de Tyr par Conrad de Montferrat, qui était en possession de la ville (§ 48); mais la reine n'y était pas renfermée, et le récit de son évasion périlleuse est de pure invention (§ 49).

VIII. — *Philippe-Auguste et Richard Cœur de Lion vont à la croisade.*

Quand la nouvelle de la prise de Jérusalem parvint à Rome, c'était Clément III, et non Lucius III (§ 50) qui occupait le trône pontifical. Le Ménestrel de Reims n'est pas mieux instruit quand il fait aborder les croisés à Tyr pour y assiéger le bailli qui en avait refusé l'entrée à Gui de Lusignan (§ 51 et 52). Ils abordèrent directement devant Acre en avril 1191, et trois mois après leur arrivée, le siège que Gui de Lusignan avait commencé depuis deux ans, se terminait par la prise de la ville. Il n'est donc pas vrai que les croisés y aient passé l'hiver; il n'est pas vrai non plus que Richard Cœur de Lion se soit tenu à l'écart, et que Philippe-Auguste ait pu mériter qu'un prophète musulman lui attribuât d'avance tout l'honneur de la victoire (§ 53 à 56).

IX. — *De la déloyauté du roi Richard.*

Notre Ménestrel n'est pas le seul à raconter qu'une lutte s'engagea un jour dans les rues d'Acre entre Richard et Guillaume des Barres (§ 57 et 58). La violence bien connue du roi d'Angleterre permet d'ajouter foi à cet incident, et à l'attaque qu'il aurait tentée dans son dépit contre l'hôtel du roi de France (§ 59). Il est plus difficile d'admettre, malgré l'accord de plusieurs témoignages, qu'il ait fait empoisonner Philippe-Auguste (§ 60); on doit douter aussi qu'ayant ensuite médité le meurtre de son rival, il ait obtenu à prix d'argent la complicité des comtes de Flandre, de Champagne et de Blois. Il résulte pourtant de certains récits que le comte de Flandre, à son lit de mort, avertit Philippe-Auguste d'une conspiration tramée contre ses jours (§ 61). Quoi qu'il en soit, le roi de France s'empressa de remettre à la voile (§ 62) trois semaines après la prise d'Acre, tandis que Richard prolongea son séjour en Orient jusqu'au mois d'octobre 1192; ce fut au mois de décembre suivant qu'il fut arrêté par les gens du duc d'Autriche, malgré le déguisement auquel il avait eu recours (§ 65).

X. — *Mort du comte de Blois, du comte de Champagne, du roi Gui et de sa femme.*

Thibaut V, comte de Blois, était mort au siége d'Acre avant le départ des deux rois; son naufrage est donc une fiction (§ 66). Henri II, comte de Champagne, épousa en 1192 Isabelle, seconde fille d'Amauri Ier, et prit en même temps le titre de roi de Jérusalem; mais il ne fut jamais roi de Chypre. Ce n'est donc pas comme son héritière, c'est comme épouse de Hugues de Lusignan, que sa fille aînée Alix devint reine de Chypre; son autre fille Philippine fut mariée à Érard de Brienne, seigneur de Rameru (§ 67). Le récit de l'accident qui enleva la vie à Henri II en 1197 est conforme à la vérité (§ 68). Quant à Gui de Lusignan, loin de conserver pendant quatorze ans le titre de roi de Jérusalem, il le perdit à la mort de Sibylle, en 1189, et obtint en 1192 le royaume de Chypre qu'il conserva jusqu'en 1194. Le roi élu par les barons est le même personnage dont il a été question plus haut comme bailli de Tyr : c'est Conrad de Montferrat, qui périt assassiné en 1192, le jour même où il apprenait son élection. D'Isabelle, seconde fille d'Amauri Ier, mariée en secondes noces à Henri II, Conrad laissa une fille du nom de Marie, qui épousa Jean de Brienne en 1210 (§ 69).

XI. — *Du retour de Philippe-Auguste et de son mariage avec la sœur du comte de Flandre.*

Revenu en France après une heureuse traversée (§ 70), et rétabli enfin d'une maladie grave qui est de nouveau présentée comme la suite d'un empoisonnement (§ 71), Philippe-Auguste songea bientôt à contracter un second mariage. Rien n'empêche de croire qu'il ait pris l'avis de son oncle maternel, Guillaume Blanche-Main, archevêque de Reims (§ 72), et l'on est d'ailleurs certain que ce mariage fut célébré en 1193 dans la cathédrale d'Amiens (§ 76) ; mais ce qui est complètement faux, c'est que les conseils de l'archevêque et les négociations qui en furent la suite aient eu pour objet une alliance avec Isabelle de Hainaut (§ 73 à 76), qui était morte en 1190 ; le Ménestrel a donc confondu les temps et parlé de la première femme de Philippe-Auguste quand il aurait dû parler de la seconde, qui était Ingeburge de Danemarck.

XII. — *Comment Blondel délivra le roi Richard.*

Arrêté au mois de décembre 1192, Richard Cœur de Lion n'était resté que trois mois entre les mains de Léopold V, duc d'Autriche (§ 77), qui avait vendu son prisonnier à l'empereur Henri VI. Il en résulte que ce n'est pas en Autriche, ni au bout de quatre ans (§ 78), que le ménestrel Blondel a pu découvrir le château où son maître était emprisonné ; ce n'est pas non plus là, mais à Mayence, que la délivrance fut obtenue au mois de février 1194 (§ 83 à 85). Il y a donc de graves erreurs dans ce récit, et s'il y subsiste un fond de vérité, on peut être sûr que le Ménestrel de Reims l'a embelli de son mieux : c'était sa profession qu'il glorifiait quand il célébrait le dévouement et l'intelligence de Blondel.

XIII. — *Comment Richard attaqua Philippe-Auguste.*

Comme Richard entreprit la guerre contre Philippe-Auguste dès qu'il fut sorti de prison, il est naturel de rapporter à l'année 1194 ses pensées de vengeance (§ 86 et 87), l'assentiment de ses barons (§ 88), l'envoi des lettres de défi (§ 89 à 91), son débarquement à Dieppe (§ 92 et 93), et le commencement des hostilités (§ 94 à 102). Mais les Anglais n'occupaient pas Gisors (§ 96 à 101), dont Philippe-Auguste s'était emparé dès 1193.

Il serait également dangereux d'accepter comme exacts les autres détails de ce récit. Parmi les combattants mandés par le roi figure un comte de Chartres (§ 95 et 98) ; or le comté de Chartres était réuni alors au comté de Blois, et Louis, comte de Blois, n'eût pas été désigné sous le titre de comte de Chartres ; Bouchard, comte de Vendôme, était vassal du roi d'Angleterre (§ 95), Guillaume, comte de Sancerre (§ 95, 97 et 98), n'était pas en âge de porter les armes, et les historiens de Philippe-Auguste (qui ne parlent nulle part du prétendu vidame de Châteaudun) ne citent aucun autre vidame comme ayant pris part à cette campagne (§ 95). Il n'y a pas au contraire d'objection à faire contre la présence de Pierre de Courtenai, comte de Nevers, de Guillaume des Barres et d'Alain de Rouci (§ 95, 98 et 100). L'histoire n'apprend rien qui justifie le récit relatif au départ subit de Richard pour l'Angleterre (§ 102 et 103) : ce n'est sans doute qu'un incident destiné à ranimer l'attention des auditeurs du Ménestrel.

XIV. — *La guerre continue entre les deux rois.*

Le comte de Sancerre, trop jeune encore pour porter les armes, n'était pas, à plus forte raison, le chef des troupes royales (§ 104). Philippe-Auguste, qui s'était emparé de Gisors avant même que Richard fût sorti de prison, n'a pas eu à en faire le siège en 1194 ou dans les années suivantes (104 à 108), pas plus qu'il ne s'est rendu maître de Niort (§ 107). Mais en 1198, il courut un grand danger près de Gisors, dans un combat où Alain de Rouci fut fait prisonnier ; cette partie du récit (§ 109 à 115) peut donc être considérée comme exacte, pourvu qu'on fasse abstraction des dialogues dont elle est entremêlée. Richard est accusé ailleurs comme ici (§ 117) d'avoir fait crever les yeux à des prisonniers ; les historiens anglais prétendent qu'il le fit par voie de représailles, en imitant l'exemple que Philippe-Auguste lui avait donné : triste excuse que Guillaume le Breton allègue à son tour en faveur du roi de France pour le justifier d'avoir exercé la même rigueur.

XV. — *De la guerre faite au roi d'Espagne par Richard, et de sa mort.*

Il n'y a pas eu de guerre entre Richard Cœur de Lion et le roi de Castille (§ 118 à 128), qui était alors Alfonse IX et non Ferrand. Ce n'est pas au siége du château de Loches (§ 130), mais de Chalus en Limousin (dont le nom latin *Castrum Lucii* a dû causer cette confusion) que Richard fut blessé par un arbalétrier. En parlant des excès qui empêchèrent la guérison du roi d'Angleterre, le Ménestrel de Reims ne fait que répéter ce que Guillaume le Breton avait dit avant lui (§ 131). Le cœur de Richard fut déposé à Rouen, mais son corps fut enterré à Fontevrault et non à Londres (§ 133).

XVI. — *Comment Jean de Brienne devint roi de Jérusalem.*

Conrad de Montferrat est loin d'avoir régné huit ans, puisqu'il périt assassiné le jour même où il apprit son élection comme roi de Jérusalem. Sa veuve Isabelle, qui s'était remariée d'abord avec Henri II, comte de Champagne, puis avec Amauri II de Lusignan, roi de Chypre, laissa en effet, de son union avec Conrad, une fille nommée Marie, à laquelle les barons de Jérusalem cherchèrent un époux (§ 134). Jean de Brienne, qui leur fut indiqué, était fils d'Érard II, comte de Brienne, et non de Gautier II (§ 135, 136 et 138). Ce fut peut-être Simon Ier, seigneur de Châteauvillain, qui lui apprit le métier des armes (§ 137 et 139); mais M. d'Arbois de Jubainville a prouvé[1] que Jean de Brienne, loin d'avoir été déshérité par son père, a possédé le comté de

---

[1]. *Recherches sur les premières années de Jean de Brienne*, p. 4 et suivantes d'un tirage à part extrait des *Mémoires lus à la Sorbonne* en 1868, p. 235.

Brienne de 1206 à 1221, en sorte qu'il n'a pas dû porter le surnom de Jean sans Terre (§ 138, et 140 à 142), ni être réduit à se faire équiper aux dépens de ses amis (§ 139). Arrivé à Acre, en 1210 (§ 140), il y épousa la princesse Marie; c'est dans la même ville, et non à Beirout, qu'ils furent couronnés (§ 141). De leur mariage naquit Yolande, épouse de Frédéric II et mère de Conrad, qui, marié lui-même en 1246 à Élisabeth, fille d'Othon, duc de Bavière, fut père de Conradin, condamné à mort en 1268 pour avoir revendiqué ses droits au trône de Naples. Le récit, au lieu de faire allusion à cette fin tragique, parle de Conradin comme d'un prince encore vivant qui a droit au trône de Jérusalem (§ 142). A ces indications très-exactes succède celle du second mariage que Jean de Brienne, après avoir perdu sa première femme, contracta en 1215 avec Estéfanie, fille de Livon Ier, roi d'Arménie (§ 143).

XVII. — *Du siége de Damiette par les croisés.*

Le quatrième concile de Latran ne fut convoqué par Innocent III qu'en 1215 (§ 144 et 145), et ce n'est pas à la suite de ce concile, mais dès l'année 1214, que Robert de Courçon fut nommé légat en France (§ 146); sa mort au siége de Damiette, en 1218, n'est pas relatée ici. Saphadin ou Malec el Adel, mort le 31 août 1218, ne dirigea la défense de Damiette (§ 148 et 149) que pendant les premiers mois du siége. Il était alors secondé par son fils Malec el Camel, qui continua cette guerre avec l'aide de son frère Malec el Moaddem dit Coradin, sultan de Damas (§ 149). Mais on ne voit pas qu'il ait été secouru alors par les soudans d'Iconium, de la Chamelle et d'Alep. D'autres récits apprennent que les assiégeants furent bientôt renforcés par un nouveau corps de croisés, au nombre desquels sont cités, comme ici, Jean d'Arcis, Milon de Nanteuil, évêque de

Beauvais, et ses deux frères ; ces indications manquent pour Jean Fuinon, pour le sire de Loupines (peut-être de Louppy?), et pour le prétendu comte de Pingin ou Puigniet (§ 151).

XVIII. — *Les croisés sont vaincus, mais ne renoncent pas au siége.*

Le nom de Saphadin continue à remplacer par erreur celui de son héritier Malec el Camel (§ 153, 155, 158, 160). On peut au contraire considérer comme exact ce qui est dit du légat Pélage, de l'évêque élu de Beauvais, Milon de Nanteuil, et du roi Jean de Brienne (§ 153 à 157), au sujet du revers essuyé par les chrétiens le 29 août 1219 (§ 155). Plusieurs textes citent parmi les prisonniers André de Nanteuil et Jean d'Arcis, sans y ajouter le sire de Loupines (ou Louppy?) et Jean Fuinon. L'emploi des pigeons messagers était certainement en usage (§ 159 et 160), mais l'outre en cuir de bœuf que le cours du Nil emportait vers la ville et qui recélait un chef capable de lutter contre les assiégeants (§ 161 et 162) ne mérite aucune créance.

XIX. — *Comment Damiette fut prise, puis perdue par les croisés.*

Les propositions de paix faites par Malec el Camel (et non par Saphadin son père), qui offrait de rendre tout ce qui avait appartenu au roi Amauri Ier, la réponse faite aux prisonniers qui furent chargés d'apporter ces offres aux assiégeants (§ 165 à 170), et enfin la prise de Damiette par les croisés en 1219 (§ 171 et 172) sont des faits conformes à l'histoire, ainsi que la désastreuse expédition dirigée vers le Caire et non vers Tanis (§ 173 et 176), qui obligea les croisés, en 1221, à livrer la ville dont ils s'étaient emparés deux années auparavant (§ 178).

XX. — *De l'évêque Milon de Beauvais.*

Délivré après l'évacuation de Damiette avec les autres prisonniers, Milon, évêque de Beauvais, aborde à Bari et va se faire sacrer à Rome par le pape Honorius III (§ 179). La longue description de cette cérémonie (§ 180 à 183) est un de ces hors-d'œuvre que le Ménestrel pouvait débiter ou omettre à son gré, eu égard à la composition de son auditoire et au temps qui lui était accordé. Ce ne fut pas alors que Milon de Nanteuil obtint du pape le duché de Spolette et la Marche d'Ancône, désignés ici sous le nom de Vaus d'Alise (§ 184) : cette donation ne lui fut faite qu'en 1230, c'est-à-dire bien des années après son retour d'Orient. Quand il rentra en France, Philippe-Auguste vivait encore ; ce n'était donc pas au temps du cardinal Romain, dont la légation ne commença qu'en 1225, ni de l'archevêque Henri de Braîne, qui ne fut élu au siége de Reims qu'en 1227. Quant au concile de Saint-Quentin, il se tenait en 1233 (§ 184), plusieurs mois après les troubles qui avaient éclaté à Beauvais contre l'autorité du roi, et non contre celle de l'évêque (§ 185 et 186). Quand même Milon se serait fait le calomniateur de la reine (ce qui est contraire à toute vraisemblance), personne ne serait tenté d'ajouter créance à l'étrange anecdote qui nous la montre rétablissant sa réputation aux dépens de sa pudeur (§ 187). Il n'est pas vrai qu'une excommunication prononcée contre les habitants ait occasionné la saisie du comté de Beauvais (§ 188 à 190) ; c'est au contraire à l'occasion de la saisie de son temporel que l'évêque jeta l'interdit sur son propre diocèse. Il était ruiné quand il partit pour l'Italie en 1234, afin d'y implorer l'intervention du pape ; et c'est une scène imaginée à plaisir que la rencontre de l'opulent évêque de Beauvais avec le pauvre évêque de Turin (§ 191 à 195). Comme Milon de Nanteuil, avant de parvenir à l'épiscopat, avait été prévôt de Reims, et qu'il avait eu en 1217 la garde de la ville pendant l'absence de l'archevêque Albéric Humbert[1], il avait pu alors exciter quelques inimitiés dont le souvenir ne serait peut-être pas étranger à l'animosité qui règne dans tout ce récit.

XXI. — *Aventures de Saladin racontées par un prisonnier.*

Au portrait peu flatté de l'évêque de Beauvais en succède un autre qui l'est beaucoup trop, celui de Saladin transfiguré par l'imagination populaire, et dont Jean de Brienne se fait raconter les aventures par un prisonnier sarrasin (§ 196 et 197). Le Ménestrel de Reims n'est peut-être pas le seul qui ait rapporté que Saladin fit promener son suaire par les villes, comme l'unique bien qu'il dût emporter en mourant (§ 198). Saladin lui-même n'est pas le seul à qui on ait attribué cette pensée. Mon savant confrère, M. de Slane, ne connaît aucune circonstance qui ait pu donner lieu à la fausse tradition d'une visite que Saladin aurait faite, déguisé en pèlerin, aux Hospitaliers d'Acre (§ 199 à 208). Les chroniqueurs arabes ne disent rien non plus du supplice qui aurait été infligé au commandant de Césarée, en punition de son avarice[2]; ils ne parlent pas davantage de la

---

1. *Gallia christiana*, tome VIII, p. 106 et 740.
2. L'histoire de ce commandant qui accumulait dans son trésor les économies faites sur la solde de ses troupes, et dont Saladin décide qu'on assouvira l'avarice en lui versant de l'or et de l'argent fondus dans la gorge, rappelle le malheureux calife de Bagdad qui, d'après la légende recueillie par Joinville, n'aurait pu se décider à sacrifier ses bijoux pour augmenter le nombre de ses gens d'armes : le roi des Tartares, après l'avoir condamné à jeûner pendant plusieurs jours, décida qu'on lui servirait, pour assouvir sa faim, un plateau couvert de pierres précieuses (*Joinville*, § 586 et 587).

mesure de clémence dont sa veuve aurait été l'objet. Tout ce que l'on peut affirmer, c'est que les preuves de la cruauté de Saladin ne sont pas rares, et que cependant les *Historiens orientaux des croisades* contiennent[1] quelques traits d'où l'on peut induire qu'il n'était pas toujours inaccessible à la pitié. Le baptême que Saladin se serait administré lui-même avant de mourir (§ 212) est une anecdote indigne de toute créance. Il n'a pas été enterré en Acre (§ 213), mais à Damas, d'abord dans la citadelle, puis dans un mausolée qui fut bâti à son intention sur la grande place située devant la mosquée principale de la ville. M. de Slane, qui a bien voulu me communiquer ces détails, n'a rencontré aucune mention de la mère de Saladin. Il résulte d'ailleurs de ses savantes recherches, qu'aucune des prétendues aventures attribuées dans ce récit au célèbre sultan ne doit inspirer la moindre confiance ; mais les auditeurs du Ménestrel étaient avides de ces fictions, et les accueillaient comme des vérités.

XXII. — *Comment le pape appela l'empereur à son aide contre ceux de Milan.*

Frédéric II n'hérita pas de trois royaumes ; mais il possédait, comme roi de Sicile, le duché de Pouille et la principauté de Capoue. Ayant été élu roi d'Allemagne par l'influence d'Innocent III après l'excommunication d'Othon IV, il fut couronné en 1212, à Mayence, par l'archevêque de cette ville, et non à Aix-la-Chapelle par l'archevêque de Trèves (§ 214). Ici commence un récit purement fabuleux, dans lequel les faits les plus connus de l'histoire sont entièrement dénaturés. Pour expliquer la discorde qui éclata entre le pape et l'empereur, le Ménestrel imagine que les Milanais chassent leur archevêque, qui les avait excommuniés ;

---

1. Voy. tome I, p. 703 et 704.

qu'ils résistent à un cardinal légat envoyé par le pape
(§ 215 à 218); que le légat, sorti de la ville, est poursuivi
par la populace et assassiné (§ 219 à 222); que le pape
implore l'aide de Frédéric II, et lui donne tous les biens des
Milanais, en lui faisant promettre de détruire leur ville
(§ 223 et 224); que l'empereur entreprend le siége à cette
condition (§ 225); que les Milanais, fatigués de la guerre
(§ 226), cherchent à traiter d'abord avec l'empereur qui les
repousse (§ 227), puis enfin avec le pape (§ 228 et 229),
qui commence par accabler leurs messagers d'injures
grossières, et qui se laisse ensuite gagner à l'appât de
trente mille marcs d'argent (§ 230 et 231).

XXIII. — *Discorde entre le pape et l'empereur.*

A mesure qu'on approche du dénouement, les erreurs
s'accumulent. Frédéric II, après avoir levé le siége de
Milan sur la menace d'une excommunication (§ 232),
épouse la fille de Jean de Brienne (§ 233); et comme ce
mariage s'est fait en 1225, on aurait ainsi une date approximative pour toutes les fictions qui précèdent. Bientôt
après, il réclame, mais en vain, sa part dans les trente
mille marcs d'argent (§ 234 et 235). Le pape, qui est censé
les avoir reçus avant le mariage de Frédéric II, devrait être
Honorius III. Mais celui que le récit désigne comme parvenu
à un grand âge semblerait plutôt devoir être le centenaire
Grégoire IX (§ 236), d'autant plus que son successeur est
signalé explicitement sous le double nom de Sénebaud et
d'Innocent IV. Cependant, par une nouvelle contradiction,
l'emprisonnement que Frédéric II fit subir à plusieurs prélats convoqués au concile de Rome en 1241 est raconté
comme ayant eu lieu au temps d'Innocent IV, dont l'élection date seulement de 1243 (§ 236 et 237). L'arrivée du
pape à Lyon en 1243 au lieu de 1244, la présence de Pierre
de la Vigne au concile de Lyon en 1245 (§ 238), la mort

infligée par Frédéric II à une partie de ses gens (§ 239), sont autant d'erreurs. La disgrâce de Pierre de la Vigne est au contraire certaine, mais la cause indiquée ici est au moins douteuse (§ 240). Après avoir mentionné la mort d'Innocent IV en 1254, et lui avoir donné pour successeur, non Alexandre IV, mais un pontife qu'il nomme encore Innocent IV (§ 242), le Ménestrel de Reims revient (on ne sait pourquoi) à des faits presque tous antérieurs, dont il ignorait les dates puisqu'il en intervertit l'ordre véritable en les énumérant (§ 243) comme s'étant succédé ainsi qu'il suit : 1° Couronnement de Frédéric II à Jérusalem (en 1229), 2° sa mort (en 1250), 3° usurpation de Mainfroi (en 1258), 4° départ de Jean de Brienne pour Constantinople (en 1231), 5° règne ou régence de ce prince jusqu'à sa mort (en 1237).

XXIV. — *Comment le roi Jean perdit la Normandie.*

Le Ménestrel de Reims, qui appelle Jean sans Terre le pire des rois depuis Hérode, n'hésite pas à l'accuser du meurtre d'Arthur, comte de Bretagne (§ 244 et 245). Il a tort de croire que Philippe-Auguste ait accordé répit sur répit à son rival avant de le condamner (§ 246 à 251). L'arrêt une fois prononcé en 1203, la Normandie fut envahie (§ 252 et 253); mais le roi de France n'eut besoin d'assiéger ni Mante, ni Pacy (§ 254), ni Vernon (§ 257 et 258) qui lui appartenaient depuis longtemps. Jean sans Terre n'ayant pas envoyé les secours qui lui étaient demandés (§ 255 et 256), la conquête de la Normandie s'acheva le 24 juin 1204 par la reddition de Rouen (§ 259).

XXV. — *Siége du château Gaillard.*

La prise du château Gaillard, reculée ici après la soumission de Rouen (§ 260), avait eu lieu dès le mois de mars 1204. Il n'est pas vrai que cette forteresse ait été réduite par la famine; elle fut emportée de vive force, malgré la résistance du châtelain, Roger de Lascy, et sans la connivence de ses compagnons d'armes (§ 260 à 267).

XXVI. — *Trahison du comte de Boulogne.*

On lit dans l'Art de vérifier les dates, que Hugues IV, comte de Saint-Paul, se trouvant à Compiègne en 1197, se prit de querelle avec Renaud comte de Boulogne et le frappa au visage. Ici la scène se passe à Monloon (nom qui doit désigner Laon), peu de temps avant la bataille de Bouvines. Hugues IV était mort depuis plusieurs années, et le rôle qui lui est attribué dans l'autre récit échoit à son successeur Gaucher de Châtillon (§ 268). Il n'est pas question de Garin, évêque de Senlis, dans la version de l'Art de vérifier les dates (§ 269 à 272); mais il y est dit, comme dans celle du Ménestrel, que le comte de Boulogne, après avoir repoussé la médiation du roi, s'allia à Ferrand, comte de Flandre (§ 273 et 274). Tel est le fond de l'anecdote qui est présentée ici comme la principale cause de la ligue formée contre Philippe-Auguste et de la guerre qui en fut la conséquence (§ 275). Quant à la querelle de Hugues de Boves et du comte de Boulogne (§ 276 et 277), elle a réellement eu lieu la veille de la bataille de Bouvines.

XXVII. — *Bataille de Bouvines.*

Le récit de la bataille de Bouvines est généralement exact. D'autres que le Ménestrel rapportent que l'empereur Othon IV et ses principaux alliés se croyaient sûrs de vaincre, et que d'avance ils se partageaient la France (§ 278 et 279). Sans être attestée d'une manière tout à fait incontestable, la scène où le roi offre de céder la couronne à plus digne que lui (§ 280 à 283) a été racontée ailleurs; mais Guillaume, comte de Sancerre, n'a pas dû y prendre part (§ 281) : il était probablement du nombre de ceux qui attendaient au-delà de la Loire l'événement du combat. Tous les historiens vantent le courage du comte de Saint-Paul, sans parler toutefois de sa rencontre avec le comte de Boulogne (§ 285 à 287). Le sénéchal de Champagne était alors Simon de Joinville, père de l'historien, et non Oudard de Reson (§ 285). Si Hugues de Boves, après la victoire de Philippe-Auguste, n'a pas péri en mer, il est vrai du moins qu'il a pris la fuite comme l'empereur (§ 288). Guillaume III, comte de Ponthieu, figure à tort parmi les vaincus (§ 289) : il a vaillamment combattu dans les rangs des Français. La bataille de Bouvines fut remportée le 27 juillet 1214, qui était le quatrième dimanche du mois ; c'est par erreur que plusieurs manuscrits indiquent le second dimanche de juin. Ce ne fut pas le même jour (mais quelque temps après) que le roi Jean fut vaincu à la Roche-aux-Moines par le fils de Philippe-Auguste (§ 290). La destruction de Lille a précédé d'un an, et non suivi la bataille de Bouvines ; enfin le comte de Boulogne fut emprisonné à Péronne, et non à Angoles.

XXVIII. — *Comment les barons d'Angleterre appelèrent à leur aide le prince Louis de France.*

Il n'est pas exact que les barons d'Angleterre révoltés contre le roi Jean aient offert la couronne à Philippe-Auguste (§ 292) ; leurs offres, dès l'origine, s'adressèrent à Louis VIII, qui les accepta sans l'assentiment avoué de son père (§ 293 et 294). Si Thomas, comte du Perche, et Enguerran III de Couci prirent part à cette expédition, il n'en fut pas de même du comte de Montfort, du comte de Blois (car il n'y avait pas de comte de Chartres en 1216), ni probablement du comte de Montbéliard. Louis VIII n'a pas commencé par assiéger Douvres (§ 296), mais par s'emparer de Londres et de plusieurs autres villes (§ 297 et 298).

La bataille de Lincoln où Thomas, comte du Perche, périt
en mai 1217, n'a pas précédé, mais suivi le don du royaume
d'Angleterre au pape, par le roi Jean, et l'excommunication
de Louis VIII en 1216 (§ 298 à 300). Cette ville d'ailleurs
n'était pas assiégée par les partisans de Louis VIII ; ils ten-
taient au contraire de faire lever le siège qu'y avait mis
l'armée du jeune Henri III, reconnu pour roi d'Angleterre
depuis la mort de son père, arrivée le 19 octobre 1216.

XXIX. — *Le prince Louis est abandonné par les barons anglais.*

C'est après la bataille de Lincoln que Louis VIII envoya
réclamer des secours en France : l'appel pathétique de
Blanche de Castille à Philippe-Auguste n'a rien qui soit
contraire à la vraisemblance (§ 301 et 302). Les barons
anglais ne s'étaient pas rattachés à la cause de Jean sans
Terre, mais à celle de son fils, contre lequel ils ne pouvaient
avoir les mêmes griefs (§ 303 et 304). Louis VIII, forcé de
conclure la paix au mois de septembre 1217, entreprit en
effet en 1219 une expédition contre les Albigeois, où
Gaucher, comte de Saint-Paul, signala de nouveau son cou-
rage ; mais les comtes Thibaut IV de Champagne, Louis Ier
de Sancerre et Hervé de Nevers sont nommés à tort comme
l'ayant accompagné (§ 305).

XXX. — *Mort de Philippe-Auguste et sacre de son fils.*

Ce n'est pas au moment de mourir que Philippe-Auguste
fit son testament : il l'avait arrêté dès 1222, en laissant des
legs considérables mais inégaux, pour la Terre-Sainte, les
pauvres et la France (§ 306). Outre la messe de *requiem*
que Guillaume de Joinville, archevêque de Reims, célébra
aux obsèques royales, le Ménestrel aurait dû mentionner

celle que chantait en même temps le légat du pape, Conrad, évêque de Porto (§ 307). La date exacte de la mort de Philippe-Auguste est le 14 juillet 1223 au lieu du 25; il n'avait régné que quarante-trois ans, et avait été couronné, non à seize ans, mais à quatorze. L'aîné de ses petits-fils n'avait que neuf ans quand il mourut en 1218 (§ 308). Le Ménestrel de Reims se trompe en fixant au 22 août, au lieu du 6, la date du sacre de Louis VIII (§ 309). Il se trompe surtout, et peut-être même cherche-t-il à tromper, quand il raconte que l'archevêque ne put faire contribuer les bourgeois aux frais de cette cérémonie : il se montre si bien renseigné sur les noms de différents habitants de Reims qui prirent part à cette discussion, qu'on ne peut guère admettre qu'il en ait ignoré le véritable résultat (§ 311 à 313).

XXXI. — *Du faux comte Baudouin.*

La date de la naissance de Charles d'Anjou est incertaine ; il est possible qu'elle ait eu lieu la même année que la prise de la Rochelle, c'est-à-dire en 1224 (§ 314). L'aventure du faux Baudouin se rapporte certainement à l'an 1225 ; c'est donc par erreur qu'il est question de cinquante ans qui se seraient écoulés depuis le départ des croisés en 1202 (§ 322). Quant aux autres détails du récit, on les retrouve presque tous ailleurs, et notamment dans Albéric de Trois Fontaines. On n'y voit pas néanmoins que le faux comte ait failli un jour surprendre la comtesse de Flandre (§ 318), ni qu'il eût aux pieds une difformité dont on s'aperçut quand il fut fait prisonnier (§ 328).

XXXII. — *Mort de Louis VIII et sacre de son fils.*

Le siège d'Avignon, commencé le 10 juin 1226, n'a pas duré plus de trois mois (§ 331), et la reddition de la ville n'a pas été précédée d'une trêve de quarante jours (§ 333). La date exacte de la mort de Henri de Braine est le 6 juillet 1240 (§ 338).

XXXIII. — *Révolte des barons de France contre la reine Blanche.*

Le comte de Champagne a été attaqué à deux reprises par les barons de France. Le comte de Boulogne, qui était entré dans cette ligue en 1229 (§ 340), s'en retira la même année ; et ce fut alors que Louis IX obligea les troupes des confédérés à évacuer la Champagne (§ 347 à 351). Les hostilités reprirent l'année suivante, et les incidents de cette nouvelle guerre (§ 343 à 346) sont racontés par erreur avant ceux de la première. Blanche de Navarre était morte dès le mois de mars 1229, cinq ans avant son frère Sanche VII, roi de Navarre (§ 352). La liste des enfants que Marguerite de Bourbon donna au comte de Champagne n'est pas exacte : il faut en retrancher le quatrième fils, et rendre aux deux filles leurs noms véritables, Marguerite et Béatrix (§ 353).

XXXIV. — *Nouvelles révoltes des barons de France.*

Ce n'est pas en vertu d'une coutume locale, c'est à cause du testament de son père que Béatrix obtint le comté de Provence au détriment de ses sœurs (§ 354). La liste des enfants de saint Louis n'est pas complète ; on doit croire que le Ménestrel l'a écrite avant d'avoir pu connaître le nom de la princesse Agnès, qui naquit en 1260, et qui fut fiancée en 1272, puis mariée en 1279 à Robert II, duc de Bourgogne (§ 355). La révolte du comte de Champagne qui est de l'an 1236 (§ 356 à 359) n'aurait pas dû être placée avant celle du comte de Bretagne, qui avait éclaté dès 1234 (§ 360 et 361). C'est par une insulte adressée au comte de Poitiers, et non à la reine Blanche, que le comte de la Marche manifesta sa résolution de rompre avec saint Louis (§ 362). Les principaux événements de cette guerre sont exactement rapportés (§ 363 à 366).

XXXV. — *Comment Louis IX se croisa et s'empara de Damiette.*

Le répit accordé aux croisés pour le paiement de leurs dettes (§ 368) et la scène des adieux entre saint Louis et sa mère (§ 370 et 371) sont des faits qui peuvent être exacts, quoique les chroniqueurs ne les mentionnent pas. Ce qui est plus douteux, c'est que Guillaume d'Auvergne, évêque de Paris, ait chanté la messe au moment du départ du roi; car selon l'opinion la plus générale, ce prélat était mort le 31 mars 1248, et il n'avait pas de successeur au mois de juin de la même année. Un des frères du roi, Alfonse, comte de Poitiers, ne partit pour la croisade qu'en 1249, et les femmes de Robert d'Artois et de Charles d'Anjou ne s'embarquèrent probablement pas avec le roi (§ 369, 371 et 372). Voici d'autres erreurs qu'il faut rectifier. C'est le vendredi 28 août 1248, et non le mardi précédent, que le roi mit à la voile (§ 372); au débarquement on ne lui permit pas de se lancer au milieu des Sarrasins (§ 375); Damiette ne fut pas assiégée trois jours et trois nuits (§ 376); elle fut prise sans coup férir et sans escalade (§ 377); on en était maître depuis dix mois quand la reine Marguerite y donna le jour à son fils Jean Tristan, qui est appelé ici par erreur du nom de Pierre (§ 378).

XXXVI. — *Mort du comte d'Artois, captivité de Louis IX.*

La fin du récit de la croisade de saint Louis ne renferme que peu d'erreurs : la plus grave est la confusion du Nil avec le Jourdain (§ 380). Le maître du Temple et le maître de l'Hôpital ne périrent pas à la bataille de Mansourah (§ 386) : le premier y perdit un œil, et le second y fut fait prisonnier. Ce ne fut pas de la Toussaint à l'entrée du carême que l'armée chrétienne fut cernée et affamée par les Turcs (§ 388), mais depuis le commencement du carême jusqu'au 6 avril 1250, date de la prise du roi; il resta prisonnier du soudan pendant plus de trois semaines (§ 390), et ne recouvra définitivement la liberté qu'après le meurtre de son vainqueur. C'est par ses propres gardes que Touran Schah fut assassiné au commencement de mai, et non par les soudans d'Émesse, de Damas et d'Alep, qui n'étaient pas présents (§ 391). Il n'est pas vrai que tous les prisonniers aient été rendus avant le départ du roi (§ 393), ni qu'il soit rentré à Damiette après sa délivrance (§ 394).

XXXVII. — *Du jugement rendu entre les fils de la comtesse de Flandre.*

L'arrêt relatif aux enfants de Marguerite de Flandre fut rendu en 1246, avant le départ de Louis IX pour la croisade; au lieu de repousser les prétentions élevées par les enfants du premier lit, cet arrêt leur assigna une part dans l'héritage maternel, et il réserva notamment au fils aîné de Bouchard d'Avesnes ses droits successifs au comté de Hainaut (§ 399), ainsi que le constate la leçon remaniée des manuscrits de la seconde famille. Il n'est pas impossible que la comtesse de Flandre, menacée par ses fils rebelles, ait réclamé l'aide du comte d'Anjou du vivant de la reine Blanche (§ 401 à 403); mais il est certain que les opérations militaires de ce prince furent ajournées à un autre temps

XXXVIII. — *Exemple du loup et de la chèvre.*

Cet apologue est une œuvre d'imagination, qui n'appelle aucune rectification historique.

XXXIX. — *Comment Jean d'Avesnes appela le roi d'Allemagne à son aide.*

Guillaume de Hollande n'a jamais refusé d'aider son beau-frère Jean d'Avesnes contre Marguerite de Flandre (§ 420). C'est pour lutter contre leur alliance qu'elle obtint le concours effectif de Charles d'Anjou (§ 421 à 423); mais ce prince ne l'accorda pas, comme on le répète ici, du vivant de Blanche de Castille (§ 424). Ce n'est pas en Danemarck, mais en Frise, que Guillaume de Hollande périt le 28 janvier 1256 (§ 428 et 429).

XL. — *Louis IX revient d'outre-mer.*

Louis IX n'a pas débarqué à Aigues Mortes, mais à Hyères (§ 430). La résistance du seigneur d'Enghien est un fait certain (§ 431); mais il n'est pas vrai que Louis IX ait voulu prendre ce seigneur sous sa protection (§ 432); il exigea au contraire qu'il fît sa soumission avant que Charles d'Anjou renonçât au comté de Hainaut. Jean d'Avesnes n'est pas mort brouillé avec sa mère (§ 433), mais réconcilié avec elle et réintégré dans ses droits par le traité du 24 septembre 1256, que Louis IX fit accepter par les parties intéressées. Les dépens de Charles d'Anjou furent taxés à cent soixante mille livres tournois, remboursables en dix ans (§ 435).

XLI. — *Révolte des gens de Namur contre l'impératrice de Constantinople.*

Baudouin II, empereur de Constantinople, était à Lyon en 1245 pendant le concile; mais c'est à un voyage précédent, en 1237, qu'il avait hypothéqué le comté de Namur à saint Louis comme garantie d'un prêt de cinquante mille livres et non de vingt mille (§ 437 à 439). Quant au voyage de l'impératrice (§ 439 à 440), il eut pour objet de résister aux prétentions que Jean d'Avênes éleva en 1248 sur le comté de Namur, et elle n'eut pas besoin d'attendre la mort de la reine Blanche (§ 442) pour prendre possession d'un comté qui n'avait pas cessé d'appartenir à son mari. Les troubles qui éclatèrent à Namur paraissent avoir eu pour cause la perception des impôts, plutôt que les désordres des jeunes gens de la ville (§ 442 et 443). Le meurtre du bailli est attesté par d'autres témoignages (§ 444).

XLII. — *Namur se donne au comte de Luxembourg.*

Si l'on admet comme réelle la démarche tentée par les bourgeois de Namur auprès de Louis IX pour obtenir sa protection (§ 446 et 447), il faut supposer qu'elle a précédé de bien peu de temps leur entente secrète avec Henri de Luxembourg, à qui ils livrèrent l'entrée de leur ville le 24 décembre 1256 (§ 448 et 449). Assiégé en 1258 par les alliés de l'impératrice (§ 450 et 451), il put après leur départ (§ 451 et 452) s'emparer du château de Namur qui lui avait résisté plus de deux ans (§ 449, et 453 à 455). Si le Ménestrel de Reims considérait Henri de Luxembourg comme possesseur définitif de ce comté (§ 455), c'est parce qu'il écrivait avant la cession amiable qui en fut faite à Gui de Dampierre en mars 1265.

XLIII. — *De la paix faite par Louis IX avec le roi d'Angleterre et de la mort de son fils.*

Je ne vois pas d'erreur à signaler en ce qui concerne la paix conclue entre Louis IX et le roi d'Angleterre; mais ce qui choque même la vraisemblance, c'est de supposer qu'Eudes Rigaud, archevêque de Rouen, ait pu essayer de consoler Louis IX de la mort de son fils en lui récitant l'apologue de la mésange et du paysan (§ 461 à 465). En

« et vous veez bien que Roberz ne set nient, et se
« vous en faites roi, li regnes en porra bien empirier
« et entre nous naistre granz descorz. Car il est granz
« mestiers à nous et au peuple que il ait roi en France
« qui gouverne le roiaume ; et vous savez bien com-
« ment il est de mon seigneur Robert. Et Dieus le set
« que je nou di se pour bien non, et autant m'est li
« ainsneiz comme li puisneiz[5] ; si en faites ce que
« Dieus vous enseignera[6] de bien[7]. »

5. — « Par foi, dient li baron et li per, il nous
« semble que vous dites bien ; et vous[1] en avez mous-
« trée bonne raison. » Ainsi s'acorderent tuit au
mainsnei, et fu sacreiz à Rains à roi, et enoinz de la
sainte ampoule que Dieus[2] envoia[3] des cieus[4] à saint
Remi. Et de mon seigneur Robert firent[5] conte de
Dreues, qui bien s'en tint[6] à paié ; car il ne savoit
que ce montoit. Et de ce Robert issirent li Robertois ;
et dient encore que on leur fait tort dou roiaume pour
ce que il[7] estoit ainsneiz.

II.

6. — Or revenons à nostre matiere. Li baron s'acor-
derent que li rois fust mariez, et li donnerent la du-

---

dans A *et remplacé dans* C *par* entendu ; DEF, scienteus ; B,
escientreus. — [5] C, pisney ; BDEF, mainsnez. — [6] B, vous en
enseigne. — [7] D, pour bien ; E, pour le mius.

5. — [1] CDEF, nous. — [2] DF, Nostre Sires. — [3] B, envoie. —
[4] DEF *ajoutent* en terre. — [5] AB, ferez ; F, ferez vous. — [6] B,
tient. — [7] F, tort à plain dou roiaume de France pour chou que
li contes.

choise¹ Elienor, qui mout fu male famme. Et tenoit le Mainne² et Anjo et Poiteu et Limoge et Tourainne, et bien trois tans de terre³ que li rois ne tenoit. Or avint que il li prist talant⁴ d'aleir outre meir, et volentiers meist conseil à delivreir la sainte Terre des mains aus Sarrezins. Et se croisa, et esmut grant gent avec lui, et atournerent leur muete. Et monterent sour meir à une saint Jehan, et nagierent par meir ; et furent un mois en la menaide⁵ des venz, et arriverent à Sur ; car plus de terre ne tenoient adonc⁶ crestien en la contrée de Surie. Et fu⁷ là tout l'iver après ; et sejournoit⁸ à Sur, et plus n'i faisoit que le sien despendre.

7. — Quant Solehadins aperçut sa molesce¹ et sa nicetei, si li manda pluseurs foiz bataille ; mais li rois ne s'en vout onques melleir. Et quant la roine Elienor vit la deffaute que li rois avoit menée avec li², et elle oï parleir de la bontei et de la prouesce et dou sens et de la largesce Solehadin, si l'en ama durement en son cuer ; et li manda³ salut par un sien druguement ; et bien seust il, se il pouoit tant faire que il l'en peust meneir, elle le penroit à seigneur et relanquiroit sa loi. Quant Solehadins l'entendi par la letre que li druguemenz li ot baillie, si en fu mout liez ; car il savoit

---

6. — ¹ BC, duchesse ; EF, ducoise, ducesse. — ² Le Mainne *omis dans* E ; B, Alemaingne. — ³ E, IIII tans d'autre terre. — ⁴ D, il li vint talens ; F, il prist le roy volenté. — ⁵ C, à la menarde ; DF, manaie ; E *omet* en la menaide des venz. — ⁶ A, n'avoient. — ⁷ E, furent. — ⁸ F, sejournerent.

7. — ¹ A, molesce ; BC, moleste ; D, molete ; E, moleche ; F, molestie. — ² DEF, avoit en lui. — ³ E, dou sens et de la proueche

bien que ce estoit la plus gentis dame[4] de crestientei et la plus riche. Si fist armeir[5] une galie et mouvoir d'Escaloingne où il estoit, et aleir à Sur atout le druguement; et arriverent[6] à Sur un pou devant[7] la mie nuit.

8. — Et li druguemenz monta amont par une fause posterne en la chambre la roine qui l'atendoit. Quant elle le vit, si li dist : « Queis nouveles? — Dame, dist « il, veez ci la galie toute preste[1] qui vous atent[2]. Or « dou hasteir, que nous ne soiens perceu[3]. — Par « foi, dist la roine, c'est bien fait. » Atant prist deus damoiseles et deus coffres[4] bien garniz d'or et d'argent, et les en vouloit faire porter en la galie, quant une de ses damoiseles s'en perçut[5], et se parti de la chambre au plus coiement qu'elle pot, et vint au lit dou roi qui dormoit, et l'esveilla[6] et li dist : « Sire, « malement est; ma dame s'en veut aleir en Escaloin- « gne à[7] Solehadin, et la galie est au port qui l'atent. « Pour Dieu, sire, hasteiz-vous[8]. »

9. — Quant li rois l'oï[1] si saut sus[2], et se vest et s'atourne, et fait sa mesnie armeir et s'en va[3] au port. Et trouva la roine qui estoit ja d'un pié en la galie[4]; et la prent par la main, et la ramainne arriere en sa chambre. Et la mesnie au roi retindrent la galie et

---

Salhadin si li manda. — [4] DEF, femme. — [5] D, ariver; EF, aprester. — [6] A, ariver. — [7] E, et i arriverent entour.

8. — [1] E *omet* toute preste. — [2] E *ajoute* au rivage. — [3] DEF, vous ne soiiés perchute. — [4] B, et touz ces coffres. — [5] EF *omettent* s'en perçut. — [6] A, l'esveille. — [7] DEF, avec. — 8. E *omet* por Dieu, etc.

9. — [1] D, l'ot. — [2] A *omet* sus. — [3] E, sali... vesti... atourna...

ceus qui estoient dedenz; car il furent si sourpris qu'il n'orent pouoir d'eus deffendre[5].

10. — Li rois demanda la roine pourquoi elle vouloit ce faire. « En non Dieu, dist la roine, pour vostre « mauvestié; car vous ne valez pas une pomme[1] pour« rie. Et j'ai tant de bien oï dire de Solehadin que je « l'ain mieux que vous; et sachiez bien de voir que de « moi tenir ne jorrez vous[2] jà. » Atant la laissa li rois et la fist très bien gardeir, et ot conseil qu'il s'en revenroit en France; car si denier li aloient faillant, et il n'aquestoit là se honte non[3].

11. — Si remonta sour meir atout la roine et s'en revint en France; et prist conseil à touz ses barons que il feroit de la roine, et leur conta comment elle avoit ouvrei. « Par foi, dient li baron, li mieudres « consaus que nous vous sachiens donneir, ce est que « vous la laissiez aleir[1]; car c'est uns diables[2], et se « vous la tenez longuement[3] nous doutons[4] qu'elle ne « vous face mourdrir. Et ensourquetout vous n'avez[5] « nul enfant de li. » A ce conseil se tint li rois, si fist que fous : mieuz li venist l'avoir[6] enmurée; si li démourast sa granz terre sa vie, et ne fussent pas avenu

---

fist... ala. — [4] D, nef. — [5] AB, de deffendre.

10. — [1] D, prume; E, pume. — [2] C, ne pourrez vous; D, ne gorrés voùs; E, ne gorés vous; F, ne vous jouerés vous. — [3] A omet car si denier, etc.; C omet seulement ce qui suit faillant : cette lacune s'étend, dans ces deux manuscrits, jusqu'au treizième mot du paragraphe suivant.

11. — [1] A seul ajoute aleir après laissiez. — [2] F, uns drois dyables. — [3] B, longues. — [4] EF, cremons. — [5] C, mourir et ensoceller, et ainsi n'aurez. — [6] C seul donne l'avoir au lieu de avoir.

li mal qui en avinrent si comme vous en orrez conter ça en avant⁷.

12. — Ainsi renvoia¹ li rois la roine Elienor en sa terre. Et elle manda maintenant² le roi Henri d'Engleterre, celui qui fist saint Thomas de Cantorbie ocirre. Et il i vint volentiers et l'espousa, et fist homage au roi de la terre que il prenoit³, qui mout estoit granz⁴ et riche. Et enmena la roine en Engleterre, et la tint tant que il en ot trois fiuz, dont li ainsneiz ot non Henriz au Court Mantel, qui fu preudons et bons chevaliers, mais pou vesqui⁵; et li autres ot non Richarz, qui fu preuz et hardiz et larges et chevalereus⁶; et li tiers⁷ ot non Jehans, qui fu mauvais⁸ et desloiaus et mescreanz⁹ en Dieu.

III.

13. — Ci vous lairons un pou esteir dou roi Henri et de ses enfanz; si vous dirons dou roi Loueys qui fu sans famme. Li baron li dirent que Henriz cuens de Champaingne, qui tant fu¹ larges, avoit une fille bele et gente; et ot non Ale², et fu suer germainne l'arcevesque Guillaume Blanchemain, qui tant valut à ces jours³, et qui⁴ restabli l'eschevinage à Rains⁵.

— ⁷ C *omet* si comme, *etc.*

12. — ¹ A, envoya. — ² F, tout errant. — ³ F, tenoit. — ⁴ AB CEF, grande. — ⁵ D *omet* qui fu, *etc.* — ⁶ C *omet* et larges et chevalereus. — ⁷ AD, li autres. — ⁸ C, faulx. — ⁹ E, mauvais et mescreans et mal creans.

13. — ¹ E, qui moult estoit. — ² B, et mout valoit; E, qui avoit non Aelis. — ³ CDEF, à *ou* en son tans. — ⁴ CDE, qu'il *au lieu de* et qui; F, et si. — ⁵ E *ajoute* et fist moult de biens.

14. — « Sire, dient li baron, nous vous loons que « vous la preingniez à famme; car nous ne veons où « vous puissiez mieuz faire¹. » Li rois les en crei et manda au conte Henri que il li envoiast sa fille, et il la penroit à famme. Li cuens li envoia volentiers, et li rois l'espousa; et tant furent ensemble que li rois² en ot un fil et une fille. Li fiuz fu apeleiz en bautesme³ Phelipes, qui mout valut; et la damoisele Agnes; et tant crut li fiuz et amenda que il fu en l'aage de seize ans.

15. — Li rois ses peres vit l'enfant sage et preu; et savoit de soi¹ que il estoit simples² et vieuz, et pou estoit prisiez en son regne et petit douteiz³ de ses anemis. Si vout (et le fist⁴ par conseil) que ses fiuz fust couronneiz à Rains; et fist atourneir ce que il couvenoit à roi au couronnement⁵. Et fu couronneiz à Rains le jour de la Touz Sainz, en l'an de l'incarnacion Nostre Seigneur mil et cent et quatre vinz et un⁶, par la main l'arcevesque Guillaume Blanchemain qui ses oncles estoit; et à son disneir le servi li rois Henriz d'Engleterre à genouz⁷, et tailla devant lui.

16. — Or avint un pou après que li rois Loueys, ses peres, que on apeloit Poe Dieu¹, ajut² au lit mor-

---

14. — ¹ CF, marier. — ² DEF, qu'il. — ³ CD *omettent* en bautesme; EF, baptesme.

15. — ¹ F, soi meisme; E, et veoit *en omettant* de soi. — ² E, pesans. — ³ D, savoit de soi que il estoit doutés. — ⁴ E, et fist *en omettant* et pou, *etc.* — ⁵ E, à coronement de roi. — ⁶ EF, m.c et xxIIII; D, m.cc et xIII. — ⁷ C *omet* à genouz.

16. — ¹ C, prope *au lieu de* Poe Dieu. — ² D, s'acoutra; E, se

teil³, et li couvint partir de ce siecle, et mourut ; et fu enfouiz richement alonc⁴ son pere, à Saint Denis en France, leiz le roi Raoul⁵ le Jousticiere. Et li rois Phelipes commença terre à tenir et touz jourz⁶ croistre de mieuz en mieuz ; et bien li estoit mestiers, car il n'avoit pas plus de soissante⁷ mil livrées de terre.

IV.

17. — Or vous dirons de Henri¹ au Court Mantel, l'ainsnei fil au roi Henri d'Engleterre, qui oï dire que li rois Phelipes avoit une sereur bele² et gente ; et requist à son pere que il mandast au roi Phelipe qu'il li envoiast sa sereur pour lui, et il la penroit à famme, et seroit roine d'Engleterre se il³ sourvivoit le roi son pere. Li rois respondi que si feroit il mout volentiers, et i envoia ses letres et dis chevaliers preudommes et sages. Et passerent meir, et trouverent le roi Phelipe à Monloon⁴, et le saluerent de par le roi Henri⁵ et li rendirent⁶ la letre.

---

coucha ; F, s'acoucha. — ³ C, devint au lict mallade. — ⁴ E, jouxte ; D, aveuc. — ⁵ D, son pere le roy Raoul ; E, son pere Raoul ; F, jouste son pere à Saint Denis en Franche, dejouste le roy Raoul. — ⁶ E, tenir à tous jours. — ⁷ ABC, LX ; E, quarante : CF, XL.

17. — ¹ ADE, dou roi Henri ; F, de roi Henri. — ² F, moult forment bele. — ³ BCDEF, elle. — ⁴ A, Meleun ; B, Monlaon ; D, Montlaon ; CF, Monloon. *Le même nom se représente (§ 268) avec les variantes suivantes* : A, Montleun ; B, Monleum ; C, Monloon ; D, Meleun ; E, Monleun ; F, Montloon. — ⁵ C, Jehan. — ⁶ C, donnerent ; DEF, baillierent.

18. — Et li rois la fist lire, et bien sot[1] que li rois Henriz[2] li mandoit; et dist aus mesagiers que si feroit-il[3] volentiers. Et la fist atourneir richement comme fille de roi et suer à roi[4]; et li charja or et argent et grant foison de chevaliers et de puceles. Et prisent congié au roi, et passerent meir; et vinrent à Londres[5], et trouverent le roi Henri qui merveilles[6] fist grant feste de la venue à la pucele[7]. Mais Henriz ses fiuz au Court Mantel n'estoit mie adonc en Engleterre; ains estoit en Escoce où il avoit une grant besoingne à faire.

19. — En ces entrevaus[1] li desloiaus rois Henriz[2] ala tant entour la damoisele que il jut[3] charneument à li. Et quant cil Henriz[4] au Court Mantel fu revenuz et il sot la veritei de cele avenue, si en fu si durement courrouciez que il en alita[5] au lit de la mort, dont il mourut. Et la damoisele fu renvoiie par deça meir, et arriva en la terre de[6] Pontiu[7] et là conversa grant piece; car elle ne[8] s'osoit moustreir[9] au roi Phelipe son frere pour son meffait.

20. — Or[1] avint que li cuens de Pontiu fu morz, et ot un fil biau bacheler qui clers estoit, à cui la terre

---

18. — [1] F et vit. — [2] AC *omettent* Henriz. — [3] BCDEF, il ii envoieroit. — [4] E *omet* et suer à roi. — [5] F *ajoute* en Engleterre. — [6] C, merveilleusement; DEF, à merveilles. — [7] E, fieste de la damoisielle.

19. — [1] E, endementiers; D, en dedens. — [2] F *ajoute* li peres. — [3] D, fut. — [4] EF *ajoutent* ses fius *ou* fiex. — [5] E, chei; DF, acoucha. — [6] E *omet* la terre de. — [7] B, Poiteu. — [8] E, et ne. — [9] B, n'osoit lei moustrer.

20. — [1] E, adont. — [2] D, demoisele. — [3] E, et s'i acointa. —

de Pontiu eschéi. Et oï parleir de cele dame ² qui repairoit en sa terre, et fist tant que il parla à lui, et s'acointa de li ³ tant qu'il li dist que il la penroit volentiers à famme se elle vouloit ⁴ et li rois ses freres s'i acordoit. Atant demourerent les paroles, et li cuens n'oublia pas la poire ou feu ⁵ ; ains vint ⁶ au roi Phelipe et li dist : « Sire, se il vous plaisoit, je penroie volentiers
« vostre sereur à famme, et seroit contesse de Pon-
« tiu ⁷. »

21. — Quant li rois l'ot oï parleir ¹, si pensa un pou et li dist : « Par la lance saint Jaque, je le vuel bien
« que vous la preingniez. » Li cuens s'en parti ² atant, et bien se tint à paié ³ de la response le roi ; et vint à la dame, et li dist que li rois s'i acordoit bien. Il plot mout à la dame ; et espousa le conte ⁴, et fu mout bonne dame et sage. Et s'amerent entre lui et le conte ⁵, et orent une bele fille et avenant, qui fu mariée au conte Simon qui fu freres germains au conte Renaut ⁶ de Bouloingne, et en ot trois filles, dont l'une fu roine d'Espaingne, et l'autre contesse de Guelles ⁷, et la tierce contesse de Rouci.

22. — Ci vous lairons esteir dou conte de Pontiu ¹ et de la contesse ; si revenrons au roi Phelipe qui estoit sor l'aage de vint ans, et n'avoit pas oublié ² la ³ très

---

⁴ F, se il li plaisoit. — ⁵ B, la poile ou feu ; D, les prieres ou il fu ; F *omet* ou feu. — ⁶ A, et vint. — ⁷ A, Pontif ; B, Poiteu ; C, Poictou ; D *omet* et seroit, *etc.*

21. — ¹ E, l'entendi. — ² E, prist congiet. — ³ F, li quens s'en tint atant bien appaiiés. — ⁴ E, vint à la dame et l'espousa. — ⁵ F, s'entramerent en boine foi. — ⁶ CDEF *omettent* Renaut. — ⁷ CDEF, Gales.

22. — ¹ B, Poitou. — ² C, lequel n'oblia mie. — ³ A, le. —

grant honte que li rois Henriz li avoit faite de sa
sereur. Il estoit un jour à Biauvais, et li rois Henriz
estoit à Gerberoi [4], une abaïe [5] de moines noirz à quatre
liues de Biauvais.

23. — Quant li rois Phelipes le sot, si en fu à mer-
veilles liez ; car il se pensa qu'il vengeroit sa honte se
il pouoit. Il fist soupeir ses chevaliers et sa gent de
haute eure, et donneir avoine aus chevaus ; et quant il
fu avespri [1] si fist armeir sa gent, ne onques ne leur
fist savoir [2] que il avoit empansei à faire [3]. Et chevau-
chierent tant qu'il vinrent à Gerberoi [4] où li rois Hen-
riz estoit saingniez. Ainsois qu'il fust couchiez, entra [5]
il en la sale où li rois Henriz estoit acoudeiz en [6] une
couche [7].

24. — Quant li rois Phelipes le vit, si trait l'espée
et li court sus apertement, et le cuide [1] ferir parmi la
teste. Et [2] uns [3] chevaliers saut entre deus, et li des-
tourne son coup à faire [4]. Et li rois Henriz saut sus
touz esperduz [5] et s'enfuit en une chambre ; et fu bien
li huis fermeiz. Et quant li rois Phelipes vit qu'il ot
perdu son coup, si en fu à merveilles [6] doulanz ; et s'en

---

[4] A, Gerberois ; B, Gerberoie ; C, Gerberon ; D, Gerbroy ; E, Cer-
beroi ; F, Ghierberoi. — [5] A, une baiee.

23. — [1] A, avespriz ; E, avespré ; C, quant vint le soir. — [2] E,
lor dist. — [3] A, affaire. — [4] A, Gerbroys ; B, Gerberoie ; C, Ger-
beron ; D, Gerberroy ; F, Gherberoi. — [5] DE, entrerent ; F, entra
li rois Phelippes et sa gent. — [6] B, acoutez à ; C, acoutté contre ;
DE, acoutés sur. — [7] AB, couche ; C, cousche ; D, keute ; EF,
coute.

24. — [1] CDEF, traist... courut... cuida. — [2] CEF, quant. — [3] D,
uns sages. — [4] A, affaire ; E, à ferir. — [5] A, saut sus *en omettant*
touz esperduz ; CEF, sali, saillit. — [6] C, fort ; DE, moult ; F, trop.

revint à Biauvais, car il n'avoit pas là [7] bon demoureir.

25. — Quant li rois Henriz sot que ce fu [1] li rois Phelipes qui ocirre le vouloit, si dist : « Fi ! or ai je « trop vescu quant li garçons de France, fiuz au mau- « vais roi, m'est venuz ocirre [2]. » Adonc sali li rois Henriz [3], et prist un frain ; et s'en ala aus chambres courtoises [4] touz desespereiz, et pleins de l'anemi [5] ; et si s'estraingla des resnes dou frain.

26. — Quant sa mesnie virent [1] que li rois n'estoit mie entr'eus, si le quirent partout, et tant qu'il le trouverent vilainnement traitié ; car [2] il le trouverent estrainglei, les resnes dou frain [3] entour son col. Si en furent à merveilles esbaï ; et lors le prisent et le leverent, et le mirent en [4] son lit ; et firent entendant au pueple que il estoit morz soudainnement. Mais n'avient pas souvent que teis aventure avieingne de [5] teil homme que on ne le sache ; car ce que mesnie sevent n'est mie souvent celei.

27. — Li [1] cors le roi fu atourneiz [2] et enseveliz [3], et fu porteiz à Rouen en Normandie, et fu enfouiz [4] en la mere eglise. Atant vous lairai à parleir dou roi Hanri ;

— [7] C, car il ne luy sembloit pas qu'il fist là.

25. — [1] E, ce avoit esté. — [2] DF, pour ocirre ; E, coure sus. — [3] E, li rois en piés. — [4] F, privées. — [5] A, d'anemi ; B, d'anemis ; C, d'ennemys ; D, de l'ennui ; EF, de l'anemi.

26. — [1] E, vit. — [2] BDE *omettent* il le trouverent vilainnement traitié car. — [3] A, d'un frain ; DE *omettent* dou frain. — [4] F, couchierent sour. — [5] D, souvent tele aventure de.

27. — [1] F *omet le paragraphe* 27. — [2] D, enterés. — [3] E, fu en-

si dirai dou roi Richart son fil qui vint à terre. Et fu preuz, et hardiz, et courtois, et larges, et avenanz chevaliers; et venoit tournoier ou marchois⁵ de France et de Poiteu⁶; et se demena⁷ une grant piece ainsi que touz li mondes disoit bien de lui.

V.

28. — Si lairons esteir dou roi Richart; si dirons dou roi Amauri de Jherusalem¹ qui fu morz en ce tempoire sans oir de son cors². Et eschéi li roiaumes à une sereur que il avoit³, qui estoit en la terre de Jherusalem⁴ et estoit mariée à mon seigneur Guion de Lezinnon⁵ qui estoit preudons; mais il n'estoit mie de si haut parage⁶ qu'il avenist⁷ à roi⁸. Cil Guis dont je vous parole⁹ fu rois de par sa famme, à cui li roiaumes estoit escheuz; et regna une piece comme preudons que il estoit, et la roine preude famme¹⁰.

29. — Et avint que li baron de la terre, c'est à savoir li marchis de Monferrat, li cuens de Tripe, li sires de Baru et li sires de Saiete¹, orent grant envie sour le roi Guion; et pourchacierent au patriarche de Jherusalem qu'il feroit laissier le roiaume le roi Guion²,

---

bausemés. — ⁴ E, ensevelis. — ⁵ B, etc., es marches. — ⁶ A, et deporter. — ⁷ E, se maintint.

28. — ¹ F omet de Jherusalem. — ² E omet de son cors. — ³ E, à une soie sereur. — ⁴ E, de Surie. — ⁵ A, Lesinon, et plus loin Lezinnon; C, Lusignen; D, Lisegnon. — ⁶ F, grant lignage. — ⁷ DEF, afferist. — ⁸ A, au roy; C, par quoy il sceut parvenir à estre roy. — ⁹ CF, j'ai parlé. — ¹⁰ BDE, bone dame; C, preude femme et bonne dame; F, ainsi moult très boine dame et loiaus.

29. — ¹ D, Seette. — ² B, que qui laisseroit le roiaume de

car il n'estoit mie dignes (ce disoient) d'estre rois. Et ne le fesoient mie en bonne foi, mais pour ce que³ chascuns vouloit⁴ estre rois de Jherusalem. Li patriarches s'i assenti⁵, et vint à la roine, et li dist : « Dame, « il vous couvient laissier vostre seigneur; car il n'est « mie assez sages⁶ hons à tenir et à gouverneir⁷ le « roiaume de Jherusalem. »

30. — Quant la roine entendi le patriarche, si se merveilla mout¹ et li dist : « Sire, comment avenra ce « que je lairai mon seigneur que j'ai loiaument espou- « sei et qui preudons est? — Dame, dist il², vous le « pouez bien faire; car se vous ne le faisiez³, li roiau- « mes en porroit bien estre perduz⁴ et cheoir es mains « des Sarrezins. Et veez ci Solehadin qui mout est « sages et puissanz, qui n'atent autre chose que le « descort entre vous et vos barons⁵. — Par foi, dist « la roine, vous avez la cure de m'ame et estes en lieu « de l'apostoile par deça meir; si m'en loeiz tant⁶ « que je ne mespreingne ne à Dieu⁷ ne à mon seigneur. « — Dame, dist li patriarches, vous dites bien et nous

---

Jherusalem au roi Guion, C, que la royne laissast le roy Guyon; E, qu'il ostast le roiaume fors de sa main; E, qu'il desposast le roi Guion; D *omet* et porchacierent, *etc.* — ³ F *omet* il n'estoit mie, *etc.* — ⁴ D, et che n'avoient il esgardé en boine foy, car cascuns d'aus vausist bien; E, et ne disoient il mie por bien mais por çou que par envie cescuns d'aus voloit. — ⁵ D, li patriarches entendi chou. — ⁶ E, gentius. — ⁷ E *omet* et à gouverneir.

30. — ¹ F, mout forment. — ² F, dist li patriarches. — ³ DEF, laissiez. — ⁴ F, très bien empirier. — ⁵ D, que entre nous ait descort; E, à vos barons et à vous. — ⁶ DE, or me loés si. — ⁷ F, or me loés et conseilliés si que je n'i puisse mesprendre en riens ne à Dieu ne au monde. — ⁸ B, pourroit; CDEF, nous le porrons.

« verrons en queil maniere on le puet⁸ mieuz faire et
« qui mieudres vous sera. »

31. — Lors fu atournei¹ par le conseil aus barons que la roine seroit à un jour dedenz² l'eglise de Sainte Croiz, qui est eveschiez³ d'Acre⁴, et tenroit la couronne roial en sa main, et tuit li baron seroient entour lui ; et celui en cui chief elle asserroit la couronne, cil seroit rois. Veriteiz est que⁵ li jourz fu assis, et la roine i fu⁶, la couronne en sa main ; et li rois, qui ses sires estoit, i fu ausi⁷ ; et tuit li baron dou roiaume furent entour lui tout environnei. Et la roine estoit⁸ en mi eus touz, et les regarda⁹ et dist : « Sire patriar-
« che et vous seigneur baron tuit, vous avez esgardei
« que cil en cui chief je meterai la couronne que je
« tieng en ma main¹⁰ soit¹¹ rois. » Il respondirent tuit que ce estoit veriteiz.

32. — « Or vuel je donc que vous tuit le jurez sour
« le cors¹ precieus Nostre Seigneur ; et vous, sire
« patriarche, jureiz que ne me contraindrez² jamais
« d'autre seigneur penre. » Li patriarches et tuit li baron le jurerent ainsi comme la roine l'avoit³ devisei. La roine se signa de sa main destre et se commanda à Dieu, et s'en ala tout droit où elle vit son seigneur le

---

31. — ¹ B, accordé. — ² E, devens. — ³ A, est eveschie ; B, en l'eveschié ; C, de l'eveschié ; E, li eveskiés ; F, li chiés. *On retrouve plus loin (§ 141) eveschiez dans le sens de cathédrale.* — ⁴ D, qui est en Acre. — ⁵ E, ensi avint que. — ⁶ F, la roine tint. — ⁷ DF, assis ; E *omet* et la roine, *etc.* — ⁸ E, estut. — ⁹ A, regarde ; E, esgarda. — ¹⁰ E *omet* que je tieng, *etc.* — ¹¹ CDEF, sera.

32. — ¹ D, sur sains et sur le cors ; F, le saint cors. — ² CEF, contredirez. — ³ E, ensi com elle lor avoit. — ⁴ F, chi endroit. —

roi Guion, et li assist la couronne ou chief, et li dist :
« Sire, je ne voi ci entour[4] homme plus preudomme
« et plus loial de vous, ne qui mieuz doie estre rois
« de Jherusalem de vous[5] ; et je vous otroi et doins la
« couronne et le roiaume, et moi, et m'amour[6]. »

VI.

33. — Quant li patriarches et li baron qui là estoient
present[1] virent ce que la roïne ot fait, si se merveil-
lierent mout[2] ; car chascuns d'eus cuidoit avoir la
couronne[3] outréement[4]. Atant se departirent d'enqui
et s'en alerent tuit, et cuillierent un parlement d'une[5]
morteil traïson, et manderent Solehadin le roi que il
fust à un jour à eus en un lieu où il le manderent, à
privei[6] et pour son grant preu[7]. Solehadins i fu[8], qui
sages hons estoit et larges[9], et leur dist : « Biau sei-
« gneur, vous m'avez ci mandei ; dites moi que il vous
« plait. »

34. — « Sire, respondi li cuens de Tripe, nous le
« vous dirons. Vous savez bien que li rois Amauriz[1]
« est morz ; li roiaumes est escheuz à sa sereur et à
« son mari qui n'est mie teis[2] qu'il doie teil roiaume

---

[5] C *omet* ne qui mieuz, *etc.* — [6] D, et je vous otroi le couronne, et doins et moi et m'amour et le roiaume de Jherusalem.

33. — [1] A *omet* present. — [2] F, en orent moult grant merveille. — [3] A, cuidoit estre rois. — [4] E *omet* outréement. — [5] D, firent une ; EF, pourparlerent une. — [6] BD, à prime ; C, à asseurance ; EF *omettent* à privei. — [7] E, et ce seroit ses pourfis. — [8] E et il i vint. — [9] E *omet* qui sages, *etc.*

34. — [1] A, Aumariz ; B, Emmauris. — [2] D, tés hom. — [3] EF,

« maintenir. Ne la roïne ne vuet croire no conseil ne
« le conseil dou³ patriarche ; et se vous voulez, pour⁴
« dou vostre nous vous renderiens la terre. Car li rois
« est nices et mauvais, et n'a point de pouoir se par
« nous non⁵. »

35. — Quant Solehadins entendi¹ ces paroles si en
fu à merveilles joianz², et dist : « Biau seigneur, se je
« estoie asseureiz de vous, je vous donroie tant de
« mon tresor que vous n'en oseriez mie tant penre³.
« —Sire, dist li cuens de Tripe, veez queil seurtei vous
« voulez que nous vous en faciens, et nous soumes
« prest dou faire. — Par Mahom mon Dieu ! dist Sole-
« hadins, vous dites bien. Vous le jurerez⁴ tuit sour
« vostre loi, et ferez plus⁵ : car nous nous saingnerons
« tuit ensemble, et bevera li uns dou sanc à l'autre
« en forme d'aliance⁶, et que nous soiens tuit un⁷. »

36. — Ainsi que Solehadins le devisa ainsi fu¹ fait,
et furent saingnié tuit ensemble, et burent li uns dou
sanc à l'autre². Et prisent un grant³ jour entr'eus que
Solehadins venroit devant Acre atout ses oz, et ne
moustreroit mie toute sa gent, et feroit requerre au
roi Guion bataille. Et dirent li traïteur qu'il loeroient

---

croire le conseil de nostre. — ⁴ E, se vous nous voliés douner ;
F, pour une partie. — ⁵ D *ajoute* ne nous ne l'amons point ne ne
poons amer.
   35. — ¹ D, oï. — ² BF, liez et joians ; D, moult esgoïs ; E, liés.
— ³ D, mie demander ne prendre. — ⁴ E, m'afierés ; DF, m'afie-
rés et jurerrés *ou* jurés. — ⁵ F, enquor plus. — ⁶ EF, de loiauté.
— ⁷ D *omet* en forme, *etc.*
   36. — ¹ A, si fu ainsi. — ² D *omet* ainsi que, *etc.* — ³ CE

au roi Guion ⁴ la bataille : « et li promelerons que
« nous li aiderons ⁵ loiaument ; et quant nous serons
« tuit aprestei de combatre, nous baisserons ⁶ nos
« bannieres, et nous tenrons ⁷ coi ; et vous porrez
« asseiz de legier faire vostre voulentei dou roi et de sa
« gent. »

37. — Atant fu fineiz li parlemenz de celle ¹ traïson
morteil. Solehadins s'en ala en son païs, et li traïteur
s'en revinrent ² en leur terres ; et Solehadins semont
ses oz celéement, et vint et aprocha d'Acre ³. Quant li
rois Guis le sot, si fu à ⁴ mesaise de cuer ⁵ ; et fait
escrire ses letres, et les envoie partout à ses barons ⁶
et à ses hommes, et à touz ceus ⁷ qui armes pouoient
porter. Et assembla tant de gent comme il pot ⁸ ; mais
ne fu rien au regart de l'ost ⁹ que Solehadins avoit
assemblei ¹⁰ en deus parties ¹¹.

38. — Quant li baron de la terre de Surie furent
assemblei dehors Acre, li rois Guis ¹ vint à eus et leur
dist : « Biau seigneur, je suis ci venuz à vous ², et

---

omettent grant. — ⁴ E *omet* et li traïteur, *etc.* — ⁵ E, et li prome-
teroient à aidier ; C, et en ce faisant promectoient de luy aider :
*le style indirect continue dans ces deux manuscrits jusqu'à la fin du
paragraphe.* — ⁶ D, laisserons ; E, lairoient cheoir ; F, lairons
cheoir. — ⁷ AB et tenromes ; C, se tiendroient ; E, se tenroient.

37. — ¹ F *ajoute* grant. — ² DE, s'en alerent ; F, repairierent.
— ³ E, et vint au port à Acre. — ⁴ F, moult à grant. — ⁵ C,
triste en cueur. — ⁶ F *ajoute* de tout son païs. — ⁷ E *omet* et à
touz ceus. — ⁸ E, pot avoir. — ⁹ E, envers l'ost. — ¹⁰ A, ensemble.
— ¹¹ E, de deus pars ; F, et ne furent au regart..... que un poi de
gent.

38. — ¹ DEF *omettent* Guis. — ² A *omet* à vous ; EF *omettent*

« vous vieng³ requerre⁴ pour Dieu, et pour ce que
« vous le devez faire, que vous⁵ metez conseil loial et
« bon⁶ au roiaume de Jherusalem deffendre et main-
« tenir. Car veez ci Solehadin qui est ci près à mout
« grant gent, et je ne sui que uns seus⁷ hons ; et vos-
« tre sires sui queis que je soie, et vous estes tuit mi
« homme et mi fautable⁸. Si ai mout grant fiance en
« vous, et bien vuel que vous sachiez que je vuel dou
« tout croire⁹ voz consaus. »

39. — Adonc respondi li cuens de Tripe, qui toute
ceste traïson avoit pourparlée¹ : « Sire, vous dites
« que sages, et nous soumes tuit² apareillié de def-
« fendre le roiaume, et nous et vous et noz honeurs³ ;
« et tant en ferons que Dieus ne li siecles ne nous en
« saura que demandeir. » Quant li rois oï ainsi parleir
le conte de Tripe, si en fu à merveilles liez ; et s'en
rala à ses tentes, et fist apareillier ses genz au mieuz
que il pot⁴. Et venoient souvent li baron à lui parleir⁵,
et li moustroient trop grant semblant⁶ d'amour, et li
disoient : « Sire, n'aiez nule doute⁷ ; car se cil de là
« estoient deus tanz qu'il ne sont, n'averoient il pouoir
« à nous⁸. »

40. — Li rois s'asseura mout en leur paroles, et

---

je sui ci venuz à vous. — ³ C, vueil. — ⁴ D, monstrer. — ⁵ F
ajoute tout ensemble. — ⁶ EF *omettent ici* loial et bon, *et ajoutent*
bien et loiaument *avant* deffendre. — ⁷ C, fol. — ⁸ BCD, feable ;
EF, foiable. — ⁹ D, ouvrer par.

39. — ¹ C, traictée. — ² A *omet* tuit. — ³ C, le roiaulme tant
et si bien que nous en aurons honeur. — ⁴ A, porent. — ⁵ E,
souvent à son tref li traïtor. — ⁶ C, signe. — ⁷ E, ne vous esfreez ;
DF, n'aiés garde. — ⁸ D, à vous.

ainsi¹ atendi tant que Solehadins aprocha d'Acre à ² trois liues et manda au roi bataille. Et li rois dist que il s'en conseilleroit ; et manda le conte de Tripe, le marchis de Monferrat, le seigneur de Baru, le seigneur de Saiete, le bau d'Escaloingne, et les autres barons dont je ne sui mie ore recordanz³. Si leur dist : « Biau sei-
« gneur, je vous ai ci mandeiz, et vous vuel dire⁴ que
« Solehadins me mande bataille au jour de la saint
« Jehan Decollace. Si me vuel à vous conseillier que
« nous en ferons ; que je ne vuel riens faire se par
« vous non. Pour Dieu, si m'en conseilliez en bonne
« foi et moi et vous ; car ausi tient il à vous comme il
« fait à moi⁵, et je ai mout grant fiance en vous. »

41. — Lors respondi li cuens de Tripe, qui estoit li plus granz sires d'eus touz et li plus baus de parleir¹ : « Sire, dist-il, je lo² que vous li otroiez la bataille, et
« je ne dout ne tant ne quant que nous n'aiens la
« victoire ; car nous avons droit et il ont tort, et si
« avons Dieu en ajue et il ne l'ont pas. » Quant li cuens de Tripe ot ainsi parlei, si respondirent tuit li autre traiteur et dirent : « Sire, li cuens de Tripe
« vous donne bon conseil, et nous nous i acordons
« tuit³. — Par foi, dist li rois, puisque vous vous i
« acordeiz tuit, je ne m'en descorderai⁴ mie. »

---

40. — ¹ E omet ainsi. — ² E, à priès de ; C omet à trois liues. — ³ E omet dont je ne, etc. — ⁴ E, signour saciés ; C, et vueil bien que vous saichez. — ⁵ EF, com à moi ; D, autant tient en vous comme en moi.

41. — ¹ A, biaus de parler ; C, le plus beau langage ; EF, li plus biaus parliers ; BD, baus de parler. — ² C, nous voullons. — ³ DEF, nous vous aiderons tout. — ⁴ DE, descorde.

42. — Lors furent mandei li mesage que Solehadins i avoit envoiez ; si leur fu dit et afermei qu'il averoient la bataille au jour que il avoient requis. Atant s'en partirent li mesage et vinrent à Solehadin, et dirent de par le roi Guion et de par les barons[1] de Surie qu'il averoit[2] la bataille outréement. Li termes vint que la bataille dut estre, et li ost s'aprochierent et joindrent[3] ensemble[4]. Li archier commencierent à traire[5] li un aus autres, et tant que mout en i ot de bleciez et de navreiz[6], et que li archier Solehadin refuserent[7].

43. — Quant Solehadins le vit, si escrie ses genz et fait sonneir cors et buisines[1]. Et li Turc s'esmeuvent[2] et glatissent et uslent[3], et se fierent entre crestiens. Et li rois et sa mesnie les[4] reçurent bien et vassaument, et mout i ot de Sarrezins morz et navreiz et abatuz. Quant Solehadins vit que sa premiere eschiele[5] desconfisoit[6], si en fu trop courrouciez, et manda son agait que il avoit repost[7] ; et se fierent tuit à un fais entr'eus[8], et les environnerent de toutes parz si que nus d'eus n'ot pouoir de mouvoir dou lieu[9].

---

42. — [1] F *ajoute* de France et; E, ses barons, *en omettant* de Surie. — [2] A, auront. — [3] B, joinsent; C, joindisdrent; D, joinsissent; EF, jousterent. — [4] D *ajoute* volentiers. — [5] F *ajoute* et à berser. — [6] F *omet* et tant que, *etc*. — [7] BCEF, reculerent.

43. — [1] E, si fist sonner ses cors et ses buisines et escrier sa gent; D, ... et escrier sa gent et tromper ses buisines. — [2] A, s'asemblent; D, s'esmaierent. — [3] C, les gens commencerent à urler et tous leur esmouvoir; E *omet* et uslent. — [4] A, le. — [5] C, bataille. — [6] C, avoit du pire; EF, se desconfissoit. — [7] D, repris; E, repus; C, qui estoit en repos. — [8] DEF, es os. — [9] EF *omettent* si que nus, *etc*.

44. — Quant li rois Guis se vit enclos, s'il ot paour[1] ce ne fu pas merveille. Et prist cuer en lui et escria « Saint Sepulcre ! » Et se fiert entre Sarrezins, et tant en ocit et abat que tuit cil qui le véoient l'en donnoient et pris et los. Adonc escria Solehadins et dist[2] : « Cuens « de Tripe, cuens de Tripe, tenez vo serement[3]. » Quant li cuens oï[4] Solehadin, si fist baissier sa banniere[5], et tuit li autre traïteur ausi[6]; n'onques[7] puis n'i ot un seul[8] qui se meust. Et quant li rois Guis perçut la traïson de ses barons[9], si ot au cuer mout grant angoisse[10] et dist[11] : « Ha! biaus sire Dieus, je « sui tes[12] serjanz, et sui ci pour ta[13] besoingne et pour « la crestientei deffendre[14]. Sire, aide nous ainsi que « tu sez que mestiers nous est[15]; car je sai bien que « tuit mi baron m'ont traï. »

45. — Atant se feri entr'eus[1], et merveilles[2] faisoit d'armes et il et sa partie; mais ce ne li valut nient, car trop estoient li Sarrezin[3], et si baron li estoient failli. Et fu pris li rois par vive force, et toute sa partie; et fu meneiz en prison[4] en Babiloine; et li traïteur s'en alerent en leur terres, et Solehadins leur envoia or et argent[5] à grant plantei. Solehadins vint en Acre,

---

44. — [1] B, paour de morir; D, grant doutanche. — [2] D *omet et dist*. — [3] D, vostre convenenche. — [4] EF, oï parler. — [5] DEF, s'enseigne. — [6] A *omet* ausi. — [7] A, c'onques. — [8] E, un seul d'aus; F, un tout seul. — [9] E, pierchut ceste traïson. — [10] DEF, grant ire. — [11] A, se dist. — [12] EF, vostre. — [13] EF, en vostre. — [14] E, à soustenir. — [15] D, besoins est en; E, besoins m'est; F, besoins nous est.

45. — [1] E, en l'estour. — [2] F, et à grant merveilles. — [3] F *ajoute* à grant plenté. — [4] DEF, furent mené *sans ajouter* en prison; A *seul donne le singulier* fu. — [5] C *ajoute* assez et. —

et[6] ne fu[7] qui li deffendist; car tuit li deffendeur estoient pris et mort, et la roïne estoit en Sur; et li baus de Sur gardoit la citei[8], ne la roïne n'i avoit pouoir. Veriteiz est que Solehadins conquist[9] toute la terre que crestien tenoient, fors seulement Sur; mais Sur ne porent il onques avoir[10].

VII.

46. — Ci lairons esteir dou roi Guion qui estoit en prison en Babiloine en grant destresce; si parlerons[1] de Solehadin[2], qu'onques[3] mieudres Sarrezins ne mist pié en estrier. Il estoit un jour en Babiloine et fist mandeir[4] devant lui le roi Guion et li dist : « Rois, or « vous tieng jou, et[5] vous ferai je la teste coupeir. — « Certes, dist li rois, c'est bons droiz et bien l'ai « deservi; car par moi est la terre d'outre meir[6] per« due, et la crestienteiz deshonorée. »

47. — « Par Mahom[1]! dist Solehadins, non est; « ainsois est par vos barons qui vous ont traï[2] et ont « pris mon or et mon argent. Et bien sai que vous estes « preudons et bons chevaliers; et vous ferai grant bon-

---

[6] AB *omettent* et. — [7] E, et ne trouva. — [8] E, le castiel. — [9] E, et Salehadins conquist; F, ensement conquist Salehadins. *Ces deux manuscrits omettent* veriteiz est que. — [10] EF, fors seulement Sur que il ne porent avoir.

46. — [1] E, ester des traïtours si vous dirons. — [2] E *ajoute* ki estoit un jour en Babilone. — [3] CF, car onques; DE, n'onques; AB, gques (*c'est-à-dire* c'onques *pour que* onques, *en latin* quo unquam). — [4] E, il fist un jour mander. — [5] A *omet* vous tieng jou et. — [6] D, tere dechà; EF, dechà mer.

47. — [1] F *ajoute* mon Dieu. — [2] C *omet* qui vous ont traï. —

« tei, car je vous delivrerai vous vintime³ de cheva-
« liers à chevaus et à armes et à viandes ; et⁴ faites dou
« mieuz que vous porrez. » Atant fit venir⁵ Solehadins
touz les prisons devant lui, et dist au roi : « Or prenez
« les queis vint que vous vourez. » Li rois eslut vint
chevaliers les meilleurs⁶ et les plus loiaus⁷, et Soleha-
dins leur fist livreir armes et chevaus et viandes ; et
furent conduit⁸ jusques devant Sur.

48. — Li rois manda au bau de Sur qu'il li ouvrist
les portes, et le laissast laienz entreir ; et li baus de
Sur li manda qu'il n'i meteroit les piez, ne il nou
tenoit pas à seigneur. Quant li rois sot¹ qu'il ni por-
roit pas entreir, si fist sa tente drecier, et fu enqui
une piece que il n'avoit pouoir de riens faire. Quant la
dame² sot que ses sires estoit logiez aus chans et ne
pouoit entrer laienz, si fu trop doulante ; et vint au
bau de Sur et li dist : « Comment, sire, comment ne
« metez vous³ le roi nostre⁴ seigneur çaienz si comme
« vous devez? — Taisiez vous, dame, dist li baus ; je
« n'en feroie⁵ riens pour vous, et se vous en parleiz
« plus je vous meterai à mesaise. » La roïne se teut
atant et s'en ala⁶ en sa chambre, et pensa qu'elle por-
roit faire ; qu'elle véoit bien qu'elle n'i avoit pouoir.

49. — Et pensa en son cuer¹ qu'elle se feroit ava-

---

³ B, wictime. — ⁴ Et *omis dans* A. — ⁵ D, amener. — ⁶ EF, des plus preus. — ⁷ F *ajoute* et prist as autres qui demouroient de sa partie congiet tout en plourant. — ⁸ EF, et les fist conduire.

48. — ¹ CE, vit. — ² F, la roïne. — ³ CEF, coment, sire, que ne metez-vous ; D, comment est che, sire, que vous ne metés. — ⁴ DE, vostre ; F, mon. — ⁵ B, ferai. — ⁶ D, s'en entra ; EF, rentra.

49. — ¹ E, et s'avisa. — ² E, et se meteroit outre les creniaus

leir jus des creniaus² à une corde³ par ses damoiseles par nuit; et fist tant qu'elle ot une corde bonne et grant⁴ qui avenoit jusques à terre. Et se fist jus avaleir⁵, et une damoisele avec li; et⁶ vint à ses eures⁷ à la tente le roi qui dormoit⁸, et l'esveilla. Et quant li rois la vit, si en fu merveilles liez; et mout se conjoïrent⁹ si comme preudons doit faire et preude fame. Et l'endemain, quant on sot que la roïne ot ce fait, si en fu mout loée. Et demoura li rois et la roïne à tant de gent come il avoient devant¹⁰ Sur. Mout i ot à souffrir, car il n'i pouoit preu esploitier¹¹; et nequedent Solehadins li envoia pain et vin et viandes ainsi comme il li avoit couvenant.

VIII.

50. — Ci vous lairons esteir dou roi Guion et de la roïne (que Dieus gart¹!) qui mout avoient à souffrir; si vous dirons de l'apostole Lucie² qui lors estoit, qui avoit eu letres dou patriarche³ que la terre d'outre meir estoit toute perdue à reis de Sur⁴. Si en fu mout meuz⁵, et envoia maintenant un legat en France et un en Engleterre et un en Alemaingne, et en toutes les terres desouz⁶ la loi de Rome, pour preeschier des

---

jus del mur. — ³ C *ajoute*, par dessus la muraille. — ⁴ F, longue. — ⁵ F *ajoute*, en une corbelle. — ⁶ EF *ajoutent* quant elle ot çou fait. — ⁷ C, à l'heure mesme; D, en chel eure; EF *omettent* à ses eures. — ⁸ CEF *omettent* qui dormoit. — ⁹ C, se resjoyrent; E, le goï; DF, s'en esgoy. — ¹⁰ AB, de devant. — ¹¹ DEF, riens conquester.

50. — ¹ C *omet* que Dieus gart. — ² BCD, Lucien; F, Lucre. — ³ E *ajoute* de Jherusalem. — ⁴ CDEF, fors Sur. — ⁵ C, esmer-

croiz. Li legat furent preudomme et bon clerc[7], et bien moustrerent la besoingne Dieu, et li pueples fu devoz[8]; si se croisierent[9] enforciement[10].

51. — Li rois Phelipes[1] se croisa, li rois Richarz[2] ausi, li cuens Phelipes de Flandres, li cuens Henriz de Champaingne, li cuens de Blois, et mout d'autre baron qui ne sont mie nommei en mon ditier[3]. Et s'apareillierent bien et[4] richement, et monterent sour meir à cinquante quatre naves[5], et nagierent tant sans destourbier qu'il arriverent[6] à Sur à un mercredi[7] matin. Et descendirent à terre, et firent tendre leur treis et leur tentes[8] et leur pavillons, et assizent la citei[9] par terre et par meir.

52. — Quant li baus[1] vit que ainsi estoit et que si grant seigneur le venoient[2] assegier, si leur manda qu'il leur renderoit Sur[3] sauve sa vie. Et li rois Phelipes et li autre prince li manderent que il n'en feroient riens; et s'il la tenoit plus de trois jours[4], il n'en eschaperoit fors que par la hart. Quant li baus entendi ces paroles, si ot mout grant paour[5]; et manda qu'il ren-

---

veillé; D, esmeus; E, dolans. — [6] A, desor; B, desour. — [7] C, les legats furent bons preudhomes lesquelz estoient grans clercs. — [8] C, la besongne au peuple. — [9] DEF, et bien se croisierent, *en omettant* moustrerent, *etc.* — [10] BDF efforciement *ou* efforchiement.

51. — [1] F *ajoute* rois des Franchois. — [2] F *ajoute* rois des Englés se croisa. — [3] CDEF, ci nommé. — [4] DEF *omettent* bien et. — [5] C, en leurs navires; DEF, nés. — [6] A, vindrent. — [7] E, mardi. — [8] EF *omettent* leur tentes. — [9] C *ajoute* de toutes pars.

52. — [1] F *ajoute* de Sur. — [2] D, voloient. — [3] F, la chité. — [4] C, IIII jours; E, et s'il ne le rendoit dedens tierc jour; F, et se il ne le rendoit et il tenoit plus de trois jours. — [5] EF, si fu

deroit la citei et se meteroit en la volentei le roi. Et fu ainsi receuz et la citeiz rendue, et fu mis en prison perpetueil[6].

53. — Adonc prisent conseil tuit li baron ensemble, et s'acorderent entr'eus[1] qu'il iroient assegier Acre[2], et afermerent par serement qu'il ne s'en iroient, si fust prise[3]. Et maintenant firent destraveir[4] leur treis et leur tentes et tout leur harnois, et ne finerent d'aleir de ci qu'il vinrent[5] devant Acre. Et firent tendre leur treis et leur pavillons[6] ; mais li rois Richarz vout avoir le plus biau lieu ; et si ot il, car il estoit li plus riches hons[7] et qui plus despendoit[8] ; et avoit plus à despendre estellins que li rois de France parisis. Et firent mainte foiz assaillir aus muriaus de la citei, et geteir[9] perrieres[10] et mangoniaus ; ne riens ne leur valoit ; car li Sarrezin leur ardoient à feu grejois leur perrieres et leur mangoniaus[11]. Et sachiez que li rois Phelipes n'assailloit mie.

54. — Ainsi furent tout l'iver que riens n'i esploitierent. Et li rois Richarz aloit jouer[1] par les isles de meir et veoir les dames[2]. Et li rois Phelipes le faisoit

---

moult espierdus. — [6] D, perpetuellement.

53. —. [1] E omet et s'acorderent entr'eus ; D, prisent conseil li baron tout entre aus et s'acorderent. — [2] F ajoute la chité. — [3] B, se fust prinse ; CDEF, si seroit prise. — [4] C, trousser ; EF, tourser. — [5] DEF, d'errer si vinrent. — [6] D ajoute et leur tentes ; E, tendirent lor pavellons. — [7] EF ajoutent de l'ost. — [8] EF omettent et qui plus despendoit, en ajoutant car il avoit plus après avoit à despendre. — [9] C, gectoient ; DF, geterent. — [10] CF, pierres. — [11] EF, tous lor engiens.

54. — [1] E, esbanoiier. — [2] E ajoute et damoisieles. — [3] E, et

autrement; car il faisoit engins charpenteir à grant
plantei par deçà meir. Et si furent menei à navie par
devant Acre, et furent drecié³ hastivement; et furent
tuit plommei⁴ pour le feu grejois. Et commencierent à
geteir grosses pierres et bruianz⁵, qui confondoient
quanqu'elles ateingnoient.

55. — Adonc orent li Sarrezin paour¹; et fist li baus
d'Acre, qui estoit de par Solehadin, monteir as cre-
niaus un Sarrezin de grant aage qui mout savoit. Et
ot² une espie latimiere³ deleiz lui qui li enseignoit les
treis et les pavillons, et les nons des hauz barons; et
li dist : « Sire, veez là le treif le roi Richart; et veez
« là le treif le conte Phelipe de Flandres, et le treif le
« conte Henri de Champaingne, et⁴ touz les treis aus
« autres⁵ barons. » Adonc regarda li Sarrezins et vit
touz⁶ les engins⁷ au roi Phelipe, et dist : « Qui est cil
« à cui cil engin sont? » Adonc⁸ respondi li latimiers
et dist⁹ : « Ce sont li engin¹⁰ au roi Phelipe¹¹ de France. »
Lors dist li Sarrezins : « Par Mahom! par cestui perde-
« rons nous Acre. »

56. — Et l'endemain par matin fist li rois Phelipes
assaillir enforciement, et geteir Male Voisine¹ une per-
riere² qu'il avoit trop bonne; et abatoit³ à chascun

---

quant il furent venu si les fist drecier. — ⁴ E, et ploumer. —
⁵ C, pierres à brandons.

55. — ¹ A, grant paor. — ² E omet ot. — ³ C omet latimiere.
— ⁴ F, et li ensegna. — ⁵ E, as haus. — ⁶ A, reguarde li Sar-
rezins touz. — ⁷ E, les ensegnes. — ⁸ A omet adonc. — ⁹ C,
adonc dit l'espie; DEF, et li latimiers li dist. — ¹⁰ C, c'est; EF,
il sont. — ¹¹ B omet et dist qui est cil, etc.

56. — ¹ F, des males voisines. — ² CF, pierre. — ³ D, une

coup que elle getoit⁴ une grant bracie⁵ dou mur. Et tuit li autre baron faisoient ainsi, fors que li rois Richarz qui estoit en l'isle de Chipre. Et tant assaillirent et geterent que cil dedenz nou porent plus endurer, et crestien entrerent enz de toutes parz⁶, et fu la citeiz prise. Et mout i ot morz de Sarrezins et decoupeiz; et mout en trouverent morz de maladie par les rues touz puanz⁷. Lors fist crier li rois Phelipes que la citeiz fust netoïe des cors des Sarrezins, et fu fait ainsi comme⁸ li rois l'ot commandei. Et entra⁹ en Acre qui vout, et fu remis li rois Guis et la roïne en sa¹⁰ seigneurie comme rois et sires¹¹.

IX.

57. — Or vous dirons dou roi Richart qui estoit en Chipre, qui ot letres d'Acre qu'elle estoit prise¹; si en fu si courrouciez que près s'aloit que² il n'enrajoit³. Et vint à Acre au plus tost qu'il pot, et ot en son cuer grant envie⁴ et grant felonnie de ce qu'il savoit bien que Acre estoit conquise par le roi Phelipe⁵. Si avint un jour que mes sires Guillaumes des Barres chevauchoit parmi Acre, et li rois Richarz ausi; et s'encontrerent. Li rois Richarz tenoit⁶ un tronson d'une grosse⁷

---

perriere que on apeloit Male Voisine qui moult boine estoit et abatoit; E, sa boine perriere ki abatoit. — ⁴ D *omet* que elle getoit. — ⁵ C, partie. — ⁶ E, ens par force par toutes pars par le mur ki estoit brisies. — ⁷ B, qui gisoient par les rues tuit puant. — ⁸ E, quant. — ⁹ A, entrerent. — ¹⁰ CDEF lor *ou* leur. — ¹¹ C, comme devant; EF *omettent* comme rois et sires.

57. — ¹ B, *etc.*, qui prise estoit. — ² B, près aloit que; DEF, qu'a peu que *ou* k'a poi que. — ³ C, qu'il en estoit presque enragé. — ⁴ DEF, anui. — ⁵ E *ajoute* sans lui. — ⁶ E *ajoute* en sa main. — ⁷ E *omet* grosse.

lance; et muet au Barrois, et le cuide porteir fors des arçons.

58. — Li Barrois se tint bien¹, car il estoit chevaliers esmereiz²; et au passeir que li rois englois cuida faire³, li Barrois le saisi par le col; et fiert cheval des esperons, et le trait par force de braz fors⁴ des arçons, et lasche les braz. Et il chiet⁵ sour le pavement si angoisseusement⁶ que près s'ala que⁷ li cuers ne li parti; et jut enqui une grant piece pasmeiz, que on n'i senti ne pous n'aleinne. Atant s'en parti li Barrois, et s'en ala à l'osteil⁸ le roi, et li dist comment il estoit. Quant li rois l'oï si li pesa, et fist armeir sa gent; car il resoingnoit⁹ mout le roi Richart.

59. — Or avint que¹ li rois Richarz fu revenuz de paumaison, et fist armeir ses Englois, et vint assaillir à l'osteil le roi Phelipe². Mais il nou trouva pas esbaï ne desgarni; ains se deffendirent la genz le roi³ bien et viguereusement⁴, et asseiz i ot trait et lancié. Et après i vint li cuens Henriz⁵ et asseiz autre baron⁶; et prisent trives à trois jourz, et ci⁷ dedenz fu la chose apaisie⁸.

---

58. — ¹ F *ajoute* et fermement. — ² C, à merveilles. — ³ C, si pensa que le roy anglois luy cuidoit faire. — ⁴ E *omet* fors. — ⁵ C, puis le laissa cheoir; D, et chil caï; E, et li rois chéi. — ⁶ C, tellement; E, si roidement; DF, durement. — ⁷ B près ala que; C, que a peu que; E, k'a poi que; DF, que presque. — ⁸ F, la court. — ⁹ CDEF, doutoit *ou* redoutoit.

59. — ¹ EF *omettent* or avint que. — ² C *omet ce qui suit jusqu'au onzième mot du paragraphe suivant.* — ³ F *ajoute* Phelippe. — ⁴ D, vistement. — ⁵ D, li quens de Champaigne; F, li quens de Flandres. — ⁶ E, vinrent li conte et li grant signour. — ⁷ AB, et si; DF et chi; E, et là. — ⁸ D, le noise abaissie et apaisie; E, la

60. — Li rois Richarz ot mout le cuer enflei dou roi Phelipe qui avoit l'oneur d'Acre; si le commença mout à haïr, et meismement pour l'ochoison de son pere. Et pourchaça tant par ses dons que li rois fu enherbeiz; mais Dieu merci li enherbemenz ne fu mie à mort². Quant li rois Richarz vit qu'il ot failli, si traist³ au conte de Flandres et au conte de Champaingne et au conte de Blois; et tant leur donna de ses esterlins qu'il jurerent sa mort⁴; et avoient traitié⁵ comment il receveroit mort⁶. Mais Dieus, qui n'oublie mie les siens, envoia une maladie au conte Phelipe dont il mourut; et quant il se senti agreveiz, si manda le roi Phelipe son filleul⁷, et li dist⁸ :

61. — « Biaus filleus, faites penre une corde, et si
« me la faites metre ou col; et me faites traineir par
« toutes les rues d'Acre, car je l'ai bien deservi. »
Quant li rois l'oï ainsi parleir, si cuida qu'il ne fust mie en son sens, et li dist : « Biaus parrins, que est ce que
« vous dites? — En non Dieu¹, je sai bien que je di.
« Sachiez de voir, biaus filleus, que je ai vostre mort
« jurée, et je, et li cuens Henri vostre niés², et li cuens
« de Blois. Et bien sachiez³, se vous n'en aleiz erram-
« ment de ci⁴, vous estes traïz et morz⁵. — Hé! dist

---

cose acoisie et apaisie; F, fu faite la pais.

60. — ¹ E, si le prist fortement. — ² C, les enherbemens ne le prindrent pas jusques à la mort. — ³ A, si vait; DF, si se traist. — ⁴ E, le mort le roi; F, la mort au roi Phelippe. — ⁵ BC, devoient traitier; EF, traitierent. — ⁶ EF, et il en ouverroient; D *omet* et avoient traitié, *etc.* — ⁷ E *ajoute* k'il venist à lui. — ⁸ E *ajoute* quant il fu venus.

61. — ¹ DEF *ajoutent* dist il; C, dist le conte. — ² C, cousin. — ³ E *ajoute* de voir que. — ⁴ C, se n'alez hors d'icy; E *omet* de

« li rois, biaus parrins, pour quoi vous i acordastes
« vous? — En non Dieu, biaus filleus⁶, il m'eussent⁷
« ocis. »

62. — Atant se parti li rois dou conte à grant mesaise de cuer; et pensa toute la nuit que il feroit; et pensa¹ que il feroit² crier³ que tuit li chevalier venissent mangier à sa court au tierz jour⁴. Et fist apareillier viandes à grant plantei, si comme il couvient à court de roi; et nequedent il n'oublia mie ce que li cuens Phelipes li avoit dit. Si fist atourneir coiement sa nave, et metre dedenz quanque mestiers fu; et l'endemain, ains le jour, monta sour meir⁵ atout ses priveiz⁶.

63. — Quant li cuens Henriz sot que li rois s'en aloit, si se mist en une barge et s'en ala après lui; et le rateinst¹, car il n'estoit mie encore mout loing. Si li dist: « Biaus sire, biaus cousins, me lairez vous par « deçà² en ceste estrange contrée³? » Li rois li respondi et dist⁴: « Oil, par la lance saint Jaque, mauvais « traitres⁵; ne jamais en Champaingne n'entrerez, ne « vous ne vostre oir. » Atant retourna li cuens Henriz en Acre, et vint au roi Richart, et li dist: « Sire, nous « soumes honni et destruit; car li rois s'en va en « France, et bien set par le conte Phelipe que nous

---

ci. — ⁵ ABCDE, morz et traïz. — ⁶ C *ajoute* il le me couvint faire ou. — ⁷ E *ajoute* autrement.

62. — ¹ EF, et s'avisa. — ² A *omet* et pensa que il feroit. — ³ C, et fist crier. — ⁴ F *ajoute* après le cri. — ⁵ E *ajoute* seurement; F, seurement *au lieu de* sour meir. — ⁶ C, avec luy mena ses privez.

63. — ¹ C, rateindit; D, retint; EF, consuit. — ² E, lairés vous donc. — ³ E, terre. — ⁴ A *omet* et dist. — ⁵ F *ajoute* que vous

« avons traitié⁶ ; et bien sachiez qu'il nous destruira
« touz⁷. » Lors fut mandeiz li cuens de Blois, et prisent
conseil qu'il iroient parleir au conte Phelipe.

64. — Et en ces paroles on leur aporta nouveles
que li cuens estoit morz ; et lors furent trop esbaubi.
Li cors fu atourneiz¹ et aporteiz à l'eglise, et ot son
eseque² teil comme il aferoit à si grant seigneur ; et fu
enfouiz en l'atre³ Saint Nicholas. Et s'en revint li rois,
et li cuens Henriz et li cuens de Blois ; et entrerent en
une chambre, et prisent conseil qu'il feroient. « Par
« mon chief, dist li rois englois, je m'en rirai en En-
« gleterre, et si tost comme je i venrai, je mouverai
« le roi guerre⁴. — En non Dieu, dist li cuens de Blois,
« je m'en irai en France, et crierai le roi merci. —
« Par foi, dist li cuens Henriz, je demourrai en ceste
« terre⁵ ; car je sai certainement que je sui⁶ deseri-
« tiez. »

65. — Adonc fist li rois Richarz atourneir ses neis,
et monta sour meir ; et s'adreça¹ au mieuz qu'il pot
vers Alemaingne, et prist port. Et s'en ala par terre à
privée mesnie, et tant erra qu'il vint en Osteriche ; et
fu espiez et conneuz. Quant il se² perçut, si prist la
robe à un garçon, et se mist en la cuisine à tourneir

---

estes. — ⁶ D, l'avons traï ; F *ajoute* et pourparlé. — ⁷ F *ajoute* se
il puet.

64. — ¹ E, li cors le conte fu apparelliés. — ² B, osseque ; C,
obseque ; E, et fist on son siervice. — ³ C, cymitiere ; EF, eglise.
— ⁴ E, je prenderai le roi de guerre. — ⁵ DEF *omettent* par foi,
etc. — ⁶ E, car je ne doute moult que je ne soie.

65. — ¹ DEF *ajoutent* au plus droit et. — ² C *donne seul* s'en *au*

les chapons. Une espie³ l'ala conteir au duc, et quant li dus le sot, si envoia tant de chevaliers et de mesnie⁴ que la force en fu leur⁵. Et fu pris li rois et envoiez en un fort chastel, et toute sa mesnie en un autre. Et fu⁶ meneiz li rois de chastel en chastel, que nus n'en sot nouveles, neis cil qui le gardoient, fors li dus seulement.

X.

66. — Ci vous lairons esteir¹ dou roi Richart qui est enprisonneiz²; si vous dirons dou conte de Blois qui monta sour meir; et en venoit à Marseilles, voile croisié³. Et le prist uns granz orages, si granz qu'il sembloit que la neis montast aus nues; et puis descendoit⁴ si parfont que il sembloit⁵ que la neis entrast⁶ en abisme; et estoit près de terre⁷. Quant li cuens de Blois vit ces merveilles, si fist traire la barge hors, et entra enz, lui quart de sa mesnie. Il n'orent⁸ gaires nagié quant li tempés⁹ les porta à une roche et peçoia toute la barge¹⁰. Et fu noiez li cuens et tuit cil qui avec lui estoient; et li orages asseriza, et vint la nave à port de salut.

67. — Or vous dirons dou conte Henri qui estoit

---

lieu de se. — ³ E ajoute le connut et. — ⁴ E, tant de gens et de chevaliers. — ⁵ C, tant de chevaliers que merveille. — ⁶ F ajoute errant.

66. — ¹ DEF omettent esteir; C, si lairons à parler. — ² C omet qui est enprisonneiz. — ³ C, drecié. — ⁴ E, chéoit. — ⁵ EF, k'avis estoit. — ⁶ C, descendist; D, alast; E, chéist; F, fondist. — ⁷ E, avenoit priesk'à terre el fons; E, estoit presque à terre. — ⁸ E, et après çou n'orent. — ⁹ C la tempeste; D, une tempeste; E, li vens. — ¹⁰ C, et fut la barge percée.

demoureiz en Acre. Nouveles li vinrent que li rois de
Chipre estoit morz, et n'en¹ estoit demourei que une
seule fille. Il la requist² à famme, et on li donna voulentiers³ pour sa gentillesce ; et fu rois de Chipre, et en ot
deus filles dont l'ainsnée demoura roïne de Chipre. Et
l'autre fille ot mes sires Erarz⁴ de Rameru ; et en cuida
avoir la contei⁵ de Champaingne, mais il remaint asseiz
de ce que fous pense.

68. — Or avint que li rois de Chipre vint en Acre,
et vout enprunteir deniers à un bourjois¹ ; et le traist
d'une part à une fenestre à conseil², qui faisoit huis et
fenestre, et ouvroit³ par dehors et estoit close sans
fermeir. Et quant il s'i apuia li huis ouvri⁴, et li rois
chéi et brisa son col⁵. Si chevalier et sa mesnie coururent aval et le drecierent, et trouverent qu'il avoit le
col brisié ; si demenerent tuit grant duel⁶. Li cors le roi
fu porteiz en Chipre, et là fu enfouiz⁷.

69. — Ci vous lairons dou roi Henri de Chipre, et
revenrons au¹ roi Guion et à sa famme la bonne roïne
qui demouroient en la terre de Surie² ; ne ne tenoient
de tout le roiaume³ de Jherusalem que seulement Sur
et Acre et Baru, ne puis ne perdirent riens ne aques-

---

67. — ¹ A, e n'en. — ² F *ajoute* à avoir. — ³ E *omet* voulentiers.
— ⁴ C, Girard. — ⁵ A, le conté ; F, la cité.
68. — ¹ F *ajoute* de la vile. — ² D, à costé. — ³ C, si vint en
une fenestre laquelle se ouvroit ; EF, qui ouvroit, *en omettant* à
conseil, *etc*. — ⁴ E, et li rois s'i apoia et maintenant li feniestre
ouvri ; D, et ouvri, *en omettant* et quant, *etc*. — ⁵ F si kéi à
terre, si rompi le col. — ⁶ AB, tuit duel ; F, moult grant dolour.
— ⁷ E, et fu illuec ensevelis ; C, et là mis en terre.
69. — ¹ C, or vous dirons du. — ² A, Sur. — ³ E *omet* de Surie,

terent. Et vesquirent quatorze ans en cest estat, et fu morz li rois Guis et la roïne un pou de tans après[4] sans oirs de leur cors[5]. Et s'assemblerent li baron dou roiaume, et firent roi par election; et tint le roiaume en teil point comme li rois Guis le tenoit au jour que il mourut; et de ce roi issi une fille qui puis ot[6] le roi Jehan, si comme vous orrez conteir çà en avant.

XI.

70. — Desormais revenrons au roi Phelipe qui a trespasseiz les[1] periuz de meir; et là où il estoit en plus grant peril[2] et là où il cuidoit perillier[3] de coup en coup ou d'eure en eure, et les ondes de la meir portoient[4] la nave par semblant jusques aus nues et rabaissoient jusques en abisme[5] (et en icelle eure estoit nuiz obscure), si demanda li rois, fers[6] en foi et bien creanz en Dieu[7], queis eure il estoit aus maroniers; et il respondirent que il estoit entour mie nuit. Adonc dist li rois : « Soiez[8] asseur que nous n'averons garde; car
« mi ami[9] de l'ordre de Citiaus sont relevei pour chan-
« teir matines et pour prier[10] pour nous. »

71. — Adonc s'apaisa[1] li tormenz, et fu la meirs coie

---

etc. — [4] E, et morurent après li rois Guis et la roïne. — [5] F, lor char. — [6] E, ot espousé.

70. — [1] F, qui estoit es. — [2] A, granz periuz; E, ki estoit entrés en mer et commencha li orages. — [3] F *ajoute* et noiier. — [4] E, emporterent. — [5] E, la nef si haut k'avis estoit k'elle fust as nues et puis rechéoit aval. — [6] DEF, fermes. — [7] C, ferme en la loy de Dieu. — [8] E, or soions. — [9] C, nous n'avons garde de perir car noz amys. — [10] F *ajoute* à Nostre Seignour.

71. — [1] B *ajoute* la mers et. — [2] C *omet* coie; E *omet* paisible.

et paisible². Mais li rois ne se gardoit pas du bevrage³ que li traiteur li avoient fait boivre ; mais Dieu merci li enherbemenz ne fu mie à mort. Mais les ongles⁴ li chéirent des piez et des mains, et pela touz⁵, et fu tout l'an malades; et puis revint à sa santei, et fu touz haitiez et liez et joianz⁶. Et vinrent li baron de France à lui et lui dirent : « Sire, il seroit bien tans de vous « marier. — Certes, dist li rois, je le vuel et desir, et « bien en vuel ouvreir par vo conseil. »

72. — « Par foi¹, dist l'arcevesques Guillaumes, qui « ses oncles estoit, li cuens Phelipes de Flandres est « morz, et la terre est escheue à son frere le conte « Baudouin; ne je ne sai en France plus gentil homme « ne plus riche de lui. Et il a une sereur bele et ave- « nant² et sage; si vous loeroie³ que vous la preissiez « à famme. — Sire, dient li autre baron, vostre oncles « vous donne bon conseil. — Par foi, dist li rois, et je « m'i acort. » Adonc furent esleu dui d'eus, et alerent au conte Baudouin; et le trouverent à Lisle en Flandres, où il tenoit un grant parlement de ses barons.

73. — Atant descendirent li mesagier le roi, et entrerent en la sale, et saluerent le conte¹, et li bail- lierent la letre le roi. Li cuens reçut la lettre et² la

---

— ³ B, barnaige. — ⁴ C, et advint que de l'enherbement que les traistres luy avoient fait boire les ongles. — ⁵ C, des pieds et devint tout palle. — ⁶ A, joious; B, joiaus; C, tout gay et joyeux.

72. — ¹ C, adonc. — ² C, bele et gente et bien avenante. — ³ F *ajoute* en bone foi; C, je serois d'opinyon.

73. — ¹ C, en la salle du conte puis le saluerent. — ² C *omet*

bailla l'evesque d'Arraz qui leiz lui estoit³. Li evesques lut la letre et l'espondi⁴ au conte à conseil⁵. Li cuens apela ses hommes, et entra en une chambre et leur dist : « Biau seigneur, li rois⁶ de France me requiert « ma sereur à famme ; si en vuel ouvrer par vo con-« seil. — Sire, dient si homme, li rois vous fait mout « grant honeur : nous vous loons tuit que vous li « donnez, atout tant de terre comme il vous requiert. » Li cuens respondi à ses hommes que ainsi le feroit il.

74. — Atant issi fors de la chambre, et dist aus mesages le roi¹ : « Biau seigneur, je ai conseil que je « ferai voulentiers ce que mes sires li rois me mande². « — Sire, dient li mesage, vous dites que sages³. Or « vous dirons nous ce que li rois vous mande⁴. Li rois « vous mande⁵ que il veut avoir avec vostre sereur la « contei d'Artois, c'est à savoir⁶ Arraz et Peronne, « Bapaumes, Saint Omer, Aire, Hesdin, et toute la « contei si comme elle tient⁷. » Li cuens leur respondi et dist qu'il li donra voulentiers, et plus encore se il veut⁸.

---

reçut la lettre et. — ³ D, eslus estoit; C *ajoute* pour la lire. — ⁴ EF, le despondi; CD *omettent* et l'espondi. — ⁵ A, au conseil au conte; C, devant le conte à conseil. — ⁶ F, mesires li rois.

74. — ¹ E, et vint as messages le roi et dist. — ² B, *etc.*, m'a mandé. — ³ E, vous dites bien. — ⁴ F, or vous dirons nous, sire quens de Flandres, chou que mesire li rois de France vous mande par nous. — ⁵ ABC *ne répètent pas les mots* li rois vous mande, *mais ils conservent la conjonction* que *qui rend nécessaire la répétition de ces mots;* E *omet à la fois les mots répétés dans* DF *et la conjonction.* — ⁶ E *remplace* c'est à savoir *par* et. — ⁷ C, se contient; D, se comporte; E, s'estent; F, s'estent de lonc et de lé. — ⁸ C, s'il en voulloit; E, se li rois voloit; F, se il li plaisoit.

75. — Atant s'en partirent li mesage dou conte, et prisent à lui congié, et errerent¹ tant par leur journées qu'il² vinrent à Paris, où li rois estoit et ses consaus. Li mesage saluerent le roi de par le conte Baudouin de Flandres et dirent : « Sire, li cuens nous reçut vou-« lentiers et liement, et mout nous fist d'oneur pour « vous³ ; et li baillames vostre letre, et quant il fu « conseilliez à⁴ ses hommes qui là estoient, il parla à « nous et dist : — Biau seigneur, je merci mout le « roi⁵ de l'oneur qu'il m'a mandei ; je vuel et otroi que « mes sires li rois ait ma sereur et la contei d'Artois, et « plus encore se il veut ; et tuit mi baron s'i acordent⁶. » Dont li arcevesques Guillaumes respondi et dist au roi : « Sire, or n'i a mais que dou hasteir la besoingne. »

76. — Atant fist li rois escrire unes letres, et manda au conte que il espouseroit sa sereur l'endemain des vint jourz¹ à Amiens, et la menast là à ce jour. Ainsi fu fait comme li rois le commanda², et fu la damoisele amenée richement et³ à grant compaingnie, et à merveilles⁴ tint li cuens Baudouins riche osteil⁵. Atant vint

---

75. — ¹ C, chevauicherent ; E, esploitierent. — ² C *omet* errerent tant, *etc*. — ³ C, et de bon cueur et moult nous a fait honorablement pour l'honneur de vous. — ⁴ C, vostre lettre de laquelle il a eu conseil par. — ⁵ A *omet* le roi. — ⁶ C, et tous les autres barons s'i accorderent. *Cette réponse est en style indirect dans* E : Si dist que il vous mercioit moult de l'hounour que vous li aviés mandé, et voloit que vous eusciés sa sereur atout le contet d'Artois, et plus encore se vous voliés ; et si baron s'i acorderent.
76. — ¹ C, dedans le xxᵉ jour ; E, au vintisme jour après celui jour ; F, l'endemain dou xxᵐᵉ jour dou Nouel. *On appelait* les vingt jours *le temps compris entre le* 25 *décembre et le* 13 *janvier inclus*. — ² C *omet* comme li rois, *etc*. — ³ DEF *omettent* richement et. — ⁴ E, et moult. — ⁵ F *ajoute* et moult noble. — ⁶ D *omet* et

li rois à Amiens, et espousa la damoisele qui avoit à non Ysabiaus, et ot grant feste par tout Amiens[6]. Et demoura li rois en la vile trois jourz, et puis en ala en France, et en fist meneir la roïne à Paris, et là fu receue à grant solempnitei. Et à merveilles s'amerent entre li et le roi[7], et orent un fil qui fu apeleiz Loueys en bautesme. Cil Loueys[8] fu preuz et hardiz et combatanz[9], et ot cuer de lion; mais tant comme il vesqui, il ne fu[10] sans painne ne sans travail[11].

XII.

77. — Desore en avant vous dirons dou roi Richart que li dus d'Osteriche tenoit en prison; ne nus ne savoit nouveles de lui fors seulement li dus et ses consaus[1]. Or avint que li rois avoit nourri un menestrel d'enfance[2] qui avoit non Blondiaus. Cil[3] se pensa[4] que il le querroit[5] par toutes terres de ci à tant que il[6] en orroit nouveles; et se mist à la voie, et tant ala par les estranges contrées[7] que il ot bien demourei an et demi, ne onques ne pot oïr[8] vraies nouveles dou roi.

78. — Et tant aventura[1] que il entra en Osteriche

---

espousa, *etc.*; C *omet seulement* et ot grant feste, *etc.* — [7] C, et moult se entre aymerent le roi et la royne. — [8] E, qui *au lieu de* cil Loueys. — [9] E, et vaillans. — [10] CF, ne fu jour. — [11] D, il n'eut fors paine et travail.

77. — [1] C, que nul n'en sçavoit fors le conseil du duc. — [2] C, de France; E, ki nés estoit deviers Artois. — [3] ABC, si. — [4] E, cius afferma en soi. — [5] EF, qu'il querroit son signour. — [6] E, tant qu'il l'averoit trové u qu'il. — [7] E, tant erra l'un jour et l'autre par lait et par biel. — [8] F, savoir ne oïr.

78. — [1] C, fist; D, erra. — [2] C, en l'hostel d'une femme. —

ainsi comme aventure le menoit, et vint droit au chastel
où li rois estoit en prison. Et se herberja chiez une veve
famme², et li demanda cui cil chastiaus estoit qui tant
estoit et biaus et forz et bien assis³. S'ostesse li res-
pondi et dist que ce estoit le duc d'Osteriche. « Bele
« ostesse⁴, dist Blondiaus, a-il ore nul prison dedenz
« le chastel⁵? — Certes, dist la bonne famme⁶, oïl;
« un⁷, bien a quatre anz⁸. Mais nous ne pouons⁹ savoir
« qui il est¹⁰; et si vous di certainnement que on¹¹ le
« garde bien et soingneusement, et bien creons¹² que
« il soit gentis hons et granz sires. »

79. — Quant Blondiaus¹ oï² ces paroles, si en fu à
merveille liez, et li sembla en son cuer que il avoit
trouvei ce qu'il queroit; ne onques³ n'en fist semblant
à s'ostesse. La nuit fu mout aises⁴, et dormi jusques
au jour⁵; et quant il oï la guete corneir le jour⁶ il se
leva et ala au moustier⁷ prier Dieu qu'il li aidast. Et
puis vint au chastel, et s'acointa dou chastelain de
laienz⁸; et dist qu'il estoit menestreus⁹, et mout vou-
lentiers demourroit à lui se il vouloit¹⁰. Li chastelains
estoit juenes chevaliers et jolis, et dist qu'il le reten-
roit¹¹ voulentiers.

---

³ B, *etc*., seans. — ⁴ F *ajoute* par amours. — ⁵ E *omet* le chastel.
— ⁶ D, dist l'ostesse; E, dist elle. — ⁷ CD, il en y a. — ⁸ C,
mais bien y at quatre moys; E, qui i a esté bien a quatre ans.
— ⁹ F *ajoute* en nule maniere. — ¹⁰ E *ajoute* ciertainement. —
¹¹ E, mais on. — ¹² D, esperons.

79. — ¹ F, li boins Blondiaus. — ² E, entendi. — ³ C, mais
oncques; E, mais ains. — ⁴ AB, aise; CDEF, à aise. — ⁵ E, dormi
et fu à aise. — ⁶ C, corner sur les murs. — ⁷ E, à l'église; C *omet*
au moustier. — ⁸ C, au chastellain du chasteau qui léans estoit et
se acoincta de luy. — ⁹ E *ajoute de* viiele. — ¹⁰ E, s'il lui plaisoit.
— ¹¹ C, recepveroit.

80. — Adonc fu liez Blondiaus[1], et ala querre sa viele et ses estrumenz; et tant servi le chastelain qu'il li plot mout[2], et fu mout bien de laienz et de toute la mesnie. Ainsi demoura Blondiaus[3] tout l'iver laienz; ne onques ne pot savoir qui li prisons estoit, et tant qu'il ala un jour[4] par les festes de Pasques touz seus en un jardin[5] qui estoit leiz la tour; et regarda leiz lui[6], et pensa se[7] par aucune aventure porroit voir le prison. Ainsi comme il estoit en ceste pensée, li rois regarda par une archiere[8]; et voit Blondel[9]. Et pensa comment il se feroit à lui connoistre; et li souvint d'une chançon qu'il avoient faite entr'eus deus, et que nus ne savoit[10] que il dui[11].

81. — Si commença à chanteir le premier mot[1] haut et cler, car il chantoit très bien; et quant Blondiaus l'oï, si sot certainnement que ce estoit ses sires. Si ot en son cuer la graingneur[2] joie qu'il eust eu onques mais nul[3] jour. Atant s'en parti dou vergier, et vint[4] en sa chambre où il gisoit, et prist sa viele; et commença à vieleir une note, et en vielant se delitoit de son seigneur qu'il trouvei avoit[5]. Ainsi demoura Blondiaus de ci qu'à Pentecouste; et si bien se couvri que nus de laienz[6] ne s'en perçut de son affaire.

---

80. — [1] A, fu li Blondiaus liez. — [2] E *omet ici* li plot mout, *et ajoute à la fin de la phrase* et moult plot ses siervices. — [3] DEF *omettent* Blondiaus. — [4] C, advint un jour. — [5] E, es hestes de Paskes par le gardin. — [6] A, regarda de lui. — [7] E, regarda entour savoir se. — [8] E *omet* par une archiere. — [9] C *ajoute* et le congneut; F, Blondel qui avoit esté ses menestreux. — [10] F *ajoute* en cel païs. — [11] C *omet* et que nus, *etc.*

81. — [1] EF, ver *ou* vier. — [2] A, grignor; B, grignour; CDEF, plus grant. — [3] B, *etc.*, à nul. — [4] A, vient; E, entra. — [5] D, en vielant avoit trouvé son seigneur. — [6] DEF *omettent* de laienz.

82. — Adonc vint Blondiaus au chastelain et li dist : « Sire[1], se il vous plaisoit, je m'en iroie voulentiers « en mon païs ; car grant piece[2] a que je n'i fui[3]. — « Blondiaus, biaus freres[4] ce ne ferez vous pas se vous « m'en creez ; mais demoureiz encore, et je vous ferai « grant bien. — Certes, sire, ce dist Blondiaus, je ne « demourroie en nule maniere. » Quant li chastelains vit qu'il nou perroit retenir, si li otroia le congié[5], et li donna roncin et robe nueve[6].

83. — Atant se parti[1] Blondiaus dou chastelain[2], et ala tant par ses journées que il vint en Engleterre, et dist aus amis le roi[3] et aus barons qu'il avoit le roi[4] trouvei, et leur dist où il estoit[5]. Quant il ont entendu les nouveles, si en sont très lié[6]; car li rois estoit li plus larges[7] hons[8] qui onques chauçast esperon. Et prisent conseil ensemble que il envoieroient[9] en Osteriche au duc pour le roi raiembre[10]; et eslurent deus chevaliers qui là iroient[11], des plus vaillanz et des plus sages.

84. — Et tant errerent[1] par leur journées que il vinrent en Osteriche où il trouverent le duc[2] à un sien

---

82. — [1] F, par Dieu chiers sires. — [2] E, lonc tans. — [3] F, que je n'en oï nouveles. — [4] A, Blondial biau frere ; C *ajoute* dist le chastellain ; E, ce dist li castelains. — [5] C *omet* li otroia le congié ; F, li otroia mout aenvis. — [6] E, boin ronchi noeve ; F *omet* et li donna, *etc.*

83. — [1] A, se part. — [2] F *omet* dou chastelain. — [3] F *ajoute* Richart. — [4] F *ajoute* son seignour. — [5] E, ù il avoit le roi trouvé et comment. — [6] F, moult goieus. — [7] C, saiges. — [8] E, chevaliers. — [9] A, envoieront. — [10] F, rachater ; D, raiembre et racater. — [11] D *omet* qui là iroient.

84. — [1] DEF, alerent. — [2] E, au duc et le troverent. — [3] C

chastel, et le saluerent de par les barons d'Engleterre et li dirent : « Sire, nous soumes ci envoié de par les « barons d'Engleterre³, et avons apris que vous tenez « en prison le roi Richart⁴. Sire, il vous mandent et « prient que vous en preingniez raançon⁵, et il vous « en donront tant comme il vous venra en grei. » Li dus lor respondi que il s'en conseilleroit⁶, et quant il fu conseilliez, si leur dist : « Biau seigneur⁷, se vous « le voulez avoir, il le vous couvenra raiembre⁸ de « deus cens mile mars d'esterlins. Et si n'en reprenez « plus la⁹ parole ; car ce seroit painne perdue. »

85. — Atant prisent li mesage congié, et dirent que ce reporteroient il aus barons¹, et si en eussent conseil². Et s'en revinrent en Engleterre³, et dirent aus barons ce que li dus leur avoit dit ; et il dirent que jà pour ce ne demourroit. Donc firent apareillier⁴ la raançon ; si la firent porteir⁵ au duc. Et li dus leur delivra le roi⁶ ; et ainsois leur fist⁷ donneir bonne seurtei de lui⁸ que jamais ne li feroit⁹ molestei.

XIII.

86. — Ainsi avint que li rois Richarz fu raiens¹, et

---

seul donne d'Engleterre. — ⁴ DEF *omettent* sire nous soumes ci, etc. — ⁵ EF, prendés raenchon de lor seignour ; D, du roy. — ⁶ F, s'en conseillera volentiers. — ⁷ E, si dist signour. — ⁸ E, il le vous convient racater ; F, se vous volés vostre signour rachater sa raenchons sera. — ⁹ EF, ma.

85. — ¹ F *ajoute* d'Engleterre. — ² C, et sur ce se conseilleroient ; D, et en aroient conseils. — ³ F, et s'en repairierent. — ⁴ E, aproster. — ⁵ E, envoier. — ⁶ D *omet* et li dus, etc. — ⁷ E, li fist. — ⁸ DE *omettent* de lui. — ⁹ D, feroient.

86. — ¹ A, raeins ; C, ramené ; F, rauis. — ² DEF, as calisses,

fu receuz en Engleterre à grant honeur; mais mout en fu sa terre grevée, et les eglises dou regne; car il leur en couvint metre jusques à leur calices[2], et chanterent lonc tans en calices d'estain et de fust[3]. Or avint que li rois Richarz se gisoit une nuit en son lit, et ne pouoit dormir; et li vint une pensée devant qui mout fu pesme et crueuse[4]; et li souvint de son pere le roi Henri[5], qui s'estraingla des resnes dou frain de son cheval[6], par le despit qu'il ot[7] dou roi Phelipe qui li courut sus espée traite à Gerberoi.

87. — Et li souvint de la prise et de la raançon que li dus d'Osteriche li avoit fait par le mandement et par les prieres le roi Phelipe[1]; si en ot en son cuer si grant courrous et si grant ire que il dist et aferma à soi meismes que jamais jour[2] ses cuers ne seroit à aise[3] ne en pais de ci à tant qu'il se seroit vengiez. Atant il ajourna[4], et ala oïr messe quant il fu leveiz[5]; et puis manda[6] ses barons et son conseil, et leur dist ce que[7] il pensoit.

88. — Et li baron et ses consaus[1] li respondirent que[2] ce estoit trop granz honte et trop granz domages,

---

calisces, calipses. — [3] C, calices de boys. DEF *omettent* et de fust. — [4] C, felonneuse et cruelle; D, crueuse et felenesse; E, vinrent pensées au devant felenesces et crueuses. — [5] A *omet* le roi Henri. — [6] E, des riesnes d'un cheval. — [7] CE *omettent* qu'il ot.

87. — [1] C *omet* par le mandement, *etc.* — [2] D *omet* jour; EF, jour de sa vie. — [3] AE seroit aise. — [4] AB li ajorna; C, se leva. — [5] D *omet* quant il fu leveiz; E, atant apparu li jours, li rois se leva et oï messe. — [6] D, alla oïr messe et après le messe manda. — [7] B, et lor dist et à son conseil ausis se que.

88. — [1] E *omet* et ses consaus. — [2] E *ajoute* voirement. — [3] D,

et bien feroit à amendeir ; et bien seust il que il estoient tuit apareillié de lui aidier et de cors et d'avoir, et bien avoit pouoir³ au roi Phelipe et d'amis et de terre. Et il si avoit. Quant li rois Richarz entendi que il avoit le cuer de ses barons, si en fu merveilles liez en son cuer. Et fist maintenant escrire unes lettres en son seel⁴ de deffiance⁵ au roi Phelipe⁶, et li mandoit par ses letres⁷ que il nou tenoit à seigneur ne à ami ; et bien seust il qu'il⁸ l'iroit veoir à briez jourz⁹ en mi lieu de sa¹⁰ terre, ne jà ne seroit teis qu'il l'osast encontreir¹¹ ne atendre.

89. — Atant eslut un chevalier sage homme, et li charja les letres¹. Li chevaliers les² reçut de la main le roi, et ala tant par meir et par terre que il vint³ à Orliens⁴ où li rois Phelipes estoit. Et li tendi les letres sans salueir, et li dist : « Sire, li rois Richarz d'Engle-
« terre vous envoie ces⁵ letres ; faites savoir se il vous
« plait que il i a, car je ne vuel pas ci longuement
« demoureir. »

90. — Li rois fist brisier les letres¹ à l'evesque d'Orliens qui estoit deleiz lui ; et les lut², et quant il les ot leues, si dist³ au roi : « Sire, li rois Richarz vous mande

---

pour pooir. — ⁴ CEF *omettent* en son seel. — ⁵ D *remplace de* deffiance *par* deffiavles. — ⁶ EF *ajoutent* et seeler de son seel. — ⁷ E et i avoit dedens. — ⁸ E *omet* et bien seust qu'il. — ⁹ E, prochainement. — ¹⁰ E, emmi sa. — ¹¹ F, contrester.

89. — ¹ D, atant es vous un chevalier sage homme et li carcha les letres ; E, atant carga la lettre à un chevalier sage. — ² E, et il le. — ³ F, vint droit. — ⁴ B, Orliers. — ⁵ A, ses.

90. — ¹ E, ouvrir la lettre ; F, brisier la cire. — ² CDF *omettent* et les lut. — ³ E, et puis dist. — ⁴ DEF, prochainement. — ⁵ C,

« deffiance, et dit qu'il vous venra voir à briez jourz[4]
« en mi lieu de vo terre; ne jà ne serez teis que vous
« vous i voiez[5]. » Quant li rois ot oï ce que li rois
Richarz li ot mandei, si pensa un pou et dist : « Dieus
« Nostre Sires, qui touz puissanz est[6], nous puet bien
« aidier; et sachiez[7] que se vostre sires vient en nostre
« terre pour meffaire[8] nous li serons à l'encontre[9] à
« tant de gent comme nous porrons assembleir[10]. »

91. — Adonc s'en parti li chevaliers sans congié
penre[1], et repassa meir; et trouva le roi Richart à
Londres atout grant chevalerie, et li dist : « Sire, je ai
« estei en France; et trouvai le roi Phelipe à Orliens,
« et li baillai vostre chartre[2]. Et il la fist lire et me dist
« que se vous entreiz en sa terre pour meffaire[3], il
« vous sera au devant à tant de gent comme il porra[4]
« mouvoir[5]. » Atant demourerent ces paroles[6].

92. — Li rois Richarz fist faire neis et tentes et
pavillons à grant foison, car il en avoit bien le pouoir;
et atourna son oire[1] à grant esploit, car il atendoit[2] la
saison dou nouviau tans. Et li rois Phelipes n'oublia
pas la poire ou feu[3]; ains fist refermeir ses chastiaus
et ses marches, et fist venir des vins et des viandes[4],

---

vous vous y osez trouver; E, vous l'osés atendre; F, ne scrés si
ozés que vous le deffendés. — [6] F *omet* qui touz puissanz est. —
[7] F *ajoute* dist li rois au message. — [8] E, mal faire. — [9] E, au
devant. — [10] E, avoir.

91. — [1] E, sans saluer. — [2] D, vos lettres; CEF, vostre lettre.
— [3] DEF *omettent* pour meffaire. — [4] F, entriés... seroit... por-
roit. — [5] E, assembler; CDF, avoir. — [6] B *omet* atant, *etc.*

92. — [1] D, son œvre. — [2] E, n'atendoit fors. — [3] D, le poire
ou fil; E, ne s'oublia pas. — [4] C, et les fist garnir de vins et de

et des gens⁵ si comme pour lui deffendre et sa terre; car il resoingnoit⁶ mout le roi Richart pour sa prouesce et pour son hardement.

93. — Atant vint li nouviaus tans que li mois de mai fu entreiz, et que li rois Richarz fu entreiz¹ en meir atout mout grant chevalerie. Et orent bon vent et bon orei², et arriverent à Diepe, un port de Normendie qui estoit siens. Et issirent fors des neis, et vinrent à Rouen sa citei qui estoit à quatorze³ liues dou port, et enqui sejournerent un mois⁴ pour eus aaisier et apareillier⁵. Adonc commanda li rois Richarz que li os errast et alast droit à Gisors⁶, un sien chastel qui est forz et à merveilles bien seanz, et est à sept liues de Biauvais⁷.

94. — Et quant il furent là venu, si sejournerent deus jourz, et au tierz jour¹ commanda² que l'avant-garde³ errast; et li fourrier coururent⁴. Lors donc veissiez ribauz et garçons à pié et à cheval espandre par ce Biauvoisin, et penre bues et vaches et porciaus⁵ et brebiz et oies et chapons⁶ et gelines et chevaus à charrue⁷ et païsanz⁸, et ameneir en l'ost derriere,

---

viandes; E, et fist pourvoir vins et viandes. — ⁵ A, et de gent. — ⁶ CDEF, redoutoit.

93. — ¹ C, monta sur. — ² B, bone ore; D, boin oirre; E, boin oire; F, boin ore; A, bon oreit. C *omet* et orent, *etc.* — ³ C *seul porte* XIIII; *les autres mss. ont* IIII. — ⁴ E *omet* un mois. — ⁵ D, raffresquier et aaisier et appareillier; E, reposer et apparellier; F, aaisier et reposer. — ⁶ C *omet* Gisors. — ⁷ F, Vienais.

94. — ¹ D *omet* sejournerent, *etc.* — ² D *ajoute* Richars; EF *ajoutent* li rois. — ³ E, li os. — ⁴ E, et alast fourer. — ⁵ D, pors et vaques, pourciaus; E, pors, vakes, moutons. — ⁶ D, aones et caprres. — ⁷ E, et kierues. — ⁸ F, chiaus qui paissoient. — ⁹ D,

dehors Gisors où il estoit logiez ; et faisoient tout le mal qu'il pouoient par la terre et par le païs[9]. Ainsi furent une grant piece de tans qu'il faisoient leur voulentei dehors forteresses[10], que nus ne les destourboit[11]. Si avint que renommée qui partout vole vint[12] jusques au roi Phelipe, et li fu dit que li rois Richarz estoit à Gisors atout granz genz, et ardoit et preoit[13] toute la terre d'entour Biauvais[14].

95. — Et quant li rois entendi teis paroles, si fu trop courrouciez, et manda le conte de Chartres, le conte de Vendome, le conte de Nevers[1], le conte de Sansuere[2] qui preudons estoit, et le vidame de Chastiaudun[3], et monseigneur Guillaume des Barres, et monseigneur Alain de Rouci, et mout d'autres preudommes qui ne sont mie ici nommei ; et leur moustra le desroi dou roi Richart qui ses hons devoit estre, et leur en requist[4] conseil comment il en ouvreroit. « Sires, dist li cuens de Sansuere, se il vous plait[5], « nous qui ci soumes nous trairons[6] celle part, et irons « à[7] Biauvais et verrons que ce porra estre ; et se Dieu « plait, li Englois ne nous deseritera[8] mie. »

---

et par mer. — [10] C *omet* que il faisoient, *etc*. — [11] A, lor destorboit ; E, lor deffendoit. — [12] D, si en vint le renommée. — [13] BC, prenoit ; DF, prendoit ; E, prendoit et gastoit. — [14] F, la terre de Biauvais.

95. — [1] C, Nouyers ; DF *omettent le comte de Nevers* ; E *omet en outre celui de Vendome. Après le comte de Nevers,* AB *ajoutent à tort* le conte d'Ausuere *ou* d'Ausseurre ; *car Pierre de Courtenai tenait alors les comtés de Nevers et d'Auxerre*. — [2] C, Sansserre ; DE, Sansoirre ; F, Sancerre. *Ce comte est omis dans* B. — [3] A, Chasteldunc ; B, Chatiaudum ; C, Chasteauloudon ; D, Chastiaudun ; E, Cassiadun ; F, Cathiadun. — [4] D, demanda ; EF, quist. — [5] A *omet* se il vous plait. — [6] E, irons. — [7] E, nous trairons en. — [8] C, destruyront ; E, desyreteront.

96. — Lors commanda li rois qu'il se apareillassent au plus tost qu'il porroient, et leur fist baillier deniers à charretées[1]. Et quant il furent apareillié et d'armes et de chevaus, si s'en alerent droit à Biauvais, et là s'atendirent[2]. Et firent avantgarde et arrieregarde, et chevauchierent vers Gisors; et cil de Gisors revinrent[3] contr'eus. Et paleterent[4] asseiz li uns contre l'autre[5], et asseiz i ot[6] perdu et gaaingnié; et s'en departirent atant celle foiz, et chascun jour[7] faisoient ainsi.

97. — Et avint que li rois Richarz manda au conte de Sansuere[1] et au Barrois[2] qu'il manjoient le pain le roi pour nient; mais se il estoient si hardi[3] que il osassent venir jusques à l'orme devant Gisors, il les tenroit à preuz et à hardiz. Et li roial li[4] remanderent que il iroient l'endemain[5] dedenz tierce, et le couperoient en despit de lui[6]. Quant li rois englois entendi qu'il venroient l'orme coupeir, si fist ferreir le tronc de l'orme[7] de bandes de fer tout entour qui avoient bien cinq toises de lei[8].

98. — L'endemain au matin[1] s'armerent li roial[2] et firent cinq eschieles de leur genz, dont li cuens de

---

96. — [1] E, et caretes. — [2] E, se contre atendirent. — [3] C, et ceulx de Guisors estoient advertis qui vindrent. — [4] B, parlerent; F, caplerent. — [5] E, et i ot grant hustin. — [6] E *ajoute* d'une part et d'autre. — [7] E, souventes fois.

97. — [1] B, Sausseurre; C, Sansserre; D, Sansoirre; E, Sancerre; F, Sancherre. A *omet ce nom*. — [2] D, as autres barons; E, as barons. — [3] E, estoient tel. — [4] C, les barons luy; E, li François lor. — [5] F *ajoute* au matin. — [6] F, devant lui se il i devoit estre. — [7] E, tronc desous. — [8] C, de grosseur; EF, de gros.

98. — [1] C *omet* au matin. — [2] C, les barons; EF, li François.

Sansuere conduist l'une³, et li cuens de Chartres l'autre⁴, et li cuens de Vendome⁵ la tierce, et li cuens de Nevers la quarte, et mes sires Guillaumes des Barres et mes sires Alains de Rouci la quinte. Et chevauchierent jusques à l'orme de Gisors, les aubalestriers et les charpentiers devant⁶, à bonnes haches tranchanz et à bons martiaus picois⁷ pour esragier⁸ les bandes dont li ormes estoit bandeiz⁹. Et s'arresterent à l'orme, et esragierent¹⁰ les bandes à force, et couperent l'orme¹¹ cui que il pesast.

99. — Mais li rois Richarz ne dormoit¹ mie endementiers²; ains avoit fait cinq eschieles ausi, et se feri entr'eus voiseusement³ comme chevaliers hardiz que il estoit⁴. Et il fu receuz des roiaus bien et hardiement, et brisierent leur lances, et mout en i ot des navreiz et des abatuz⁵. Et trairent les espées et s'entremellerent li un aus autres, et mout⁶ en i ot d'abatuz d'ambedeus parz⁷. Et merveilles⁸ i faisoit li rois Richarz de beles chevaleries, et abatoit chevaliers et chevaus, et arajoit hiaumes de testes⁹ et escuz de colz, et faisoit tant d'armes¹⁰ que li roial en estoient esbaï¹¹.

— ³ F, la premiere. — ⁴ F, la seconde. — ⁵ E, Bretaigne; DF, Normendie. — ⁶ C, allerent devant bien allans. — ⁷ C, lesquelz avoient bons marteaulx picquois. — ⁸ E, ragier. — ⁹ E, loiiés. — ¹⁰ E ragierent. — ¹¹ E, toutes les loiures et le copperent jusk'en terre; C *omet depuis* et s'arresterent *jusques et y compris* à force.

99. — ¹ E, s'ariestoit. — ² A *omet* endementiers. — ³ A, voysosement; C, vassallement; D, noiseusement; E, entre François. — ⁴ E *omet* que il estoit. — ⁵ E, de mors et d'abatus. — ⁶ C, tant que moult. — ⁷ D, et traisent les espées d'ambedeus partis; E, et i ot grant capléis. — ⁸ F, et à grant merveille. — ⁹ E, et erragoit heaumes et testes. — ¹⁰ B, *etc.*, tant de merveilles. — ¹¹ F, abaubi.

100. — Et d'autre part li Barrois se maintenoit si bien qu'il n'encontroit chevalier qu'il ne meist[1] à terre; et tant le resoingnoient[2] que nus d'eus ne l'osoit atendre, ains li faisoient tuit place. Et en son bien faire[3] li rois Richarz le regardoit, et en ot grant envie[4]; car il le haoit d'armes[5] de piece a. Si prist une grosse lance[6], et li escrie : « Barrois, Barrois, trop avez « chevauchié. » Quant li Barrois l'entendi, si le connut et prist[7] une grosse lance fort et roide[8] en la main d'un escuier; et fiert cheval des esperons encontre le roi, et li rois encontre lui.

101. — Et s'entreviennent[1] si très durement[2] de piz et de chevaus qu'il faisoient la terre[3] bondir; et se fierent sour les blasons si roidement que il rompent poitraus et ceingles[4], et se portent à terre par desus les croupes des chevaus[5], leur seles entre leur cuisses[6]. Et saillent sus[7], et traient les espées des fuerres[8], et se courent sus[9], et se fierent granz cous parmi les hiaumes et sour les escuz; et ne peust mie remanoir que liqueis que soit[10] ne perdist se la bataille durast[11] longuement. Atant saillent[12] d'une part et d'autre, et

---

100. — [1] B, li baron se remaintenoient si bien que il n'encontroient chevalier que il ne meissent. — [2] CDF, redoutoient ; E, doutoient. — [3] E, bien fait. — [4] DEF, anui; A, envie d'armes. — [5] A, aoit *sans ajouter* d'armes; B, baioit d'armes. — [6] DEF *ajoutent* fort et roide. — [7] A, le Barrois le connut si prist; D, l'entendi si prist. — [8] E, et raga une forte lance.

101. — [1] B, s'entrevirent. — [2] F *ajoute* de cuer. — [3] DEF, toute la terre. — [4] F *ajoute* et estriers. — [5] C *omet* par desus, *etc.* — [6] B, jambes. — [7] F *ajoute* bien et vighereusement. — [8] C, puis saillirent sur pieds les espées traictes. — [9] EF *omettent* et se courent sus. — [10] E, li uns; F, li uns ou li autres. — [11] C, si n'eust pas duré la bataille. — [12] CD *ajoutent* leur gent; E,

remonterent chascuns le sien[13], et se departirent atant, et alerent chascuns à son repaire ; car la nuiz les aprochoit.

102. — Ainsi demoura de ci à l'endemain que li rois Richarz ot oï messe. Atant ez vous un mesage batant[1] à esperons, qui descendi aus degreiz de la sale, et monta amont, et demanda le roi ; et on li enseigne, et il va celle part et le salue ; si li dit : « Sire, li cuens de « Glocetre, à cui vous aviez baillié Engleterre à gar- « deir[2], est morz ; et sont cil de vostre païs mout es- « baï ; car li rois d'Escoce et li rois d'Irlande et li rois « de Wales sont entrei en vostre terre, et vous i font « mout grant domage. Pour Dieu, sire, si i metez[3] « conseil teil comme vous devez, comme sires et rois « que vous en estes[4]. »

103. — Quant li rois ot oï le mesage, a pou qu'il ne fu touz enragiez[1]. Et apela son conseil et de ses[2] barons les plus vaillanz et les plus sages, et requist conseil. Et il respondirent qu'il n'i avoit[3] autre conseil qu'il s'en alast hastivement en Engleterre, et enmenast avec lui de ses hommes[4] lesqueis que il vourroit et qui plus li seroient pourfitable[5] ; et li remananz[6] demourroient ici, et garderoient le chastel, et hardieroient[7] aus

---

salirent nos gens; F, salirent les parties de cascun. — [13] E, le leur.

102. — [1] DEF, brochant. — [2] C *omet* à gardeir. — [3] F *ajoute* hastieu. — [4] E, ki sires et rois en iestes.

103. — [1] DEF *omettent* quant li rois, *etc.* — [2] E, lors apiela li rois de ses. — [3] C, qu'ilz ne luy seroient douner. — [4] D, de ses barons et des. — [5] C, seroient à cueur. — [6] B *ajoute* de vos gens. — [7] B, hardierons. — [8] D, esteront as roiaus; E, contra-

roiaus⁸ : « Et leur ferons⁹ despendre les deniers le roi.
« — Par ma foi, dist li rois, vous dites bien. » Atant se departi li rois dou conseil, et fist l'endemain apareillier son oire, et eslut dou mieuz¹⁰ de ses barons; et s'en ala en Engleterre, et trouva son païs triboulei et les gens esbaïs, si comme genz qui estoient¹¹ sans seigneur¹².

XIV.

104. — Ici lairons esteir dou roi Richart; si dirons dou roi Phelipe qui ot eu letres dou conte de Sansuere, qui estoit chevetains de l'ost, que li rois Richarz s'en estoit aleiz en Engleterre atout le mieuz¹ de ses barons. Si se pensa li rois que ore estoit à point; si fait escrire ses briés² et les fait envoier à touz ses fieveiz; et leur manda qu'il soient tuit à Biauvais dedenz un mois³ à armes⁴ si comme il doivent. Et il si furent dedenz le mois que nus n'en atarja⁵, et trouverent le roi qui jà estoit venuz. Et fist avantgarde et arrieregarde de chevaliers preudommes et d'aubalestriers⁶ pour l'ost conduire; et vinrent à un matin devant Gisors, et tendirent leur treis et leur pavillons tout entour le chastel au get d'une aubalestre à tour.

---

lieroient les François; F, seroient contraire as Franchois. — ⁹ C, tiendroient si hardiment contre les barons qu'ilz leur feroient; D, et leur feront; EF, et lor feroient. — ¹⁰ A, dou mues; B, des miex; D, des mix conneus; E, del mius; F, des meilleurs. — ¹¹ EF omettent qui estoient. — ¹² D, esbahis et sans seigneur.

104. — ¹ CE, les millours. — ² C, ajoute et ses lettres. — ³ C, omet dedenz un mois. — ⁴ F ajoute et à chevaus. — ⁵ E, et il si furent efforciement; C, et s'i trouverent tous. — ⁶ E omet et d'aubalestriers.

105. — Et cil dedenz[1] issirent fors, et les destourboient à leur pouoir[2]; mais riens ne leur valut, car trop estoient pou contre les roiaus, et cil n'i estoit pas qui leur conforz[3] estoit. Ainsi furent li François[4] logié, et l'endemain au matin commanda li rois que li engin fussent drecié et feist on[5] geteir[6] trebuches, perrieres, chaz[7] et mangoniaus esforciement. Et on si fist[8], et tant furent destraint cil dedenz[9] en pou de tans et par nuit et par jour, qu'il ne savoient que devenir ne que faire; car on avoit tant ocis d'eus que la tierce partie n'en estoit mie demourée sainne ne haitie[10].

106. — Et quant li chevetains de Gisors vit que tuit aloient à la mort, si manda au roi Phelipe, par le conseil de sa gent[1], qu'il li renderoit le chastel dedenz un mois se il n'avoit secours[2] dou roi Richart. Li rois li otroia[3], mais qu'il eust[4] en ostage[5] le fil au chastelain. Atant fist li rois cesseir les engins[6] de geteir et d'assaillir, et li chastelains envoia en Engleterre au roi Richart qu'il le venist secourre[7]; car il estoit si apresseiz que pou de sa gent i avoit de remanant, et li couvenoit le chastel rendre par estouvoir[8] dedenz un mois.

---

105. — [1] F *ajoute* le castel. — [2] E, çou qu'il porent. — [3] D, consors; F, consaus. — [4] BD, li roial; C, tout l'ost. — [5] B, et fait pour; DEF, et fist. — [6] D, ens dregeter; EF, gieter en la ville. — [7] E *omet* trebuches, chaz; B, gecter feu et trebucher pierres, chas. — [8] C, laquelle chose fut faicte; DE *omettent* et ensi fist on. — [9] F, et ensi fist tant que cil dedens furent si destraint. — [10] E, n'estoit mie en vie.
106. — [1] E *omet* par le, *etc.* — [2] ABEF, conseil; C, secours; D, aide. — [3] E *ajoute* le respit. — [4] AB, ot; DF, ait. — [5] E, et en prist ostages. — [6] D *omet* les engins. — [7] B, requerre. — [8] D *omet* par estouvoir.

107. — Quant li rois entendi le mandement¹ dou chastelain², si ot au cuer grant ire³; et fist escrire hastivement unes letres, et mandoit⁴ au chastelain que à icel jour n'i pouoit il estre, mais pour Dieu tenist se bien⁵, qu'il le secourroit au⁶ plus tost qu'il porroit⁷. Endementieres que li termes demoura, li rois envoia⁸ devant Nior, un chastel fort et bien seant qui estoit au roi englois⁹, une partie de sa gent. Et vinrent là si coiement que cil dedenz ne s'en perçurent; et furent si sourpris que li roial se ferirent¹⁰ tuit à un coup¹¹ dedenz le chastel, et fu pris¹²; et la garnison prisent¹³ et retinrent¹⁴, et mirent en prison. Et quant li rois Phelipes le sot, si en ot teil joie que nus hons nou¹⁵ porroit retraire¹⁶.

108. — En ces entrevaus¹ li mesages que li chastelains avoit envoié en Engleterre revint, et li chastelains ot entendu le renonc² de son seigneur à la³ letre qu'il li avoit envoié⁴. Si vit bien qu'il n'averoit mie le secours de son seigneur; si rendi le chastel de Gisors au roi Phelipe, qui tant est biaus et forz; et li rois le fist garnir de bonne gent et de quanque mestiers leur

---

107. — ¹ E, mant. — ² D *omet* dou chastelain. — ³ E, si fu moult iriés. — ⁴ D, et rescrit, *en omettant* et fist escrire, *etc.* — ⁵ B, tenist soi bien; D, très bien; E, k'il se tenist tant com il peust; F, che qu'il peust. — ⁶ A *omet* au. — ⁷ D *ajoute* fort et bien. — ⁸ E, demoura. — ⁹ E *ajoute* et i envoia. — ¹⁰ E, qu'il s'enfremerent. — ¹¹ B, *etc.*, à un fais. — ¹² E, ensi fu li castiaus pris. — ¹³ B, prinse. — ¹⁴ E *omet* et retinrent. — ¹⁵ ACEF, ne; B, nou; D, ne le. — ¹⁶ EF, en ot très grant joie.
108. — ¹ EF, endementiers. — ² A, renon; BC, response; DE, remant; F, mandement. — ³ ABF, et la; C, par la; D, et le. — ⁴ E, et ot au castelain dounées les letres dou remant son signour.

fu. Atant se parti li rois Phelipes d'enqui, et ala par le païs de Normandie, et i faisoit asseiz ce qu'il vouloit defors forteresses ; et tant que[5] li rois Richars ot achevée sa guerre à ses anemis[6], et fu à eus apaisiez[7].

109. — Et en vint en Normandie au plus tost qu'il pot et au plus esforciement, et arriva à Diepe un soir ; et l'endemain ains jour fist sa gent armeir, et traire[1] celle part où li rois estoit. Adonc li rois chevauchoit à privée mesnie, et ne cuidoit avoir garde pour ce qu'il cuidoit que li rois Richarz fust encore[2] en Engleterre ; mais li Vilains dist en un proverbe que « En un mui[3] de « cuidance n'a pas plein pot[4] de sapience. » Jà soit ce que li rois Phelipes fust li plus sages princes dou monde, et souvent avient que sages hons fait grant folie. Et adonc n'estoit mie li Barrois avec lui ; mais Alains de Rouci i estoit, qui mout haoit le Barrois et li Barrois lui.

110. — Et regarda mes sires Alains devant lui, et vit à meinz de deus liues[1] grant foison de baronnie esparse[2] aval la terre[3] à destre et à senestre ; et vint au roi et li dist : « Sire, je voi là bannieres à grant « plantei[4], et nous soumes en terre de guerre ; si[5] nous

---

— [5] E, adonc avint. — [6] E, finée sa guerre en Angleterre. — [7] E *omet* et fu à eus apaisiez.

109. — [1] D, erra ; EF, errer. — [2] EF *omettent* encore. — [3] C *ajoute* plain. — [4] D, boiscel.

110. — [1] F, et vit devant lui à mains d'une lieuwée et coisi. — [2] D, et passer ; F, qui cheminoient. — [3] C, avant la terre ; D, aval le tertre. — [4] *La leçon de E est très-différente :* Messire Alains se regarda et vit au puiier d'un tiertre grant fuison de chevaliers armés, et vit lonc de lui reluire l'or et l'asur des armeures ; et dist

« armeriens se vous m'en creiez⁶ ; car li rois Richarz
« est mout chevalereus, et mout set de guerre. — Par
« la lance saint Jaque, dist li rois, Alain⁷, onques mais
« ne te vi couart fors que ore⁸. — Par mon chief,
« dist mes sires Alains, et je sui cil qui m'en tais⁹
« atant. »

111. — Adonc regarde¹ li rois devant lui² ; et vit
que les bannieres li aprochoient³, et li païs peuploit de
gent. Si apela mon seigneur Alain et li dist : « Alain,
« se tu le loes⁴, il est bon que no gent soient⁵ armei. »
Et respondi mes sires Alains au roi : « A bele eure vial
« tondre⁶. Sire, sachiez de voir que c'est li rois Richarz
« sans faille ; et vous di pour voir⁷ que nous serons jà
« tuit pris. Mais faites le bien⁸ ; monteiz sour le plus
« courant destrier que vous aiez⁹, et vous en aleiz à
« Gisors qui est près de ci, et vous metez¹⁰ à garison ;
« et je demourrai ci¹¹ et vestirai¹² vos armes¹³, et nous
« ferons au mieux que nous porrons. »

112. — Adonc monta li rois sour un destrier fort et

---

au roi : Sire, moi est avis que je vi orendroit chà outre grant
plenté de banieres et de pingnons. — ⁵ A, se. — ⁶ B, arme-
rons... creez. — ⁷ E, comment, dist li rois, Alain, par la lance
saint Jake. — ⁸ DEF, fors maintenant. — ⁹ C, qui se tait ; DEF,
s'en taist.
111. — ¹ DEF, regarda. — ² E omet devant lui. — ³ F *ajoute*
de toutes pars. — ⁴ E, se tu le looies ; F, se vous le loez ; C *omet
ces mots*. — ⁵ E, il seroit boin que nous fussiemes. — ⁶ *On pour-
rait lire aussi dans* A mal tondre ; B, veaus tondre ; C, l'avez dit ;
E, en parlés ; F, vous percheves. D *omet* à bele eure vial tondre.
— ⁷ C, et vous promect ; F, et sachiés. — ⁸ F *ajoute* se vous m'en
creés. — ⁹ B *seul donne* aiez *au lieu de* avez. — ¹⁰ E *omet* et vous
metez. — ¹¹ B *ajoute* et monterai sor vostre destrier. — ¹² A, de-
mourais... vestirais... — ¹³ D *omet* et je demourrai, *etc.*

isnel¹; et s'en va vers Gisors grant aleure. Et fu perceuz de l'avantgarde, et cururent après plus de deus cens²; mais il estoient armei, et il estoit desarmeiz et mieuz³ monteiz d'eus touz. Et s'en ala par esforz de cheval⁴ jusqu'à Gisors, et fu receuz laienz hastivement. Et mes sires Alains de Rouci demoura, et prist les armes le roi; et fist deus eschieles de tant de gent comme il avoit, et les mist en conroi.

113. — Atant ez vous le roi Richart et sa gent, et se fierent¹ entr'eus; li roial² les recoillierent³ vigureusement à tant⁴ de gent comme il estoient⁵, et se deffendirent merveilles bien. Mais leur bien faires rien ne leur valut; car pou estoient⁶ contre les Englois, et li rois Richarz estoit trop bons chevaliers de sa main. En la parfin furent desconfit⁷ li roial; et en prist⁸ desqueis qu'il vout⁹, et fu mes sires Alains pris armeiz des armes le roi¹⁰.

114. — Quant li rois Richarz le vit, si li escrie : « En non Dieu¹, rois, or vous tieng jou. — Certes, dist « mes sires Alains, non faites; ains tenez Alain de

---

112. — ¹ E, seur; F, bien courant. — ² C, plus de mille. — ³ E, et s'estoit mius. — ⁴ C, à poincte de cheval; F, par l'effort dou cheval.

113. — ¹ B, se ferirent. — ² C, messire Allain et les autres; E, li François. — ³ B, *etc.*, resurent, receurent *ou* rechurent. — ⁴ A, tant *au lieu de* à tant. — ⁵ B, comme il avoient. — ⁶ B, *etc.*, trop estoient pou. — ⁷ DEF, pris. — ⁸ E, et en prisent li Englois. — ⁹ F, et en prist li rois de tous lesquels que il li plot le miex. — ¹⁰ C, à la parfin fut messire Allain prins qui estoit armé des armes du roy, et furent tous desconfitz; dont le roy Richard print desquelz qu'il voulut.

114. — ¹ A *omet* en non Dieu. — ² A, ies tu cou; B, ies tu;

« Rouci un povre vavasseur. — Qu'est-ce, diable! dist
« li rois, ies tu ce² Alains? Je cuidoie tenir, par saint
« Thomas, le cors dou roi. Hé! Dieus, dist li rois, puis-
« que nous avons failli au roi³, avons nous⁴ le Barrois?
« — Certes, dist mes sires Alains, nennil; car il n'est
« pas ci. Sachiez de voir que se il fust ci, vous eussiez
« tuit⁵ estei pris ou mort. » Et ceste parole fu reportée
au Barrois, qui durement le haoit, et parmi ceste parole
fu faite l'acordance entr'eus deus⁶.

115. — Atant se parti li rois Richarz d'enqui atout
ses prisons, et s'en ala à Vernon, un chastel qu'il avoit,
qui mout est¹ biaus et bons² et bien seanz sour
Seinne³. Et fist departir ses prisons par ses chastiaus;
et monseigneur Alain retint avec lui, et l'enmena avec
lui à Rouen⁴; et là sejourna une piece⁵.

116. — Or vous dirons dou roi Phelipe qui estoit à
Gisors, et manda sa gent, et les ralia ensemble¹; et
s'en revint en France, et là sejourna une piece. Et li
rois Richarz, qui estoit à Rouen², fu trop doulanz de
Gisors et de Nior que il ot perduz; si prist une partie de
sa gent et les envoia es marches³ pour houbeleir⁴ et

C, est ce toy; D, es tu che; F, es tu dont chou. — ³ CE, au cors
dou roi. — ⁴ E, jou ai fali... ai je au mains; F, avons nous au
mains. — ⁵ A *seul donne* tuit. — ⁶ A *omet* deus; E, pour ceste
raison fu faite acordance; F, pour ceste parole fu faite li acor-
dance.

115. — ¹ DEF, estoit. — ² EF *omettent* et bons. — ³ C *omet* un
chastel, *etc.* — ⁴ B *omet* à Rouen; CE *omettent* et l'enmena, *etc.*
— ⁵ B *ajoute* à Ruem; C *ajoute* à Vernon; D, et sejourna une
pieche à Roem.

116. — ¹ E *omet* ensemble. — ² C, Vernon. — ³ A *seul rejette
les mots* et les envoia es marches *après* destruire le païs. — ⁴ C,

pour destruire le païs; et l'autre partie enmena à un chastel le roi Phelipe qui est es marches, et l'assit.

117. — Et fu devant grant piece ainsois qu'il le preist, et fist[1] si bien les chemins gardeir[2] que nus mesages ne pouoit issir dou chastel[3]. Et tant fu devant le chastel que il le prist par force; et fist à chascun des aubalestriers un des poinz coupeir, et à chascun des serjanz un œil creveir; et les chevaliers fist raiembre, et les laissa aleir parmi tant[4]. Et quant li rois Phelipes le sot, si li ennuia mout; mais il nou pot amendeir à celle foiz; car une granz maladie le prist qui bien le tint an et demi, par quoi il n'i pot metre conseil[5].

XV.

118. — Or revenrons[1] au roi Richart qui faisoit ses ours tumbeir[2], et n'estoit qui li contredesist, et faisoit quanqu'il vouloit defors forteresses. Et prenoit proies et prenoit[3] païsanz, et tribouloit si le païs que on n'i semoit ne aroit[4] ne faisoit nul gaaingnage tant comme la terre de la marche duroit, et encore outre. Mais les forteresses le roi françois[5] estoient si garnies de bonnes genz et de vin et de viande, et de quanque mestiers leur estoit, qu'il n'avoient garde dou roi

---

rober; D, herbergier; EF *omettent* pour houbeleir.

117. — [1] A, fait. — [2] BCDE, gaitier. — [3] EF, n'en pooit *ou* pot issir. — [4] C, fist delivrer et laisser aler; D, et par tant les laissa aler. — [5] E, n'i pot entendre.

118. — [1] A, revenons. — [2] BDF, tumer; E, thumer; C, qui lors se faisoit estimer. — [3] CEF *ne répètent pas* prenoit. — [4] C, labouroit; EF, ahanoit. — [5] CDF, de France; E *omet* françois. —

Richart; et nequedent il les tenoit si courz[6] qu'il n'avoient pouoir de remouvoir chascuns de son lieu[7].

119. — Or avint chose que on li dist[1] que li rois d'Espaingne avoit assise la Riole et le Brai Gerart, deus bonnes viles siennes[2]. Et quant il entendi ces nouveles[3] si crosla[4] la teste, et dist que par l'ame son pere biau li estoit[5], ne ainsi ne demourroit il pas; que[6] ore avoit li rois d'Espaingne esveillié[7] le chat[8] qui dormoit; et piece a que on dit en proverbe : « Tant grate chievre « que mal gist. » Adonc fist li rois Richarz semonre ses fieveiz, et assembla grant ost[9]; et monterent sour meir, et tant nagierent qu'il arriverent à Baionne, une sienne citei qui siet en Gascoingne sour meir.

120. — Et là furent huit jourz; et au neuvieme jour commanda li rois englois[1] l'ost à erreir, et au plus tost qu'il porroit entreir[2] en la terre le roi d'Espaingne. Et mirent tout le païs à feu et à flamme, et prenoient proies, et gastoient bleiz et vignes et jardins, et destruioient quanqu'il ateingnoient. Et coururent ainsi quatorze jourz ainsois que li rois d'Espaingne le seust. Atant se departi de l'ost au roi[3] Richart une espie et s'en

---

[6] F, fermement enclos. — [7] F *ajoute* où il estoient.

119. — [1] C, or advint tandis comme il faisoit partie de ses voluntés; E, dont avint que on dist nouvicles au roi Richart; F, or avint que on dist au roi Richart; D *omet* chose que on li dist. — [2] F, villes qui estoient le roi Richart. — [3] B, tex novelles; E, teus paroles. — [4] A, crusla; F, conmencha à crosler. — [5] F, et dist ensi : par l'ame mon cher pere il m'est mout bel. — [6] A *omet* que. — [7] B, car il esveille. — [8] D, kien; E, chien. — [9] E, adont assembla li rois Ricars de sa gent une grant ost.

120. — [1] E *omet* englois. — [2] E, que il porent entrerent. —

vint tout droit à la Riole où li rois d'Espaingne tenoit son ost, et li dist : « Sire, malement est ; li rois Richarz « est arriveiz à Baionne atout granz genz. Et sachiez « que il vous a⁴ jà fait grant domage ; car il art et « destruit⁵ tout ce qu'il ateint defors forteresses ; ne « n'est nus qui li contredie. »

121. — Quant li rois¹ oï ces paroles si ne li furent pas beles ; et bien pensoit en son cuer que il averoit encontre ; car il savoit bien que li rois² Richarz estoit hardiz et courageus³, et rien ne li lairoit dou sien. Mais cil cuidoit que li rois Phelipes l'eust si embesoingnié⁴ que il n'eust pouoir d'aleir⁵ ; mais on suet dire que « Cuidars et esperars⁶ furent dui musart. » Atant se traist⁷ li rois Ferranz d'Espaingne à une part, et apela son conseil⁸ et leur dist : « Biau seigneur, conseilliez « moi, car je en ai grant mestier. Veez ci le roi Richart « qui est entreiz en ma terre ; et bien sai qu'il est trop « outrecuidiez, et se il pouoit tant faire que il peust de « moi joïr⁹, bien sai de voir, n'enporteroie¹⁰ la vie ou « au meinz je seroie mis en prison¹¹. »

122. — « Par foi, dient si baron et ses consaus touz, « vous¹ ne trouverez jà un tout seul de nous² qui le « vous lot. Mais faites³ mandeir vostre arriere ban

---

³ AB *omettent* au roi. — ⁴ B, il i a. — ⁵ F *ajoute* et bruist.

121. — ¹ DF *ajoutent* d'Espaigne. — ² EF, car li rois. — ³ F *ajoute* et chou savoit il certainement. — ⁴ E, ensouniet. — ⁵ DEF, de là aler. — ⁶ E, esperers et quiediers. — ⁷ B *omet depuis* li rois Phelipes *jusqu'à* se traist. — ⁸ B, d'Espaigne fust d'une part et apela son consoil à une part. — ⁹ D, me peust tenir. — ¹⁰ C, je en perderay. — ¹¹ F *ajoute* à tous jours.

122. — ¹ B, sire vous. — ² EF, trouverés nului. — ³ EF, ne

« de quoi il i a asseiz, et mandeiz secours ; et sour avoir
« et sour fié perdre⁴ que nus n'i demeurt ; et qui
« demourra, il demourra⁵ sour la hart. Et bien sachiez
« de voir que vous averez⁶ deus tanz de gent encore
« que vous n'avez ci⁷ ; et si estes en vostre païs, et
« touz jourz vous croisteront gent. » A ce conseil
s'acorderent⁸ tuit⁹, et li rois fist escrire ses briés, et
les envoia hastivement par sa terre. Et vinrent au jour
qui leur fu mandeiz, et li rois Richarz les aprocha à
quatre liues, et manda au roi Ferrant bataille au tierz
jour ; et li rois Ferranz li manda¹⁰ qu'il l'averoit voulentiers, et mout en estoit desirranz.

123. — Qui lors veist d'une part et d'autre haubers
rouleir¹, glaives enferreir, pourpoinz et cuirées² et
escuz enarmeir, et selles et waraingles³ et poitraus⁴
apareillier, et chevaus ferreir, et penre chascun⁵ garde
soingneusement que riens ne li⁶ faille⁷. Et quant vint
au tierz jour, si se leverent⁸ tuit ; et chascuns des rois
fist faire de sa gent dis⁹ eschieles, et atourneir et rangier ainsi comme il leur sembla que mieuz vausist ; et
ot en chascune eschiele connestable preudomme et
gentil homme¹⁰ qui les gouvernoit.

---

vous loe à ; D, tost faictes, *en omettant* vous ne trouverez, *etc.* —
⁴ E, sur vie à perdre, *en ajoutant après* perdre, *ainsi que* F, et
mandés que. — ⁵ CD, ce sera. — ⁶ E, aurez ailleurs. — ⁷ C, vous
ne pensez. — ⁸ A, s'acordent. — ⁹ F, tout ensemble. — ¹⁰ E,
remanda.
123. — ¹ A, roler ; BCEF, roller ; D, rauller. — ² B, cuisieres ;
CE, cuiries ; D, curies ; F, quiries. — ³ AB *seuls donnent* et
waraingles. — ⁴ C, selles, sangles. — ⁵ B *omet* chascun. — ⁶ B,
lor. — ⁷ C *omet* et penre, *etc.* — ⁸ CD, apparellierent. — ⁹ DEF
omettent dis. — ¹⁰ C, chef prodhomme ou gentilhomme.

124. — Atant s'aprochierent les oz et se joindrent[1] ensemble, la[2] premiere eschiele à la premiere[3]; et mout en i ot d'abatuz et de navreiz, et en orent[4] li Englois le pieur. Mais la seconde eschiele les secourut viguereusement, et mout chargierent leur aversaires. Quant la seconde eschiele des Espaingnous vit au desouz sa partie, si se fierent entr'eus viguereusement[5] et mout en ocient et abatent[6]. Et puis se fiert la tierce d'une part et d'autre, et la quarte et la quinte[7], et toutes les autres[8], et furent tuit mellei. Et ot enqui tant de chevaliers abatuz[9] et tant de chevaus estraiers[10] que nus ne vous en porroit dire le nombre[11].

125. — Atant ez vous le roi Richart, lance sour fautre; et va escriant[1] : « Rois Ferranz d'Espaingne, « où estes vous aleiz? Veez ci le roi Richart qui vous[2] « vient deffendre la Riole et le Brai Gerart et toute la « terre de Gascoingne où vous n'avez droit; et vous « en estes prouveiz comme mauvais hons et desloiaus. « Mais vous cuidiez que li rois françois m'eust tant « donnei à faire[3] que je ne peusse çà venir. » Et lors li issi de la bouche uns moz de grant orgueil[4]. « Certes, « dist-il, je livrerai asseiz[5] batailles[6] et vous et lui[7] tant

---

124. — [1] EF, se jousterent. — [2] A, li. — [3] EF *omettent* la premiere, *etc.* — [4] E *ajoute* à cel poindre. — [5] EF, isnelement; B *répète ici à tort* et mout chargierent leur aversaires. — [6] E, ocisent et abatirent. — [7] A *répète à tort* d'une part et d'autre. — [8] EF *omettent* et toutes les autres. — [9] E, mors et abatus. — [10] CE *omettent* estraiers. — [11] E, ne le saroit dire ne nombrer.

125. — [1] E, aloit criant; F *ajoute* à haute alaine. — [2] F, vous et vostre gent. — [3] A, à entendre; B, à faire et à entendre. — [4] E, beubanche. — [5] C, livreray aux lices. — [6] A, bataille. — 7 D, et le roi de France.

« comme je viverai. » Hé! Dieus, il cuidoit asseiz plus vivre qu'il ne vesqui.

126. — Quant li rois d'Espaingne s'oï clammeir traiteur, ne li fu pas bel. Et fiert cheval des esperons et s'en va[1] celle part où li rois Richarz estoit, et joint l'escu au col qui estoit poinz de sinople à trois chastiaus d'or, qui senefient qu'il est[2] rois de Castele. Et tint la lance baissie[3], et muet au roi Richart, et li rois Richarz à lui, qui estoit armeiz d'unes armes vermeilles[4]; et tint la lance baissie, et muet au roi. Et s'entreviennent[5] d'une si grant vertu que saingles ne poitraus ne leur porent aidier que chascuns d'eus ne chéist à terre sa sele entre ses piez.

127. — Et saillirent sus au plus tost que il porent[1]; et traient les espées nues[2] des fuerres, et s'entredonnent granz colées. Et ne pouoit pas remanoir que liqueis que ce soit ne receust grant domage, car il estoient andui bon chevalier; mais la genz de chascune partie secourut le sien[3], et furent remontei par vive force. Et dura li estours jusqu'à basse[4] nonne; mais li Espaingnol en orent le pieur, car il estoient mal armei et ne savoient pas tant de guerre comme li Englois. Et meismement il prenoient cuer au roi Richart leur seigneur, qui faisoit tant d'armes que tuit cil qui le véoient

---

126. — [1] B *omet* et s'en va. — [2] CE, senefioient qu'il estoit. — [3] DF, droite; E, roide. — [4] D, d'unes armes à trois lupars d'or passans. — [5] C *ajoute* si durement et.

127. — [1] B, il omques pourent; C, et salirent sus en piés. — [2] DEF *omettent* nues. — [3] F, son seignour. — [4] DE *omettent* basse.

en avoient grant merveille, neis li rois d'Espaingne ; ne onques puis ne l'osa encontreir, tant l'avoit essaié[5].

128. — Quant li rois Ferranz et sa genz virent qu'il ne la porroient[1] endureir, si tournerent les dos. Et Englois les enchaucent, et dura li enchauz[2] jusqu'à la nuit obscure que li uns ne vit l'autre ; et s'en retournerent[3] aus tentes le roi Ferrant, et la nuit i jurent ; et i trouverent quanque mestiers leur fu, et i gaaingnierent grant[4] tresor. Et l'endemain au matin s'en repairierent[5] à Baionne, et monterent en meir baut et lié et joiant ; et errerent par meir douze jourz[6], et arriverent à Douvre un sien chastel ; et menerent grant joie li Englois[7] de la victoire leur seigneur.

129. — Et quant li rois ot soupei, si s'ala couchier ; et[1] ne pot dormir, ains li souvint de Gisors et de Nior que il avoit perdu. Si se pensa que il iroit assegier Gisors et le penroit par force ; car li rois Phelipes estoit malades, et li rois Richarz avoit le plus de sa gent avec lui et la navie[2] apareillie. Et fist l'endemain sa gent[3] apareillier et monteir[4] sour meir ; et il monterent voulentiers[5], car il avoit les paumes percies[6] de largesce[7].

— [5] D, ensaié ; E, assaiiet.

128. — [1] F, porent. — [2] E *omet* et dura li enchauz. — [3] B, s'en retournent ; E, adont coururent. — [4] E, mervellous. — [5] E, et l'endemain revinrent. — [6] BCEF, onze jourz ; D, onze mois. — [7] E *omet* li Englois.

129. — [1] C, mais quant le roy fut couscié il. — [2] C, maignie. — [3] E, car il avoit le plus de sa gent avoec lui et li rois Phelippes estoit malades ; si fist sa navie aprester et sa gent. — [4] A, monterent. — [5] EF *ajoutent* à son commant. — [6] C, dorées. — [7] E, car il estoit larges et courtois.

130. — Et tant alerent¹ qu'il prisent port à Diepe qui sienne² estoit, et vinrent à Rouen que il amoit mout³, et prisent là ce que mestiers leur fu. Et fist erreir son ost jusqu'à un chastel qui estoit le roi Phelipe, que on apele Loche⁴, qui mout estoit forz⁵ et bien seanz et bien garniz, et qui mout estoit en sa grevance. Si se traist celle part et l'assit, et jura qu'il ne s'en partiroit devant ce qu'il l'eust pris par force⁶. Et i fist assaillir et jour et nuit; mais cil dedenz se deffendirent⁷ viguereusement, car il estoient asseiz gent et bien garni.

131. — Et avint un jour que li rois Richarz aloit remirant le chastel, une targe devant lui; et fu perceuz d'un aubalestrier qui estoit en une tournele d'ainglée, qui sailloit plus avant que les autres tourneles. Si mist un carrel¹ en coche; et trait droit² au roi, et le fiert à descouvert ou tournant³ de la destre espaule; et le navra durement. Quant li rois se senti navrei, si se traist arriere, et vint à son treif⁴. Et furent li mire apareillié qui li trairent le carrel fors⁵ de l'espaule tout entier, et li cerchierent la plaie, et dirent qu'il n'averoit garde se il se vouloit bien gardeir. Mais li rois, qui estoit de grant cuer, ne prisa riens la plaie⁶ ne le conseil des mires; si but et manja quanqu'il li plot, et jut

---

130. — ¹ F, et tant nagierent par mer. — ² DE, siens. — ³ D, qui soie estoit aussi. EF *omettent* et vinrent, *etc*. — ⁴ *En latin* Castrum Lucii, *aujourd'hui* Chalus (Haute-Vienne). B, Losche; C, Larche; F, Luche. — ⁵ EF, biaus. — ⁶ B *ajoute* et l'assist; DEF *omettent* et jura, *etc*. — ⁷ B, deffendoient.

131. — ¹ C, garrot. — ² A, trait un quarrel. — ³ ABCD, en tournant. — ⁴ E *omet* et vint à son treif. — ⁵ A *omet* fors. — ⁶ B,

à famme. Et sa plaie commença à forseneir⁷, et li feus i feri, et en pou d'eure en fu touz pourpris⁸ li costeiz et li braz.

132. — Et quant li rois vit qu'il ardoit touz et que mourir le couvenoit, si commença à complaindre lui meismes et à regreteir; et disoit ainsi : « Hé! rois
« Richarz, mourras tu donc? Ha! mors, comme ies
« hardie¹ quant² tu osas assaillir le roi Richart, le
« mieuz entechié chevalier³ et le plus courtois et le
« plus large dou monde⁴. Ah! chevalerie, comme iras
« à declin! Hé! povres dames, povre chevalier, que
« devenrez vous? Ha! Dieus, qui retenra⁵ mais cheva-
« lerie, largesce ne courtoisie? »

133. — Ainsi se complaingnoit li rois; et quant il vit qu'il le couvenoit¹ mourir, si commanda que ses cuers fust enfouiz à Rouen pour l'amour qu'il i avoit², et ses cors fust porteiz à Londres³ et enfouiz en la mere eglise. Atant trespassa et rendi son esperit⁴, et lors

---

la grant plaie. — ⁷ E, foursanner. — ⁸ E, pouris.
132. — ¹ A, ies si hardie; D, est hardie. — ² B, com. — ³ F, à chevalier. — ⁴ E *omet* le mieuz entechié, *etc.* — ⁵ C, restaurera.
133. — ¹ B, quant vit que il le couvanroit. — ² C *omet ce qui suit, et reprend dans la dernière phrase aux mots* et li fu faite. — ³ F *ajoute* en Engleterre. — ⁴ *Les manuscrits* CDE *ajoutent ici un passage étranger à la rédaction primitive. J'en donne le texte conformément au dialecte picard, en combinant les leçons des trois manuscrits, qui ont chacun besoin d'être complétés ou rectifiés :*
Ki soit en le joie de paradis, se il plaist à Dieu; car plus larges ne plus courtois ne remest el monde, ne mieudres chevaliers de sc main. Et de lui affiert il à dire chele parole ki fu dite, par le bouce le roi David, de Saül le premier roi ki onkes fust en Judée, ou premier livre des Rois, quant Saul et Jonathas ses fius furent ochis en le bataille de Gelboé. Le parole si fu tele : « Coument sont

commencierent sa genz à faire⁵ le graingneur⁶ duel que onques gent feissent⁷; et se departi li oz d'enqui, et s'en alerent à Rouen. Et là fu enfouiz li cuers le roi Richart⁸, et li cors de lui fu porteiz à Londres où on fist le graingneur duel qui onques fust faiz d'ame⁹; et fu enfouiz en la grant eglise¹⁰ à grant honeur, et li fu faite tombe bele et riche teis comme il aferoit à roi.

XVI.

134. — Atant vous lairons dou roi Richart, qui fu morz sans oirs de son cors¹, et dirons dou roi de Jherusalem qui fu faiz par election, et regna huit ans. Et mourut, il et² la roïne sa famme, et en demoura une fille; et fu li roiaumes en la main aus barons, et orent la³ mainbournie de la damoisele, et la garderent de ci à tant qu'elle ot aage de marier.

135. — Desormais vous dirons de Jehan de Brainne¹, qui fu fiuz le conte Gautier de Brainne le vieil, qui ot

---

« peries les ames batellereches? Coument sont kéu li fort d'Israel?
« Vous noble chevalier d'Israel, plorés. Leus où Saul est mors et
« li fort d'Israel, ne rosée ne pleuve ne descende sur toi où li fort
« d'Israel sont kéu. » Teles paroles et plus bieles furent dites dou roi Saul et de Jonathas son fil, quant il furent ochis es montaignes de Gelboé; lesqueles paroles afhierent très bien à dire dou roi Richart.
— ⁵ A *omet* à faire. — ⁶ B, le plus grant. — ⁷ DEF, lors, quant il fu mors, si comenchierent à faire ses gens le plus grant duel dou monde; D *ajoute* ne que onques gens ne fisent. — ⁸ A *omet* Richart. — ⁹ DE, d'omme; F, de nul honme. B *omet ce qui suit à* Londres où *et reprend à* fu enfouiz. — ¹⁰ DEF, mere eglise.

134. — ¹ E, de sa char; F *omet* qui fu morz, *etc.* — ² EF *omettent* il et. — ³ A, lor.

pluseurs enfanz ainsneiz de celui Jehan. Si vout li cuens Gautiers que ses fiuz Jehans fust clers; mais il ne le vout estre, ains s'en fui¹ à Clerevaus, où il avoit un sien oncle, frere sa mere, qui li faisoit livreir ce que mestiers li estoit. Et il prenoit en grei ce que on li faisoit; car il estoit juenes de l'aage de quatorze ans.

136. — Et avint un jour que chevalier de son lignage aloient au tournoiement, et passoient par devant la porte de Clerevaus¹; et virent² l'enfant Jehan qui estoit à la porte, et le virent bel enfant³ et bien taillié, et bien sembloit estre gentis hons. Si s'arresterent à la porte⁴, et demanderent qui cis enfes estoit. Et on leur dist que il estoit⁵ fiuz le conte Gautier de Brainne, et s'en estoit afuiz à son oncle⁶ à Clerevaus pour ce qu'il ne vouloit mie estre clers.

137. — Et li chevalier dirent certes¹ qu'il faisoit bien, et li venoit² de bon cuer et de gentil; si le firent penre par un escuier, et le firent metre sour un sommier, et le menerent avec eus³ à un tournoi où il li livrerent un roucin. Et le⁴ menoient de marche en marche⁵; et tant crut li enfes et amenda⁶ qu'il sot bien servir et⁷ aidier son ami en la plus grant presse dou

---

135. — ¹ C, Brienne, *ici et plus bas; la leçon* Braine *ou* Brainne *répond ici à* Brienne; *mais plus loin* (§ 338) *elle répond à* Braisne. — ² B, s'en foï; F, s'en fu.

136. — ¹ DEF *omettent* et passoient, *etc.* — ² D, vinrent à. — ³ C, et leur sembla beau filz. — ⁴ B *omet* et le virent, *etc.* — ⁵ A, que c'estoit. — ⁶ DEF *omettent* à son oncle.

137. — ¹ E *omet* certes. — ² D, et respondirent li chevalier et dirent: Chertes il fait bien et li est venu. — ³ B *répète à tort* sour un somier. — ⁴ AB *omettent* le. — ⁵ E *ajoute* et de tournoi en tournoi. — ⁶ E, enforcha. — ⁷ EF *omettent* servir et. — ⁸ C, XVIII;

tournoiement. Et tant servi que il ot vint huit⁸ ans; et quant li sires de Chastiauvilain⁹ vit et connut son sens et sa prouesce, si vout¹⁰ qu'il fust chevaliers. Et fu preuz et chevalereus, et le tint¹¹ de sa mesnie¹².

138. — Adonc prisent si ami conseil ensemble, et requirent le conte Gautier son pere¹ qu'il li donnast terre; car il leur sembloit qu'elle fust² bien emploïe³. Et li cuens leur jura que jà à mort ne à vie n'averoit danrée de sa terre⁴; et d'ilec en avant ot il à non Jehans sans Terre. Mais pour ce ne demoura il mie qu'il n'alast en tournoiemenz et en poingneiz de guerre, et en toutes marches où autre chevalier aloient pour aquerre los⁵; car si ami li donnoient quanque mestiers li estoit⁶ pour la prouesce⁷ de lui⁸.

139. — Ainsi erra grant piece¹, et mout aquist grant pris et granz los de chevalerie; et tant courut de lui² granz renommée par toutes terres que on le sot en la terre de Surie. Et s'assemblerent li baron et s'acorderent à ce que il l'envoieroient querre pour la³ damoisele, et en feroient roi. Ainsi comme il fu devisié, si fu fait; et fu mandeiz par letres des barons. Et quant

---

DEF, xxIII. — ⁹ DEF *ajoutent* à cui il servoit. — ¹⁰ E, son sens à cui il siervoit si vot pour sa proeche. — ¹¹ C, retint. — ¹² E, le tint de maisnie.

138. — ¹ F, alerent au conte Gautier et le requirent. — ² A *seul porte* fust *au lieu de* seroit. — ³ DEF *ajoutent* en lui. — ⁴ B, à vie denrée de sa terre ne tenroit. — ⁵ F *ajoute* et pris. — ⁶ E, li couvenoit; F, quanqu'il voloit et tout chou que mestiers li estoit. — ⁷ F, pour le grant bien. — ⁸ C *omet* pour la prouesce de lui.

139. — ¹ C *omet* ainsi erra grant piece. — ² F *omet* grant pris. *etc.* — ³ B, lor. — ⁴ B, paroles. — ⁵ A, et li.

il sot ces nouveles[4], si en mercia Nostre Seigneur ; et le[5] fist savoir au seigneur de Chastiauvilain et au seigneur de Joinvile et à ses autres amis, qui mout en furent lié. Et li livrerent ce que mestiers li fu, deniers et robes, chevaus et armeures, et chevaliers de son lignage pour compaingnie tenir, et pour l'oneur de lui.

140. — Atant se parti Jehans sans Terre de ses amis et de sa contrée, et prist congié à touz ; et tant erra par ses journées qu'il vint à Marseilles en quatorze jourz. Et trouverent la nave apareillie, et mirent dedenz ce que mestiers leur fu, et monterent sour meir par un mardi matin. Et Dieus[1] leur donna si bon vent que il furent passei en vint un[2] jourz, et descendirent en Acre un lundi à nonne ; et fu receuz en Acre[3] à grant joie, et sejourna en Acre quinze jourz pour la lastei[4] de la meir[5].

141. — Adonc vinrent li baron à lui et li dirent : « Sire, nous vous avons mandei pour vostre bien et « pour vostre honeur[1] ; et bien savons que vous estes « gentis hons et preus de chevalerie et loiaus, et ne « veons où li roiaumes de Jherusalem fust mieuz em- « ploiez que à vous. Et nous vous donnons la roïne et « la terre[2] ; et Dieus nous otroit que nous l'aiens bien « emploié[3] ! — Par foi[4], Dieus le vous otroit ! » ce dist

---

140. — [1] DEF *ajoutent* qui tous les biens doune. — [2] EF, xxxi. — [3] E *omet* un lundi, *etc.* — [4] A, lasce ; D, lasseche ; E, lassece. — [5] CF, pour la peine qu'il avoit eue *ou* avoient evu en la mer.

141. — [1] E, vostre preu. — [2] B, etc. le roiaume et la dame. — [3] DF *ajoutent* en vous. — [4] E *omet* et Dieus nous, *etc.* — [5] D, qui

Jehans sans Terre. Et reçut la damoisele, et l'espousa en l'eglise Sainte Croiz qui est li eveschiez[5]; et mout i ot fait granz noces et beles, et durerent huit jourz pleniers. Au chief de huit jourz furent menei à Baru, et là furent couronnei[6] andui; car c'est maintenant li sieges[7] où on couronne[8] les rois de Jherusalem pour ce que Jherusalem est[9] en la main des[10] Sarrezins[11].

142. — Ainsi comme je vous ai contei fu Jehans sans Terre rois de Jherusalem ; et perdi le non de Jehan sans Terre[1], et fu apeleiz d'enqui en avant li bons rois Jehans[2]. Et tint le roiaume bien et à droit, et fu bons jousticieres[3], et regna lonc tans[4] comme bons rois. Et ot de la roïne une fille qui puis fu famme l'empereeur Ferri ; et de li issi[5] uns fiuz qui ot la fille le duc de Baviere ; et de ce fil i a un fil[6] qui doit estre[7] rois de Jherusalem.

143. — Or avint que la roïne de Jherusalem mourut, qui mout estoit preude famme et sainte[1], et fu enterrée en l'eglise Sainte Croiz[2]. Si avint un pou après que li

---

est le mere eglise de l'evesquié ; E *omet* qui est li eveschiez. — [6] B *omet* couronnei. — [7] E, c'estoit adonc, li lius ; F, che estoit adonc li sieges. — [8] EF, coronoit. — [9] D, or est maintenant ; F, pour chou que il estoit. — [10] A, de. — [11] E, pour çou que Sarrazin tenoient adonc Jherusalem.

142. — [1] B *omet* rois de Jherusalem, *etc.* — [2] E, et ot non li rois Jehans de cel jour en avant. — [3] C, ainsy comme vous ay compté advint de Jehan sans Terre, et fut de là en avant appellé le bon roy justicier. — [4] F, tous les jours de sa vie. — [5] B, *etc.* et de Ferri issi. — [6] F *omet* qui ot la fille, *etc.* — [7] C, qui devoit estre ; EF, issi uns fius ki deut iestre.

143. — [1] C, saige et preude femme ; E, boine dame et sainte ; D *omet* et sainte ; AB *répètent* famme *après* sainte. — [2] F *ajoute* en

rois³ prist à famme la fille le roi d'Ermenie, et en ot un fil qui fu apeleiz Jehans en bautesme pour la raison de son pere qui Jehans avoit non⁴; et ne vesqui cil enfes que sept⁵ ans, et mourut.

XVII.

144. — Or se tait li contes¹ dou roi Jehan, et bien i revenrons quant tans et lieus en sera; si vous dirons de l'apostoile Innocent liqueis ot entendu que la terre d'outremeir² estoit en la main aus Sarrezins³, et la traitoient vilainnement, et n'i estoit mie celebreiz⁴ li services Nostre Seigneur. Si en fu merveilles meuz à pitié⁵, et fist assembleir un concile general de toutes les ordres desouz la loi de Rome.

145. — Et furent au jour à Rome, et là atourna on mout de commandemenz qui estoient necessaire à sainte Eglise. Là fu commandei que une clochete seroit¹ portée avec *Corpus Domini;* car on n'en i portoit point. Et fu atournei que li prestre qui avoient chapes à manches les auroient reondes; et mout d'autre² commandement qui ne sont mie bien tenu ne gardei³.

146. — Et lors fu parlei¹ de la terre d'outremeir² qui

Acre. — ³ EF *ajoutent* Jehans. — ⁴ B, avoit avoir. — ⁵ CE, viii.
144. — ¹ C, si lairrons le compte; DEF, or nous tairons chi. — ² E, de Jherusalem. — ³ B, entre les mains des Sarrazins. — ⁴ E, fais. — ⁵ C *omet* si en fu, *etc.*
145. — ¹ B, *etc.* fust. — ² D, d'autres boins. — ³ D *omet* ne gardei.
146. — ¹ E, et là parlerent. — ² E, de Jherusalem. — ³ DEF,

estoit es mains aus Sarrezins ; si en devoit estre sainte crestienteiz mout irie³. Et lors fu acordei par touz les prelaz que⁴ on preescheroit des croiz⁵. Et li legaz de France ot à non maistres Roberz de Courson⁶, et estoit anglois, preudons, et bevoit voulentiers (si⁷ font maint preudomme⁸), et croisa mout de pueple.

147. — Et s'en alerent à deus ales¹ ; la premiere ale arriva à Acre à la saint Michiel, et i ot mout grant² gent. Et orent conseil entr'eus et le roi Jehan³ que il iroient asseoir Damiete, et endementieres leur croisteroient⁴ gent. A ce conseil furent tuit li haut homme acordant⁵, et firent atourneir leur navie⁶, et monterent sour meir. Et vinrent à Damiete, et prisent port⁷ ; et tendirent treis et pavillons, et se herbergierent au mieuz qu'il porent.

148. — Et quant li Sarrezin se perçurent, si en orent grant paour, et fermerent¹ leur portes et garnirent leur tournelles, et merveilles s'atournerent bien pour deffendre. Et manderent à Saphadin² le soudan de Babiloine, qui sires estoit de Damiete, qu'il les

---

si en doit (*ou* devoit) estre sainte Eglise moult irée et toute le crestientés. — ⁴ E, et s'acorderent à çou que. — ⁵ E *ajoute* et envoiierent legas par le pays. — ⁶ E, Crescon. — ⁷ EF, par Dieu ausi. — ⁸ F *ajoute* et si n'est pas glouternie.
147. — ¹ C, allées ; D, ans. — ² A *omet* grant. — ³ D *omet* Jehan ; F *omet* et le roi Jehan ; E *omet* entr'eus, *etc.* — ⁴ D, croistera. — ⁵ D, adont tout li haut homme s'i acorderent ; EF, à chou s'acorderent tout li haut homme. — ⁶ E, aprester lor naves. — ⁷ F, et prisent temps ; *les mots* et prisent terre *sont ajoutés par* D *après* port, *et par* E *après* pavillons.
148. — ¹ A, ferment. — ² BC, Salehadin, *ici et plus bas*. — ³ E.

venist secourre[3], car li rois Jehans et la crestienteiz de
France les avoit assegiez. Et quant Saphadins oï ces
nouveles, si ne fu pas liez; et fist escrire ses briés[4] et
envoier[5] par toute paiennime, et leur manda qu'il le
venissent secourre[6] : « Car li rois Jehans et toute la
« crestienteiz de France et de Lombardie et de Tos-
« cane[7] et d'Alemaingne ont assise Damiete; et bien
« sevent[8] que c'est la cleis de paiennime[9]. »

149. — Adonc s'assemblerent tuit li haut homme à
Baudas et là[1] prisent conseil qu'il feroient. Là fu li
soudans de Damas qui ot non Coradins; et estoit freres
germains Saphadin le soudan de Babiloine. Et là fu li
soudans dou Coigne[2], et cil de l'Eschamele[3], et cil de
Alape, où li bon chevalier sont de paiennime, et mout
d'autres soudans et amiraus[4]. Et s'acorderent tuit que
il i iroient[5], et manderent au soudan de Babiloine que
il seroient à lui à un jour qu'il li manderent[6]; et s'en
rala chascuns d'eus en son païs[7].

150. — Et assemblerent tant de gent comme il
porent mouvoir[1], et vinrent en Babiloine à un[2] jour qui
mis i fu, et orent conseil comment il esploiteroient.

---

ki adont estoit soudans de Babylone k'il les venist secourre, car il
estoit sires de Damiette. — [4] F, escrire ses lettres et ses briés
seeler. — [5] F, envoia; A omet et envoier. — [6] E omet car li rois
Jehans, etc. — [7] C omet de Toscane; D ajoute de Puille. — [8] C,
que bien seussent. — [9] E, de la terre.

149. — [1] A, et li. — [2] C, d'Escalone. — [3] A, l'Escheraingle; C,
l'Eschermelles. — [4] F, et grant plenté d'amiraus. — [5] BD, il
iroient aidier; F, aidier le soudan de Babilone; C, le iroient se-
courir; E, deffenderoient Damiette. — [6] D, manderoient; F, à un
lieu où il li misent jour. — [7] E omet qu'il li manderent, etc.

150. — [1] CF, avoir. — [2] *La lacune de* E *se prolonge jusqu'aux*

Ainsi furent grant piece que li uns ne forfist rien sour l'autre³ qui à conteir⁴ fust⁵; et toutes voies crestien se hourdoient et faisoient bons fosseiz⁶ et bonnes lices par devers la berrie⁷. Et firent un pont de neis parmi le flun, qui mout est⁸ larges et parfonz, pour tolir ceus de Damiete le port; car par enqui leur venoit⁹ touz li biens. Et firent deus oz, un par deçà le pont et un delà¹⁰; et ce fu la chose qui plus leur greva¹¹.

151. — Ci vous lairons un pou esteir dou roi Jehan et de son ost; si vous dirons de l'autre partie des crestiens qui est demourée, si comme li esleuz Miles¹ de Biauvais, qui fu freres mon seigneur Gauchier² de Nantueil, et mes sires Andrieus ses freres, et mes sires Jehans d'Arcies³, et li cuens de Pingin⁴, et li sires de Loupines qui preudons⁵ estoit, et mes sires Jehans Fuinons; et mout d'autres preudommes que je ne vous nommerai pas, car granz ennuis seroit de tant de genz nommeir.

152. — Et cil esleuz¹ ot le disme des clers de par l'apostoile; et s'apareillierent pour mouvoir encontre la saint Jehan², et firent apareillier leur naves, et mon-

---

mots à un. — ³ C, qu'ilz ne forfisdrent riens sur les autres; DEF, li un ne meffisent riens as autres. — ⁴ C, doubter. — ⁵ BDF, feist ou fesist; D omet qui à conteir fust. — ⁶ E, crestiien hourderent et fisent fosses. — ⁷ B, berriere; C, barriere. — ⁸ DEF, estoit. — ⁹ D, et par là leur venist. — ¹⁰ E, l'une d'une part le pont et l'autre d'autre part. — ¹¹ F, plus greva as Sarrasins.

151. — ¹ E omet Miles. — ² B, etc. Gautier. — ³ C, d'Aciez; E, d'Argies; DF, d'Archies. — ⁴ BCEF, Pingniet, Puigniet où Pinguiet; D, Pingruet : *c'est un nom altéré*. — ⁵ E, preus.

152. — ¹ BC, etc. ajoutent de Biauvais. — ² E omet et s'apareil-

terent sour meir. Et nagierent tant sans destourbier qu'il vinrent à Acre, et demanderent où li rois estoit; et on leur dist qu'il estoit devant Damiete, que il avoit assise, et i avoit estei un an. Quant li esleuz[3] l'entendi, si fist apareillier ses naves; et monterent l'endemain sour meir, et mirent six jourz en venir[4] à Damiete, et prisent port, et se logierent avec les autres, qui mout furent lié de leur venue[5]. Mais il ne leur en vint onques se maus non, si comme vous orrez conteir çà en avant.

XVIII.

153. — Or vous dirons de Saphadin le soudan de Babiloine, qui estoit logiez à deus liues près de l'ost[1]; et toutes les eures[2] que crestien assailloient à Damiete, li Sarrezin assailloient les crestiens pour aidier ceus de Damiete; car il ne pouoient entreir en Damiete[3] fors parmi l'ost aus crestiens[4]. Ainsi hardierent[5] une grant piece[6] jusqu'à un jour que li legaz et li rois Jehans et li esleuz de Biauvais et tuit li autre baron firent un parlement entr'eus, et dirent qu'il seroit bon qu'il alassent assaillir les Sarrezins, et se Dieu plaisoit il averoient victoire; mais aucun dirent que il seroit bon que on leur requeist devant[7].

---

lierent, *etc.* — [3] F *ajoute* de Biauvais. — [4] BDEF, et vinsent *ou* vinrent en vj jourz; C, en huict. — [5] E, ki moult grant joie lor fisent.

153. — [1] F *ajoute* as crestiens. — [2] E, les fois. — [3] DEF, en la cité. — [4] B *omet* pour aidier, *etc.*; C, pour secourir ceulx de Danette, *en omettant la fin de la phrase.* — [5] C, fisdrent; E, se maintinrent, F, assalirent. — [6] E *omet* une grant piece. — [7] C *donne seul* mais aucun, *etc.*

154. — « Par foi, dist li rois Jehans[1], ce n'est nienz
« à faire d'eus[2] requerre si loing de ci ; car toute jour
« les averons aus lices se nous voulons. — Voire, sire
« rois[3], dist li esleuz de Biauvais, vous vouriez ore
« que nous demourissiens touz jourz en cest païs[4]. —
« Certes, dist li rois, non feroie ; ainsois croi que vostre
« alée vaut[5] mieuz que vostre demourée. Et nequedent
« je en vuel faire quanque li autre vouront[6] ; et avien-
« gne quanque avenir en porra. »

155. — A ce s'acorderent toutes voies[1] qu'il man-
deroient[2] au soudan de Babiloine bataille ; et li soudans
leur otroia au jour de la saint Jehan Decolace. Et bien
sachiez de voir qu'onques crestien ne se combatirent[3]
à ce jour à Sarrezins que il ne fussent vaincu. Li cres-
tien s'apareillierent au mieuz qu'il porent, et li Sarre-
zin d'autre part, et firent leur eschieles ordeneir et
metre en conroi. Et crestien, qui trop furent outre-
cuidié, ne regarderent pas que la fins de leur uevre[4]
porroit devenir[5] ; et les requirent deus liues[6] loing
parmi le sablon chaut et ardent ; et feroient[7] li cheval
coup à coup ou sablon de ci[8] aus genouz, et les genz à
pié ausi.

156. — Et quant il aprochierent[1] les Sarrezins, cil à

---

154. — [1] E *ajoute* ce seroit boin à faire s'il nous venoient priés.
— [2] D, che n'est mie à faire d'aus ; E, mais ce n'est riens d'aus.
— [3] A *omet* sire rois. — [4] E, chi tous jours. — [5] B, *etc.* vauroit.
— [6] DE, en vorront faire.
155. — [1] F, ensamble en la fin. — [2] F, manderent. — [3] E, ne
se combati ; F, ne porent combatre. — [4] E, la besoigne ; F, la
guerre. — [5] D, à quel fin le guerre porroit venir. — [6] DEF, une
liue. — [7] C, mectoient. — [8] E, li cheval adiés eus jusques.

pié furent si ateint² qu'il perdirent leur cuers et leur aleinnes; et se desconfirent par eus meismes, et tournerent en fuie vers les lices. Et quant Sarrezin les perçurent, si leur coururent sus, et en ocioient tant comme il vouloient. Et tuit fussent mort se ne fust la chevalerie qui estoit en l'arriere garde, et souffroient³ le fais des Sarrezins qui mout les arguoient⁴. Et tant souffrirent li crestien qu'il ne porent plus endureir; car li jourz estoit chauz, et il estoient pesantment armei et estoient venu de loing. Et Sarrezin estoient frés⁵ et legierement armei, et pouoient souffrir le chaut, il et leur cheval; si firent des crestiens leur voulentei.

157. — Là fu pris li esleuz de Biauvais, et mes sires Andrieus de Nantueil ses freres, et mes sires Jehans d'Arcies, et li sires de Loupines, et mes sires Jehans Fuinons, et mout d'autre preudomme, qui furent menei au Caire¹ en un chastel qui siet defors Babiloine, qui est le soudan; et là les mist on en dure prison et en vilainne². Et quant li rois Jehans le sot et li legaz et li autre baron³, si en furent trop doulant; et en resoingnierent⁴ plus les Sarrezins, et se firent mieuz eschargaitier. Et pour ce ne demoura mie que il ne tenissent leur ost ainsi comme devant; et destraingnoient si ceus de Damiete que nus n'i pouoit entreir ne issir.

158. — Ainsi furent une grant piece que Saphadins

---

156. — ¹ D, aperchurent. — ² C, foullez et lassez. — ³ E, ki soustint. — ⁴ CD, les grevoient; F, aggrevoit. — ⁵ E, nouviel.

157. — ¹ D, Chahaire; E, Cahaire; F, à Aukaire. — ² DEF, et là lor estut endurer prison (F, paine) et anui. — ³ ABDEF, baronnie. — ⁴ CDEF, douterent.

et li autre soudan ne se remurent. Et cil de Damiete estoient à grant meschief, et¹ avoient une grant maladie en leur bouche qui leur toloit le boivre et le mangier, et mouroient à glaive². Et avoit une si orrible pueur en Damiete des cors³ qui estoient mort que nus n'i pouoit durer; ainsois mouroient presque tuit que pour la pueur que pour la maladie⁴; et furent si adoulei qu'il ne pouoient⁵ plus souffrir.

159. — Et prisent un coulon mesagier qui avoit estei¹ nourriz en Babiloine, et firent escrire unes letres esqueis il avoit² escrit leur mesaise³ et leur mortalitei; et pour Mahom les secourussent⁴, car il en estoit granz mestiers; et bien seussent⁵ qu'il n'avoient point de chevetain, car il estoit morz en la maladie commune. Et requeroient que on leur envoiast chevetain gentil homme et preudomme⁶ et sage, qui la citei seust et peust gouverneir. Et trousserent les letres au coulon desouz la destre ele; atant laissent le coulon aleir⁷.

160. — Atant laissierent le coulon aleir; et il se mist en l'air¹ et regarda son chemin, et s'adreça droit vers Babiloine; et vola tant qu'il vint au coulomier où il ot

---

158. — ¹ E *ajoute* avoec çou. — ² C, de mort subbite; D, agraivé; EF, comunement. — ³ E *ajoute* à ceaus. — ⁴ C, plus tost pour la paour que pour la maladie; DE, que pour la maladie que pour la puour; F, que de maladie que de puour. — ⁵ CD, peurent; F, porent.

159. — ¹ D *ajoute* pris et. — ² C, avoient. — ³ D, une lettre en lequele leur dolours et leur destreche estoit contenue; E, esqueles lor mesaises estoient escrites. — ⁴ D, fussent secourut. — ⁵ E, seust. — ⁶ E, preu. — ⁷ CE *omettent* atant laissent, *etc.*

160. — ¹ E *omet* atant, *etc.* — ² B, couloubiers; CDEF, celuy,

estei nourriz. Et quant li coulombiers² qui le coulo-
mier gardoit le perçut, si l'ala dire le³ soudan et li
dist : « Sire, il i a un mesagier nouviau venu⁴. » Et li
soudans dist que on li aportast⁵, et on si fist. Et il prist
le coulon, et li osta⁶ la letre de la destre ele, et la fist
lire, et sot comment il estoit ceus de Damiete. Et quant
il le sot⁷, si en fu trop doulanz; et ot mout grant
droit⁸, car ce estoit la cleis de sa terre.

161. — Et ot conseil¹ comment il ouvreroit ; et li fu
loei que il preist un gentil homme sage et viguereus²,
et l'envoiast à Damiete pour³ estre chevetains. Et il si
fist⁴, et fist faire⁵ un cuir de buef de quatre doubles en
maniere d'un oef⁶, et fu mis dedenz atout la letre le
soudan⁷. Et fu li vaissiaus bien cousuz et bien poiez⁸,
et fu assis sour liege en tel maniere qu'il ne pouoit
tumeir⁹ ne afondreir. Et estoit touz ou flun, mais qu'il
en paroit entour un pié¹⁰ ; et avoit un trou ou comble
par deseure par quoi il reprenoit s'aleinne. Ainsi fu
mis ou flun de nuit¹¹, et flouta tant li vaissiaus qu'il
vint au pont que li crestien avoient fait parmi le flun.

162. — Et li crestien avoient tendu une roi¹ de lonc

---

cil *ou* chil *au lieu de* li coulombiers. — ³ E, l'ala errant nonchier
au. — ⁴ E *omet* et li dist, *etc.* — ⁵ E, qu'il le prist et li aportast.
— ⁶ E, destaka. — ⁷ E *omet* et quant il le sot. — ⁸ E, et il le dut
bien iestre.

161. — ¹ BDF, et maintenant ot consoil. — ² C, verteux. — ³ E,
loé qu'il envoiast un homme sage et vighereus pour. — ⁴ E *omet*
et il si fist. — ⁵ E, atourner. — ⁶ EF, ausi ront com un oef. —
⁷ F *ajoute* et li chievetains ausi. — ⁸ C, ordonné. — ⁹ BD, tumer;
E, thumer; F, turner; A, ruiner; C, cheoir. — ¹⁰ D, apparoit un
peu dehors; F, par deseure ; E, apparoit desus. — ¹¹ EF *omettent*
de nuit.

en lonc le pont pour les aventures qui avenir pouoient ; et quant vint à la mie nuit, li vaissiaus arresta au pont pour la roi qui le retint ², et demoura jusqu'au jour que on vit le sommeron qui paroit par defors. Et alerent à neis là ³, et fu li vaissiaus sachiez hors à cros ⁴ ; si l'enporterent au treif le roi ⁵, et fu li vaissiaus depeciez ⁶, et en fu geteiz li Sarrezins à toute la ⁷ letre.

163. — Et la fist li rois lire ; et vit on en la letre que c'estoit li niés ¹ le soudan, et l'envoioit en Damiete pour estre chevetains ; et sot tout le couvine ² de ceus de la citei. Et li rois le fist metre en aniaus, et ³ bien gardeïr soingneusement, jusqu'à une nuit qu'il avint que les gardes furent tuit yvre, et dormirent ⁴ si fort que li prisons eschapa ; et s'enfuioit par derriere les tentes.

164. — Atant s'esveillierent les gardes qui le gardoient, et crierent hahaï ¹ ! et le queroient parmi l'ost ² ; et li prisons ³ estoit jà si esloingniez qu'il ⁴ estoit aus derreinnes tentes. Et tout fust eschapeiz, se ne fussent boulengier ⁵ qui estoient relevei pour prestir ; et oïrent

---

162. — ¹ E *ajoute* parmi l'aigue. — ² EF, qui là estoit ; D, qui là estoit tendue. — ³ DEF *omettent* à neis ; C *omet* et alerent, *etc.* — ⁴ EF, à graus de fier ; D, sakiés hors entr'aus ; C, mis hors par troys personnes. — ⁵ D, si l'aporterent à tere ; EF, et fu aportés *ou* portés à terre. — ⁶ DF, despechiés ; E, peçoiiés. — ⁷ A, sa.

163. — ¹ A, li més ; C, le nepveu ; B, et vit on que c'estoit li niez ; D, et vit li roys que c'estoit li niés ; E, et avoit deuens que li porteres estoit cousins ; F, et vit que cis estoit niés. — ² C, les affaires ; D, le commune. — ³ AB *omettent* et. — ⁴ B, dormoient.

164. — ¹ E, haro, haro. — ² D *omet* et le, *etc.* — ³ F, li sarrazins. — ⁴ D, jà eslongiés qui ; F, jà eslongiés si que. — ⁵ C, sauf

les aniaus sonneir⁶, et crier⁷ après lui⁸ : « Prenez le
« prison, prenez le prison⁹ ! » Et li uns d'eus¹⁰ tenoit
un broion¹¹, et l'en fiert parmi la teste si fort qu'il
l'ocist¹². Dont li rois fu trop doulanz quant il le sot ;
car il en eust eu grant raançon ou eschange de¹³ gentil
homme¹⁴.

XIX.

165. — Desormais vous dirons¹ de Saphadin, le roi
de Babiloine, qui estoit trop destroiz de cuer pour
Damiete qu'il cuidoit perdre². Et assembla touz les³
hauz princes⁴ de son ost et leur dist : « Seigneur, se
« nous perdons Damiete, nous avons tout perdu ; car
« c'est la cleis de nostre terre, et par là nous vient
« touz li biens⁵, bleiz et autre chose⁶. Et mout deve-
« riens metre grant painne de nos cors ainsois que
« nous la reussiens⁷ ; car par Mahom⁸, s'elle est perdue,
« je dout que elle ne soit perdue sans jamais recou-
« vreir⁹.

---

un boullenger. — ⁶ C *omet* les aniaus sonneir. — ⁷ DEF, crierent.
— ⁸ D, crierent hai ! hai ! — ⁹ EF *ont une seule fois* prendés le
prison ; E *ajoute* et couroient après. — ¹⁰ E *ajoute* le consivi et.
— ¹¹ C, tenoit ung tison ; D, tendi un broion ; E, tenoit en sa
main une hache ; F, entesa un baston. — ¹² BD, l'en feri si parmi
la teste qu'il l'ocist ; E, l'en feri parmi le cief et l'ocist. — ¹³ E, u
cange d'aucun. — ¹⁴ D *omet* ou eschange, *etc.*

165. — ¹ DF, dirai ; E, conterai. — ² C, triste de cueur de ce
qu'il entendoit à perdre la cité. — ³ A, ses ; B, ces. — ⁴ D, les
haus hommes prinches. — ⁵ D *omet* biens. — ⁶ F *omet* bleiz et
autre chose ; E, toute nostre pourveanche. — ⁷ EF, perdissiemes
ou perdissiens. — ⁸ F *ajoute* mon Dieu. — ⁹ DEF, soit jamais
recouvrée ; C, je ordonne que elle ne soit jamais recouverte.

166. « Si me sui penseiz une¹ chose se vous le loeiz²,
« que nous manderons³ au roi et au legat que nous
« renderons touz les prisons que nous tenons, les vieuz
« et les nouviaus, et toute la terre que li rois Amauris
« tint, fors le Cras⁴ et Monroial que teis genz tiennent
« où nous n'avons pouoir; et tant renderons parmi an⁵
« comme li dui chastel valent. Et si averont⁶ trives à
« vint ans, mais que tant facent qu'il laissent⁷ le siege
« devant Damiete. »

167. — A ce conseil s'acorderent tuit, et firent venir les prisons devant eus, et leur dirent ces paroles qui mout leur furent beles. Et eslurent li prison deus d'iaus¹ pour porteir ce mesage² dont li uns ot à non mes sires Andrieus de Nantueil, et li autres ot non³ mes sires Jehans d'Arcies⁴; et les replegierent⁵ li autre sour leur testes à coupeir. Et vinrent en l'ost au treif le roi; et fu mandeiz li legaz et li baron tuit, et leur dist mes sires Andrieus :

168. — « Biau seigneur, nous soumes ci envoié¹ de
« par la baronnie de paiennime qui vous envoient² la
« plus bele pais qui onques fust offerte³ à crestiens.
« Car il vous renderont touz les prisons qu'il tiennent
« vieuz et nouviaus, et toute la terre que tint li rois⁴

---

166. — ¹ E, apensés d'une. — ² C, se vous vollez. — ³ E, c'est que nous mandons. — ⁴ C, Crec; DE, Crac. — ⁵ C *omet* parmi an; D, chascun an; EF, pour ces deus castiaus cescun an. — ⁶ B, aurons. — ⁷ DEF, ostent.

167. — ¹ F *ajoute* des miex besoignans. — ² E, ceste besoigne. — ³ *omet* mes sires Andrieus, *etc.* — ⁴ A, Arci; F, Harchies. — ⁵ D, rapregerent.

168. — ¹ D, venu. — ² E, mandent par nous. — ³ D, faite. —

« Amauris fors le Cras et Monroial; car ces deus chas-
« tiaus ne vous puent il⁵ rendre, car il sont en teis
« mains⁶ où il n'ont⁷ pouoir; et bien⁸ vous en rende-
« ront tant parmi an⁹ comme il valent. Et si averez
« trives jusqu'à vint ans, mais que vous faciez tant
« seulement que vous laissiez¹⁰ le siege devant Damiete
« et vous en ralez en vo païs¹¹. »

169. — Li rois et li legaz et li baron dirent que il s'en conseilleroient, et furent grant piece¹ à conseil; et mout i ot de paroles dites² les uns³ contre les autres. Et bien voussissent aucun d'eus que on le feist⁴ pour leur amis qu'il avoient⁵ en prison; et li autre disoient que ce ne seroit pas bon⁶ à faire⁷; car il avoient demourei enqui près⁸ de deus ans, et avoient souffert le fret et le chaut⁹ et les granz mesaises, et avoient despendu le leur, et estoient sour le point de penre la citei; ne jà ne s'i acorderoient.

170 — Et en la veritei¹ il estoient pris par leur orgueil, et² par l'orgueil l'esleu³ de Biauvais, qui plus ot⁴ d'orgueil en li que n'ot Nabugodonosor, qui trop en ot⁵. A ce conseil s'acorderent li plus⁶; et s'en ralerent

---

¹ E *omet* li rois. — ⁵ D, n'ont il pooir de. — ⁶ E, pour çou que teus gens les ont. — ⁷ D, entre les mains qu'il n'i ont; F, en teux mains où il n'ont nul. — ⁸ E, et pour ceaus. — ⁹ C, chascun an; DEF, par an. — ¹⁰ DEF, faciés que vous ostés. — ¹¹ C, en paix.

169. — ¹ D, moult longuement. — ² F, dures. — ³ D, des uns; E, les unes. — ⁴ F, on feist pais. — ⁵ E, qui estoient. — ⁶ BD, bien. — ⁷ C, ne beau ne bien faict. — ⁸ E, plus. — ⁹ B, les frois et les chaus.

170. — ¹ E, et à la verité dire. — ² BD *omettent* par leur orgueil et. — ³ EF, et par l'esliut. — ⁴ D, qui a plus. — ⁵ D, qui fu mués

li mesage⁷ tuit plorant⁸, et renoncierent ce qu'il avoient oï dou roi et dou legat et des barons aus prisons⁹ qui trop en demenerent grant duel. Et puis le dirent au soudan à cui il en pesa trop¹⁰; car il avoit plus en la querele que tuit li autre.

171. — Ici vous lairons esteir des prisons qui sont¹ à grant viltei² et à grant mesaise³ en prison au Caire⁴, qui menoient leur duel⁵ entr'eus, ne n'avoient esperance qu'il fussent jamais delivrei; si vous dirons dou roi qui tenoit son siege devant Damiete. Il avint une nuit que les gardes⁶ de l'ost aprochierent les murs de la citei et escouterent, ne rien n'oirent de nulle part, n'à murs, n'à portes, n'à tourneles⁷. Si s'en vinrent au roi et li dirent : « Sire, il nous semble qu'à Damiete « n'ait⁸ nului : ou il sont mort, ou il s'en sont fui. — « Par foi, dist li rois, or n'i a que de l'assaillir. Or aus « eschieles! et qui premiers i entrera, il avera mil « besanz⁹. »

172. — Adonc furent drecies eschieles et atachies

---

sept ans en beste si comme on list en Daniel le prophete; EF, qui par son orguel fu muės, etc. — ⁶ E, li plus des barons. — ⁷ E, et cil s'en ralerent. — ⁸ F *ajoute* et grant douleur demenant. — ⁹ D, et renonchierent chou qu'il avoient trouvé au roy et as barons et au legat, as prisonniers; EF, et noncierent au soudant çou qu'il avoient trové et as prisonniers. — ¹⁰ EF, et ausi en pesa au soudant.

171. — ¹ C, adont furent *au lieu de* ici vous, *etc*. — ² A, vice; C, vilité; D, vilté; E, viuté; F, vieuté; B, meschiés. — ³ D, à grant honte et à grant vilté. — ⁴ AE, à Cahaire; B, au Cahaire; D, au Chahaire; F, as Kahaire; C *omet* au Caire. — ⁵ A, dues. — ⁶ B, *etc*. gaites. — ⁷ E *omet* n'à tourneles. — ⁸ BCE, n'a. — ⁹ F *ajoute* d'or.

aus murs, et monterent¹ qui mieuz mieuz, et entrerent dedenz la citei; ne ne fu qui leur deffendist², car il estoient presque tuit mort et malade. Et vinrent aus portes et couperent les flaiaus, et entrerent enz tuit cil de l'ost. Et trouverent si grant mortalitei de Sarrezins qu'à painne pouoit on durer pour la pueur; mais li rois commanda que li cors fussent portei aus chans et ars³. Ainsi fu fait comme li rois l'ot commandei, et fu la citeiz netoïe, et entrerent enz li rois et li legas et tuit li autre⁴, et trouverent la citei bien garnie de froument et de vin, et d'armeures, et d'or et d'argent, et de quanque il couvenoit⁵ à bonne vile.

173. — Ainsi demourerent en Damiete jusqu'à un jour que li baron et li haut homme parlerent ensemble et dirent : « Que sera ce? Serons nous ouan mais¹ en-« clos² en ceste citei, ne plus ne faisons³? Alons, con-« querons paiennime; car Sarrezin se sont espars, ne « jamais ne seront rassemblei. Et veez ci un chastel « qui a à non Tenis, qui est⁴ près de ci à quatre liues, « que nous penrons au premier coup⁵; et se nous « l'aviens pris⁶, nous averiens de legier Babiloine. »

174. — A ce conseil s'acorderent tuit, et s'en ale-rent au roi et au legat, et leur dirent ces paroles; et li

---

172. — ¹ D *ajoute* as murs; EF, monterent amont. — ² C, qui les en gardist; DEF, fu onques qui leur contredesist. — ³ DEF, li roys fist les cors porter as camps et ardoir. — ⁴ F, et toute l'autre gent. — ⁵ D, afferoit; E, apiertenoit; F, appartenoit.

173. — ¹ D, serons nous au maisis; EF, au mais. — ² AB *ajoutent* en ran. — ³ D, n'en ferons; EF, ne riens *ou* que riens ne faisons. — ⁴ CDEF *omettent* qui est. — ⁵ D *omet* que nous, *etc.* — ⁶ D, nous aviens pris le chastel.

legaz dist que c'estoit[1] bon à faire. Et li rois respondi que li legaz disoit sa voulentei, ne ne savoit pas à quoi ceste chose montoit. « Sarrezin sont mout sage, et si
« sont sour le leur[2]; et bien voient leur meilleur[3]
« quant tans et[4] lieus en est. Et il sont maintenant
« mout courroucié de Damiete qu'il ont perdue; si
« loeroie endroit moi que on se souffrist de ci à tant[5]
« que la venue dou flun fust passée.

175. — « Certes, dist li legaz, il me semble que il
« vauroit[1] mieuz li aleirs que li demoureirs. — Certes,
« dist li rois, et je croi que il vaura pis; et nequedent
« jà par moi ne demourra, ne ne vuel que nus m'en
« mete blasme[2]. — Par foi, dist li legaz, il n'i a donc
« que dou mouvoir et d'aleir à Tenis; et maintenant
« que nous venrons là, nous l'assaurons[3] et la[4] pen-
« rons. »

176. — Mais il fu tout autrement. Et firent l'ost mouvoir; et vinrent à Tenis qui à merveilles séoit bel, car il séoit ou coing[1] dou flun qui fourche; et là court[2] uns braz à destre et li autres à senestre. Et a champaingne[3] entre les deus braz[4] dou flun[5] où on puet ahenneir et cultiveir; et là firent crestien leur treis porteir à navie,

---

174. — [1] B, ce seroit. — [2] A, lor le leur; C, en leur lieu. — [3] D, leur malheur. — [4] A omet tans et. — [5] CD, atendit tant.

175. — [1] D omet que il vauroit. — [2] EF ajoutent sus; D ajoute sus ne ore autrefois. — [3] A, les aurons; DE, l'asserrons. — [4] F, les assaurons et les.

176. — [1] C, en une ylle; D, en crieu. — [2] EF, en une fourceure de deus rivieres dont li uns bras couroit. — [3] F, avoit grant campaigne. — [4] AD, entre deus les bras. — [5] E, avoit campaigne entre deus.

et passerent le flun, et tendirent leur treis et assizent le chastel.

177. — Mais il n'i demourerent pas grantment. Quant Saphadins[1] le sot, qui mout estoit sages sarrezins, si fist le flun escluseir[2] et reculeir[3] contremont, et issir fors de son chaneil, et espandre[4] parmi l'isle où li legaz et li rois Jehans[5] et li crestien estoient logié. Et ainsois qu'il fust mie nuiz, il se trouverent en l'iaue floutant; et tuit fussent noié se li soudans vousist. Mais il estoit sages durement[6], et bien savoit il que parmi ceus qui enqui[7] estoient raveroit il[8] Damiete; et se il les noioit il n'averoit mie mout gaaingnié, car Damiete estoit bien demourée garnie de[9] bonnes genz. Et pour ce les detint-il en tel destroit[10]; et leur fist savoir que se il ne li rendoient Damiete, il les feroit touz noier.

178. — Quant li rois et li legaz et li autre baron virent qu'ainsi estoit, si se tinrent à musart; et dirent que mieuz leur venist avoir creu le conseil le roi, mais ce fu à tart[1]. Si firent[2] teil pais comme il porent avoir, tout à la voulentei le soudan; et li soudans leur delivra les prisons quanqu'il en avoit[3], vieuz et nouviaus; ne

---

177. — [1] BC, Salehadins. — [2] C, esclorre. — [3] B *ajoute* le flun; D, refuseï le flun. — [4] B, espardre. — 5 B *omet* Jehans. — [6] C, seurement; F, sages et soutieux. — [7] A, quanque il. — [8] D, qui avoec lui estoient n'aroit il; EF, parmi les prisons et parmi ceaus del flun illuec raveroit il. — [9] F *ajoute* plenté de. — [10] A, estroit; F *ajoute* et sans noiier.

178. — [1] E *omet* mais ce fu à tart; DF, et disent, che fu à tart, que mix leur venist, *etc.* — [2] D, si con devant est dit, che fu à tart, si firent. — [3] C, mais ce fut à la volunté du soudam en partie; le moyen fut tel que le soudam leur delivreroit tant de pri-

plus ne vout dou leur que[4] Damiete ainsi comme on la trouveroit[5] garnie. Et li[6] fut otroié dou roi et des crestiens; mais li soudans ne vout onques penre seurtei de Templiers ne d'Ospitaliers, ne d'homme vivant[7], fors le cors le roi[8]. Et couvint par vive force que li rois demourast en ostage tant que Damiete fust rendue[9] au commandement le soudan[10]. Et l'on dit piece a : « Ainsi « fait qui mieuz ne puet. »

XX.

179. — Ainsi fu la citeiz rendue, et li rois et li baron delivrei. Et monterent sour meir, et vinrent à Acre, et descendirent là, et i furent[1] une piece. Si avint que li esleuz Miles de Biauvais, qui estoit chiés d'eus touz, s'en vout revenir en France, et tuit cil qui estoient venu[2] avec lui. Et monterent sour meir, et[3] arriverent à Saint Nicholas au Bar[4]; et de là alerent par terre jusques à Rome, et vinrent à l'apostoile[5]; et requist li esleuz[6] qu'il fust sacreiz.

180. — L'apostoiles respondi qu'il le sacreroit voulentiers, et le sacra et enoinst[1] à evesque[2]. Et li fist

---

sonnyers comme il avoit. — [4] F *ajoute* sa cité de. — [5] D, comme elle estoit. — [6] D, et lors. — [7] DE *omettent* ne d'homme vivant. — [8] F *ajoute* tant seulement. — [9] BD, delivrée. — [10] E *omet* au commandement le soudan.

179. — [1] ABD, et furent; C, et là furent. — [2] E, qui en estoient alé. — [3] F, et assez tost après. — [4] CDEF, du Bar. — [5] E, et trouverent l'apostole; F, et virent l'apostole. — [6] E *omet* li esleuz; F *ajoute* au saint pere.

180. — [1] B, enioint. — [2] E *omet* à evesque. — [3] D, et li cauche

chaucier uns solers³ que li clerc apelent sandales, qui senefient⁴ que il ne doit passer nul⁵ pas en vain. Et puis li vesti on le rochet, qui est blans⁶, qui senefie chastei⁷. Après li mist on l'amit sour le chief, qui senefie humilitei; et puis après l'aube, qui est purement blanche⁸, qui senefie virginitei⁹.

181. — Et puis après li mist on le phanon ou braz senestre¹, qui senefie astinence; car li braz senestres qui est liez doit retenir, et li braz destres qui est desliez doit donneir. Et puis après prist l'estole, et li mist on parmi² le col, qui senefie obedience. Après li vesti on la tunique, qui doit estre verz, en laqueil on lit l'epitre, qui senefie souffrance³; et puis après l'aumatique⁴ en laqueil on lit l'evangile, qui doit estre blanche, qui senefie droiture⁵. Et par deseure touz les autres vestemenz li vesti on la chesure⁶, qui doit estre de pourpre vermeille, qui senefie charitei⁷.

182. — Et puis li mist on¹ la croce en la main

---

vers saullers. — ⁴ AB, senefie. — ⁵ B, nuns. — ⁶ D, li vesti on le blanc sarroc. — ⁷ B, chaité; D, caasté et innocense. — ⁸ F, purement toute blanche; CD *omettent* qui est purement blanche. — ⁹ D *ajoute* et purté.

181. — ¹ A, destre. — ² E, et puis li mist on l'estole entour. — ³ C, l'offrande. — ⁴ C, la maticle; D, le tunique daumatique; EF, daumike. — ⁵ F, carité droiture. — ⁶ BC, chasuble; DE, casure; F, casuble. — ⁷ C, chastei. *La leçon de D, qui diffère beaucoup des autres, doit être citée en entier :* « Et puis le fanon, qui « senefie qu'il doit plourer et terdre ses pekiés et les autrui; et « puis l'estole entour le col, qui senefie obedience; et après, le « tunike où on lit l'epistre, qui senefie patience; et après, le « tunique daumatique, qui senefie droiture; et après, le casure, « desseure tous les autres vestemens, qui senefie carité, car sans « carité toutes autres vertus sont mortes. »

senestre, qui est courbe deseure et aguë desouz, qui senefie² misericorde³ et vengence; car li prelaz doit les pecheeurs atraire par predicacion et par bon essemple⁴, et en doit avoir misericorde, et alegier partie de sa penance. Car on le porroit si espouanter de ses pechiez⁵ qu'il en cherroit en desesperance; et c'est uns des pechiez que Dieus het⁶ plus. Et pour ce est la croce courbe par deseure.

183. — Et savez-vous pour quoi est elle¹ si aguë par desouz? pour ce que li prelaz doit donner penitence au pecheeur poignant aussi comme li pontillons² de la croce point³, et pour ce que on ne doit mie dou tout quiteir au pecheeur la penitence de son pechié; car qui li quiteroit dou tout⁴, il i rencherroit plus de legier⁵. Après on li mist⁶ l'anel ou doit, qui senefie mariage; car il est espous à sainte⁷ eglise⁸. Et puis li mist on⁹ la mitre ou chief, qui doit estre blanche, et qui a deus cornes, dont l'une senefie confession et l'autre satisfacion¹⁰.

---

182. — ¹ D *omet* li mist on. — ² C *ajoute* charité. — ³ B, charité et misericorde *en omettant ce qui suit jusqu'à* avoir misericorde *inclusivement*. — ⁴ D, par predication et arguer et reprendre par misericorde *en omettant ce qui suit jusqu'à la fin du paragraphe*. — ⁵ E *omet* de ses pechiez; B, pouroit si espouanter le pecheour. — ⁶ B, set.

183. — ¹ E, et si elle est. — ² A poncillons; CE, pointe; F, pointons (*ou* poinçons). — ³ E, tout ausi que li pointe de sa croche est. — ⁴ EF *omettent* dou tout. — ⁵ B, plus volentiers; EF, plus legierement. D *omet toute cette première partie du paragraphe*. — ⁶ D, met. — ⁷ B, il en espouse sainte; D, car li prelas a espouse la sainte. — ⁸ C, à Jhesu Crist. — ⁹ B *omet* li mist on. — ¹⁰ D, et puis le mistre qui est cornue de deux cornes, qui senefie qu'i doit savoir le Viés Testament et le Nouvel, et doit accorder l'un à l'autre.

184. — Or vous avons dit comment li esleuz de Biauvais fu sacreiz[1]; et li apostoiles[2] li donna à tenir les Vaus d'Alise; et les tint une grant piece, ne onques[3] n'i fist se mal non[4]. Et couvint qu'il s'en revenist par Chanteleu[5], car il i peust[6] trop demourer. Et s'en vint en France[7]; et i estoit adonc li chardenaus Romains[8], et preeschoit des croiz. Et li evesques preeschoit d'autre chose; car il pourchaçoit[9] à son pouoir[10] que nus des arcevesques ne des evesques[11] dou roiaume ne respondist par devant le roi. Et en tenoient[12] souvent leur parlement à Saint Quantin[13]; et fu au tans l'arcevesque Henri de Brainne, qui bien s'i acordoit, et mout des autres evesques[14]; et tant que[15] la roïne le sot par aucun des evesques qui ne s'i vout acordeir[16].

185. — Et encor fist il pis[1]; car il enmist la[2] roïne qu'elle estoit grosse[3] dou chardenal Romain, dont il se mentoit. Mais la roïne n'en faisoit nul semblant, ainsois

---

184. — [1] EF, ensi fu li esleus de Biauvais sacrés. — [2] D, li papes. — [3] EF, c'onques. — [4] E *omet la fin du chapitre; cette fin de chapitre est transportée dans F après le paragraphe 338.* — [5] C, qu'il en revint legierement, *c'est-à-dire* en hâte; *il faut entendre par le mot* Chanteleu *une contrée d'où l'on a hâte de sortir parce qu'on y entend hurler les loups. La leçon de F reprend en ces termes :* « Or vous redirons de l'esleut de Biauvais auquel li apostoles avoit « bailliet à tenir les Vaus d'Alisse, qui s'en revint en France par « Canteleu. » — [6] A, poïst; B, pouoit; C, il y eust pu; D, il peust. — [7] F *omet* car il peust, *etc.* — [8] C, Raymon. — [9] C, prescheoit; F, preschoit et pourcachoit. — [10] F *omet* à son pouoir. — [11] D, que nus des prelas. — [12] D, et entretenoient. — [13] F *ajoute* en Vermandois. — [14] F *ajoute* aveuc lui. — [15] F, et avint que. — [16] D, s'i acordoit mie; F, se voloient mie acorder.

185. — [1] F, fist li esleus de Biauvais pis assez. — [2] D, il mist sus à le; E, il mist sus la; C, il dist de la. — [3] F, toute grosse.

le servoit[4] en son cuer, et pensoit qu'elle le meteroit à point[5] en tans et en lieu[6]. Ainsi souffri la roïne Blanche jusqu'à un jour que cil de Biauvais se vinrent plaindre à li[7] de leur evesque, qui les[8] escommenioit à tort et sans raison; et li dirent : « Dame, nostre evesques
« nous escommenie à tort et sans raison[9]. Dame, pour
« Dieu, faites nous en assoure; car nous soumes prest
« de faire droit partout où droiz nous menra[10]. »

186. — Quant la roïne l'entendi[1], si en fu mout lie[2]; car ore savoit elle bien qu'il venroit à point[3] ce qu'il[4] avoit dit de li. Et li manda[5] qu'il assousist les bourjois[6] et les traitast[7] par droit; li evesques li remanda que il nen feroit riens pour li de sa crestientei[8]. Quant la roïne oï son mandement[9], si[10] le fist ajourneir devant li; et il fu defaillanz[11], car il n'i vint ne n'i envoia[12]. Lors fist la roïne semonre touz ses barons fieveiz[13] et

---

— [4] CD, gardoit; F, couvroit. — [5] C, qu'i luy en souvyendroit; F, que elle li meteroit bien. — [6] D, qu'ele li meteroit en lui quant poins en venroit. — [7] A *omet* à li; DF, à le royne. — [8] D, car il les. — [9] A *omet* et li dirent, *etc.* — [10] *Au lieu de* et li dirent, *etc. on lit dans* D : « Et monstrerent li bourgois assés de boines rai-
« sons et de vraies contre l'evesque, et disent qu'il estoient prest
« de prendre droit par le court. » *La lecon de* F *est ainsi conçue :*
« Et li proiierent que elle les en fesist asseurer, et que il estoient
« prest de faire droit partout où drois les menrroit. »

186. — [1] D, entendi leur raisons et le tort l'evesque. — [2] F, joians. — [3] D, car or venoit à point. — [4] B, se que elle; F, ce revenroit à point que il. — [5] D, et quemanda au vesque. — [6] F, il asseurast les bourgois de la cité de Biauvais. — [7] D, menast. — [8] B, que il nen feroit riens de sa crestienté ne riens n'en feroit pour li; C, qu'il n'en feroit riens pour elle, que à la chrestienté appartenoit; D, li vesques respondi que de sen espirituel il ne feroit riens pour le roïne. — [9] D, oï chou. — [10] A, se. — [11] D *ajoute* par pluiseurs fois. — [12] D *omet* car il n'i vint, *etc.* — [13] DF,

prelaz, et l'evesque ausi de Biauvais ; et tuit vinrent au parlement.

187. — Et la bonne roïne sage se pensa de grant sens, ne n'avoit oublié la vilonnie¹ que li evesques de Biauvais avoit dit de li² ; car elle se despouilla³ en pure chemise⁴, et s'afubla d'un⁵ mantel, et issi de sa chambre ainsi. Et s'en vint en la sale où li prince⁶ et li⁷ prelat estoient, et fist faire pais par les huissiers ; et quant la noise fu abaissie⁸, elle⁹ monta sour une table dormant¹⁰ à deus piez, et dist, oiant l'evesque¹¹ de Biauvais qui estoit presenz : « Seigneur, esgardeiz moi « tuit ; aucuns¹² dit que je sui enceinte d'enfant. » Et lait cheoir son mantel sour la table, et se tourne devant et derriere tant que tuit l'orent veue ; et bien¹³ paroit qu'elle n'avoit enfant en ventre¹⁴.

188. — Quant li baron virent leur dame qui nue estoit¹, si saillirent avant et li afublerent son mantel, et la menerent² en sa chambre, et la firent vestir ; et puis revint au parlement, et mout i ot parlei d'unes choses et d'autres³. A la pardefin furent mandei li bourjois de Biauvais, et se plaindrent de leur evesque qui les

---

ses feables barons ; C, ses fiefz barons.

187. — ¹ DF, le grant vilonnie. — ² D, li avoit dite ; F, li avoit mise. — ³ F, se deffubla. — ⁴ CDF, en pure sa chemise. — ⁵ F *ajoute* court ; D, et affula un. — ⁶ C *ajoute* et les barons. — ⁷ F *ajoute* grant. — ⁸ F, apaisie. — ⁹ D, et les fist tous taire et se teurent tout ; lors si. — ¹⁰ C, droictement. — ¹¹ D, dist à l'evesque. — ¹² D, chascuns. — 13 F, bien veue et moult bien. — ¹⁴ DF, ou ventre ; C, en son ventre.

188. — ¹ F *ajoute* si en orent moult grant pité. — ² BCF, l'anmenerent. — ³ B, d'um et d'autre ; C, d'unes et d'autres ; D, et

escommenioit⁴. Et la roïne fist apeleir l'evesque⁵, et li demanda pour queil raison il escommenioit les bourjois le roi⁶. Li evesques respondi que à li n'estoit il mie tenuz de respondre. « Comment, dist la roïne, ne estes « vous pas hons le roi, ne ne ferez vous droit⁷ devant « nous qui avons le bau⁸ de France⁹ à gardeir?

189. — « Par¹ saint Pierre, dist li evesques, je « vuel que tuit cil de çaienz sachent que je n'ai sei- « gneur ou monde fors l'apostoile, en cui protection² je « sui; ne devant autre seigneur³ ne responderoie. » Quant la roïne oï ainsi parleir l'evesque, si li fu mout bel; car elle savoit bien qu'il erroit⁴. Et lors dist tout en audiance : « Seigneur, vous oëz bien que li evesques « dit; je vuel que vous en soiez recordant en lieu et en « tans, et je averai conseil⁵ selon ce qui est dit⁶. » Atant departi li parlemenz, et ala chascuns en sa terre.

190. — Et la roïne assembla son conseil et leur demanda que il estoit à faire de l'evesque de Biauvais, qui ainsi avoit ouvrei contre¹ la couronne de France. Et ses consaus dist, depuis qu'il noioit² l'omage le roi, qu'elle pouoit par droit³ saisir le fié que il tenoit dou roi. Et la roïne fist maintenant⁴ escrire unes letres, et

---

d'un et d'el. — ⁴ D *ajoute* à tort; F, à tort et à mauvaise cause. — ⁵ D *omet* et la roïne, *etc.* — ⁶ D, pourquoi il les excommenioit. — ⁷ D, ne prenderés vous pas droit. — ⁸ A, baut; BC, ban; DF, bail. — ⁹ F, du roiaume.

189. — ¹ F, par mon seigneur. — ² A, protention; C, à qui en protection. — ³ D, autrui. — ⁴ D, qui il estoit. — ⁵ A *omet* et je averai conseil. — ⁶ C, ce qu'il dit. F *ajoute* et vous le savez.

190. — ¹ B *ajoute* la roïne; C, errei contre elle et contre. — ² A, uoioit; C, deuoioit. — ³ D, pooit prendre et. — ⁴ F, tout errant.

les envoia⁵ au bailli de Biauvoisin. Et quant li evesques le sot⁶ il fu trop esbaïz, ne onques pour ce ne se vout humilier ne requerre⁷ merci à la roïne ; car li très granz orgués de son cuer ne li laissa, ains li toli les ieus dou cuer, que il ne vit goute. Et c'est li vices ou monde qui plus destruit en homme raison et droiture.

191. — Quant li evesques vit que ce fu à certes, si fist apresteir¹ son oire ; et fist arroi (qu'il avoit² deniers et chevaus) ; et mut à grant compaingnie de Biauvais, à teil eur³ qu'onques puis n'i rentra. Et ala tant par ses journées que il vint à Torins⁴, une citei⁵ en Lombardie ; et là se herberja, et i tint mout bel osteil. Et l'endemain au matin se leva et oï messe, et s'en ala son chemin ; et n'ot mie grantment errei⁶ qu'il⁷ trouva un homme en une vigne fouant⁸, qui avoit grant couronne et un anel d'or en son doit⁹. Il s'arresta et¹⁰ le salua ; si li dist

192. — « Biaus sire¹, qui estes vous qui en ceste
« vigne fouez²? — Certes, sire, dist li preudons³, je
« sui li evesques⁴ de Torins qui ci gaaing mon pain.
« — Comment, dist li evesques de Biauvais, il n'afiert

— ⁵ D *omet* et les envoia. — ⁶ D, le vit ; F, vit chou. — ⁷ F, en riens il ne se humilia ne cria.

191. — ¹ A, si fist apreste ; B, si apreste. — ² A, fist seroi qu'il avoit ; B, fist son roi qu'il ot ; CD, fist tant qu'il eut ; F, fist arroi que il ot. — ³ Mss., eure. — ⁴ A, Corins. — ⁵ F, une boine cité. — ⁶ F, grant tens alé ; C, ne alla pas loing. — ⁷ BD, quant il. — ⁸ AB, foiant ; C, fuyant ; DF, fouant. — ⁹ C, en sa main. — ¹⁰ D *omet* s'arresta et ; F, li evesques s'aresta et sa compaignie, si.

192. — ¹ F, biaus sire chiers. — ² AB, foiez ; C, fuyez ; DF, foués. — ³ D, li evesques de Torins. — ⁴ ABC, je suis evesques.

« mie à evesque qu'il soit foueres⁵ en vignes⁶. — En
« non Dieu, dist li evesques de Torins, m'eveschie est
« si povre qu'elle ne souffit mie à mes despens; si me
« couvient faire mieuz que je puis. »

193. — Adonc dist li evesques de Biauvais¹ : « Sire,
« pour Dieu, priez pour moi; car j'en ai grant mes-
« tier. » Et li evesques² respondi que si feroit il vou-
lentiers, et se il³ li plaisoit priast ausi pour lui⁴, et si li
deist son non⁵. Et il⁶ li dist que il avoit à non Miles,
et estoit evesques de Biauvais. Atant se departi de lui;
et sa mesnie⁷ le sivoit à dis huit sommiers⁸. Et li
evesques qui fouoit es vignes leur demanda à cui il
estoient; et il li respondirent que il estoient à l'evesque
de Biauvais⁹.

194. — Et quant li preudons l'entendi, si jeta¹ jus
sa beche et courut après l'evesque de Biauvais, et li
escria : « Sire², entendez moi, entendez moi³ ! » Li
evesques s'arresta, et li demanda que il vouloit; et li
preudons li dist : « Sire, vous m'aviez en couvent⁴ que
« vous prieriez pour moi; biaus chiers sire, je vous en
« relais⁵. — Dieu merci, dist li evesques de Biauvais,

— ⁵ AB, foieres; C, fuyeres; DF, fouerres. — ⁶ C, laboureur en vignes.

193. — ¹ A omet de Biauvais. — ² D ajoute de Torins. — ³ A, et si. — ⁴ B, et si li priast pour lui ausis. — ⁵ C, et lui demanda son nom ; D, et li vesques de Torins lui demanda son non. — ⁶ F, et puis li demanda son non; et li evesques de Biauvais. — ⁷ A, et samie; F, et s'autre maisnie. — ⁸ F ajoute tous cargiés. — ⁹ F ajoute qui là estoit passés.

194. — ¹ A, cheta. — ² F, li escria à haute vois sire pour Dieu. — ³ Atendez au lieu de entendez dans BCDF. — ⁴ C, m'aviez pro-

« queil entencion i entendez vous⁶? — En non Dieu,
« sire, dist li evesques de Torins⁷, je le vous dirai. Il
« me semble que vous soiez trop embesoingniez, et
« avez tant à faire de vos besoingnes⁸ que vous ne por-
« riez entendre à la moie⁹. »

195. — Atant se departi¹ li uns de l'autre, et li eves-
ques² erra tant par ses journées que il vint à Assise, où
sainz François fu neiz et où li cors de lui³ gist. Là li
prist une granz maladie diverse; qu'uns apostumes li
leva enmi l'eschine par dedenz le cors; et tant li crut
que il li fendi l'eschine dès⁴ le crepon⁵ jusqu'aus⁶ es-
paules; et ouvri comme se il fust⁷ baconneiz. Ainsi
vesqui quatre jourz en teil douleur, et mourut, et fu
enfouiz⁸ comme evesques en la mere eglise⁹; et sa
mesnie firent havot de quanqu'il avoit¹⁰. Et ainsi vont
les choses aus clers qui¹¹ ne prennent garde à leur
afaire; et s'en rala la mesnie l'evesque arriere en leur
païs¹².

XXI.

196. — Ci vous lairons esteir¹ de l'evesque Milon de

---

mis. — ⁵ F ajoute et vous en claim quite pour tous jours. — ⁶ CD,
avez vous. — ⁷ CF, li preudom. — ⁸ B omet et avez tant, etc. —
⁹ B, à la moie besoigne entendre. F ajoute li evesques de Biau-
vais en ot grant ris et toute sa maisnie.
195. — ¹ F, se partirent li doi evesque. — ² F ajoute de Biau-
vais. — ³ DF et là u ses corps. — ⁴ D omet l'eschine dès. — ⁵ C,
crouppion. — ⁶ A, jusc'à ses. — ⁷ A, comme il fu. — ⁸ C, en terre
mis. — ⁹ F, la mesme eglise d'Assise. — ¹⁰ D, havoit de ses coses.
— ¹¹ DF, à chiaus qui. — ¹² F ajoute et nonchierent la mort
l'evesque lor segnor.

Biauvais, qui ainsi fu morz comme vous avez oï, et fu morz au grei² de ses voisins³; et vous dirons dou roi Jehan d'Acre, qui demoura en la terre⁴ de Surie, et se maintint adés comme preudons; et estoient trives données⁵ entre crestiens et Sarrezins à vint ans. Si avint un jour que li rois estoit en Acre, et li fu dit qu'il avoit⁶ un gentilhomme sarrezin en prison⁷; et li rois commanda que on li amenast tantost, et fu li Sarrezins ameneiz devant le roi⁸. Quant li rois le vit si li plot mout, et li demanda qui il estoit; et il li fist dire par⁹ druguemens que il estoit oncles Solehadin, qui tant valut.

197. — Et li rois l'esgarda mout, et remira¹ sa faiçon; et vit qu'il estoit granz et droiz et bien tailliez, et bien faiz de touz membres. Et estoit de grant aage², et estoit vermauz en vis³, et avoit barbe grant et blanche⁴ qui li venoit jusques en mi le piz, et estoit treciez à une trece grosse et longue⁵ qui li avenoit⁶ de ci aus⁷ hanches; et très bien sembloit preudons. Et quant li rois l'ot tant regardei, si commanda que il seist⁸; et puis li fist demandeir par un druguement des avenues⁹ Solehadin. Et il respondi qu'il en diroit asseiz, et de vraies.

---

196. — ¹ C, lairons à perler. — ² C, au loz. — ³ EF, Biauvais, car bien i revenrons. — ⁴ F, la cité. — ⁵ A *omet* données. — ⁶ DE, tenoit. — ⁷ AB, en prison sarrezin; DF, en se prison; E, en sa prison ki sarrezins estoit. — ⁸ C, amenast devant lui, ce qui feut fait; D, on li amenast, et si fist on. — ⁹ BCEF, par un.

197. — ¹ C, et contemploit fort. — ² D *omet* et estoit de grant aage. — ³ D *omet* en vis. — ⁴ F, barbe toute blance. — ⁵ B, d'unes tresses grosses et longues; C, d'unes tresces grosses. — ⁶ B, avaloient. — ⁷ F, batoit jusques à. — ⁸ D, se seist; F, s'asesist; C, que on le feist seoir. — ⁹ BEF, aventures; C, œuvres.

198. — Lors li dist[1] : « Je vi mon neveu Solehadin,
« qui estoit rois de Babiloine, et avoit trente rois à
« jousticier desouz lui, que il fist[2] un varlet preu et
« bien enrainié[3] monteir sour un destrier[4], et aleir par
« toutes ses bonnes viles. Et portoit trois aunes de toile
« atachies[5] sour une lance, et crioit à chascun carre-
« four des rues : — Plus n'enportera Solehadins de
« tout[6] son regne[7] ne de tout son grant tresor que ces
« trois aunes de toile pour son souaire.

199. — « Après il fist une grant merveille. Il oï par-
« leir de la grant charitei de l'ospital de Saint Jehan
« d'Acre; et disoit on que nus[1] mesaisiez n'i estoit re-
« fuseiz, et li donnoit on quanque il demandoit se on
« le pouoit avoir[2]. Si se pensa Solehadins que il essaie-
« roit[3] se c'estoit voirs ou non[4]. Si prist bourdon, es-
« charpe[5] et esclavine, et s'atapina[6] au mieuz qu'il pot[7],
« et s'en vint tout droit en Acre; et fist[8] le malade et
« le mesaisié, et s'en vint[9] en l'ospital Saint Jehan, et
« requist que on le herberjast[10], que il en avoit mout
« grant mestier[11].

---

198. — [1] DEF *ajoutent* li Sarrezins. — [2] B, desous luy et fist; D, et vich que il fist. — [3] C, et à delivre; D *omet* et bien enrainié. — [4] D, un roncin; F, un grant destrier. — [5] C *omet* atachies. — [6] A *omet* tout. — [7] E, de sa grant signourie.

199. — [1] B *omet* nus; C, oncques nus; F, nus qui fust. — [2] C, trouver; F, avoir pour nul denier. — [3] BD *omettent* que il essaieroit. — [4] D, et qu'il le saroit *au lieu de* ou non. — [5] A *omet* escharpe, *et* B, bourdon. — [6] DE, se tapi; F, s'atapi; C, se desguisa. — [7] B, sot. — [8] C, contrefist; F, fist moult bien. — [9] ABCD *répètent* tout droit. — [10] C *ajoute* disant. — [11] E, et chemina dusques à l'hospital, tout clopiant, et proia pour Dieu c'on le herbregast, car il estoit moult agrevés.

200. — « Quant li maistres le vit qui recevoit les
« malades, si le reçut pour le mestier qu'il li sembloit
« qu'il en avoit¹; et maintenant le fist couchier, et
« aisier ce que on pot. Et li demanda on que il vou-
« roit² mangier. Cil qui³ faisoit le malade dist⁴ qu'il
« n'avoit cure de mangier. — Mais pour Dieu, laissiez
« moi reposeir, car j'en ai mout grant mestier; et lonc
« tans a que j'ai desirrei⁵ à mourir entre les povres⁶
« de çaienz.

201. — « Atant le laissierent en pais, et il se prist à
« dormir; et dormi¹ tout le jour et toute la nuit. Et
« l'endemain li demanda li maistres des malades se il
« vouloit mangier, et il dist² qu'il n'en avoit cure³. —
« Par foi, dist li maistres⁴, se vous ne mangiez, vous
« ne pouez⁵ longuement vivre. — Ainsi geuna Sole-
« hadins trois jourz et trois⁶ nuiz sans boivre et sans
« mangier⁷. Li maistres revint⁸ à lui et lui dist : —
« Biaus amis, il vous couvient penre aucune chose pour
« vostre soustenance; car nous⁹ seriens trop blasmei
« se vous ainsi mouriez çaienz par¹⁰ deffaute.

---

200. — ¹ C *omet* quant li maistres, *etc.*; D, pour ce que il sanloit bien qu'il en eust grant mestier; E, pour çou qu'il li sambla besoigneus; F, pour chou que il li sambloit qu'il en avoit besoing. — ² E, poroit. — ³ F, Salehadins qui. — ⁴ C, mais il dist. — ⁵ E, mais pour Dieu on le laissast reposer, car il estoit trop fourmenés, et lonc tans avoit desiré; F, mais on le laissast reposer, quar il en avoit besoing, et lonc tans avoit que il avoit desiré. — ⁶ EF, morir en l'ospital avoec les malades.

201. — ¹ C, tant qu'il dormist. ADEF *omettent* et dormi. — ² BDF, respondi. — ³ E, avoit talent et qu'il ne poroit. — ⁴ E, amis, dist li maistres, mangiés. — ⁵ D, n'avez pooir de. — ⁶ EF, deus jours et deus. — ⁷ F *ajoute* et avoit oï dire que li grans maistres de l'hospital avoit un grant destrier que il amoit ben mil

202. — « Sachiez, maistres[1], dist Solehadins[2], je
« ne mangerai jamais en ma vie[3] se je n'ai d'une chose
« que je desir à mort; et[4] bien sai que je ne l'averoie
« mie, que ce est forsenerie à penseir[5] et à vouloir. —
« Ha ! biaus amis[6], ne resoingniez[7] riens à requerre;
« car li ospitaus de çaienz est de si grant[8] charitei
« qu'onques malades qui çaienz fust[9] ne failli à son
« desir, se on le pot[10] avoir pour or ne pour argent.
« Et si demandeiz hardiement, que vous n'i faurez
« mie.

203. — « Quant Solehadins oï le maistre si afer-
« meir[1], si dist qu'il demanderoit. — Je demant, dist-
« il, le pié destre devant de Morel le bon cheval[2] le
« grant[3] maistre de çaienz; et vuel que je li voie cou-
« peir devant moi presentment, ou se ce non jamais ne
« mangerai. Or avez oï, dist Solehadins, ma[4] desverie[5];
« mais pour Dieu[6] vous proi que vous n'i faciez[7] force;
« et mieuz vient-il que je muire, qui sui uns povres
« hons, que teis beste[8] qui tant vaut. Et on dit pour
« voir que li granz maistres n'en penroit mie[9] mil
« besanz[10].

---

besans d'or. — [8] A, vint. — [9] F *ajoute* et li hospitax. — [10] F, par
nostre.

202. — [1] DEF, sire. — [2] E, sire, dist Salehadins, je croi que.
— [3] A *omet* en ma vie. — [4] D, je desir et nepourquant. — [5] EF,
car ce seroit foursenerie à demander. — [6] D *ajoute* dist li maistres
des malades. — [7] CDEF, doutez. — [8] B, si très grant; C, plain
de si grant. — [9] E, nus malades. — [10] C, que on peust.

203. — [1] F *ajoute* que il aroit tout si desirrier. — [2] C, du cheval
Moreau. — [3] D *omet* grant. — [4] C, ma grant. — [5] DF, ma desir-
rée; E, mon desirrier. — [6] F *omet* pour Dieu. — [7] BC, faites. —
[8] B *ajoute* muire; F, y muire. — [9] C, eust pas prins. — [10] E,
besans d'or.

204. — « Atant le laissa li maistres et s'en ala[1] « au grant maistre, et li dist la requeste au malade. « Quant li granz maistres l'oï, si pensa un pou; et li « vint à grant[2] merveille[3] dont teis voulenteiz li venoit[4], « et dist au maistre des malades : — Aleiz, si[5] le pre-« nez[6] et si li assevissiez[7] son[8] desir[9]. Et mieuz vaut « que mes chevaus muire que uns hons; et d'autre part « il nous seroit reprouvei à touz jourz mais.

205. — « Atant fu li chevaus ameneiz devant le « lit à Solehadin[1], et fu liez[2] et abatuz à terre; et fu « apareilliez uns varlez, une grant hache en sa main et « un tronchet[3] en l'autre, et dist : Lequeil pié est ce « que li malades demande? — Et on li dist : Le destre « pié devant. — Il prent le tronchet et li met[4] desouz « le pié, et entoise la hache à deus mains; et vout ferir si « grant coup comme[5] il pouoit enteseir, quant Solehadins « li escrie : Tien coi! ma voulenteiz est assevie[6], et mes « desirriers mueiz[7] en autre viande[8] : je vueil mangier « char de mouton. — Lors fu li chevaus desliez et « remeneiz en l'estable.

206. — « Et quant li granz maistres le sot, si en fu

---

204. — [1] E, et l'ala conter. — [2] BCE *omettent* grant. — [3] D, pensa à mervelles et moult s'esmervella. — [4] F *ajoute* et moult l'en pesoit pour son bon cheval. — [5] E *omet* aleiz si. — [6] D, prendés le cheval; E, prendés mon cheval. — [7] DEF assouagiés. — [8] F *ajoute* grant. — [9] B, delit; C, allez le prendre et luy acomplissez son desir.

205. — [1] BCDE, où Salehadins gisoit. — [2] F *ajoute* fermement. — [3] A, crochet, *ici et plus bas;* E, blokiel. — [4] ABC, mit *ou* mist. — [5] A, que. — [6] C, acomplie; EF, assouagie. — [7] D, mes desirriers est assouagiés et mués. — [8] DEF, autre maniere; C, je ayme myeulx autre viande.

« mout liez¹ et tuit li frere de laienz. Et donna on le
« malade² ce que il avoit demandei³ ; et manja bien et
« but, car il avoit trois jourz geunei⁴ ; et demoura puis
« quatre⁵ jourz laienz, et li fist on ce qu'il vout⁶. Et
« puis demanda sa robe⁷ et son bourdon et sa esclavine,
« et prist congié au maistre, et le mercia mout des
« biens⁸ et de l'oneur⁹ qu'il li avoit faite. Et s'en rala
« en sa terre; ne n'ot pas oublié les biens que¹⁰ on li
« avoit faiz en l'ospital¹¹, et fist faire une chartre et
« saieler de son seel; et avoit en la chartre¹² escrit¹³ :

207. — « Sachent tuit cil qui sont et seront que je
« Solehadins, rois de Babiloine, lais¹ à touz jourz per-
« petueilment à Saint Jehan de l'Ospital² d'Acre mil
« besanz d'or pour linceus³ et pour couvertoirs à cou-
« vrir les malades de laienz⁴ ; et les assié⁵ chascun an
« à penre au jour mon seigneur⁶ saint Jehan Baptiste à
« mes⁷ rentes de Babiloine, et en teil maniere que⁸ pour
« guerre qui soit entre nous⁹ et crestiens nes laira on¹⁰
« à paier.

208. — « Et bien sachent li maistre¹ de l'ospital que

---

206. — ¹ F, entra à merveilles liez. — ² C, à Salehadin. — ³ E,
desiré. — ⁴ EF, il n'avoit piecha mangiet. — ⁵ A, trois. — ⁶ EF,
çou que lui plot. — ⁷ D, sen harnas. — ⁸ D ajoute qu'il y ot fais.
— ⁹ E ajoute et de la courtoisie. — ¹⁰ B, etc., oublié ce que. —
¹¹ F ajoute Saint Jehan d'Acre. — ¹² B omet et saieleir, etc. —
¹³ B, et escrire. C, si fist une charte escripre qui disoit ainsi.
207. — ¹ EF ajoutent et donne. — ² CDEF, à l'hospital Saint
Jehan. — ³ C, draps linges. — ⁴ EF, dou dit hospital. — ⁵ EF,
assigne ; D, assist. — ⁶ CDEF omettent mon seigneur. — ⁷ D, ses.
— ⁸ EF, et voel que. — ⁹ D, entre aus; EF, entre Sarrasins. —
¹⁰ C, ne demourront.
208. — ¹ C, saiche le maistre; D, sachent tout. — ² D, en l'os-

« ce fais je pour la très grant charitei qui est en la
« maison², et pour ce que on m'i herberja. Si n'en
« sorent mot, à celles enseignes que je demandai le pié
« destre devant³ dou cheval le grant maistre; et le
« vout on coupeir devant moi, mais je nou vous
« souffrir. — Et fu envoïe celle chartre en l'ospital
« Saint Jehan et delivrée au grant maistre et aus freres,
« qui mout⁴ en firent grant joie⁵; car il connoissoient
« tant de Solehadin que il n'en mentiroit pour rien. Et
« d'enqui en avant furent paié li mil besant chascun
« an⁶ au jour de la saint Jehan⁷, et paie on encore⁸.

209. — « Encore, dist li Sarrezins¹, fist il² autre
« chose; que li marchis³ de Cesaire⁴, qui lors tenoit la
« citei de par le roi de Jherusalem, et qui bien estoit
« garniz⁵ de chevaliers et de serjanz⁶ et de aubales-
« triers; mais pour sa très grant couvoitise il alaschoit⁷
« chasque quinze jourz⁸ la garnison de laienz, et en

---

pital. — ³ A *omet* devant. — ⁴ D, et envoia chele chartre au maistre de Saint Jehan de l'ospital, et li fu delivrée, et li maistres et li frere. — ⁵ C, en feurent joyeux. *Ce qui précède est ainsi conçu dans* E : Ensi fu la cartre faite; et lor envoia et manda que bien seuscent li maistre que ce faisoit il pour la très grant carité ki estoit en le maison, et pour çou c'on li herbrega. Si n'en sot on mie; à ces ensegnes que il demanda le piet diestre dou cheval le grant maistre; et li vot on coper par devant soi, mais il nel vot soufrir. — Quant li crestiien virent le carité que Salehadins lor envoioit, si en furent mervelles liet. *La leçon de* F *est analogue à celle de* D. — ⁶ B *omet* chascun an. — ⁷ B, au jour sanz delai; C, au jour de la saint Jehan sans nul delay; DEF *omettent* chascun an, etc. — ⁸ D, et sont encore.

209. — ¹ D, li prisonniers au roy. — ² D *ajoute* Salehadins mes niés; F, mon neveu. — ³ DEF, maistre. — ⁴ C, Seette. — ⁵ F, garnie; E, et estoit li castiaus garniz. — ⁶ C, de bonnes gens de chevaliers. — ⁷ EF, amenrisçoit. — ⁸ EF, chascun jour. — ⁹ *Après*

« metoit l'or et l'argent⁹ en ses coffres. Et cuidoit que
« Solehadins¹⁰ ne s'en donnoit¹¹ garde, mais si¹² faisoit
« il; et li disoit on bien¹³ qu'il faisoit¹⁴ trop mal qui
« estuioit¹⁵ la garnison, que la citeiz en seroit perdue¹⁶.
« Et il estoit trop loing de crestiens, et à tart leur ven-
« roit secours se mestiers estoit; et Solehadins estoit¹⁷
« sages et chevalereus¹⁸, et bien savoit¹⁹ son pis et son
« meilleur. — Taisiez vous, dist li marchis, je ferai,
« quant je vourai, saillir mil chevaliers de mes coffres²⁰.

210. — « Ceste parole fu reportée à Solehadin par
« une espie, qui li dist tout le couvine¹ dou marchis et
« de ceus dedenz; et bien li fu dit que la garnisons
« estoit si amenuisie² qu'il en i avoit pou ou meinz que
« nient³. Quant Solehadins le sot si fu mout liez, et
« semont ses hommes privéement à trois liues de
« Cesaire, et furent là tuit ensemble un samedi⁴ au
« soir. Et murent trois liues⁵ devant le jour, et vinrent
« à l'enjournée à Cesaire⁶, et l'assaillirent de toutes

---

convoitise C *porte* ce qu'il devoit donner aux barons et aux soul-
doyers il metoit tout; D, il retraioit à chascun de ses droites sau-
dées, et de le garnison de laiens metoit l'or et l'argent. — ¹⁰ F,
que li rois ses sires. — ¹¹ BC, donnast. — ¹² B, mais cil. — ¹³ E,
et avint que li rois ses sires le sot et li manda. — ¹⁴ BC *omettent*
et li disoit, *etc*. — ¹⁵ C, estaindoit; D, retraioit. — ¹⁶ C, la garni-
son dont la ville devoit estre garnye. — ¹⁷ D *omet* et Solehadins
estoit. — ¹⁸ EF, malicieus; D *omet* et chevalereus. — ¹⁹ E, savoit
connoistre; F, saveroit veir. — ²⁰ EF, et li marcis li remanda
que se besoins estoit il feroit salir mil chevaliers de ses coffres.
210. — ¹ C, couvenant. — ² E, apeticie. — ³ B, avoit comme
point; D, peu ou nient; E, u peu u nient laiens; F, se poi u non
laiens. — ⁴ B *ajoute* matin et sejournerent jusques. — ⁵ C, trois
heures. — ⁶ C, Seette. — ⁷ F *ajoute* de la ville. — ⁸ E, et descou-
viert.

« parz, et drecierent eschieles aus murs⁷. Et cil dedenz
« entendirent la noise des Sarrezins, et coururent aus
« murs pour deffendre la citei; mais pou leur valut,
« que trop estoient pou et maugarni; et furent pris à
« descouvert⁸.

211. — « Et entrerent en la citei à force, et fu pris¹
« li marchis et sa famme; et fu meneiz, les mains liies
« derriere le dos, devant Solehadin qui mout le desir-
« roit à veoir. Et quant il le vit, si li dist : Marchis,
« marchis, où sont li mil chevalier que vous deviez
« faire issir² de vos coffres? Par Mahom! vostre cou-
« voitise vous a deceu. Vous ne futes onques asseviz³
« d'or ne argent; mais je vous en assevirai⁴ encore
« encui⁵. — Adonc fist Solehadins or et argent penre,
« et le fist fondre en une paele de fer, et li fist avaleir
« tout bouillant en la gorge; et maintenant le couvint
« mourir. Et fist Solehadins par sa courtoisie renvoier
« la dame, li disme de crestiens, et dis damoiseles⁶ en
« Acre; et là fu elle à sauvetei.

212. — « Mout vous porroie, dist li Sarrezins, con-
« teir des avenues¹ Solehadin; mais une chose fist à la
« mort qui mout nous ennuia; car quant il fu si apres-
« seiz² que il vit bien que mourir le couvenoit, si
« demanda plein bacin d'iaue. Et maintenant li courut
« uns varlez aporteir³ en un bacin d'argent, et li mist à

---

211. — ¹ A, pris et. — ² BCDEF, saillir. — ³ D, soolés; E, soelés; F, saoulés. — ⁴ D, soolerai; E, soelerai; F, saoulerai. — ⁵ C, aujourdhuy. — ⁶ A, le disme des crestiens x damoiseles.
212. — ¹ C, faiz; BDE, aventures; F, de mon neveu Salehadin et de ses aventures. — ² F *ajoute* de la mort. — ³ CD, on li aporta.

« la main senestre. Et Solehadins se fist drecier en son
« séant[1], et fist de sa main destre croiz par deseure
« l'iaue, et toucha[5] en quatre lieus sour le bacin, et
« dist[6] : Autant a il de ci jusques ci comme de ci jusques
« ci. — Ce dist-il pour ce qu'on ne se perceust[7]. Et
« puis reversa l'iaue sour son chief et sour son cors,
« et dist entre denz[8] trois moz en françois que nous
« n'entendimes pas ; mais bien sembla, autant comme
« j'en vi, qu'il se bautizast.

213. — « Atant devia[1] Solehadins, li mieudres princes
« qui onques fust en paiennime ; et fu enfouiz asonc la
« cimetiere[2] mon seigneur saint Nicholas d'Acre deleiz
« sa mere, qui mout richement i estoit enfouie[3]. Et a
« sour eus une tournele bele et grant où il art jour et
« nuit[4] une lampe pleine d'oile d'olive ; et la paient et
« font alumeir cil de Saint Jehan de l'Ospital d'Acre,
« qui granz rentes en tiennent que Solehadins et sa
« mere i laissierent[5]. »

XXII.

214. — Desormais vous[1] dirons de l'enfant de
Pouille qui estoit apeleiz Ferris en bautesme[2], et tenoit

—.[4] DEF, en son estant. — [5] F *ajoute* sa main. — [6] F *ajoute* en
tel maniere. — [7] C *omet* ce dist il *jusqu'à* perceust; D *omet en
outre ce qui suit jusqu'à* son cors. — [8] B, entre ces deus; CF, entre
ses dentz ; DE *omettent* entre denz.

213. — [1] C, defina ; DEF, morut. — [2] D, selonc le cousture. —
— [3] E, i fu ensevelie. — [4] C, chacun jour et chacune nuyct. —
[5] AB, laissa ; D *ajoute* pour che faire.

214. — [1] C, mais atant nous tairons de luy et. — [2] C *omet* qui

trois roiaumes de son heritage, c'est à savoir le roiaume de Pouille et celui de Sezile et celui de Calabre. Et avint que il fu esleuz des barons d'Alemaingne à roi d'Alemaingne par la grace la pape, qui avoit cassei³ l'empereeur Oton par son meffait. Et fu sacreiz⁴ à roi à Ais la⁵ Chapele par la main l'arcevesque de Trieves, et puis fu presenteiz par les barons d'Alemaingne à la pape pour sacreir à empereeur. Et furent lonc tans bien ensemble entre lui et la pape, et mout obeïssoit à l'eglise de Rome, et estoit bons jousticieres; et tant faisoit que il estoit cremuz et redouteiz⁶ par toutes terres; et pouoit on⁷ porteir son gourle plein de deniers⁸ sour son bourdon⁹ à son col¹⁰ que jà n'eust on garde¹¹.

215. — Ainsi se maintint li empereres¹ un grant tans que touz li mondes disoit bien de lui², de ci à un jour que cil de Mielent orent descort à leur evesque; et les escommenia. Li bourjois³ li requirent assolucion, et li prierent qu'il les traitast⁴ par ordre de droit; li evesques⁵ respondi que il assouz ne seroient se il ne faisoient haut et bas sa voulentei.

216. — Quant li citoien¹ virent que li evesques ne

---

estoit, *etc.* — ³ A, chastoié; E, caciet; F, cachiet; BCD, cassé, cassei, quassé. — ⁴ D *ajoute* chil Ferris. — ⁵ A, à Ais à la. — ⁶ C, estoit craint. — ⁷ E, pooit uns marcheans. — ⁸ D *ajoute* partout seurement. — ⁹ C, plein un bouge de deniers sur son baston. — ¹⁰ D *omet* sour son bourdon à son col. — ¹¹ BC, regart.

215. — ¹ DEF, ensi s'entramerent li empereres et li papes. — ² EF, de l'empereour; D, en disoit bien. — ³ F *ajoute* de Melans. — ⁴ DEF, menast. — ⁵ BC *ajoutent* lor *ou* leur; F *omet ce qui suit jusques et y compris les mots* li evesques *dans le paragraphe* 216.

216. — ¹ A, quant citoien; DEF, bourgois. — ² BDEF *ajoutent*

leur² feroit el³, si le mirent fors de la vile, ne ne pot⁴ joïr de chose que il eust. Et li evesques s'en ala droit à la pape, et se plainst de quanque il pot⁵ de ceus de Mielent, qui⁶ l'avoient fors boutei de Mielent⁷ et deseritié de touz ses biens. Li papes⁸ en fu mout meuz, et envoia un chardenal pour connoistre⁹ ces choses¹⁰. Et vint à Mielent, et manda devant lui le postal et les conseuz¹¹ de Mielent; et leur demanda pour queil raison il avoient fors mis¹² leur evesque et saisi touz ses biens, dont il avoient trop mespris à Dieu et à la pape¹³ et à l'evesque.

217. — Li bourjois respondirent que se il avoient de rien mespris il estoient prest de l'amendeir; mais pour Dieu les feist assoure¹, et il estoient prest de croire son conseil. — « Par saint Pierre, dist li char-
« denaus, vous n'en serez assouz de ci à tant que vous
« m'averez amendei le lait², et en après faite³ toute la
« voulentei à l'evesque de haut et de bas. — Par foi,
« sire, dient li bourjois, nous n'avons mie conseil de
« ce faire; mais se vous nous voulez menei par ordre
« de droit, nous penriens droit et feriens droit⁴ par

---

en. — ³ C, n'en feroit riens. — ⁴ D, et fisent tant que li vesques ne peust. — ⁵ DEF *omettent* de quanque il pot; C, de tout son pouoir. — ⁶ EF *ajoutent* qui ce li avoient fait et. — ⁷ E, et li conta coument cil de Melans l'avoient boutet fors de la vile. — ⁸ F, quant li pappes oï chou, si. — ⁹ CDEF, savoir de. — ¹⁰ E *ajoute* le voir *et* F la verité. — ¹¹ CDF, le conseil; E, les princes. — ¹² DEF, mis hors le vile, hors de Melans *ou* fors de la cité. — ¹³ D, l'apostole.

217. — ¹ E, il mesist conselg à çou qu'il fuscent assols. — ² BCDEF, vous le m'aurez amandé. — ³ AF, faites; C, faire. — ⁴ D *omet* feriens droit. — ⁵ E, li cose; F, la cose.

« devant vous. Mais pour Dieu, sire, metez i conseil
« que li affaires⁵ ne tourt à pis.

218. — « Certes, dist li chardenaus, je ne sai à
« quoi il tourra ; mais droit ne vous i fera on jà¹, ains
« sera² dou tout à no³ voulentei. — Par foi⁴, dient li
« bourjois, ce n'est pas parole de preudomme ne de
« teil homme que⁵ vous devez estre. » Atant se depar-
tirent li bourjois dou chardenal, qui mout leur prome-
toit mal à faire ; et agreva la sentence quanque⁶ il pot⁷,
et fist widier la vile tout le clergié, et se parti de la
vile⁸ en menaçant les bourjois⁹.

219. — Or avint que li postaus et li conte¹ estoient
à conseil², et estoient en grant esmai³ des paroles que
li chardenaus leur avoit dites ; si prisent conseil⁴ que il
envoieroient à la pape pour requerre qu'il i meist con-
seil⁵. Mais la chose fu muée en autre ploi⁶ en pou
d'eure ; car la genz menue de la vile et li musart firent
un parlement par eus, et dirent qu'il seroit bon qu'il
alassent après le chardenal et le ramenassent à force ;
et tant le tenroient⁷ qu'il seroient assouz de lui et de

---

218. — ¹ D, vous i ferai je jà. — ² E, serés. — ³ DEF, me *ou*
ma. — ⁴ C *omet* par foi. — ⁵ BCDE, comme *ou* com. — ⁶ CD, tant
comme *ou* tant que. — ⁷ E, de çou qu'il pot ; F, chou que il porra.
— ⁸ C, de Millan. — ⁹ F, les boines gens de la cité et des appen-
dances.
219. — ¹ B, consaus ; C, les conseulx. — ² C *ajoute* d'une part.
— ³ C, moult troublez. — ⁴ B *ajoute* que il feroient et. — ⁵ E, que
il mesist conselg à lor besoingne ; F, à iaus. — ⁶ AB, ploit ; C,
poinct ; D, ploi ; EF *omettent* en autre ploi. — ⁷ C, ramener par
force et tant le tint on. — ⁸ C, et aussi qu'ilz auroient sa lettre ;
DEF, et leur donroit lettres.

l'evesque, et donnassent leur letres[8] que jamais ne les escommenieroit.

220. — Et eslurent entr'eus cent hommes qui i iroient[1]; et s'en alerent[2] hastivement[3] après le chardenal, et l'ateindrent une liue en sus de la vile, et l'arresterent[4], et li dirent : « Par Dieu, dans charde-
« naus, revenir vous en couvient[5] arriere[6] en la vile;
« et nous rassourez, vueilliez ou non. » Quant li chardenaus les oï ainsi parleir, si leur dist : « Certes[7],
« vilenaille puanz, je ne retournerai pas; ainsois vous
« ferai touz essillier, et ferai Mielent toute araseir[8], en
« teil maniere[9] qu'il n'i demourra pierre sour autre. »

221. — Atant ez vous un musart qui le prist par le frain, et le vout tourneir arriere; et li chardenaus escrie sa mesnie : « Ore[1] aus vilains! » Et li uns des varlez trait l'espée, et fiert celui qui tenoit le chardenal, et l'abat[2] mort à ses piez[3]. Quant cil de Mielent virent mort[4] leur compaingnon, si furent tuit enragié et crierent[5] : « A la mort, à la mort! »

222. — Li chardenaus s'en fust voulentiers fuiz[1], mais il ne pot; car il fu tout maintenant environneiz de

---

220. — [1] C, qui ce feroient. — [2] D, chent hommes qui alerent. — [3] EF, isnielement; C omet hastivement. — [4] D omet et l'arresterent. — [5] EF, vous estuet. — [6] D omet arriere. — [7] A, par Dieu. — [8] D, ardoir. — [9] A omet en teil maniere.
221. — [1] A omet ore. — [2] E, feri si celui ki le tenoit par le frain k'il l'abati. — [3] D omet à ses piez. — [4] EF, morir; A, virent lor compaignon mort. — [5] D, et crient tout.
222. — [1] C, cuyda s'enfouyr; B ajoute s'il pouoit; DEF, se il peust. — [2] CEF omettent et l'eussent pris. — [3] C, et le eussent

toutes parz. Et l'eussent pris² et fust ameneiz³ à Mielent, quant uns⁴ macecriers⁵ saut avant, et le fiert d'une hache et l'ocit⁶. Et prisent celui qui avoit leur compaingnon ocis, et l'atachierent à la queue de son cheval⁷ et le menerent⁸ à Mielent, et le trainerent parmi toutes les rues de la citei⁹. Quant li postaus et li conte¹⁰ le sorent, si en furent trop doulant; car il savoient bien combien c'estoit l'aune¹¹. Et orent conseil que il envoieroient à la pape pour merci crier; mais il n'i ot si osei¹² qui i osast aleir pour paour de son cors¹³.

223. — Ainsi demoura¹ la chose jusques à tant que li papes le sot; et fu si courrouciez que nus nou pouoit apaisier. Et ot conseil des² freres qu'il manderoit l'empereeur; et fu mandeiz li empereres, et il³ vint tantost; et li papes li conta comment cil de Mielent avoient esploitié. — « Certes, dist li empereres, ce poise moi.
« — En non Dieu, dist li papes, je vuel que la citeiz
« soit destruite et qu'il soient tuit mis à l'espée. — Par
« ma foi, dist li empereres, ce ne sera pas fait sans
« grant painne et sans grant coustement; car je sai
« bien que cil de Mielent sont grant gent et riche et
« puissant; et mout i a de bons chevaucheeurs⁴, et
« mout sevent de guerre.

---

enmeney; EF, et le voloient mener. — ⁴ D, et le prisent et fu menés à Melan, tant que uns. — ⁵ C, boucher. — ⁶ E, et le feri d'une hache à deus mains et le pourfendi dusques en la chainture, et maintenant chei mors. — ⁷ C, roussin. — ⁸ CEF *omettent* et le menerent. — ⁹ D *omet* et le trainerent, *etc.*; EF, et le trainerent dusques en la cité par toutes les rues de Melans. — ¹⁰ B, li consaus; D, li bourgois. — ¹¹ C, combien leur en seroit l'aulne vendue. — ¹² CDEF, hardi. — ¹³ D, de mort; EF, de sa vie.

223. — ¹ A, demeure. — ² EF, de ses. — ³ DEF *omettent* et il. — ⁴ C, chevaliers.

224. — « En non Dieu, dist li papes, je vous ai-
« derai, et vous otroi et[1] doins[2] quanque il ont. —
« Sachiez[3], dist li empereres, je n'irai pas se vous ne
« me donneiz vostre letre; car je vous connois tant que
« se cil de Mielent faisoient pais à vous, je i perderoie[4]
« quanque je i averoie mis. — Par saint Pierre[5], dist
« li papes, vous les averez voulentiers; et vous jur sour
« sainz[6], sour saint Pierre et sour saint Pol, que[7] jà
« pais n'en sera faite se par vous non[8]. »

225. — Atant fu la chose afermée[1] et saielée par
l'acort[2] de touz les freres[3]; et l'empereres s'en ala en
sa[4] terre, et assembla granz genz, et les mena devant
Mielent, et i mist le siege. Et mout souvent hardioient[5]
li un aus[6] autres; et pou i conqueroient cil dehors[7],
car cil dedenz estoient bien garni et pou prisoient ceus
dehors[8]. Ainsi tint li empereres Ferris le siege an et
demi que pou i conquist, fors que tant que on n'i pouoit
issir n'entreir; si en furent mout adoulei[9] cil dedenz.

226. — Si avint un jour que li postaus et li conte[1] de
Mielent estoient à conseil, et dist li uns d'eus : « Biau
« seigneur, nous soumes en mauvais point; car nous
« soumes escommenié, et soumes en guerre à la pape

---

224. — [1] D *omet* otroi et. — [2] EF, en dons. — [3] F *ajoute* de
vrai. — [4] C, auroye perdu. — [5] D *omet* par saint Pierre. — [6] A
seul donne sour sainz. — [7] D, et vous afferme par men sairement
que. — [8] C, que par vous.
225. — [1] C, accordée. — [2] D, la court. — [3] EF, de tous les freres
et par lor acort. — [4] A, à sa. — [5] EF, se melloient. — [6] C, sail-
loient les ungs sur les. — [7] F, les gens l'empereour. — [8] B *omet*
car cil dedenz, *etc.* — [9] C, ennuyez.
226. — [1] B, li consois; C, les conseulx; D, li bourgois. — [2] C,

« et à l'empereeur; et ce sont li dui homme en terre
« qui plus ont de pouoir. Si vous lo² en bonne foi que
« nous faciens pais à eus, ou se ce non nous serons tout
« destruit³; car nous perdons nos gaaingnes⁴ et nos
« marchandises⁵, et nous enchierit li vivres⁶ chascun
« jour. Et se la guerre dure⁷ longuement, nous serons
« maubailli⁸; et se il demouroit ainsi vint ans, si cou-
« venroit il à la parfin faire pais, et si averoit trop
« coustei; et mieuz nous venroit⁹ il metre en faire¹⁰
« pais que en guerroier¹¹.

227. — « Par foi, dient li autre compaingnon¹, vous
« dites voir. Or regardons comment nous en irons en
« avant en bonne maniere; car il nous est mout granz
« mestiers. — En non Dieu, dit li sages hons, il seroit
« bon que on traitast de pais à l'empereeur. » Et
eslurent deus sages hommes entr'eus que il envoie-
roient² à lui, et manderent à l'empereeur qu'il vouloient
entr'eus parleir à lui o sauf conduit³ alant et⁴ venant.
Et l'empereres leur otroia bonnement; et vinrent aus
tentes l'empereeur, et descendirent, et parlerent asseiz
à lui à conseil⁵; mais il ne porent trouver pais nule⁶

---

conseille. — ³ E, mis à destruction. — ⁴ B, *etc.*, gaignages. — ⁵ F *ajoute* à faire. — ⁶ A, li mieuz; E, li viande. — ⁷ A, duroit. — ⁸ C, nous ne serons pas bien. — ⁹ B, vauroit; C, vauldroit; E, vaut. — ¹⁰ ABC *omettent* faire; E, mius vaut que nous metons le nostre en faire; E, et si averoit à mettre dou nostre en faire. — ¹¹ B, que guerroier; C, que en guerre.

227. — ¹ D *omet* compaingnon. — ² E, envoierent. — ³ EF, mais qu'il euscent sauf couduit. — ⁴ D, et li manderent entr'aus qu'il voloient parller à lui sauf alant et sauf. — ⁵ C, pour parler à luy ce qu'ilz feirent assez. — ⁶ EF, pais en nule maniere; D, pais en lui en nule maniere.

qu'elle ne fust à leur destruction et à leur deshoneur. Si s'en vindrent arriere en la citei, et dirent à leur compaingnons ce qu'il avoient trouvei à l'empereeur.

228. — « Par foi, dit li sages, puisque nous ne pouons
« avoir pais à l'empereeur[1] sans nous destruire, je lo[2]
« endroit moi que nous envoions à la pape, et li offrons
« un si grant tresor[3] que nous l'en avulons[4] tout. Et
« je connois tant la maniere de Lombarz et que[5] cou-
« voiteus sont de gaaingnier[6] par nature, que nous
« averons[7] pais parmi le nostre. » A ce conseil s'acorderent tuit, et envoierent à la pape[8] un bourjois de Plaisence pour querre asseurance d'aleir parleir[9] à lui de pais[10]. Et li papes leur otroia, et li bailla ses letres[11] de conduit sauf alant et sauf venant[12] ; et revint arriere à Mielent[13], et leur bailla la letre la pape.

229. — Et maintenant eslurent deus des plus sages[1], et leur chargierent[2] la letre de la vile ouvert et bien parlant, qui disoit que cil de Mielent tenroient[3] à fait[4] quanque cil dui feroient[5]. Et firent l'endemain une

---

228. — [1] D *omet* à l'empereeur. — [2] C, conseille. — [3] C, ung grant tresor si grant. — [4] B, l'avuilons; C, le aveuglons; D, l'anulons; E, l'aveulissons; F, l'awulissons; A, l'en aveuglons. — [5] A, et qui; C, à ce qu'ilz; DEF, qu'il. — [6] F *omet* de gaaingnier. — [7] D, et que nous avons; E, et ainsi porons avoir; F, et que nous averons. — [8] F, et eslurent. — [9] A, de parler. — [10] F, pour aler querre asseurance au pape et de parler à lui de lor pais; et ala li bourgois au pape et li conta la besoigne. — [11] D, et leur bailla sa lettre, *en omettant la fin de la phrase*. — [12] E, sa lettre de sauf conduit. — [13] C, revint en mynuyct.
229. — [1] E, sages hommes; F, hommes de la cité. — [2] BD, baillerent. — [3] A, tenoient. — [4] D, tenroient à eus; E, tenoient à lor fait; F, tenoit afferme. — [5] B, qui disoient que si dui feroient

assaillie à l'enjournée[6] à ceus defors qui ne s'en donnoient garde; et se ferirent[7] entr'eus, et asseiz leur firent honte et domage; et prisent dis des leur, et les enmenerent en la citei. Et endementiers qu'il hustinoient à ceus defors[8], li dui mesage entendirent à errer, et eslongierent[9] tant l'ost[10] qu'il n'orent garde d'eus[11].

230. — Ici endroit dit li contes que[1] li dui mesage esploitierent tant qu'il vinrent[2] à Rome; et quant cil de la court les perçurent, si leur firent trop laide chiere; et furent huit jourz à court qu'onques ne porent estre oï. Et à la parfin furent apelei, et leur fu demandei que il queroient. — « Par foi, dient il à la pape, nous
« soumes venu querre vostre grace; et pour Dieu aiez
« merci de nous. — Ah! male genz, bougre desloial[3],
« dit li papes, vous avez deservi à perdre cors et
« avoir[4]. — Ah! sire, dient li bourjois, pour Dieu
« merci, vous n'avez pas bien entendu la veritei de
« ceste chose[5]; ains vous en a on dit tout le contraire.
« Et pour Dieu[6] sire[7], connoissiez vous en[8] et vous en
« travailliez; et cil de Mielent vous en serviront de
« trente mil mars d'argent. »

---

autant com tous li communs; C, qui disoit que ce que ces deux feroient ilz tenroient à fait et seroit tenu de tous. — [6] CD *omettent* à l'enjournée. — [7] ABD, fierent. — [8] C, et cependant qu'ilz guerroyoient les ungs aux autres. — [9] BC, esloignierent. — [10] D, tant loins d'aus. — [11] C, et esloignerent de l'ost sans destourbier.

230. — [1] B *ajoute* il n'orent garde que; EF *omettent ce qui précède* li dui. — [2] F *ajoute* droit. — [3] F, bougre gent et desloial gent. — [4] C, et ame. — [5] D, des besongnes. — [6] A *omet* Dieu. — [7] F, chiers sires. — [8] C, temperez vous en; D, consselliés vous en.

231. — Quant li papes et li frere oïrent nommeir le grant avoir[1], si se refraindrent[2] et s'humilierent envers eus, et dirent comment ce seroit asseurei[3]. Et li sage homme respondirent mout bien : « Nous demourrons « devers vous ; si manderons que on nous envoit les « enfanz aus vint plus riches hommes de Mielent, et vous « les tenrez devers vous[4] et les averez[5] en ostage de « ci à tant que vostre greiz soit faiz. » A ce s'acorda li papes et li frere, et furent li enfant envoié[6] et mis par devers la pape ; et il les fist bien gardeir.

XXIII.

232. — Ainsi furent cil de Mielent apaié à la pape ; et les assout[1] et les tint pour bons crestiens, et manda l'empereeur que il s'en revenist ; car il avoit bien enquis[2] que li evesques avoit eu tort[3], et li chardenaus avoit estei morz par son[4] outrage. Quant li emperes ot oï ces nouveles, si en fu tout esbaubiz ; car il avoit despendu trop de deniers[5] devant Mielent. Si remanda à la pape qu'il ne s'en remouveroit[6] de ci à tant que il reust ses despens[7] au meinz ; et faisoit trop mal qui li fausoit ses[8] couvenanz. Et li papes li remanda encore[9]

---

231. — [1] B, tresor; D, argent. — [2] DEF, se refroiderent. — [3] DEF, assenti. — [4] A *seul donne et vous les tenrez devers vous.* — [5] C, de Millan lesquelz vous aurez; E, et les lairons. — [6] A *omet* envoié.

232. — [1] C, appaisez et absoulz. — [2] E *ajoute* et entendu. — [3] F, grant tort. — [4] F, son grant. — [5] E, moult grant avoir. — [6] D, s'en revanroit. — [7] C, rauroit ce qu'il avoit despendu. — [8] D, quant il ne tenoit ses; F, quant il li faloit de. — [9] B, li manda.

que se il ne laissoit le siege, qu'il l'escommenieroit et lui et ses aidanz. Quant li empereres vit que ainsi estoit, si laissa le siege et s'en ala en Pouille, et demoura là une piece.

233. — Et vinrent si homme¹ à lui et li dirent : « Sire, il est bien droiz² de vous³ marier à vostre oes⁴. « Li rois Jehans d'Acre a une fille de sa famme, de par « laqueil li roiaumes de Jherusalem vient; si vous loons « que vous l'envoiez querre et espousez⁵, car nous ne « veons où vous puissiez mieuz faire⁶. » Li empereres⁷ s'i acorda, et l'envoia querre par dis chevaliers et par sa chartre⁸. Li rois Jehans li envoia⁹ voulentiers, et l'empereres l'espousa¹⁰, et en ot un fil qui ot à non Conras et fu mariez à la fille le duc de Baviere, et en ot un fil qui encore vit¹¹, qui deust avoir le¹² roiaume de Jherusalem.

234. — Li empereres Ferris ot conseil qu'il iroit¹ à la pape, et li requerroit la raançon qu'il avoit pris de ceus de Mielent; car il li avoit donnei par sa letre quanque cil de Mielent avoient, et encore outre; car il li avoit jurei par saint Pierre et par saint Pol² qu'il ne feroit pais se par lui non³, et il en avoit levei⁴ trente mil mars

---

233. — ¹ C, ses barons. — ² DEF, tamps. — ³ A omet est et vous. — ⁴ C, marier dorenavant; F, il est mout bien tans de vous mariier. — ⁵ F omet et espousez. — ⁶ C, marier. — ⁷ A, li rois. — ⁸ C, sa lettre; D, ses lettres. — ⁹ C ajoute sa fille. — ¹⁰ F omet et l'empereres l'espousa. — ¹¹ CF omettent qui encore vit; D, qui vivoit nagaires; E, qui puis vesqui longement; B ajoute s'il n'est puis mors. — ¹² C, devoit heriter du; D, deust avoir eu le.

234. — ¹ F, envoieroit. — ² D, avoit eu convenent par sen sairement. — ³ C, sans son accord. — ⁴ F, avoit evu pour la raen-

d'argent ; et en ot les enfanz aus bourjois de Mielent en prison[5] que il avoit renduz, car il estoit paiez de la raançon[6]. Adonc en ala li empereres à Rome, et trouva la pape et les freres ; et leur requist ceste requeste que vous avez oï. Li papes dist qu'à lui n'aferoit il riens de sa crestientei[7] ; li empereres dist que par sa crestientei[8] nes avoit il pas raiens[9], « mais par ma force[10], ne
« jà ne partisse[11] dou siege de ci à tant que je les eusse
« pris[12] par force. »

235. — A ce tourna la chose entre l'empereeur et la pape que il ne[1] pot avoir ne tout ne partie[2], ne nus de ses despens ; ainsois s'en parti[3] par mal et par deffiance, et entra en la terre la pape, et prist dou sien[4] quanqu'il en pot avoir[5]. Ainsi monta[6] li descorz comme vous avez oï[7], entre l'empereeur et la pape ; et quant li papes sot que l'empereres le guerroioit et prenoit dou sien, si le fist escommenier par toute crestientei. Et ainsi dura la guerre[8] lonc tans que nus clers n'aloit à Rome qui ne fust pris et robeiz.

236. — Et avint que li papes mourut, qui estoit de grant aage, et en fu faiz uns autres de un des chardechon. — [5] C *omet* en prison. — [6] F, paiiés bien et à plain. — [7] D *ajoute* ne de son espirituel. — [8] D, par son espirituel. — [9] A, paiez ; C, n'avoit pas eus les deniers. — [10] B, par force ; C, par sa force ; D, par le forche de quoi je les tenoie asegiés. — [11] B, partissent ; C, ne feust parti ; DEF, ne fusse partis. — [12] C, qu'il les eust pris.

235. — [1] C, par ce tourna... et ne. — [2] F, n'en tout ne en partie. — [3] C, plus tost se departit. — [4] D, et en prist. — [5] F *omet* quanqu'il en pot avoir. — [6] C, proceda. — [7] F *omet* comme vous avez oï. — [8] DEF *omettent* la guerre.

naus¹ qui avoit non Senebaus, et fu mueiz ses nons en² Innocent le quart³; et conferma la sentence sour l'empereeur que li autres i avoit mise⁴. Et touz jourz dura la guerre, jusqu'à un jour que il ot⁵ un concile à Rome; et i furent mandei mout de prelaz de France: avec les autres⁶, li arcevesques de Rouen⁷, qui estoit apeleiz Pierres de Colemede⁸. Et fist faire quatre galies bonnes et forz⁹ pour aleir par meir (car il n'i osoit aleir par terre); et monta sour meir au plus coiement¹⁰ que il pot.

237. — Mais riens ne li valut, que li emperres faisoit les chemins gaitier de terre et de meir; et fu pris lui quart d'evesques atout grant avoir. Et les tint tant en sa prison que il en ot grant raançon; et les galies demourerent au port de Naples, n'onques puis n'en fist on uevre¹. Quant li papes sot que ainsi estoit, si en fu durement iriez²; et aperçut que³ sa courz estoit perdue, et que nus⁴ n'iroit⁵ deçà les monz.

238. — Si s'acorderent entre lui et les freres que il venroient à Lion sour le Rosne; et i vinrent¹ par leur garde², l'an de l'incarnacion Nostre Seigneur mil deus

---

236. — ¹ A, et fu faiz uns des autres chardenaus; BDF, uns autres des chardenaus; E, fu fais uns autres. *La leçon de C a paru préférable.* — ² D, et fu apelés. — ³ E, le tierc; A, en Innocent ses nons le quart. — ⁴ D, getée. — ⁵ A, il est. — ⁶ D *omet* avec les autres. — ⁷ F *ajoute* en Normendie y vaut aler. — ⁸ C, Coleriez. — ⁹ D *omet* et forz. — ¹⁰ C, secretement; D, tost.
237. — ¹ E, n'en fist on riens. — ² C, très fort courrouciez; D, moult courchiez. — ³ D, et n'estoit mie mervelle car. — ⁴ A, que nuns *en omettant* et; B, ne nuns; CEF, et que nul. — ⁵ D, ne nus n'i aloit.
238. — ¹ A, et vinrent. — ² EF, par boine garde. — ³ B *omet*

cent et quarante trois. Et furent là une grant³ piece, de ci à un jour que li apostoiles fist assembleir un grant concile pour condamneir l'empereeur. Et i ot mout de prelaz⁴; et li empereres i envoia maistre Perron de la Vigne⁵, qui mout estoit granz clers; et requist à la pape que on traitast l'empereeur⁶ par droit⁷; et estoit prez⁸ que il s'en meist sour le roi de France qui preudons estoit⁹; et il en tenroit¹⁰ haut et bas quanque il en ordeneroit.

239. — Et li papes respondi qu'il n'en feroit rien, ains le condamna¹ à perdre terre; et d'enqui en avant ne fu plus apeleiz empereres, mais Ferris. Ainsi fu condamneiz; et maistres Pierres de la Vigne² revint de Lion, et conta l'empereeur comment il estoit condamneiz à terre perdre³ par sentence definitive; ne riens que il proposast ne li valut rien, ne droit ne pot avoir. Et fu li empereres greveiz⁴ plus que il n'avoit onques mais estei, et plus se douta de traïson; et chéi en une grant mescreance⁵, teil que il ne creoit nului; et mout fist destruire de ceus⁶ de son ostel⁷, ne sai⁸ à tort ou à droit.

240. — Et avint que on li fist entendant que mes sires Pierres de la Vigne l'avoit traï à la pape; et le sot

---

une grant. — ⁴ A, mout prelaz. — ⁵ D, des Vingnes. — ⁶ E, on le menast. — ⁷ B, par ordre de droit. — ⁸ C, estoit content. — ⁹ A, est. — ¹⁰ AB, tenoit.

239. — ¹ C, condampneroit. — ² A omet de la Vigne. — ³ D omet à terre perdre; EF, condempnés de tiere. — ⁴ B, agrevez; C, quant l'empereur oyt ce si feut plus agravé. — ⁵ C, mescheance; EF, mescreandise. — ⁶ B, des gens. — ⁷ F, et fist ocire une grant partie de sa maisnie. — ⁸ CEF, feust *au lieu de* ne sai.

par unes letres qui furent trouvées en ses coffres. Et[1] li fist les ieus creveir[2], et meneir adés après lui[3] sour un asne en toutes les bonnes viles où il aloit, et monteir[4] au carrefour[5] des rues ; et disoit uns varlez qui le menoit : « Veez ci mon seigneur Perron de la Vigne, le « maistre conseilleeur l'empereeur, qui estoit touz « sire de lui, qui le vouloit traïr à la pape pour ser-« vices[6]. Or esgardeiz que il i a gaaingnié ; il puet bien « dire : — C'est[7] de si haut si bas[8]. »

241. — Ainsi se menoit[1] li empereres ; et avoit faite[2] une citei de Sarrezins que on apeloit Nochieres, et plus se fioit en Sarrezins que il ne faisoit en crestiens ; et faisoit trop de mal à touz clers et à toutes genz d'ordre, et les raiemboit[3] chascun mois. Et tenoit soissante fammes ou plus[4] en soingnetage[5] ; et faisoit les bestes[6] gesir es moustiers et[7] es eglises, et ne se menoit mie comme bons crestiens. Et mout apovri[8] sa terre[9], car il despendoit le sien trop folement.

---

240. — [1] B *omet* li fist *entendant jusqu'à* coffres et. — [2] C *a la même lacune que* B : et advint qu'il fist à maistre Pierre les yeulx crever. — [3] D, et le fist toudis mener aveuque lui. — [4] C, monstrer ; F, arrester. — [5] DEF, coron. — [6] C, pour son service ; EF *omettent* pour service *et ajoutent un peu plus loin* de cel service ou en tel service *après* gaaingnié. — [7] BDEF *omettent* c'est. — [8] C, qu'il est du hault au bas.
241. — [1] C, le demenoit ; EF, se maintenoit. — [2] E, avoit estoré. — [3] DEF, reuboit *ou* roboit. — [4] C, les prudefemmes. — [5] B, en soinentaige ; C, en son notaige ; DE, en son ostel ; E *ajoute* pour sa maisnie et pour lui ; F, en son hostel ; et gisoit à elles l'une après l'autre, et quant il avoit jut à cascune, il les abandonnoit à sa maisnie et si reprendoit nouveles. — [6] F, les bestes mues ; D, les chevaus et les bestes. — [7] D *omet* es moustiers et. — [8] DEF, empiroit. — [9] D *ajoute* et le pays.

242. — Or revenrons à la pape qui estoit à Lion, et i ot demourei grant piece. Et li ennuia li estres[1], et ot conseil entre lui et les freres que il s'en iroient[2] à Rome; et s'en ralerent par le conduit[3] le conte de Savoie qui les conduist[4]. Et n'ot mie lonc tans estei à Rome quant il mourut, et fu après lui esleuz[5] Innocenz li quarz à apostoile; et adés confermerent[6] la sentence à Ferri.

243. — Si avint que li empereres Ferris manda[1] au roi Jehan d'Acre son seigneur que il vouloit joïr dou roiaume de Jherusalem; li rois Jehans[2] li otroia bonnement, et li empereres le tint et en joï jusqu'à sa mort. Et ne tarja puis gaires qu'il mourut touz escommeniez, et uns siens fiuz bastarz saisi la terre et la tint; et li rois Jehans en ala en Coustantinoble à sa fille, qui mout grant mestier avoit[3] en la terre[4]. Et fu baus[5] de l'empire de Coustantinoble[6] tant comme il vesqui[7], pour la jonesce[8] de son genre[9], qui juenes estoit et enfantis[10], et qui mout avoit à faire à Grifons.

XXIV.

244. — Atant vous lairons dou bon roi Jehan d'Acre, et dirons dou roi Jehan qui fu freres le roi

---

242. — [1] C, le demourer; F, li demourée. — [2] F, que il repairroit. — [3] C, le moyen. — [4] E *ajoute* jusques à Romme. — [5] E *ajoute* uns autres c'on apieloit. — [6] DE, et fu adés confermée.

243. — [1] E *ajoute* un jour. — [2] A *omet* Jehans. — [3] C *ajoute* de luy; E, ù il avoit moult grant besoing; F, et ot moult grant besoing et mestier. — [4] E *omet* en la terre. — [5] C *omet* baus. — [6] B *omet* à sa fille, *etc.* — [7] F, tout son vivant. — [8] D, pour le nieche. — [9] EF, pour son genre. — [10] A, enfanz.

Richart d'Engleterre, à cui li roiaumes eschéi après la mort le roi Richart son frere. Et fu sacreiz à roi, et fu li pires rois qui onques fust, neis[1] li rois Herodes qui fist les enfanz decoleir[2]; car cil rois Jehans dont je vous di[3] fu mauvais chevaliers et avers[4] et traitres si comme je vous dirai[5].

245. — Car il avoit un sien neveu, fil de son oncle[1] le conte de Bretaingne, qui avoit non Artus[2]; et devoit avoir la contei de Bretaingne[3], car il n'i avoit plus d'oirs[4]. Et li rois[5] qui estoit fel et crueus, fist apareillier une neif pour aleir à un sien chastel; et entra enz à privée mesnie, et Artus ses niés avec lui[6]. Et quant il vint loing en meir, si le rua enz aus maqueriaus[7] pour avoir sa terre et la contei de Bretaingne que il[8] devoit tenir; et quant il ot ce fait si retourna à Londres[9].

246. — Ci vous lairons un pou esteir de lui, et revenrons au roi Phelipe, à cui nouveles vinrent que li rois Richarz estoit morz. Si en ot grant joie, car il le doutoit mout durement pour son hardement et pour sa largesce[1]; car par sa largesce faisoit il de ses anemis ses amis, et de ceus qui estoient contre lui ses

---

244. — [1] C, nei fors; F, fut puis le tans. — [2] D, fust nés, ne li roys Herodes qui fist decoler les enfans ne fu mie pires de lui. — [3] C omet dont je vous di. — [4] C, pervers. — [5] D, vous orrés.

245. — [1] C omet de son oncle. — [2] F ajoute par non de baptesme. — [3] DE omettent qui avoit non, etc. — [4] F ajoute en la conté. — [5] F ajoute Jehans d'Engleterre. — [6] A omet lui. — [7] A, à maquerias; B, aus maqueriaux; C, en l'eau; D, en mer; E, dedens; F, en la mer. — [8] F, que cil Artus. — [9] F ajoute en Engleterre.

246. — [1] C, son vasselage. — [2] AB omettent et de ceus, etc. —

amis² couverz³. Si se pensa li rois Phelipes, qui mout estoit sages, que ore estoit tans et saisons de conquerre⁴ Normandie; et ot conseil que il feroit semonre le roi Jehan par ses⁵ pers, pour ce qu'il n'avoit pas reprise⁶ la terre deçà meir que il devoit tenir de lui, et dont il li devoit faire homage.

247. — Et maintenant li rois i envoia l'evesque de Biauvais et l'evesque de Loon¹, qui estoient des douze pers²; et porterent la letre le roi de creance, et entrerent en meir à Calais et arriverent à Douvre, et demanderent le roi Jehan. Il leur fu enseigniez à³ Nicole, une sienne citei⁴ à douze liues de Cantorbie, où sainz Thomas li martirs pose⁵; et vinrent là à un matin, et trouverent le roi⁶, et li dirent : « Sire, nous soumes ci « envoié de par le roi Phelipe : veez ci sa letre; faites « la lire⁷. »

248. — Li rois reçut la letre et brisa le seel, et la lut¹; et trouva en la letre que li rois Phelipes li mandoit que ce estoit² ferme et estable³ que cil dui evesque diroient⁴. — « Or dites, dist li rois Jehans⁵, ce que « vous plait. — Par foi, sire, dit li evesques de Biau-

---

³ C, et cil meymes ki estoient contre lui estoient si ami couviertement. — ⁴ F, requere. — ⁵ F, par deus de ses. — ⁶ D, n'ot mie relevée; E, n'avoit pas rechut de lui.

247. — ¹ C, Lyon. — ² F *ajoute* de Franche. — ³ E, et on lor dist qu'il soujournoit. — ⁴ EF, ferme cité. — ⁵ D *omet* où sainz, *etc.* — ⁶ D, il vinrent au roy. — ⁷ D *omet* veez ci, *etc.*

248. — ¹ A *omet* et la lut. — ² D, et li baillierent le letre que li roys Phelippes li envoia que il aroit. — ³ E, que il tenoit à verité et à cose estable. — ⁴ F *ajoute* et feroient; D, feront et diront. — ⁵ F *ajoute* vostre volenté et. — ⁶ Et *omis dans* A. — ⁷ C *omet* et

« vais, mes sires li rois vous semont et⁶ ajourne⁷ a
« Paris sa citei d'hui⁸ en quarante jourz, pour faire
« droit et penre droit⁹ par voz pers de ce qu'il vous
« saura¹⁰ demandeir¹¹ comme son homme lige¹². Et
« nous qui soumes per de France, vous i semonons et
« ajournons. »

249. — Quant li rois Jehans entendi teis paroles, si mua touz et dist : « Sire evesques, j'ai bien entendues
« voz paroles; bien ferai envers vostre seigneur ce que
« je deverai. » Atant s'en partirent li dui evesque et passerent¹ meir, et vinrent à Pontoise² où il trouverent le roi³ ; et li dirent ce qu'il avoient trouvei, et dirent⁴ qu'il avoient fait son⁵ commandement tout ausi comme il l'avoit commandei⁶. Li rois Phelipes atendi les quarante jourz, et i furent li per et leur⁷ consaus.

250. — Atant ez vous¹ un chevalier que li rois Jehans envoioit au roi² ; et vint devant le roi et li dist :
« Sire, li rois Jehans m'envoie ci à son jour où vous
« l'avez fait ajourneir, et veez ci ses letres de creance. »
La letre fu leue³. — « Or dites, dist li rois, ce que vous
« voulez. — Sire, dist li chevaliers, mes sires requiert
« son contremant. — Certes, dist li rois, c'est tout

---

ajourne. — ⁸ D, à Paris du jour d'ui. — ⁹ EF *omettent* et penre droit. — ¹⁰ B, saura que. — ¹¹ EF, vous demandera. — ¹² D, pour vous faire droit, et vous fera droit par vos pers sur che que il vous mande comme à sen homme lige et devés estre.

249. — ¹ B, partent... passent. — ² E, Paris; F, Perouse. — ³ D, et trouverent le roi à Peroune. — ⁴ CD *omettent* dirent. — ⁵ A, dirent ce qu'il avoient son. — ⁶ B, devisé; D *omet* tout ausi, *etc*. — ⁷ F, et li.

250. — ¹ C atant vint. — ² C, y envoya; F *ajoute* Phelippe. —
³ F, ouverte. — ⁴ C, c'est raison; D *omet* c'est tout avenant. —

« avenant⁴; il l'avera d'hui en quarante jourz⁵. » Atant s'en parti li chevaliers, et le dist⁶ à son seigneur; et quant vint au jour, si contremanda encore jusqu'à quarante jourz, et de celui jour⁷ defailli dou tout.

251. — Et quant li rois de France vit qu'il estoit defailliz dou tout¹, si requist aus pers de France² jugement et droit³. Li per orent conseil entr'eus que il le feist encore resemonre⁴ par devant lui et pour oïr droit, si comme cil qui estoit defailliz⁵; et li rois i envoia⁶ encore deus d'iaus⁷, et fu resemons⁸ à quarante jourz; ne il n'i vint ne il n'i envoia. Adonc requist li rois aus pers jugement⁹ : li per furent sage¹⁰ et jugierent par droit que li rois Phelipes pouoit et devoit¹¹ saisir le fié que li rois Jehans devoit tenir¹² de lui.

252. — Atant departi li consaus; et li rois Phelipes fait escrire ses briés, et envoie¹ par touz ses fieveiz²; et leur mandoit qu'il fussent tuit dedenz quarante jourz³ à Gisors à armes⁴. Adonc veissiez barons et chevaliers harnechier de chevaus et d'armeures, de treis⁵ et de pavillons, et de quanque il leur couvenoit⁶; et furent au jour que li rois leur ot mis à Gisors.

---

⁵ D *ajoute* car ch'est raisons. — ⁶ E, et revint. — ⁷ F, et dont; BD *répètent* à quarante jours et de celui jour.

251. — ¹ D *omet* et quant, *etc.* — ² C, et puis requist le roy de France au pers. — ³ D, si conjura li rois les pers qu'il deissent droit sur che. — ⁴ D, ajourner. — ⁵ B, defaillanz. — ⁶ BCE, renvoia. — ⁷ E, deus de ses pers; F, deus des pers. — ⁸ D *ajoute* et raajournés. — ⁹ D, adont requist li rois et conjura les pers. — ¹⁰ D, furent conseillié. — ¹¹ BD *ajoutent* par droit. — ¹² D, tenoit.

252. — ¹ BC, envoier; F, envoia. — ² C, fiefs. — ³ D, escrire ses lettres et mandoit à tous ses fievés que il fussent. — ⁴ F, à armes et à chevaus devant Gisors. — ⁵ DE *omettent* de treis; AB

253. — Et quant li rois vit tant de bonne gent ensemble¹ pour lui, si fu mout liez; et fist faire l'avant-garde par mon seigneur Alain de Rouci, qui avoit estei nouvelement delivreiz de la prison par eschange d'un autre chevalier; et fist faire l'arrieregarde par mon seigneur Guillaume des Barres. Et entrerent en Normandie, et mirent le païs à fuerre²; et li ribaut metoient le feu partout³, et prenoient proies et vilains⁴; ne n'estoit qui les destourbast⁵ à reis des forteresses, qui estoient bien garnies de païsanz qui i avoient⁶ fui bues et vaches⁷ et brebiz⁸, et quanqu'il avoient⁹.

254. — Et lors ot li rois conseil que il iroit à Maiente¹; et l'assit, et fist geteir ses engins esforciement. Et quant cil de laienz virent le pouoir le roi, si orent conseil que il renderoient le chastel; et li fu renduz, et maintenant i mist li rois² ses garnisons. Et envoia à Paci, qui près d'enqui estoit, et leur manda que il rendissent le chastel; et s'il ne le rendoient dedenz tierz jour, il les feroit touz pendre³. Quant cil de Paci oïrent les mesages⁴ ainsi parleir, et il sorent que Maiente estoit renduz⁵, si dirent qu'il li renderoient

---

C *placent ces mots après* chevaus. — ⁶ C, et de tout ce qu'il leur falloit.

253. — ¹ B, *etc.*, assemblée. — ² C, en feu; D, en fu et en flambe. — ³ D *omet* et li ribaut, *etc.* — ⁴ DEF *omettent* et vilains. — ⁵ B, destornas; F, lor deffendist. — ⁶ B, estoient. — ⁷ D, qui n'avoient fort bues, vaques; E, ki menet i avoient lor vaches; F, qui avoient ens mis bues et vaches. — ⁸ F *omet* et brebiz. — ⁹ C *omet* à reis des, *etc.*

254. — ¹ A, *plus bas*, Maience; B, Meante; C, Mante; D, Maienche; E, Mante et Maience; F, Mate et Meence. — ² C *ajoute* ses gardes et. — ³ F *ajoute* sans raenchon. — ⁴ C, les oïrent. — ⁵ D, perdue. — ⁶ E *omet* voulentiers.

voulentiers⁶ ; et li porterent les cleis dou chastel, et li rois le fist garnir.

255. — Et quant cil de Vernon et dou Pont de l'Arche et dou Val de Rueil et de Gournai et de Louviers¹ et de Gaillon et de Rouen, et de tout le païs, virent que li rois Phelipes conqueroit ainsi² Normandie, si orent conseil entr'eus que il envoieroient³ au roi Jehan leur seigneur en Engleterre ; et qu'ainsi estoit⁴, pour Dieu que ore i meist conseil⁵, ou se ce non il perderoit⁶ Normandie.

256. — Ainsi fu fait, et envoierent au roi Jehan¹ ; et quant il le sot, si fu merveilles doulanz et esbaubiz. Si dist aus mesages² que il les secourroit dedenz³ la saint Jehan (et il estoit adonc septembres) ; et fist escrire unes letres, et les bailla aus mesages. Et s'en revinrent à Rouen où on les atendoit, et fu la letre leue ; et quant li chevetain⁴ des chastiaus l'ont entendue⁵, si en furent tuit esbaubi ; et orent conseil que il se tenroient⁶ jusques au jour que li rois leur avoit mis⁷. Ainsi se departirent li chevetain⁸ ; et ala chascuns en son lieu, et se hourderent⁹ au mieuz qu'il porent.

---

255. — ¹ B, Loieres ; EF, Louvieres ; C *omet* de Louviers. — ² F *ajoute* le païs de. — ³ D, envoierent. — ⁴ C *omet* et qu'ainsi estoit ; *il y a dans la leçon des autres manuscrits une ellipse un peu forte ou une omission :* et [li manderoient] qu'ainsi estoit. — ⁵ C, que pour Dieu mist conseil à eulx. — ⁶ E, pierderoient.

256. — ¹ E *ajoute* lor signor en Engletiere ; F, lor seigneur *seulement*. — ² F, et lor manda. — ³ A, jusc'à ; B, jusques à. — ⁴ C, les gouverneurs. — ⁵ C, oyrent si longue actente. — ⁶ C, il tiendroient bon ; DF, atenderoient. — ⁷ C, promis ; D, mandé. — ⁸ C *omet* li chevetain. — ⁹ C, se tinrent ; DF, s'ordenerent ; E, se pourveirent.

257. — Et li rois Phelipes fist conduire son ost droit à Vernon, qui mout est biaus chastiaus et forz¹ et bien seanz; et fist tendre ses treis et ses pavillons en la praerie² sour Seinne, et tuit li autre baron ausi. Et fist li rois geteir engins à granz esforz; mais pou i forfaisoit³, car cil dedenz estoient trop bien hourdei⁴ et li chastiaus estoit trop forz. Quant li rois vit qu'ainsi estoit, si fist laissier l'assaillir; et jura le siege à sept ans, veanz⁵ ceus de Vernon à cui il pesa mout⁶; car il sorent bien vraiement que li rois ne s'en mouveroit, si l'averoit pris à force. Et demoura enqui li rois tout l'iver et tout le tans jusqu'à la⁷ saint Jehan Baptiste⁸, que li rois Jehans les devoit secourre; mais il n'i vint ne n'i envoia.

258. — Quant li chevetains¹ de Vernon² vit qu'il n'averoient³ nul secours⁴ de leur seigneur, et il perçut⁵ sa mauvestié⁶, et il vit le pouoir et le sens et la richece⁷ le roi Phelipe, si li manda⁸ conduit⁹ d'aleir parleir à lui; et li rois li¹⁰ otroia. Et li chevetains issi fors de Vernon li disme de chevaliers, et vint au treif le roi¹¹, et le salua et li dist : « Sire, je vieng ici parleir

---

257. — ¹ A *omet* et forz. — ² C, perriere. — ³ B, faisoient; C, faisoit. — ⁴ C, garnys. — ⁵ DEF, devant. — ⁶ B, dont ceulx de Vernon furent trop esbahis. — ⁷ B, à feste; DEF, à le feste *ou* la fieste. — ⁸ Baptiste *omis dans* B, *etc.*
258. — ¹ C, gouverneur *ici et plus bas*. — ² B *omet* de Vernon. — ³ B, ne vanroit. — ⁴ EF, conseil. — ⁵ B, persurent. — ⁶ D, quant chil de Vernon s'aperchurent de le mauvesté leur seigneur et qu'il n'avoient aide de lui. — ⁷ CD *omettent* et la richece. — ⁸ CD, manderent. — ⁹ EF, sauf conduit. — ¹⁰ CD, leur. — ¹¹ F, li chievetains vint fors de Vernon au tref le roi. — ¹² D *omet*

« à vous[12]. Vous avez assegié[13] Vernon dont je sui che-
« vetains et garde de par[14] le roi Jehan.

259. — « Sire, je vuel bien que vous sachiez que
« nous li avons mandei et[1] remandei secours, ne ne
« trouvons en lui[2] ne secours ne aide[3]. Et veez ci les
« cleis dou chastel que je vous aport[4] à faire vostre
« voulentei; tenez je le vous rent[5]. » Li rois le reçut[6]
liement, et entra enz, et le garni bien[7] de quanque il fu
mestiers. Puis issi li rois de Vernon, et s'adreça vers
les chastiaus[8]; et si tost comme il i venoit, on li ren-
doit[9] les cleis. Et erra tant qu'il vint à Rouen, et vout[10]
la citei assegier; mais cil de Rouen li vinrent à l'en-
contre et li rendirent les cleis[11].

XXV.

260. — Ainsi ot[1] li rois[2] toute Normandie à reis de
Gaillart, qui trop est[3] forz et siet ou regort[4] de trois[5]
montaingnes; ne on ne le puet assegier que d'une part,
et est touz[6] avironneiz de Seinne[7], ne n'i puet ateindre[8]

---

je vieng, *etc*. — [13] F *ajoute* le castel de. — [14] E *ajoute* mon
signor.

259. — [1] F *ajoute* puis enquore. — [2] E, en mon signor. — [3] F,
confort ne aide. — [4] A *omet* que je vous aport. — [5] A *seul donne*
tenez, *etc*. — [6] E *ajoute* volentiers et. — [7] A *omet* bien. — [8] C, le
chastiau; E, le castiel; D, le Nuef Castel; AB, les chastiaus; F
ajoute de Normendie. — [9] C, venoit on luy rendit; E, vint on li
rendi; D, vint on li bailla. — [10] DF, et fist. — [11] F, la cité; E,
li abandounerent la vile.

260. — [1] F, conquist. — [2] C *ajoute* Philippe. — [3] CE, estoit. —
[4] C, en ung regot. — [5] DF, siet entre trois; E, seoit entre trois.
— [6] C, est cloz et. — [7] F, de l'iaue de Saine; F *omet* et est touz,

perriere ne mangoniaus. Quant li rois ot le chastel regardei et le siege dou chastel, qui tant est⁹ forz et deffensables, si dist : « Par la lance saint Jaque, ains « mais ne vi¹⁰ chastel si fort ne si bien seant comme « cil est¹¹ ; et bien voi que j'i porroie tout le mien des- « pendre ainsois qu'il fust pris par force. Mais je le « ferai autrement que par force¹² : la terre et le païs « est conquis à reis de ce chastel ; je meterai mes gar- « nisons ci entour et les ferai si court tenir que nus n'i « porra ne venir¹³ ne entreir, et couvenra que li chas- « tiaus soit pris par affameir¹⁴. »

261. — Ainsi comme li rois le dist si le fist; et mist garnisons granz et bonnes entour le chastel, et ainsi garderent les entrées et les issues dou chastel un an et trois mois. Et furent cil dedenz si à pou de viande¹ que il n'avoient que douze feves, le jour, de livraison² ; et quant cil dou chastel virent qu'il ne porroient plus endureir, et³ que mourir les couvenoit de fain, si vinrent au chastelain⁴ de Gaillart⁵ et lui⁶ dirent :

262. — « Sire, nous n'avons mais que mangier, ne « point ne nous en puet venir ; ne nous n'averons¹ nul « secours de nostre mauvais roi Jehan ; ne les garni- « sons le roi Phelipe ne recroient² pas, ainsois chascun

---

etc. — ⁸ D, avenir. — ⁹ BDE, estoit. — ¹⁰ D, fu veu. — ¹¹ A, es- toit. — ¹² CEF *omettent* mais je le, *etc.* — ¹³ E, issir. — ¹⁴ C, par famyne ; E, par force d'affamer.

261. — ¹ B, garnison. — ² C *omet* de livraison; B, feves de lor livrison ; DE, de livrison le jour. — ³ AB *omettent* et. — ⁴ C, au gouverneur. — ⁵ A, dou chastel. — ⁶ A *omet* lui.

262. — ¹ B, n'avons. — ² B, descroissent ; C, apeticent ; DF,

« jour enforcent et[3] croissent, et les remue et enforce[4].
« Ce nous semble que[5] desore en avant nous n'ave-
« riens[6] nul lait[7] à rendre Gaillart[8]. — Certes, dit li
« chastelains[9], vous parleiz en vain : tant comme je
« vive je ne renderai[10] Gaillart, ne n'en istrai[11] se on ne
« m'en trait fors par les piez. »

263. — Atant se traient en sus de lui, et se mirent en une chambre[1] à conseil, et dist li uns d'eus : « Cil
« chastelains est desveiz[2] ; se nous le voulons croire[3]
« il nous fera touz mourir de male mort. Faisons le
« bien[4] : mandons aus garnisons que nous leur rende-
« rons[5] Gaillart sauves noz vies. — En non Dieu, dient
« li autre, vous dites bien. » Et lors atournerent[6] deus
d'iaus qui feroient le mesage.

264. — Et la nuit dou premier somme issirent fors
dou chastel, et vinrent aus loges[1] des garnisons ; et
parlerent au chevetain, et li dirent ainsi comme il leur
estoit ; et vouloient que li chastelains rendist le chastel,
mais il jura[2] que tant comme il viveroit il ne renderoit
Gaillart, ne n'en istroit[3] se on ne le getoit fors les piez

---

amenuissent ; E, amenrissent. — [3] BC *omettent* enforcent et. —
[4] C, croissent tous les jours en les renouvellant. — [5] A *omet* que.
— [6] B, que vous desores mais n'auriez. — [7] CF, nul blasme ; D,
nule vilenie. — [8] EF, le chastel. — [9] C, le gouverneur. — [10] C
omet je ne renderai. — [11] C, je ne sailliray de Gaillard

263. — [1] F, et entrerent en une de leur cambres ; D, atant se
traient en une cambre. — [2] D, decheus ; E, mal conselliés ; C, le
gouverneur est tout desvoyé ; F *omet* est desveiz. — [3] B, le creons.
— [4] C, faisons le aultrement. — [5] F *ajoute* le castel de. — [6] E,
ellurent.

264. — [1] D, à l'ost. — [2] C, avoit jurei. — [3] C, sauldroit. — [4] C
omet venimes, etc. ; E *omet seulement* de la garnison. — [5] E, le

avant. « Et quant nous oïmes teis paroles, si venimes
« entre nous de la garnison⁴ ; et preimes conseil que
« nous vous renderiens Gaillart⁵. Et faites vo gent
« armeir ; maintenant vous sera renduz⁶. »

265. — Quant li chevetains¹ les entendi², si leur
dist : « Gardeiz que vous dites voir ; car par la foi que
« je doi le roi Phelipe, se je vous truis en mensonge,
« vous le comparrez chierement. — Sire, dient il, n'en
« douteiz de rien³. » Atant fist li chevetains sa gent
armeir, et s'en alerent coiement et seri⁴ vers Gaillart ;
et li dui mesage entrerent dedenz le chastel⁵, et dirent
à ceus qui les avoient⁶ envoiez que les garnisons
estoient aus portes. Maintenant vinrent aus portes⁷ ; et
brisierent les serres⁸ sans le seu⁹ dou chastelain, et les
ouvrirent, et mirent enz les garnisons le roi.

266. — Et quant la¹ gaite dou chastel s'en perçut²,
si commença à huchier³ « traï, traï ! » Quant li chaste-
lains de Gaillart oï huchier « traï, traï, » si fremi touz⁴
et se douta de traïson ; et maintenant⁵ s'arma entre lui
et⁶ sa mesnie, et s'en ala là droit où li criz estoit. Et

---

castel sauve nos vies. — ⁶ F *omet ici les mots* et faites, *etc.*, *pour
les reproduire un peu plus bas.*

265. — ¹ B, li rois. — ² A, l'entendi ; F, entendi chou ; E *omet*
quant li, *etc.* — ³ F *ajoute :* quar il est ensi ; or faites vos gens
armer et maintenant vous sera rendus. — ⁴ C *omet* et seri. —
⁵ C *omet* entrerent, *etc.* — ⁶ ABC, les i avoient. — ⁷ AB *omettent*
maintenant, *etc.* — ⁸ C, les sarres ; D, les portes ; B *omet* et bri-
sierent les serres. — ⁹ C, adveu ; F, congiet.

266. — ¹ A, li. — ² C, le sceut ; D, ouï che. — ³ A *omet* si
commença à huchier. — ⁴ C, le oyt si fut tout esmeu. — ⁵ C,
soubdainement. — ⁶ E, s'arma et fist armer. — ⁷ C, François. —

quant il vit la gent le roi, si se fiert entr'eus espée
traite, et fiert à destre et à senestre, et fait tant
d'armes que c'estoit merveille à veoir. Et quant li
roial[7] le perçurent, si li coururent[8] sus et le mesmene-
rent[9] durement; et li firent plus de trente plaies[10]
sour son cors. Et il touz jourz se deffendoit au mieuz
qu'il pouoit; mais ses bien faires ne li pouoit rien
valoir, car li roial estoient pour un vint, et li sien li[11]
estoient failli.

267. — Atant fu li castelains abatuz et ses chevaus
ocis; et fu pris et retenuz, et li chastiaus pris en teil
guise, et les garnisons[1] dou chastel s'en alerent atout
leur harnois. Mais li castelains n'en vout onques issir
en nule maniere que on li seust dire[2], ains couvint qu'il
fust traineiz fors dou chastel[3] par les piez[4]. En teil
maniere fu pris Gaillarz comme vous avez oï; et quant
li rois Phelipes le sot, si en fu mout[5] joianz. Et sot
comment li chastelains se estoit maintenuz[6], et le refist[7]
chastelain[8], et li doubla ses saudées[9] pour la loiautei
de lui. Et d'enqui en avant li rois tint Normandie et
toute la contrée en pais[10], ne ne fu qui l'en feist
moleste[11].

---

[8] A, courent. — [9] A, menerent; E, navrerent. — [10] F, vint plaies;
D, trente plaies mortex. — [11] A, li sien et li.

267. — [1] D, li carchon. — [2] F omet que on li seust dire. — [3] F
ajoute de Gaillart. — [4] E omet dou chastel par les piez. — [5] EF, fu
liés et. — [6] C, vaillamment porté et deffendu; F, li chastiaus
avoit esté maintenus par le boin castelain. — [7] DF ajoutent ar-
riere. — [8] C, si refeust gouverneur du dit lieu. — [9] E, douna
ses soldes. — [10] F, la contrée et le païs. — [11] E, ki li contrede-
sist.

XXVI.

268. — Puis avint un termine¹ après² que li rois Phelipes tint un parlement à Monloon³, et i ot mout de ses barons. Si avint que li cuens Gauchiers de Saint Pol et li cuens Renauz de Bouloingne, qui trop se haoient⁴ d'armes, s'entreprisent devant le roi, et tant que li cuens de Saint Pol feri le conte Renaut⁵ de son poing sour le visage, et le fist tout sanglant. Et li cuens Renauz se lança à lui⁶ viguereusement; mais li haut homme qui là estoient se mirent entre deus, ne ne se pot⁷ vengier; et se departi de la court sans congié penre.

269. — Et quant li rois sot¹ que li cuens Renauz en fu aleiz², si li pesa³; et bien dist que li cuens de Saint Pol avoit eu tort; si li blasma mout. Et envoia frere Garin, l'evesque de Senlis⁴, à Dan Martin, un sien chastel⁵ où il estoit; et quant il vint là⁶, si li dist : « Sire, li rois m'envoie ci à vous pour le descort qui « est entre vous et le conte de Saint Pol, dont il li « poise; et vous mande⁷ qu'il le vous fera amendeir à « vostre honeur⁸.

270. — « Freres¹ Garins², je ai bien entendu ce que

---

268. — ¹ C, ung jour; DF, uns termes. — ² E, après çou avint. — ³ AE, Montleun; B, Monleum; CF, Monloon; D, Meleun. — ⁴ DE, s'entrehaoient. — ⁵ B *ajoute* de Bouloigne. — ⁶ F *ajoute* bien et. — ⁷ F *ajoute* li quens Renals.
269. — ¹ D, et li roys vit. — ² F, s'estoit partis de court. — ³ C, en fut tout dollant. — ⁴ F *ajoute* après le conte de Bouloigne. — ⁵ C *omet* un sien chastel. — ⁶ D *omet* quant il vint là. — ⁷ F *ajoute* par moi. — ⁸ A *omet* à vostre honeur.

« li rois me mande par vous, et je vous tieng bien à
« creant³ mesage⁴; mais tant vuel je bien que vous
« sachiez, et bien le dites le roi, que se li sans qui
« descendi de mon visage à terre ne remonte de son
« grei là dont il issi, et li cous n'est anientiz⁵ ainsi
« comme s'il n'eust onques estei, pais ne acorde n'en
« sera jà faite.

271. — « Certes, dist freres Garins, vous requerez
« outrage et¹ chose qui estre² ne puet; mais pour
« Dieu, prenez³ l'amende que li rois vous offre. —
« Sire evesques, dist li cuens, taisiez vous en atant⁴;
« car jamais ne vous ameroie se vous plus en parliez⁵.
« — Voire, dist freres Garins, atant m'en tais; et savez
« vous⁶ qu'il vous en avenra? Vous en perderez l'amour
« le roi et l'honeur dou monde. »

272. — Atant se departi freres Garins dou conte
Renaut, et vint au roi Phelipe, et li recorda ainsi
comme¹ li cuens² li avoit respondu. Et quant li rois
l'entendi, si jura la lance saint Jaque que ceste des-
corde³ venroit à grant mal⁴. Ainsi demoura la chose
une grant piece que plus n'en⁵ fu fait; mais li cuens

---

270. — ¹ C, le conte luy respondit, frere. — ² D, sire evesque.
Après Garins. E *ajoute* dist li cuens; F, dist li cuens Renals. —
³ D, chertain; E, ciertain. — ⁴ C, et vous croy bien; F, et je
tieng bien à certain le mesage. — ⁵ ADEF, amendez; B, amentis;
C, aneanti.

271. — ¹ B, et est. — ² E, ki avenir. — ³ F *ajoute* l'acorde et.
— ⁴ A *omet* atant. — ⁵ AD, parlez. — ⁶ ADE *omettent* vous; F
reporte ici les mots dist freres Garins *en omettant* voire atant m'en
tais.

272. — ¹ F, li conta mot à mot comment. — ² B *ajoute* Renaus.
³ DEF, descors. — ⁴ F *ajoute* et si fist il. — ⁵ A, ne. — ⁶ B,

Renauz se metoit en poursuit⁶ de faire lait et honte⁷ le conte de Saint Pol, mais il n'en pot avoir lieu⁸.

273. — Et quant il vit¹ que li rois le soustenoit dou tout, si se pensa² d'une grant traïson, et vint au conte Ferrant de Flandres, qui fu fiuz le roi de Portigal, et estoit cuens de par la contesse Jehanne, qui fu fille le conte Baudouin; et li fist entendre que li rois³ le deseritoit d'Arraz et de Peronne et de Saint Omer et d'Aire et de Hesdin et de Bapaumes⁴; et li fist entendre que⁵ li cuens Baudouins, qui li avoit fait ce don⁶ pour le mariage de sa sereur, ne nou⁷ pouoit faire, ne ne pouoit⁸ par raison⁹ le droit oir de son cors¹⁰ deseritier.

274. — Quant li cuens Ferranz l'oï ainsi parleir, si le créi comme fous que il fu; et couvoita la terre, et cuidoit trop grant chose de soi¹. Et pourparlerent entr'eus deus que il feroient aliance au roi Jehan d'Engleterre, et à l'empereeur Oton, qui enmetoit² le roi Phelipe qu'il li avoit donnei Orliens et Estempes et Chartres au jour³ qu'il seroit empereres. Et fu en celle aliance Hues de Boves; et assemblerent une si grant gent qu'il sembloit⁴ que toute terre deust crosleir⁵ de-

---

procur; C, pourchas; D, pourcas; EF, pourcach. — ⁷ D *omet* et honte; C, honte et deshonneur. — ⁸ F, n'i pot avoir son lieu.

273. — ¹ F, perchut. — ² C, pourpensa. — ³ A *omet* rois. — ⁴ E *ajoute* et de toute le contet d'Artois. — ⁵ A, car. — ⁶ C, Bauldoin son don fait. — ⁷, C. ne le. — ⁸ A *omet* ne ne pouoit. — ⁹ F, sa sereur ne le pooit faire par raison ne; D, se sereur ne li pooit faire che don sans; E, que li quens Bauduins li avoit fait ce don pour le mariage de sa sereur et ne le pooit faire par raison ne ne pooit. — ¹⁰ E *omet* de son cors.

274. — ¹ C, si cuyda faire ce qu'il pensoit. — ² DEF, metoit sus. — ³ E *ajoute* et à l'eure. — ⁴ E, k'avis estoit. — ⁵ C, trem-

souz eus. Et manda li cuens Ferranz au roi Phelipe que il li rendist ses bonnes viles devant dites⁶, ou se ce non il le deffieit⁷; et bien seust que⁸ il entreroit⁹ à briés jourz en sa terre.

275. — Quant li rois oï teis menaces¹, si fist² semonre ses hommes, et leur³ demanda conseil sour ces paroles. Li baron⁴ respondirent que c'estoit granz outrages que li cuens⁵ avoit mandei, car il estoit ses hons⁶ : « Ne « vous ne li failliez mie⁷ de droit⁸; mais nous savons « bien que li cuens Renauz⁹ a faite ceste esranlie¹⁰ pour « le descort dou conte de Saint Pol. Si vous loons que « vous aprochiez Flandres, et vous traiez¹¹ en Tournai « vostre citei atout tant de gent comme vous porrez « avoir. »

276. — Et lors fist li rois semonre touz ses chaseiz¹ et toutes ses communes, et furent ensemble² un samedi defors Tournai à tentes et à pavillons³. Quant Ferranz et sa partie⁴ sorent que li rois estoit à Tournai, si fu trop liez; car il le cuidoit bien avoir en sa⁵ nace⁶. Si li

---

bler. — ⁶ E, les castiaus et les cités que vous avez oï. — ⁷ F *ajoute* de tout son pooir. — ⁸ A *omet* que. — ⁹ C, il seroit.

275. — ¹ C, ces nouvelles. — ² A, fait. — ³ B *omet* leur. — ⁴ B *omet* li baron. — ⁵ F *ajoute* Ferrans. — ⁶ C, il est *en omettant* ses hons; F, il est vos hom. — ⁷ A *omet* mie. — ⁸ D, ne li failloit de droit faire; E, ne li faisoit on nul grief. — ⁹ F, Renals de Bouloigne. — ¹⁰ B, esboulie; C, meschance; F, estourmie; D, a pourcachié cheste folie; E, a brasset ceste boulie. — ¹¹ E, et entrés.

276. — ¹ C, fiefz; DEF, fievés. — ² B, *etc.*, assamblé. — ³ E, et tendirent lor pavellons; D, et tendirent trés et pavellons; F, et tendu tref et pavillong à grant plenté. — ⁴ C, et ses alliez. — ⁵ CE, furent... cuidoient... leur. — ⁶ F *omet* si fu trop, *etc.* —

manda⁷ bataille à l'endemain. Quant li rois l'oï⁸, si li pesa pour le diemenge; et li manda par frere Garin que il atendist jusqu'à lundi ; et li cuens⁹ li manda qu'il n'en feroit rien, car il s'en vouloit fuir. Atant s'en repaira freres Garins¹⁰, et li cuens Renauz le convoia une piece.

277. — Et quant li cuens Renauz fu revenuz arriere, mes sires Hues de Boves li dist devant l'empereeur Oton et devant le conte de Flandres : « Hai! cuens de « Bouloingne, queil l'avez bastie la traïson¹ entre vous « et frere Garin? — Certes, dit li cuens, vous i avez « menti comme mauvais traitres² que vous iestes; et « bien devez dire teis paroles, que vous iestes dou « parage³ de Guenelon. Et bien sachiez que se⁴ la « bataille est⁵, je i serai ou morz ou pris; et vous, « vous en fuirez comme mauvais recreanz⁶ et failliz⁷. »

XXVII.

278. — Atant demoura la tençons¹, et freres Garins fu revenuz au roi et li dist : « Sire, or vous aït Dieus! « vous averez à demain la bataille sans faille²; faites « ordeneir voz batailles³, car il vous est mestiers. »

---

⁷ B, demanda. — ⁸ B, *etc.* entendi ; F, li rois Phelipes entendi le message le conte Ferrant. — ⁹ E, lundi matin, et Ferrans. — ¹⁰ D *ajoute* li vesques de Senlis.
277. — ¹ D, quele traïson avez vous bastie. — ² F, mauvais rous et traitres. — ³ C, parentage; F, lignage. — ⁴ A, sa. — ⁵ F, est demain ; E, se je vieng à la bataille que je ferai tant que. — ⁶ C, recreu. — ⁷ D, cuer failli que vous i serés.
278. — ¹ C, le debat. — ² C *omet* vous averez, *etc*. — ³ F, vos

Lors fist li rois³ ordeneir ses batailles, et les commanda aus dis plus preudommes⁵ qu'il avoit. Et l'empereres Otes, et li cuens Ferranz, et li cuens Renauz⁶, et li cuens Guillaumes Longue Espée (qui estoit freres le roi d'Engleterre; et l'i avoit envoié en lieu de lui pour ce qu'il n'i pouoit estre, ains estoit en Poiteu⁷ à la Roche⁸ contre mon seigneur Loueys qui mout le contrelioit⁹) : cil grant seigneur¹⁰ que je vous ai ci nommeiz departoient France¹¹ entr'eus, et en prenoient en rost et en essiau¹².

279. — Li cuens Ferranz vouloit Paris; et li cuens Renauz vouloit Normandie¹; et l'empereres vouloit Orliens et Chartres et Estempes; et Hues de Boves vouloit Amiens : ainsi en prenoit² chascuns sa piece.

> Mais³ en pou d'eure Dieus labeure;
> Teis rit au main qui au soir pleure.

Ainsi demoura le samedi jusques au diemenge matin que li rois se leva et fist issir toute sa gent de Tournai, touz armeiz, et ses bannieres⁴ desploïes, et ses arainnes⁵ sonnanz, et⁶ toutes ses eschieles ordenées.

280. — Et tant errerent qu'il vinrent à un poncel

---

gens; C, ordonner voz gens et voz batailles arrangier. — ⁴ F, li boins rois Phelippe. — ⁵ C, à dix prudhommes; F, à dix des plus preüdommes; E *ajoute* de s'ost *en omettant* qu'il avoit. — ⁶ F *ajoute* de Boulloigne. — ⁷ F, en Ponthieu. — ⁸ C, la Rochelle. — ⁹ D travelloit. — ¹⁰ F *ajoute* de Flandres. — ¹¹ F, douche France. — ¹² CDF, en pot et en rost; F *ajoute* auxquelles qui lor plaisoit; E *omet* et en prenoient, *etc*.

279. — ¹ F *ajoute* et la conté de Saint Pol. — ² E, quesissoit. — ³ D, mais Diu merchi; F, et vous savés que. — ⁴ DE, armes et baniere; F, armés à baniere. — ⁵ C, clairons. — ⁶ F, et furent.

qu'on apele le pont à Bovines; et avoit une chapele enqui où li rois se traist¹ pour oïr messe, car il estoit encore matins. Si fist li rois chanteir messe² l'evesque³ de Tournai; et li rois oï messe touz armeiz. Et quant la messe fu dite, si fist li rois aporteir pain et vin; et fist taillier des soupes, et en prist une et la manja; et puis dist à touz ceus qui entour lui estoient : « Je proi à touz « mes loiaus⁴ amis qui ci sont qu'il manjucent avec « moi, en remembrance des⁵ douze apostres qui avec « Nostre Seigneur Jhesu Christ burent et mangierent⁶; « et s'il en i a nul qui pent mauvestié ne tricherie⁷, ne « s'i aproche jà. »

281. — Atant s'avança¹ mes sires Enjorrans de Couci, et prist la premiere soupe. Et li cuens Gauchiers de Saint Pol² prist la seconde, et dist au roi : « Sire, « hui ce jour verra on qui vostre traitres sera³. » Et dist celle parole pour ce qu'il savoit⁴ bien que li rois⁵ l'avoit en soupeçon par mauvaises laingues⁶. Et li cuens de Sansuere prist la tierce, et tuit li autre baron après; et i ot si grant presse que on ne pouoit⁷ avenir au hanap.

282. — Et quant li rois vit ce, si en fu mout liez, et leur dist : « Seigneur¹, vous iestes tuit mi homme, et

---

280. — ¹ DEF, li rois tourna. — ² E, et le canta. — ³ C, l'archevesque. — ⁴ E, bons. — ⁵ A, de. — ⁶ D *ajoute* à la sainte chene. — ⁷ D, mauvesté ne à trikerie; F, à mauvesté ne tricherie.

281. — ¹ D, s'i aprocha. — ² C *omet* de Saint Pol. — ³ D, qui est traitres; EF, ki iert traitres. — ⁴ D, il vit. — ⁵ C, pour ce que le roy. — ⁶ E, paroles. — ⁷ E, qu'il ne porent tout.

282. — ¹ F *ajoute* et mi frere. — ² F *ajoute* et fai enqore. —

« je sui vostre sires, queis que je soie ; et vous ai mout
« ameiz², et portei grant honeur, et donnei dou mien
« largement ; ne ne vous fis onques tort ne desraison³,
« ains vous ai touz jourz menei⁴ par droit. Pour Dieu,
« si vous proi à touz⁵ que vous gardez hui mon cors et
« m'oneur et la vostre. Et se vous veez que la cou-
« ronne soit mieuz emploïe en un de vous que en moi,
« je m'i otroi voulentiers⁶, et le vuel de bon cuer et
« de bonne voulentei. »

283. — Quant li baron l'oïrent ainsi parleir, si
commencierent à ploureir de pitié et dirent : « Sire,
« pour Dieu merci, nous ne voulons² roi se vous non ;
« et chevauchiez hardiement contre voz anemis, et
« nous soumes apareillié³ de mourir avec vous. »
Atant monta li rois sour un destrier fort et seur, et
tuit li baron ausi, banniere desploïe, chascuns en son
conroi⁴.

284. — Atant ez vous les Flammens venuz à desroi¹
et desordeneiz, les uns² devant les autres ; et portoient
cordes pour les François lier. Et li rois se³ estoit traiz
devers la costiere dou mont, pour ce que li solaus le
feroit en mi le vis⁴ ; et quant li Flammenc le⁵ virent
tourneir vers le tertre, si dirent entr'eus qu'il⁶ s'en-
fuioit⁷. Si se fierent entre François qui mieuz mieuz ; et

---

³ B destracion. — ⁴ B, amé et mené. — ⁵ F *ajoute* ensamble. —
⁶ F, boinement.
  283. — ¹ CF *ajoutent* tous. — ² D, nous volons que vous regnés
sur nous ne ne volons autre. — ³ F, tout apparilliet de vivre et
de. — ⁴ C, ordonnance.
  284 — ¹ A, deffroi ; C, desarroy ; F, à grant desroi. — ² A *omet*
uns. — ³ AB *omettent* se. — ⁴ C, aux yeulx. — ⁵ D, les. — ⁶ B

François les reçurent viguereusement, et en pou d'eure furent li premier⁸ desconfit.

285. — Car li cuens de Saint Pol sourmonta l'ost et les prist par derriere; et se fiert entr'eus comme lions familleus, et fait tant d'armes de son cors que ce n'estoit se merveille non. Et tuit li autre baron se prouvoient si bien qu'il n'en i avoit nul qui en feist à blasmeir. Et li seneschaus de Champaingne Oudarz de Reson, qui portoit la banniere de Champaingne et en avoit la premiere bataille de son droit¹, estoit jà aleiz si avant qu'il estoit² melleiz sour le conte Renaut³; et i avoit enqui merveilleus estour⁴.

286. — Atant ez vous le conte de Saint Pol qui sourvint sour eus, et reconnut l'enseigne au conte Renaut¹. Et c'estoient li dui homme en terre qui plus se haoient, et par lesqueis cil² descorz estoit monteiz³.

CE, que li rois. — ⁷ DF, s'enfuioient. E *ajoute* et esporonerent après. — ⁸ F, li premier Flamenc.

285. — ¹ D *omet le reste de la phrase;* C *après le mot* droit *ajoute* et le conte de Saint Pol. — ² C, en avant lequel s'estoit jà. — ³ F, si avant que il avoit tresperchié l'ost. — ⁴ *Les mots* et i avoit, *etc. ne se trouvent que dans* E; *c'est le commencement d'une lacune qui s'étend dans* ABCD *jusqu'à la fin de la première phrase du paragraphe* 286. *J'ai suivi la leçon de* A *jusqu'à cette lacune, et je la reprends immédiatement après.*

286. — ¹ *Ici se termine la lacune causée par un bourdon que j'attribue à la répétition des mots* conte Renaut, *après lesquels* E *ajoute* de Boulongne. — ² B, se haoient de mort et par l'evesque si. — ³ E *seul rejette cette phrase après les mots* par les piez, *en faisant rapporter* fu si liez *au conte de Saint Pol, et en paraphrasant jusqu'à la fin du paragraphe la leçon de* A, *qui est textuellement d'accord avec* BCDF.

Quant li cuens Renauz le perçut, si fu si liez qu'il ne vousist mie Dieu tenir par les piez; et li court sus, et li cuens de Saint Pol lui. Et ot enqui trop grant mellée d'eus; et trop se fussent endomagié se il fussent longuement ensemble.

287. — Mais la force le roi croissoit adés; et[1] li Flammenc descroissoient[2], car il[3] avoient tort; et si estoient de mal acort[4]. Atant se mellerent les oz de toutes parz, et li touaus[5] i fu granz[6]. Mais li cuens de Saint Pol ne s'oublia pas, ains s'esforça tant qu'il prist le conte Renaut[7] par vive force; et quant il fu pris, tuit li Flammenc perdirent[8] leur cuers. Et lors s'esbaudirent[9] François, et descendirent sour l'eschiele Ferrant; et fu pris, et li cuens de Pontiu[10], et mes sires Guillaumes Longue Espée, et mout de granz seigneurs dont li contes[11] ne fait pas mention[12].

288. — Et quant l'empereres Otes vit que tuit estoient tournei aus watiaus[1], si tourna[2] sa resne, et s'enfui entre lui et Huon de Boves. Et s'en ala li empe-

---

287. — [1] C, mais. — [2] ABDEF *omettent* et li Flammenc descroissoient. — [3] F, car li Flamenc; D, car il avoit droit et chil. — [4] C, mal ordonnez; E, mais la gens au conte de Saint Pol li estoit priès, et li Flamenc s'estoient espars et estoient de mal acort. — [5] A, conaus *ou* tonaus; B, tormans; C, combat; D, deus; E, li bruis et la noise; F, la noise et li cris. — [6] A, si granz; F, moult grans et y ot moult grant mortalité d'ambes deus pars. — [7] C, le traystre Regnault; E, le conte de Boulongne; F, le conte Renaut de Bouloigne. — [8] B *ajoute* lor force et. — [9] A, s'esbaudissent; C, se advantagerent. — [10] BC, Poitou. — [11] A, compes. — [12] F, li contes de cest roman ne fait nulle mention.

288. — [1] A, as watiaus; B, à watiaus; C, à desconfiture; DEF, à gast. — [2] B, torne; E, si fist sa baniere cheoir et tourna. —

reres en Alemaingne, et fu morz une piece³ après en une maison⁴ Dieu, povres et à meschief⁵. Et Hues de Boves monta sour meir pour aleir en Engleterre au roi; mais Dieus qui touz biens guerredonne⁶ et touz maus point⁷, li retailla de⁸ son propos; et monta uns granz orages sour meir, et fu noiez, et touz li remananz de l'ost fu⁹ pris et desconfiz.

289. — Et sot li rois¹ que² Ferranz estoit pris, et li cuens Renauz, et li cuens de Pontiu³, et Guillaumes Longue Espée⁴, et moult d'autre haut homme. Lors dist li rois : « Comment n'avons nous mie l'empe-« reeur? » Et sachiez qu'onques mais ne l'avoit nommei empereeur; mais il le dist pour avoir⁵ plus grant victoire; car plus a d'oneur à desconfire un empereeur qu'un vavasseur⁶.

290. — Atant fu la bataille finée, et li rois retourna à Tournai grant joie faisant, atout ses prisons; et Flammenc¹, grant duel d'autre part. Ceste desconfiture fu faite en l'an² Nostre Seigneur mil deus cent et quatorze, ou mois de joingnet³, le secont diemenge⁴; et celui jour proprement desconfist mes sires Loueys le roi Jehan à la Roche aus Moines⁵ en Poiteu.

---

³ B *omet* une piece. — ⁴ A, mesnon. — ⁵ C, maison de paouvres à meschef. — ⁶ E, gouvierne. — ⁷ B, *etc.* punit. — ⁸ C, restablit son. — ⁹ A, furent.

289. — ¹ C, quant le roy sceut. — ² F *ajoute* li quens. — ³ BCDEF, Poitou ses freres. — ⁴ F *ajoute* qui estoit freres au roi d'Engleterre. — ⁵ C, avoir eu. — ⁶ C, vassal.

290. — ¹ E *ajoute* faisoient; F, si faisoient. — ² F *ajoute* de l'incarnation; E *remplace par ces mots* Nostre Seigneur *que* D *supprime.* — ³ A, joinnet; B, joignet; D, juignet; F, jungnet; C, juillet; E, feneretlr. — ⁴ D, le sisime kalende d'aoust. — ⁵ A, la

291. — Et l'endemain envoia li rois à Lisle, et la fist ardoir¹; et toutes les bonnes viles de Flandres tanseir² et metre ses garnisons. Li rois revint en France atout ses prisons, et fist metre³ Ferrant au Louvre⁴ à Paris, pour ce qu'il le vouloit avoir⁵; et le conte Renaut⁶ au Goulet⁷, pour ce qu'il vouloit⁸ Normandie; et les autres prisons fist metre là où il li plot. D'enqui en avant demoura li rois Phelipes en pais, et fu cremuz et douteiz par toutes terres.

XXVIII.

292. — Or vous dirons dou mauvais¹ roi Jehan d'Engleterre, qui honnissoit ses barons², et gisoit avec leur fammes et avec leur filles à force³, et leur toloit leur terres, et faisoit tant que Dieus et touz li mondes⁴ le devoit haïr. Si avint que li baron d'Engleterre prisent conseil ensemble qu'il envoieroient au roi Phelipe, et li feroient faautei⁵ dou roiaume d'Engleterre, et li meteroient leur enfanz en ostages, et li aideroient le roiaume à conquerre. Si eslurent⁶ deus d'iaus les plus sages et les plus vaillanz, et les envoierent au roi

---

Roche à Moines; C, la Rochelle.

291. — ¹ C, bruller. — ² C, tausser; E, prendre. — ³ F *ajoute* le conte. — ⁴ A, à Lovre. — ⁵ E, il avoit coisi Paris en sa part; F, il l'avoit devisé que il l'aroit. — ⁶ B *ajoute* fist mectre. — ⁷ C, à Gaillard; DEF à Angoles. — ⁸ BCDEF *ajoutent* avoir.

292. — ¹ F *omet* mauvais. — ² E, ses hommes. — ³ F, lor filles quant elles estoient jouenes et belles par sa force. — ⁴ C, et le siecle. — ⁵ A, fiance; BCE, feauté; D, feuté; F, foiauté. — ⁶ ABCF, alerent; E, vinrent en France; D, eslurent. — ⁷ E, et parlerent au

Phelipe⁷; et li dirent⁸ ce que li baron d'Engleterre li mandoient⁹.

293. — Et li rois leur dist que il s'en conseilleroit¹. Li rois² s'en conseilla, et dist qu'il avoit asseiz terre, et que il ne s'en melleroit. Quant mes sires Loueys vit que ses peres ne s'en melleroit³, si li dist : « Sire⁴, se « il vous plaisoit j'entrepenroie ceste besoingne. — « Par la lance saint Jaque, dist li rois, fai en ce que toi « plait⁵ ; mais je croi que tu n'en venras à chief, car « Englois sont traiteur et felon, ne jà ne t'en tenront « couvenant⁶. — Sire, dist mes sires Loueys, en la « voulentei⁷ Dieu en soit. »

294. — Lors dist¹ aus deus mesages : « Biau sei- « gneur, se vous voulez j'entrepenrai² ceste besoingne; « et la meteroie³ à fin à l'aide de Dieu et à la vostre. « — Par foi, dient li mesage, nous ne querons mieuz⁴. » Atant afient leur couvenances li un aus autres ; et baillierent letres pendanz de touz les barons d'Engle- terre qu'il avoient aportei avec eus⁵, et les baillierent mon seigneur Loueys. Et promirent par leur foiz⁶ que il envoieroient leur enfanz en ostages, dedenz le mois que il seroient repairié en Engleterre.

---

roi Phelipe; CF *omettent* et les envoierent au roi Phelipe. — ⁸ C, si dirent au roy Phelipe. — ⁹ F *ajoute* et la mauvaisté de lor roi.

293. — ¹ B *seul contient cette première phrase*. — ² F, li bons rois. — ³ E, que li rois ne vouloit à çou entendre. — ⁴ F, sire peres. — ⁵ F, puisque il te plaist fai ent ta volenté. — ⁶ C, ne tiendront leur promesse. — ⁷ ABDEF, l'aventure.

294. — ¹ *ajoute* mes sires Loys. — ² BCEF, vouliez j'entrepren- droie. — ³ D, meterai; E, menroie. — ⁴ E, requerons el; F, demandons mieux. — ⁵ A *ajoute* d'Aingleterre. — ⁶ B *omet* par leur foiz.

295. — Atant s'en partirent li mesage, et passerent meir; et vinrent à Londres, et assemblerent les barons, et leur dirent comment il avoient ouvrei; et il dirent que ce estoit bien fait[1]. Et furent li enfant aus barons d'Engleterre[2] envoié ainsi comme il avoient couvent; et mes sires Loueys les fist bien gardeir et honourablement. Et fist atourneir[3] granz navies et quanque mestiers fu pour ostoier[4], et assembla granz genz par amours et par deniers et par lignage. Et fu avec lui li cuens dou Perche, et li cuens de Monfort, et li cuens de Chartres, et li cuens de Monbleart[5], et mes sires Enjorrans de Couci, et mout d'autre grant seigneur dont je ne parole mie[6].

296. — Et monterent sour meir un lundi matin, et arriverent à Douvre à vespres[1], si hastivement qu'il ne furent[2] perceu; et tendirent treis et pavillons sour la marine. Et quant cil dou chastel les perçurent, si se merveillierent queis genz ce pouoient estre; et coururent aus armes, et vont[3] aus batailles[4] des murs qui mout estoient[5] forz; et se tinrent enqui si comme pour leur cors deffendre et le chastel[6]. Et l'endemain mes sires Loueys[5] fist assaillir au chastel et geteir ses engins, mais rien n'i forfaisoient; et furent enqui dis jourz[7], ne rien n'i esploitierent.

---

295. — [1] F, boin à faire; D *omet* et il dirent, *etc.* — [2] F, bourgois. — [3] C, acoustrer. — [4] C, errer. — [5] D, Monmeliant. — [6] C, fais mencion.

296. — [1] C à heure de vespres; F *répète* un lundi matin; E *ajoute* et issirent fors. — [2] D, fuissent. — [3] D, alerent; EF, monterent. — [4] C, creneaulx; D, crestiaus. — [5] D, qui sont moult. — [6] E, pour aus et pour la cité deffendre. — [7] D *répète* mais riens n'i forfaisoient.

297. — Et quant vit mes sires Loueys et ses consaus qu'ainsi estoit, si ot conseil qu'il lairoit le siege, et iroit à Londres et l'asserroit[1]. Et fist destendre ses treis[2] et fist son harnois trousseir, et son ost fist conduire à Londres, et fu la citeiz assise[3] de trois[4] parz. Et cil dedenz se hourderent viguereusement, et garderent les portes et les murs, et envoierent à leur seigneur hastivement[5] qu'il les secourust; et il leur manda que il n'i avoit pouoir, car si baron li estoient tuit failli et tournei devers mon seigneur Loueys[6].

298. — Quant cil de Londres entendirent ces nouveles, si rendirent maintenant la citei; et cil de l'ost[1] entrerent enz communaument[2], et se herbergierent par la citei. Mais mes sires Loueys fist crier son ban que nus ne forfeist rien sour la hart; et furent ainsi huit jourz à sejour[3], et au neuvieme[4] jour erra li oz à Nicole. Et li cuens dou Perche faisoit l'avantgarde, et courut[5] tout leiz des portes[6]; et la garnisons de laienz issi[7] hors, et leur coururent sus; et i ot asseiz trait et lancié, et chevaus morz et chevaliers[8] abatuz, et gent à pié morz et navreiz. Et li cuens dou Perche i fu[9] morz par un ribaut qui li leva le pan dou hauberc, et l'ocist d'un

---

297. — [1] B, l'assauroit. — [2] F, tres et pavillons *en omettant* et fist son harnois trousseir. — [3] B, et fist la cité assoir. — [4] C, deux; D, quatre. — [5] AB, viguereusement; D, vistement; F, isnelement; E, hastivement; C *omet cet adverbe*. — [6] F *ajoute* de France.

298. — [1] E *omet* cil de l'ost. — [2] C, ayséement. — [3] D *omet* à sejour. — [4] D, au meisme. — [5] B, courrurent. — [6] D, qui faisoit l'avantgarde courut as portes. — [7] BF, saillirent; DE, sali. — [8] C, assez combatu, dont eussiez veu chevaliers et leurs chevaulx. — [9] AB *omettent* i fu. — [10] C, et le ferit d'un couteau, si le occit. —

coutel[10]; et fu desconfite l'avantgarde par la mort le conte[11]. Et quant mes sires Loueys le sot, si ot graingneur duel qu'il eust onques; car il estoit ses prochains amis de char[12].

299. — Atant fu assise Nicole, et fu prise par force au tresime jour[1]; et la fist garnir de bonne gent[2], et puis ala par Engleterre deus ans et demi, et conquist sept citeiz, et bours et viles à grant foison. Et en ceste espace de tans[3] li rois Jehans envoia à Rome, et i envoia[4] trop grant tresor; et manda la pape[5] que il li otroioit à touz jourz quatre estellins de rente[6] de chascun feu; et pour Dieu meist conseil à son affaire.

300. — Quant li apostoiles et li frere virent le grant tresor que li rois avoit envoié, et la grant rente[1] à touz jourz, qui bien montoit à la valeur de mil mars d'estellins l'an[2], si en fu li apostoiles et li frere mout lié[3]. Si envoia à mon seigneur Loueys, et li manda outréement que il vouloit qu'il s'en revenist; et se il nou faisoit, il l'escommenieroit et lui et touz ses aidanz[4]. Mes sires Loueys ne prisa un pois[5] quanque li apos-

---

[11] D *omet* par la mort le conte. — [12] F, amis carneus et mout l'amoit de boin cuer et entier; C *omet* de char; E *omet* car il estoit, etc.

299. — [1] F septime jour; C, en trente jours. — [2] C *ajoute ici* messire Loys; F *ajoute ces mots après* ala. — [3] A *omet* de tans. — [4] A, et envoia; E, et i tramist. — [5] B, grant don à l'apostole et li manda; C, grant tresor au pape et luy manda. — [6] A *omet* de rente; C *ajoute* tous les ans.

300. — [1] E *omet* que li rois, etc. — [2] D, montoit à grant argent. — [3] D, moult meu; E, moult liet et moult meus; F, tout eslechiet et esmeu; BC *omettent* si en fu, etc. — [4] DEF, toutes ses aides. — [5] EF, tout un pois; C, ne fist pas grant estime.

toiles li manda, ainsois conqueroit adés terres ; et l'apostoiles le fist escommenier par toute crestientei, et touz ses aidanz en toutes manieres.

XXIX.

301. — Puis avint que mes sires Loueys ot despendu[1] tout le sien[2], et li failli argenz ; et manda à son pere que pour Dieu li aidast et li envoiast deniers. Et li rois respondi que par la lance saint Jaque il[3] n'en feroit nient, ne jà pour lui ne seroit escommeniez. Quant ma dame Blanche[4] le sot, si vint au roi et li dist : « Lairez vous ainsi mourir mon seigneur vostre fil en « estranges contrées ? Sire, pour Dieu ! il doit regnier[5] « après vous ; envoiez li ce que mestiers li est, au « meinz[6] les issues de son patremoine. — Certes, dist « li rois, Blanche[7], je n'en ferai nient. — Non, sire ? « — Non voir, dist li rois. — En non Dieu, dist ma « dame Blanche, et je sai bien que je ferai. — Que « ferez vous donc ? dist li rois. — Par la benoite mere « Dieu, j'ai biaus enfanz de mon seigneur ; je les meterai « en wage, et bien trouverai qui me prestera sour « eus[8]. »

302. — Atant se[1] parti dou roi comme une desvée[2] ;

---

301. — [1] F, Loeys qui moult fu courchiés ot allouwé. — [2] D *omet* le sien. — [3] AB, qu'il. — [4] D *ajoute* femme mon seigneur Loys. — [5] D, estre hoirs ; F, iestre yretiers ; F, estre vos hiretiers. — [6] D *répète* li envoiés. — [7] D, dame Blanche ; F, Blance bele suer ; D *omet* Blanche. — [8] C, prestera argent sus.

302. — [1] A, s'en. — [2] C, desvoyée ; DF, dervée ; E, diervée. —

et quant li rois l'en vit ainsi aleir³, si cuida qu'elle deist veritei; si la fist rapeleir et li dist : « Blanche, je vous « donrai de mon tresor tant comme vous vourez, et « en faites ce que vous vourez⁴ et ce que vous cuide- « rez⁵ que bon soit; mais sachiez de voir, je ne li « envoierai rien. — Sire, dist ma dame Blanche, vous « dites bien. » Et lors fu delivreiz li granz tresors à ma dame Blanche, et l'envoia son seigneur⁶.

303. — Et quant li rois Jehans vit que il perdoit dou tout sa terre, si manda les barons et leur cria merci; et dist que il leur amenderoit tout à leur voulentei, et meteroit tout son regne en leur mains et toutes ses¹ forteresses, et pour Dieu eussent merci de lui. Quant li baron le virent² si humilier, si leur en prist pitiez; et on dist piece a que cuers vrais³ ne puet mentir, et mout aime on⁴ mieuz son droit seigneur que un estrange. Si prisent de lui le serement que il s'amenderoit à leur voulentei, et meteroit tout son regne en leur mains; et furent saisi des forteresses.

304. — Et vinrent à mon seigneur Loueys, et li dirent : « Sire, sachiez de voir, nous ne porriens plus « souffrir le domage nostre seigneur, car il se¹ veut « amendeir envers nous; et bien sachiez de voir que « nous ne serons plus vostre aidant, ainsois serons

---

³ F *ajoute* courouchie. — ⁴ C, vostre volunté; F *omet* ce que vous vourez. — ⁵ B, *etc.* cuidiez. — ⁶ C, si en envoya à son seigneur ce qui luy pleut; E *ajoute* et il renforcha sa guerre.

303. — ¹ ABE, lor; D, les. — ² CE, le oïrent. — ³ D, bons cuers. — ⁴ F *omet* on.

304. — ¹ A, le. — ² AE, l'entendi; D, entendi che. — ³ D *omet*

« contre vous. » Quant mes sires Loueys les entendi[2], si fu trop courrouciez, et leur dist : « Comment, biau « seigneur, donc m'avez vous traï? » Et il li respondirent : « Mieuz nous vient il que nous failliens de « couvenant, que nous laissiens nostre seigneur essil-« lier et destruire. Mais pour Dieu, raleiz vous en, si « ferez que sages[3]; car li demoureirs en cest païs ne « vous est preuz[4]. »

305. — Quant mes sires Loueys vit qu'autrement ne pouoit estre[1], si fist atourneir sa navie et[2] s'en revint en France; ne ne pot estre rassouz devant que li ostage ne fussent rendu. Et une piece après ala à Toulouse, et mena grant baronnie[3]; et i fu li cuens Thiebauz de Champaingne, et li cuens de Saint Pol, et li cuens de Sansuere, et li cuens de Nevers[4], et mout d'autre grant seigneur[5]. Et fu grant piece devant Toulouse, n'onques portes n'en furent closes pour eus touz[6]; ne rien n'i esploita, ains s'en revint à meinz d'avoir et à plus de honte[7].

XXX.

306. — Et en cest tempoire avint que li rois de France tenoit un parlement à Maiente[1] entour la Made-

---

si ferez que sages. — [4] C, ne vous est en ce païs.

305. — [1] D, oï chou. — [2] AB, se *au lieu de* et. — [3] E, grant gent. — [4] D *omet* li cuens de Nevers. — [5] CDEF, d'autres barons; B, d'autre baron et d'autre grant seigneur. — [6] F, les portes de la cité n'en furent closes contr'iaus. — [7] C, de pechez; DF, de pechiés et de honte; E, de pechiés et de blasme.

306. — [1] C, Amyens; DE, Maienche; F, Maience. — [2] C, me-

leinne ; et i avoit mout de granz seigneurs, et i avoit que evesques que arcevesques quarante huit. La mors qui nului n'espargne, ne le grant ne le petit, li vint moustreir de ses cembiaus[2] ; et fu au lit de la mort, et fu confés et repentanz de ses meffaiz[3]. Et fist sa devise ; et laissa à la terre de outre meir la tierce partie de son tresor qui mout estoit granz, et l'autre tierz aus povres, et l'autre tierz à la couronne de France gouverneir et deffendre. Et rendi l'ame à Nostre Seigneur ; et bonne opinion en a on[4], car il fu revelei[5] à aucun preudomme à cui li Sainz Esperiz l'avoit fait sentir[6].

307. — Li cors le roi fu enseveliz et atourneiz si comme il apartenoit à cors de si haut[1] roi, et fu porteiz de hauz hommes[2] et de chevaliers[3] à Saint Denis en France ; et à chascune reposée faisoit on une croiz où s'image[4] est figurée[5]. Et li chanta messe li arcevesques Guillaumes de Joinvile[6], et l'enfoui de sa main. Et puis li fist on tombe de fin or et d'argent où il est tresgeteiz[7] comme rois ; et sont quarante huit evesque en quatre costeiz de la tombe, enlevei[8] et figurei[9] comme evesque[10], revestu si comme pour chanteir messe, les mitres en chiés et les croces es mains.

---

naces ; B, sambiax ; D, chembiaus ; EF, cenbiaus. — [3] C, pechez. — [4] C, en bonne oppinion ; D *ajoute* et doit avoir. — [5] E, demoustré. — [6] D, l'a revelé.

307. — [1] B *ajoute* home et. — [2] D, par les haus barons. — [3] E, des haus barons et des haus chevaliers. — [4] F, l'image dou roi. — [5] B, s'imaige et sa figure estoit pourtraite. — [6] D *omet* de Joinvile. — [7] A, tresgettis ; B, tresgetés ; C, figuré ; DEF, traitiés. — [8] F, as quatre cors eslevé. — [9] D, eslevé en figure. — [10] E *omet* en quatre, *etc.*

308. — Ci vous lairons esteir dou roi Phelipe, dont Dieus ait l'ame! qui trespassa de vie[1] trois[2] jourz après la Madeleinne en l'an[3] mil et deus cent et vint trois, et regna[4] quarante sept ans[5]; et il avoit seize[6] ans quant il fu couronneiz[7]. Desormais vous dirons de mon seigneur Loueys et de ma dame Blanche sa famme, qui fu fille le roi d'Espaingne, qui avoit[8] quatre enfanz, dont li ainsneiz avoit non Phelipes, et li autres Loueys, et li autres Roberz, et li quarz Auforz; mais Phelipes li ainsneiz fu morz en l'aage de quinze ans. Et la dame estoit grosse d'une fille qui avoit non Ysabiaus; n'onques ne se vout marier, ainsois se tint en l'estat de virginitei, et fist mout de biens[9].

309. — Or revenons à nostre matiere. Mes sires Loueys fist atourneir[1] pour lui et pour sa famme couronneir à Rains[2], et fist ses hommes semonre pour estre à son couronnement aus octaves de la mi aoust; et vint à Rains la plus granz chevalerie et li plus granz pueples qui onques[3] fust à nul couronnement[4]. Lors fu sacreiz mes sires Loueys et ma dame Blanche sa famme, et furent enoint de la sainte ampoule que Dieus[5] envoia des cieus à mon seigneur saint Remi pour enoindre Cloovis, qui fu li premiers rois crestiens[6]

---

308. — [1] D *ajoute* as mors; F, à mort. — [2] B, tiers; C, le troisieme. — [3] BD *ajoutent* de grace; C, de l'incarnation Nostre Seigneur. — [4] F *ajoute* conme rois. — [5] D *omet* et regna, *etc.* — [6] D, xiiii; EF, xxvi. — [7] D *ajoute* à Rains. — [8] F *ajoute* de mon seignour Loeys. — [9] C, si fist moult bien; F *ajoute* à sa plaine vie.

309. — [1] C, ordonner. — [2] F *ajoute* la cité. — [3] F *ajoute* à nul jour. — [4] E *omet* à nul couronnement. — [5] D, Nostre Sires. —

dou roiaume⁷ de France⁸ ; et furent enoint par la main l'arcevesque Guillaume de Joinvile, qui adonc estoit arcevesques de Rains.

310. — Et puis en furent menei ou palais à huit arainnes sonnanz¹ ; et fu li mangiers² apareilliez li plus biaus et li plus riches³ qui onques fust à couronnement à roi, et i ot les plus biaus⁴ paremenz à hauz hommes⁵ que nus veist onques. L'endemain⁶ departi la courz : li rois et la roïne s'en alerent en France, et furent receu à grant solempnitei à Paris⁷.

311. — Li arcevesques Guillaumes de Joinvile, qui devoit paier les despens¹ dou couronnement, les demanda et requist aus eschevins de Rains², et dist qu'il les devoient paier; et en traist avant³ faus tesmoins⁴, Jehan le Clerc de Bourc⁵ et l'arcediacre Huon⁶ de Sarcu⁷, et le doien Pierre de Lageri et le chantre de Rains; et le tesmoingnierent par leur seaus. Mais li eschevin de Rains, c'est à savoir Voisins⁸ li Cos⁹, Jaques li Borgnes¹⁰, Cochons de Monlorent¹¹, Gautiers

---

⁶ A *omet* crestiens; E, des crestiiens. — ⁷ D *omet* dou roiaume. — ⁸ EF, ki onkes fust en France.

310. — ¹ C, avec trompetes et clairons. — ² C, le bancquet et festin. — ³ EF, et li plus grans; BCD *omettent* et li plus riches. — ⁴ BD, riches. — ⁵ C, estoient les grans seigneurs les plus richement parez; E, as riches homes. — ⁶ F *ajoute* par matin. — ⁷ F *omet* à Paris.

311. — ¹ C, le mangier. — ² F, les demanda as esquevins de Rains et lor requist que il paiast les despens. — ³ C, en mist en avant plusieurs. — ⁴ E, tiesmoignages. — ⁵ C, de Borey. — ⁶ C *omet* Huon. — ⁷ C, Sarcuy; D, Sartu. — ⁸ A, Noisins; C, Ursin. — ⁹ C, le Coq. — ¹⁰ D, Bourgeois; EF, Bourgois. — ¹¹ B, Montren; C, Monlorain; F, Saint Lorent. — ¹² BDEF, Rous. — ¹³ B,

li Rois¹², Corbiaus Pichés¹³, Gerarz li Coutres¹⁴, Witiers li Cras¹⁵, Wedes de Verselai¹⁶, Cauchons Voisins¹⁷, et li autre compaingnon, ne le vourent souffrir; ains s'en alerent au roi, et li dirent comment li arcevesques les vouloit maubaillir¹⁸.

312. — Li rois dist qu'il ne vouloit pas que li bourjois de Rains paiassent le couronnement se il nou devoient¹; et i envoia mon seigneur Renaut de Beronne², qui estoit de son conseil, pour enquerre qui l'avoit paié au couronnement le roi Phelipe³, ou li arcevesques ou li bourjois. Et vint à Rains, et fu au Temple⁴ où estoient⁵ et li arcevesques et li eschevin⁶ presentment⁷.

313. — Et enquist mes sires Renauz de Beronne¹ aus vieuz² hommes de Rains³, et trouva par bonne enqueste loial que l'arcevesques l'avoit paié. Et lors furent rendues aus eschevins les letres dou faus tesmoingnage⁴ que⁵ li arcediacres⁶ et li doiens et li chantres avoient livrei⁷ l'arcevesque par le conseil dou chapitre⁸, et li eschevin les depecierent⁹ veanz touz

---

Pechies; C, Pichas; D, Pites; E, Picais. — ¹⁴ C, Coutraiz. — ¹⁵ BC, Gras; E, Gros; F, Grars. — ¹⁶ A, Vreselai; B, Verselai; C, Vezelay; D, Vegelai; E, Vregelair; F, Vergelay. — ¹⁷ DEF *omettent* Cauchons Voisins. — ¹⁸ C, ranssonner.

312. — ¹ C, se la raison ne estoit. — ² BDEF, Peronne. — ³ F, le roi son pere. — ⁴ C *omet* et fu au Temple. — ⁵ C *fournit seul les mots* où estoient. — ⁶ A, bourjois. — ⁷ D *omet* et vint à Rains, *etc.*

313. — ¹ BF, Peronne; DE *omettent* Beronne. — ² DF, as anchiens. — ³ D, du païs. — ⁴ CF, des faus tesmoins. — ⁵ C *ajoute* l'archevesque. — ⁶ F, li archevesques. — ⁷ D, baillies; E, douńees.

ceus qui là estoient; et d'enqui en avant paient[10] li arcevesque le couronnement sans contredit.

XXXI.

314. — Or revenons au roi Loueys, qui preudons fu et hardiz, et mout travailla[1] en sa vie[2]; et ot puis que il fu rois[3] un fil qui[4] ot à non Charles, et est[5] cuens d'Anjo. Et en celle année il ala à la Rochele en Poiteu, et la prist par force; et encore la tient li rois[6].

315. — Puis avint une merveilleuse aventure[1] en Flandres; que aucun grant seigneur[2] de Flandres traitierent une grant traïson par envie envers la contesse Jehanne de Flandres[3]. Et pourchacierent[4] un vieillart, et le mirent[5] en un abitacle[6] comme rendu[7] en la forest de Mormail[8]; et là fu un grant tans, et li faisoient entendant que il le feroient conte de Flandres.

316. — Et il leur demanda comment ce porroit

— [8] B *omet* avoient livrei, *etc.* — [9] C, briserent. — [10] E, paiierent; F, paiia.

314. — [1] BC, se travailla. — [2] D, travella et lui et sa vie. — [3] D *omet* que il fu rois. — [4] C, et eut ung filz qui fut roy lequel. — [5] CDEF, et fu. — [6] C *omet* et encore, *etc.*

315. — [1] C, une merveilles. — [2] F, car li aucun des grans seigneurs. — [3] D *omet* que aucun, *etc.* — [4] D *ajoute ici* aucun baron de Flandres. — [5] C *omet* et le mirent. — [6] C, hermitage. — [7] B, reclus; C, ranclus; DEF, en habit d'omme renclu. — [8] C, Marloy; D, le Vicongne; E, Vicoigne; F, la Vicoigne.

avenir; et il respondirent que il feroient entendant au pueple qu'il estoit li cuens Baudouins qui s'en ala en Coustantinoble grant tans a passei[1], qui peres est[2] la contesse : « Et iestes[3] eschapeiz de la prison Vatage, « et venistes[4] en ceste forest pour faire vostre peni-« tence[5]. » Et li enseignierent[6] comment il responde-roit à ceus qui li demanderoient[7] de son affaire. Mais sachiez vraiement que boidie[8] ne puet estre celée à la pardefin. Li vieillarz les créi, si fist que fous; car il ne l'en vint se maus[9] non, si comme vous l'orrez çà en avant[10].

317. — Icil traiteur dont je vous cont espandirent ces nouveles par le païs[1], et firent entendant pour voir que c'estoit li cuens Baudouins; et en pou de tans fu seu par toute Flandres, et i ot si grant ale que ce ne fu se merveille non[2]. Et le trairent[3] fors de l'ermitage, et le menerent à[4] Valenciennes; et li firent faire robe d'escarlate et de vair fourrée, et le mirent sour un grant destrier. Et le menoient par les bonnes viles de Flandres, et li paioient touz ses despens[5]; et toute Flandres le tenoit à seigneur, et mout le joïrent[6].

---

316. — [1] A *omet* qui s'en ala, *etc.*; E, ki s'en ala lonc tans à Coustantinople. — [2] E, et estoit peres. — [3] BC, et est; D, et estoit; EF, or est. *Le discours indirect continue jusqu'à la fin de la phrase dans tous les manuscrits, excepté dans* AB. — [4] C, et est venu; D, et que il estoit revenus; EF, et est chi venus. — [5] CF, sa penitence; D, faire penitanche; E, sa penanche. — [6] D, aprisent. — [7] BEF, enquerroient. — [8] C, menterie; DEF, bourde. — [9] E, honte. — [10] C, car jamais ne fist si grant folie.
317. — [1] E *omet* icil traiteur, *etc.* — [2] E, et en poi de tans furent ces nouveles si espandues que c'estoit merveilles, et i avoit moult grant ale. — [3] B, traiterent; C, enmenerent. — [4] C, et vint à. — [5] D *omet* et li paioient, *etc.* — [6] D, le goïrent; E, le con-

318. — Ainsi fu une grant piece en celle seigneurie, tant qu'il oï dire que la contesse estoit à Haimmon Cainoi[1]; et estoit assise au mangier, et li cuens enprunteiz le sot, et fist monteir sa gent pour penre la contesse. Mais on li fist à savoir par[2] aucuns siens amis[3]; et ot si pou d'espace de fuir que il la couvint metre sour un sommier[4], et fuir en voies[5] à Mons en Hainnaut; et là fu elle à garison[6].

319. — Et quant[1] la contesse vit que ainsi estoit, si manda au roi[2] son cousin germain que pour Dieu meist conseil à son affaire ou elle perderoit sa terre. Quant li rois oï ce, si ot conseil que il manderoit à celui qui se faisoit cuens Baudouins de Flandres que il venist à lui à parlement à Peronne, à[3] sauf conduit alant et venant[4]; et se il estoit[5] ses oncles, il en seroit mout liez, et le lairoit joïr de sa terre. Et i envoia un mesage atout ses letres; et fu pris li parlemenz, et dist qu'il i iroit[6].

320. — Et il i vint sans faille[1] à grant gent[2]; et fu

---

joïrent; C, dont estoient moult joyeux.

318. — [1] A, Haimmon Camoi; B, Haimon Camoi *ou* Cainoi; C, Haymont Chanoy; D, Hainmont Caisnot; E, Haimon Caisnoit; F, Haimon Kenvoit. — [2] ABDE *omettent* par. — [3] E, mais aucuns siens amis li fist savoir. — [4] D, ronchin. — [5] C, feut envoyée; DEF, fu envoiie. — [6] C, en sauveté; D, à seur.

319. — [1] F *ajoute* ma dame. — [2] F *ajoute* de France. — [3] AB *omettent* à *devant* sauf conduit. — [4] DE, sauf alant et sauf venant; F, sauf alant et venant. — [5] A, se c'estoit. — [6] C, fu divisé le parlement ouquel dist qu'il y yroit; F, li quens dist qu'il iroit volentiers.

320. — [1] F, et il vint à Pieronne; E, quant vint au jour si fist son oirre aprester. — [2] C, laquelle chose fist acompaigné de grans

monteiz sour un cheval morel amblant³, et ot vestu une⁴ chape d'escarlate⁵ fourrée d'un vert cendal⁶, et ot un chapel de bonnet ou chief⁷, et tenoit en sa main une blanche verge; et merveilles sembloit bien preudomme. Et ainsi ala à la court; et ot grant route de gent avec lui. Et descendi au pié dou degrei de la sale⁸; et monta amont, ses huissiers devant lui⁹, comme granz sires; et fu noncié au roi que il¹⁰ venoit.

321. — Quant li rois l'entendi¹, si issi hors de sa chambre et li vint à l'encontre, et li dist : « Sire, bien
« soiez vous venuz se vous iestes mes oncles li cuens
« Baudouins, qui devez² estre empereres de Coustan-
« tinoble et rois de Salenique et cuens de Flandres et
« de Hainnaut. — Biaus niés, dist-il³, vous aiez bonne
« aventure de Dieu et de sa douce mere. Vraiement
« sui je ce⁴, et tout ce deveroie je estre⁵ se on me
« faisoit droit; mais ma fille me veut deseritier, ne ne
« me veut connoistre à pere. Si vous proi⁶, biaus
« niés, que vous me vueilliez aidier mon droit à
« gardeir.

322. — « Certes, dist li rois, pour el ne sui je ci
« venuz; mais il couvient par raison savoir la veritei
« de vous. Car il a bien, ainsi comme j'ai entendu,

---

gens. — ³ C *omet* amblant. — ⁴ BDEF *ajoutent* grant. — ⁵ E *omet ici* d'escarlate. — ⁶ E *ajoute* et fu d'escarlate. — ⁷ C *omet* et ot, *etc.* — ⁸ C, dessendit à pied; D, descendi au pié de le sale. — ⁹ A *omet* devant lui. — ¹⁰ F, que li quens Bauduwins.

321. — ¹ F, entendi que ses oncles venoit. — ² C, qui deut. — ³ F, dist li meschans. — ⁴ CF, suis je vos oncles. — ⁵ D, deveroit mien estre. — ⁶ F *ajoute* pour Dieu et requier.

« cinquante ans que li cuens Baudouins mes oncles
« s'en ala en Coustantinoble et fu pris ; et poi i a remés
« de ceus¹ qui estoient à cel jour². — Certes, dit il, je
« le vuel bien³. — En non Dieu, dit li rois, vous dites
« bien⁴.

323. — « Nous vous demandons, dist freres
« Garins li evesques de Senlis¹, à queil vile vous
« espousates vostre famme? » Quant il oï ce demandeir, si pensa² ; car de ce n'avoit il mie estei estruiz³.
Si ne sot que respondre ; si dist qu'il vouloit aleir
dormir. Et pensoit en son cuer⁴ qu'il le demanderoit
à ceus qui l'enseignoient⁵ ; mais il n'ala pas ainsi ; car
on⁶ le fist couchier en une chambre tout seul, et⁷ bien
gardeir les huis que nus⁸ n'i entrast.

324. — Et quant vint à relevée, on li demanda s'il
vouloit respondre de ce que on li avoit demandei ; et
il fist le courroucié, et dist qu'il s'en vouloit aleir ; et
li rois li otroia bonnement. Atant se departi dou roi li
musarz, et s'en rala à Valenciennes¹ dont il estoit
venuz, en l'abaïe Saint Jehan ; et la nuit² s'enfui lui
tierz, et ala en Bourgoingne à Rais³ dont il estoit neiz.

---

322. — ¹ C, fut prins pour la delivrance de ceus; D, peu y a de chiaus en vie; E, poi est ore de ceaus; F, y a moult poi de chiaus. — ² E, au jour de dont. — ³ C, certes, dist il, il est vray; F, chiertes, dist li chetis, je voel que vous en enquerés de moi en tel maniere que il vous plaira. — ⁴ CE *omettent* en non Dieu, etc.
323. — ¹ A *omet* li evesques de Senlis. — ² F *ajoute* une grant piece. — ³ BE, aprins; C, adverti; D, apenssés; F, escolés. — ⁴ B *omet* en son cuer. — ⁵ F, de cui il estoit enseigniés. — ⁶ A *omet* car on. — ⁷ F, et fist on moult. — ⁸ D, que que on n'i.
324. — ¹ A, Vancienes. — ² B *omet* la nuit. — ³ C, s'en alla à Arras; F, s'en ala lui tierc à Rains en Bourgoigne. — ⁴ F *ajoute*

Et li rois repaira en France, qui bien se perçut qu'il estoit uns bareterres[1].

325. — Ainsi demoura bien demi an qu'on ne sot de lui nouveles. Si avint[1] que uns escuiers le seigneur de Chasenai[2] le vit un jour de marchié à Chasenai ; si le moustra son seigneur et dist : « Sire, je voi enqui[3] « celui qui se faisoit cuens Baudouins de Flandres. — « Tai toi, à diables ! tu menz[4], ce ne puet estre. — « Sire, dist li escuiers, pendez moi par le col[5] se ce « n'est voirs. — Voire, dist mes sires Erarz[6] ; dont le « prenez. Par saint Jaque, il me rendera bon poivre[7]. » Lors le prisent li escuier, et le mirent en prison ; et reconnut[8] que voirement estoit il ce.

326. — Et mes sires Erarz fist escrire unes letres, et manda la contesse[1] de Flandres que il tenoit le bareteeur[2]. Quant la contesse le sot si en fu trop lie ; et fist escrire unes letres pendanz qu'elle prometoit[3] à rendre[4] mon seigneur Erart de Chasenai mil mars d'argent à sa voulentei et par abandon de ses biens[5],

---

mais retenir ne le vaut pour chou que il li avoit donné sauf alant et venant.

325. — [1] C *ajoute* ung jour. — [2] B, Chassenai ; D, Satenai ; EF, Cathenai ; C, ung escuyer de Chaucenay. — [3] B, veez enqui ; C, voyez ycy ; DE, veschi ; F, veez là. — [4] BC *omettent* tu menz. — [5] E, par la geule. — [6] F *ajoute* puisque tu dis que ce est verités. — [7] C, bon vin ; D *omet* voire dist, *etc.* — [8] F *ajoute* de sa boine volenté.

326. — [1] D, et li sires de Satenai fist à savoir à le contesse. — [2] F, il tenoit en sa prison celui qui se faisoit conte de Flandres. — [3] F, fist unes lettres escrire toutes pendans que elle avoit en couvent. — [4] E *omet* à rendre. — [5] E, et en abandounant tous ses biens. — [6] BC, *etc. omettent* grant.

si li envoiast. Et mes sires Erarz li envoia maintenant, et retint les letres qui puis li orent grant[6] mestier, car la contesse li en failli de couvent; et il prist tant dou sien qu'il en fu paiez.

327. — Quant la contesse tint son pere qui ne sot à dire comment la vile avoit non où il espousa[1] sa mere, si li demanda dont il estoit, et par queil conseil il avoit ce fait. Et il dist qu'il avoit non Bertranz de Raiz[2], et l'avoit fait[3] par le conseil des chevaliers[4] et des dames et des clers; et le trairent[5] fors de son ermitage, où il vouloit s'ame[6] sauveir. « Par foi, dist la « contesse, vous feistes que fous; vous vouliez bien « estre cuens[7] sans raison. »

328. — Lors le fist despouillier, et remest en une[1] cote d'estanfort sans roies[2]. Et le fist desceindre[3] et deschaucier; et vit on que il n'avoit nus doiz es piez[4]. Et fu mis sour un roncin, et meneiz par touz les osteis de la feste de Lisle qui adonc estoit[5]; et disoit devant chascun osteil: « Entendez ce chaitif[6]. Je sui, « disoit il, Bertranz de Rais en Bourgoingne, uns « povres hons[7] qui ne doi estre rois, ne cuens, ne « empereres[8]; et ce que je faisoie, faisoie je par le

---

327. — [1] BCDE, avoit espousée; F, devoit avoir espousée. — [2] C, d'Arras; F, de Rains en Bourgoigne. — [3] D *omet* qu'il avoit non, *etc.* — [4] A, as chevaliers. — [5] A, et trairent; C, qui le misdrent. — [6] D, sa vie; B, je vouloie m'arme. — [7] C, estre myen; F, cuens de Flandres et.

328. — [1] C, et luy mectre une. — [2] D, d'estain fort roie. — [3] ABD *répètent à tort* despouillier *avant ou après* desceindre. — [4] F nul orteil en ses piés. — [5] B, ostez de Lile et la feste estoit à icel jour. — [6] DEF *répètent* entendez. — [7] A *omet* uns povres

« conseil des chevaliers et des dames et des bourjois
« de cest païs. » Atant le faisoit on taire.

329. — Et puis fu mis en un pilori tout nuef[1],
qu'on li fist en mi le marchié[2] de Lisle; et li mist on[3]
deus granz waingnons[4] encoste de lui, l'un à destre,
l'autre à senestre[5]. Et puis fu penduz à un chainnon
tout nuef de fer[6], que la corde ne rompist; et pendi
un an[7] ou plus[8]. Ci vous lairons dou musart qui fole-
ment ouvra; et l'on dit piece a que il a grant disete de
sot[9] qui de lui[10] le fait.

XXXII.

330. — Or vous dirons dou roi Loüeys, qui onques
n'ot gaires de repos[1]. Nouveles li vinrent que cil
d'Avignon[2] estoient revelei[3] contre lui, et avoient
pris et ocis de ses garnisons qui marchissoient[4] à
eus[5]. Et li rois i envoia et leur manda qu'il li[6] venissent
amendeir; et il manderent[7] le roi que il n'en feroient
rien pour lui, ne à lui ne se tenoient il pas[8].

---

hons. — [8] F omet ne empereres; E ajoute ne dus; D remplace rois
par dus.

329. — [1] C, tout nud et ung chaynon tout neuf. — [2] E, le cau-
chie. — [3] F seul donne li mist on. — [4] C, levriers; D, martins;
EF, mastins. — [5] F ajoute qui li mangierent tout le visage. —
[6] E omet de fer. — [7] C ajoute tout entier. — [8] F ajoute et disoit
cascuns qui là passoit, veés là celui qui se faisoit conte de Flan-
dres. — [9] BCDF, fol. — [10] DEF, lui meisme.

330. — [1] D, n'eut repos se peu non. — [2] A, Aingnon. — [3] C,
revoltez. — [4] BC, marchoient. — [5] C, sur eulx. — [6] A, qu'il i. —
[7] DE, remanderent. — [8] D, n'obeïroient il pas.

331. — Quant li rois oï l'orgueil que cil d'Avingnon li mandoient, si en fu mout enfleiz[1]; et fait semonre ses fieveiz et ses amis et par homage et par amours; et assembla[2] si grant ost que ce fu une merveille[3]. Et i fu li arcevesques Guillaumes de Joinvile[4] mout esforciement, et li cuens Guis de Saint Pol qui mout estoit biaus[5] chevaliers et preuz et loiaus[6], et mout d'autre grant seigneur avec lui. Et s'en ala[7] à Avingnon et l'assit[8]; et cil dedenz estoient bien garni et pou le douterent; et fu bien devant[9] demi an ou plus et pou les domaja, tant que li rois vout un jour qu'on[10] assaillist à la citei; et furent li engin drecié, et geterent durement grosses pierres en la citei.

332. — Et li cuens Guis de Saint Pol faisoit celle nuit le gait, et cil dedenz faisoient ausi geter leur engins à ceus defors. Si avint par[1] meschance que li cuens Guis de Saint Pol[2] estoit aleiz veoir les traieurs[3] des engins, et une pierre[4] des engins à ceus[5] dedenz li chéi sour la teste; si fu touz escerveleiz, et en fu porteiz[6] au treif le roi. Et quant li rois le vit mort, si en fu si très durement courrouciez que il fu si comme hors dou sens; ne nus hons vivanz nou pouoit apaier, car il l'amoit trop durement[7]. Et voir[8] il faisoit mout

---

331. — [1] EF, iriez. — [2] F ajoute en poi d'eure. — [3] C omet que ce fu, etc. — [4] C omet de Joinvile. — [5] D, boins. — [6] F, et hardis. — [7] AC, s'en alerent. — [8] C, misdrent le siege devant. — [9] B omet devant; F, en tel maniere fist li os devant Avignon. — [10] E, et commanda c'on.

332. — [1] F, par grant. — [2] D répète faisoit chele nuit le gait. — [3] F, que il estoit alés veoir les geteours. — [4] D, pierriere. — [5] C, veoir les retours des angins à ceus. — [6] B ajoute li cors. — [7] B, forment; C, il l'aymoit sur tous hommes. — [8] BF, certes. —

à ameir⁹; car il estoit entechiez de toutes bonnes taches¹⁰.

333. — Li cors le conte de Saint Pol fu desarmeiz, et fu¹ widiez et enbaumeiz², et fu mis en un lonc coffre, et fu porteiz à Longue Iaue, en une priorei de nonnains qu'il avoit fondée; et là fu enfouiz honourablement. Et li assauz fu remés, et furent trives données des uns aus autres quinze³ jourz; et jura li rois, leur ieus veanz⁴, que se la citeiz⁵ ne li estoit rendue⁶ dedenz le terme⁷ de la trive, et il les pouoit penre par force, il les feroit touz ocirre⁸ et metre à l'espée⁹.

334. — Quant cil d'Avingnon¹ virent que li rois ot jurei, et² pour le courrous que il avoit dou conte³ qui morz estoit⁴, si orent conseil qu'il renderoient la citei au roi⁵, sauve leur vie; car il savoient bien que au loing⁶ ne la porroient il tenir. Et la rendirent, et li rois en fist abatre les murs, et i mist garnison à leur coust⁷. Et s'en departi au plus tost que il pot; car li lieus⁸ estoit touz corrompuz, et mout i mouroit⁹ de genz. Et i fu morz li cuens de Namur¹⁰, dont ce fu granz domages, et mout d'autres riches hommes.

---

⁹ C, aussi estoit il aymer. — ¹⁰ F *ajoute* courtois et loiaus.

333. — ¹ C, li roy fist le conte Saint Paul desarmer, puis fu. — ² DF, enbauffumés. — ³ DEF, xl. — ⁴ C, le roy Loys voyant tous ceulx de la cité; DEF, devant tous. — ⁵ EF, li castiaus. — ⁶ D *ajoute* et li chastiaus aussi; F, et la cités. — ⁷ D *ajoute* qui mis i estoit. — ⁸ C, pendre. — ⁹ D, que il les metcroit tous à l'espée.

334. — ¹ A, Aynnon. — ² E *seul n'a pas* et. — ³ F *ajoute* de Saint Pol. — ⁴ C, avoit de la mort au conte. — ⁵ D *omet* au roi. — ⁶ A, au lons; E, à la parfin; F, longement. — ⁷ C *ajoute* et despens. — ⁸ C, car l'air. — ⁹ F *ajoute* grant plenté. — ¹⁰ A, iramur.

335. — Ainsi comme li rois[1] et li arcevesques de Rains[2] en revenoient, si leur prist maladie granz ; et furent mis en litiere, et furent aporteï jusques Monpensier[3], un fort chastel le roi, et ne porent avant aleir. Et là fu morz li rois, dont Dieus ait l'ame ! et fu acomplie la prophecie que on dit que Mellins avoit dite ; car il dist que li dous lions[4] de France mourroit à Monpensier. Et voirement estoit il li dous lions, et estoit hardiz[5] outre mesure, ne n'aferoit pas à roi que[6] il feist les hardemenz que[7] il faisoit. Et fu li cors le roi enbaumeiz de baume, et aporteiz à Saint Denis[8] où il fu enfouiz richement près de son pere ; et li arcevesques ne vesqui que trois jourz après le roi, et fu aporteiz à Clerevaus, et fu enfouiz[9] en la cimetiere commune.

336. — Ci vous lairons esteir des morz[1], et parlerons des vis[2] ; si vous dirons[3] de la roïne Blanche qui menoit son grant duel. Et ce n'estoit pas merveille, car elle avoit trop perdu[4] ; et si enfant estoient petit, et elle estoit une seule famme d'estrange contrée[5]. Et elle avoit à marchir à granz seigneurs, au conte[6] Phe-

---

335. — [1] F *ajoute* de France. — [2] A *omet* de Rains. — [3] B, Monpellier *ici et plus bas*. — [4] C, les deux lyons. — [5] C, estoient ilz les deux lions et hardis. — [6] B, n'apartenoit pas que. — [7] DEF à roi che que il faisoit. — [8] C *ajoute* en France. — [9] DEF *omettent* richement, *etc. jusqu'à* et fu enfouiz.

336. — [1] F *ajoute* dont Dieux ait merchi. — [2] D, des demourans en vie. — [3] C *donne seul* si vous dirons ; B *remplace ces mots par* et ; AD *les omettent* ; EF *arrêtent le sens après* vis, *et commencent une nouvelle phrase par* la roïne Blance menoit. — [4] F, avoit son seignour perdu. — [5] A, d'estranges contrées ; F, en estrange contrée. — [6] C, à martire à souffrir au conte ; D, marchir à si

lipe Hurupel de Bouloingne, au conte Robert de Dreues, au conte de Mascon son frere, au seigneur de Courtenai⁷, à mon seigneur Enjorrant de Couci, et à tout ce grant lignage qui lors estoit ; si les resoingnoit⁸ mout.

337. — Si manda les princes dou roiaume où elle se fioit plus et les plus preudommes¹, et leur dist : « Biau seigneur², mes sires est morz³, dont c'est « domages à moi et à vous⁴ ; si vous demant conseil⁵ « que je ferai, car j'en ai grant mestier. — Par foi, « dient li baron, dame, vous ferez⁶ couronneir Loueys « vostre fil à Rains ; et irons là tuit armei, et sera cou- « ronneiz cui que il en poit⁷. » Et fu li jourz pris de l'enfant couronneir⁸, qui estoit de l'aage de quatorze ans⁹, au jour de la feste saint Andrieu en l'an de l'incarnacion Nostre Seigneur mil et deus cent et vint six¹⁰ ans.

338. — Et vinrent à cel jour à Rains asseiz¹ simplement, et fu li enfes couronneiz par la main l'evesque Jaque de Soissons ; car adonc estoit li sieges vagues².

---

grant gent comme au conte; F, as grans seignours c'est à savoir au conte. — ⁷ D, Courtrai ; F *omet* au seigneur de Courtenai. — ⁸ BE, resoigna.

337. — ¹ EF *omettent* et les plus preudommes. — ²F *omet* biau seigneur. — ³ F, me sire li rois est trespassés. — ⁴ A, à nous ; B, *etc.* mes domaiges et li vostres. — ⁵ B, si vous pri que vous me consilliez ; C, que vous me donnez conseil. — ⁶ F, nous vous loons que vous faites. — ⁷ A, cui que il poit ; C, sans contredit. — ⁸ A, de coroner l'enfant. — ⁹ E *omet ici* et n'avoit, *etc. en ajoutant à la fin de la phrase* : et n'avoit adont que XIII ans. — ¹⁰ BC, XXVII.

338. — ¹ E *omet* asseiz. — ² D, li sieges d'archevesque waques.

Et furent fait li homage au roi, et à la roïne tant comme elle tenroit le bail[3]; et de ce orent li baron trop grant envie. Et en ce tempoire fu esleuz Henriz de Brainne[4] à arcevesque de Rains, qui tant fist de mal aus bourjois de Rains[5]; n'onques n'orent pais tant comme il vesqui. Et fu arcevesques quatorze ans; et mourut entour la saint Jehan mil et deus cent quarante ans[6].

XXXIII.

339. — Or revenons aus[1] barons qui ne[2] pensoient se mal[3] non envers la roïne de France[4]. Il faisoient souvent parlemenz ensemble[5], et disoient qu'il n'avoit en[6] France qui les peust grever[7]; et veoient que li rois estoit juenes et si frere, et pou prisoient la mere[8]. Si s'alierent[9] ensemble, et firent entendant, si comme on dit, le conte de Bouloingne que il le feroient roi; et il n'estoit mie mout sages, si les créi[10].

340. — Et prisent conseil entr'eus qu'il se penroient[1] avant au conte Thiebaut de Champaingne, et li enmeteroient[2] la mort le roi Loueys, pour ce qu'il

---

— [3] EF, la baillie. — [4] C, Brienne; B, Borgongne Braigne. — [5] C omet qui tant, etc. — [6] *On trouve ici, dans le manuscrit F, la fin du récit relatif à Milon évêque de Beauvais. Voyez les paragraphes* 184 *à* 195.

339. — [1] F, or vous dirons des. — [2] A, ne se. — [3] B, mauvaitié; C, grant mauvaistié. — [4] F, roïne Blance. — [5] B *ajoute* et entr'aus; CF, *remplacent* ensemble *par* entre eus. — [6] F, n'estoit en toute. — [7] B, governer. — [8] D, peu le prisoient. — [9] D, s'acorderent. — [10] F, les en crut moult bien.

340. — [1] C, appaiseroient. — [2] B, ameteroient; C, admonnesteroient; DE, meteroient sus. F *omet les mots* et li enmeteroient

l'avoit laissié à Avingnon et s'en estoit partiz mauvaisement comme traitres; et se il l'avoient mort ou pris, il n'averoient mais nul contrediseur³ au roiaume conquerre. Ainsi fu atournei; et li cuens de Bouloingne envoia⁴ deffier le conte Thiebaut par deus chevaliers, et li demanda entresait⁵ la mort son frere.

341. — Li cuens en fu mout esbaubiz¹, et fist semonre ses hommes, et leur demanda conseil que il feroit. Et si homme li respondirent mauvaisement²; car il estoient tuit truchié³ par devers les barons⁴. Quant li cuens vit et entendi⁵ leur mauvaises chieres⁶ et leur mauvaises responses, si ot tout son cuer perdu; et nequedent il fist meilleur chiere qu'il ne pensoit.

342. — Et commanda à deffaire¹ une arche dou pont de Bainson², et faire par deseure³ le pont barbacannes et deffenses; et commanda le pas⁴ à gardeir au conte Huon de Retest, qui gaires n'en fist sa partie bonne. Et garni Fimes⁵, et en fist chevetain Simon de Trelou⁶; et fist garnir Monwimer⁷, et ce fu la garni-

---

jusques et y compris deffier le conte Thiebaut. — ³ C, jamais qui les contredist; DE, nul contredit. — ⁴ D, ala. — ⁵ C *omet* entresait.

341. — ¹ CDEF, esbahis. — ² F *ajoute* le ferés. — ³ B, couchié; C, jà touchez; DEF, tourné. — ⁴ C, de la verge aux barons. — ⁵ CD *omettent* et entendi. — ⁶ E, lor mauvais cuers.

342. — ¹ C, faire. — ² D, Baisson; E, Basson; F, Baison; C *omet ce mot*. — ³ C, par dessoubz; D, dessous. — ⁴ B, les pas; C, le païs. — ⁵ A, Funes. — ⁶ C, Trillon; DF, Traileu; E, Treileu. — ⁷ B, Moimer; C, Moymer; DF, Moiemer; E, Moiteier. — ⁸ DF, les bours.

sons qui mieuz se prouva envers lui. Et se traist envers Provins, et fist le bourc[3] fermeir hastivement ; et là se tint, car il ne se savoit en cui fier.

343. — Ci vous lairons un pou esteir[1] dou conte Thiebaut, si vous dirons des barons qui assemblerent un si grant ost[2] que c'estoit une merveille à veoir[3]. Et vinrent droit à Fimes, et fu assise[4] ; et furent grant piece devant. En la pardefin leur fu elle rendue, et la firent meneir, et mirent[5] le feu dedenz ; mais la tours estoit si bonne qu'onques ne s'en desmenti, et encore tient[6]. Et puis se traient droit au pont à Bainson ; et là ne porent[7] passeir, car il estoit mout bien hourdeiz[8].

344. — Et quant li cuens Hues de Saint Pol vit qu'il ne passeroient pas au pont, si contremonta un pou Marne jusques endroit Rueil[1] ; et là passa il primerains entre lui et sa gent. Mais un pou i ot de contredit d'entour dis chevaliers de la mesnie au conte de Retest, qui contredirent le pas[2] tant[3] comme il porent ; et ce ne leur valut nient[4], car li cuens de Saint Pol estoit[5] passeiz. Et quant li cuens de Retest les vit outre[6], si tourna le dos et s'enfui ; et li Moingnes de Mongon[7] i fu navreiz et pris[8].

---

343. — [1] C, lairons à parler ; EF *omettent* esteir ; AD *omettent* un pou esteir. — [2] D, un grant ost si grant. — [3] C, que merveilles. — [4] B, assaillie. — [5] E, bouterent. — [6] D, et est boine encore ; EF *omettent* et encore tient. — [7] D, ne le porent. — [8] C, garny.

344. — [1] C, Rue. — [2] C, païs. — [3] A *omet* tant. — [4] F, mais poi lor valut. — [5] DEF, estoit jà. — [6] D, Retel vint outre. — [7] B, Longou ; C, Longuion ; EF, Longon. — [8] D *omet* et li Moingnes, *etc.*

345. — Atant passerent tuit¹; car Marne estoit petite adonc. Et puis alerent à Esparnai, et la brisierent²; et mout i gaaingnierent grant avoir, et mout en vint à Rains; dont teis i ot qui mout firent bien leur feret³. Et puis alerent à Dammeri, et fu tansée⁴. Et de là alerent à Sesanne, et la trouverent toute wide; car li cuens Thiebauz⁵ i avoit fait le feu bouteir. Et bien sachiez⁶ que cil de Monwimer les contrelioient⁷ durement.

346. — Et puis s'en alerent vers Provins, mais la vitaille leur aloit auques faillant; et cil de Monwimer¹ hapissoient² quanque il leur venoit de vers Rains; et c'estoit li païs³ dont il leur venoit plus de bien, car li arcevesques Henris leur aidoit de tout son pouoir. Ainsi ardoient⁴ le païs de Champaingne que nus n'i metoit conseil⁵.

347. — Quant¹ la roïne Blanche sot vraiement que ce ne faisoient il fors pour le regne de France avoir (et bien sot que mes sires Enjorrans de Couci avoit jà faite faire la couronne dont il devoit estre couronneiz, jà soit ce que² il feissent entendant le conte de Bouloingne qu'il en feroient roi; mais on dist piece a:

---

345. — ¹ D *omet* atant passerent tuit. — ² E, et entrerent ens par force. — ³ A, ferret; DF, feret; E, fieret; B, ferraut. — ⁴ A, cassée; C, taxée. — ⁵ F, quens de Saint Pol. — ⁶ B *ajoute* de voir. — ⁷ D, contrarierent; F, contralierent.

346. — ¹ C, Mesine. — ² CDEF, hapoient. — ³ EF, li lius; D *omet* li païs. — ⁴ D, et si ardoit. — ⁵ D, consel ne aide; F, conseil ne nulle remede, dont c'estoit grans pités.

347. — ¹ C *omet* quant; E *remplace* quant *par* en la fin, et l' *par* adonc avint que. — ² F, jà fuisse cose que. — ³ B, maus. —

« Cui Dieus veut aidier, mauvais³ hons ne li puet
« nuire »), si ot la roïne conseil qu'elle aideroit à
deffendre la terre de Champaingne et de Brie⁴; car li
cuens de Champaingne estoit ses parenz et hons le
roi.

348. — Et fist assembleir un grant ost à quatre
liues de Troies, et i fu li rois et elle¹; et manda au
conte de Bouloingne et aus barons que il ne fussent
tant hardi que il meffeissent rien sour le fié le roi; et
bien leur manda que elle estoit apareillie de faire
droit² dou conte³ se il li savoient⁴ que demandeir. Et
il li manderent⁵ qu'il n'en plaideroient jà, et dirent
que c'estoit coustume de famme que celui qui li ave-
roit mourdri son mari, celui repenroit elle plus vou-
lentiers que un autre.

349. — Lors respondi li cuens de Bouloingne, qui
s'estoit jà perceuz¹ de leur traïson, et dist : « Par foi,
« vous dites mal; il n'est pas esclairié² ce que vous
« demandeiz³ au conte. Et d'autre part nous seriens
« parjur le roi se nous d'ore en avant meffaisiens rien
« sour la deffense qui nous⁴ est faite. Ensourquetout⁵
« li rois est mes niés, fiuz de mon frere, et est mes
« liges sires, et je sui ses liges hons; si vous fais bien

---

¹ DEF, deffendre Champaigne et le tere de Brie.

348. — ¹ C *omet* et i fu li rois et elle; F, li rois ses fiex et elle ausi. — ² E, plain droit. — ³ F *ajoute* de Campaigne. — ⁴ B, savoient riens. — ⁵ F, remanderent; BCDE, respondirent.

349. — ¹ C, et dist que elle s'estoit aperceue. — ² C, aperceu ne monstré. — ³ B, ametés; CDEF, metés sus. — ⁴ B, vous seriés... vous meffaisiés... vous. — ⁵ C, oultre plus. — ⁶ F, le roi mon neveu dou tout en tout à mon.

« à savoir que je ne sui plus de vostre aliance ne de
« vostre acort, ainsois serai devers le roi atout mon[6]
« loial pouoir. »

350. — Quant li baron oïrent ainsi parleir le conte[1]
si se regarderent li uns l'autre, et furent tuit esbaubi[2];
et dirent au conte, qui leur chiés[3] estoit : « Sire[4],
« dont nous avez vous maubailli[5]; car vous averez[6] la
« pais la roïne, et nous perderons[7] nostre terre[8]. —
« En non Dieu, dist li cuens, mieuz vaut folie relais-
« sier[9] que folie poursivre[10]. » Atant fait escrire unes
letres, et mande à la roïne que son commandement ne
veut il pas trespasseir ne le commandement le roi[11],
ainsois est appareilliez de faire leur commandemenz[12].

351. — Quant la roïne le sot, si en fu mout lie[1]; et
li cuens de Bouloingne se departi des barons, et li
baron se departirent. Si s'en ala chascuns en sa terre
à mesaise[2] de cuer, pour ce qu'il n'avoient pas assevi[3]
leur vouloir, et avoient aquis[4] la male amour la
roïne, qui bien savoit haïr et ameir ceus et celles qui[5]
le deservoient, et guerredonneir selon leur uevres[6].

---

350. — [1] F *ajoute* de Bouloigne. — [2] DEF, esbahi. — [3] E, cie-
vetains. — [4] A *omet* sire. — [5] C, nous l'auriez vous belle baillie.
— [6] BEF, raverez; CD, raveriez. — [7] C, perderions; D, ariens
perdu; EF, averons perdu. — [8] A, perdrons terre. — [9] B, remese
et relaschie; C, relachée; DE, laissie; F, à laisser. — [10] C, pour-
suyte; D, poursuivie; E, maintenue. — [11] F *ajoute* son chier
neveu et son seignour. — [12] C, de le faire; E, lor volenté; F, en
toutes coses lor volenté.
351. — [1] C, joyeuse. — [2] C, tristesse. — [3] B, assuvi; CDEF,
acompli. — [4] A *omet* aquis. — [5] DEF, à chiaus qui. — [6] D, des-
sertes.

352. — Ainsi fu li couvenz[1] abaissiez, et li cuens de Champaingne demoura en pais. Et ne tarja[2] gaires après, que la contesse Blanche[3] sa mere mourut; et puis un an après[4], que li rois Sanches[5] de Navare mourut, qui ses oncles estoit. Et fu li cuens envoiez querre des barons de Navare, et en firent roi à Pampelune selon la coustume[6] dou païs.

353. — Et ot à famme la contesse d'Aubourc, ainsois que il fust rois; et l'avoit renvoïe[1]. Et avoit[2] eu après celi[3] la fille mon seigneur Ymbert de Biaugeu, qui estoit niece le roi[4]; et fu morte, mais il en ot[5] une fille qui fu mariée au fil le conte Perron le Clerc, qui ore est[6] cuens de Bretaingne. Et puis se maria à la fille Erchembaut de Bourbon[7]; et de celle dame ot il six enfanz, dont li ainsneiz ot non Thiebauz, et li seconz Pierres, et li tierz Henriz, et li quarz Guillaumes, et l'ainsnée damoisele Aeliz, et l'autre Cezile[8].

XXXIV.

354. — Ci vous lairons esteir[1] dou roi de Navare, et vous dirons[2] dou roi de France qui estoit en l'aage de

---

352. — [1] C, l'entreprise; DF, courous; E, contens. — [2] B, tarza. — [3] BDEF *ajoutent* qui estoit. — [4] C, un pou après. — [5] C, saulvaige; E *omet* Sanches. — [6] DEF, le meniere.

353. — [1] F, l'ot renvoiiet en son païs. — [2] A *omet* et avoit. — [3] C, et avoit après elle prins; D, et ot en après; E, et pris. — [4] F *ajoute* de Navare. — [5] E, et en remest. — [6] C, qui adont estoit; EF, ki puis fu. — [7] C, Artaubault de Berbon. — [8] AB, Sezile; C, Cezile; D, Checille; EF, Cecille.

354. — [1] C, à parler. — [2] F *omet* vous dirons. — [3] F, de marier

vint ans. Et ot la roïne conseil de lui marier³; et prist à famme la fille le conte de Provence l'ainsnée, dont il avoit quatre⁴. Et maintenant⁵ li rois Henriz d'Engleterre prist l'autre; et li cuens Richarz ses freres, qui ore est⁶ rois d'Alemaingne, prist la tierce⁷; et li cuens d'Anjo⁸ freres le roi de France prist la derreinne, et ot⁹ la contei de Provence; car c'est la coustume dou païs que li derreins enfes a tout se il n'i a oir male.

355. — Et sachiez de voir que¹ celle damoisele que li rois de France prist à famme ot à non Marguerite, qui mout est² bonne dame et sage³. Et a⁴ dou roi huit enfanz, cinc fiuz et trois filles; dont li ainsneiz des fiuz avoit⁵ à non Loueys, et li seconz Phelipes, et li tierz Pierres, et li quarz Jehans, et li quinz Roberz. Et l'ainsnée des damoiseles a⁶ non Ysabiaus, et est⁷ mariée au roi de Navare; et la seconde a⁸ non Marguerite, et est⁹ donnée au fil le duc de Brabant¹⁰; et la tierce a non Blanche.

356. — Or vous lairons esteir¹ des enfanz (que

---

mon seigneur le roi son fils. — ⁴ B *ajoute* anfans; C, l'aisnée des III. — ⁵ F, tantost après. — ⁶ BEF, qui puis fu; C, qui fut; D *omet* qui ore est. — ⁷ C *omet* prist la tierce. — ⁸ EF, li quens Guis. — ⁹ D, et li quens d'Angau qui ot à non Charlles, prist le quarte et le mainsnée; li quens estoit freres au roy de Franche, et ot.

355. — ¹ CE *omettent* et sachiez, etc. — ² B, etc. fu. — ³ C, sage et droicte. — ⁴ B, etc. ot *ou* eut. — ⁵ B, etc. ot *ou* eut. — ⁶ B, etc. ot *ou* eut. — ⁷ BCDE, fu; F, fu assés tost après chou k'elle ot son eage. — ⁸ B, etc. ot *ou* eut. — ⁹ BCDF, fu. — ¹⁰ E *omet* et est donnée, etc.

Dieus gart!) et revenrons au roi de Navare, qui avoit fait mariage de sa fille au fil le² conte Mauclerc de Bretaingne; qui mout furent bien ensemble, et usoit li rois de Navare tout de³ son conseil. Et li fist entendant que li rois de France li faisoit tort⁴ des quatre fiez⁵ de Blois, et s'alia à lui, et dist qu'il li feroit ravoir⁶ se il le vouloit croire; car il averoient⁷ bien pouoir au roi⁸ entre eus deus par eus et par leur amis. Li rois de Navare le créi, si fist que fous; car il en eust estei maubailliz⁹ se la roïne Blanche ne fust qui¹⁰ l'apaisa¹¹ à son fil.

357. — Huimais¹ orrez comment li rois de Navare ouvra par fol² conseil; et fist fermer Miaus et garnir ses chastiaus³, et requist au roi qu'il li rendist ses fiez⁴ de Blois, dont il li faisoit tort, si comme il disoit⁵. Li rois li respondi et dist qu'il ne l'en faisoit nul tort; et se il l'en savoit que⁶ demandeir, il l'en feroit dire⁷ droit par ses pers. Li rois de Navare n'en vout rien faire, ainsois dist que il s'en adresceroit quant il porroit; et entra en saisine des fiez. Quant li rois le sot, si fait semonre ses fieveiz, et fait menei perrieres et mangoniaus, et la grant trebuche⁸ d'Aubemarle que li cuens de Bouloingne avoit fait faire à Mousteruel

---

356. — ¹ C, à parler. — ² *Je supplée les mots* fil le. — ³ E, del tout par; F, dou tout de; C, faisoit ... tout par. — ⁴ A omet tort. — ⁵ D, d'un des fiés; EF, d'un fief. — ⁶ B, referoit avoir. — ⁷ DEF, avoient. — ⁸ DEF *omettent* au roi. — ⁹ C, il s'en feut mal trouvé. — ¹⁰ BD, car elle. — ¹¹ E, ki fist tant k'il fu apaisiés.

357. — ¹ C, du mains; E, puis mais. — ² B, faus; D, son; E, mauvais. — ³ E *omet* Miaus, *etc.* — ⁴ AB, le fié; DF, les fiés. — ⁵ F, on li avoit donné à entendre. — ⁶ D, savoit aucune cose à. — ⁷ F, oïr, DE *omettent* dire. — ⁸ C, tour. — ⁹ B, en fors d'Ionne;

sour for d'Ionne⁹; et faisoit aleir son ost là tout droit¹⁰.

358. — Quant¹ la roïne vit que ce fu à certes, et que li rois vouloit useir de son² conseil, si³ manda le roi de Navare qu'il venist à li parleir, et elle li feroit sa pais. Et il vint sans delai; et ainsi comme il entroit en la sale à Paris, il fu apareilliez qui le feri d'un formage en foissele⁴ en mi le visage⁵, par le conseil le conte d'Artois, qui onques⁶ ne l'ama. Et li rois de Navare s'en ala touz embruns⁷ devant la roïne, et li dist⁸ qu'ainsi l'avoit on atournei en son conduit.

359. — Quant la roïne le vit, si li pesa¹; et commanda que cil fust pris qui ce avoit fait, et mis en Chastelet; et averoit on conseil que on en feroit². Et si tost comme li cuens d'Artois le sot, il fist celui delivreir. Et toutes voies la roïne li fist sa pais³ en teil maniere que il renderoit touz les despenz que li rois i avoit fait pour celle ochoison, et que il quiteroit voulentiers⁴ les fiez⁵; et en tint li rois Mousteruel et trois chastiaus tant que il rot touz ses despens⁶.

C, faire et monter vers leu fort d'Yonne; E *omet* sour for d'Ionne. — ¹⁰ E, fist conduire son ost sour le roi de Navare.

358. — ¹ F *ajoute* madame Blance. — ² D, de son propre; F, de tel. — ³ E, li rois s'esmovoit si l'en pesa et. — ⁴ E, en fissiele; F, frés en fissiele; C, aulcun fut mis à droict qui luy gecta ung formage mol. — ⁵ C *ajoute* et ce fu fait. — ⁶ F, onques à nul jour. — ⁷ C, ainsi broillié; D, emboés; EF, enbroiiés. — ⁸ D, et se plainst.

359. — ¹ C, si fut mal contente. — ² C *omet* et averoit on, *etc*. — ³ F, et la roïne fist la pais le roi. — ⁴ DE *omettent* voulentiers. — ⁵ F *ajoute* de Blois. — ⁶ E, frais.

360. — Or avint l'an après[1] que li cuens Pierres Mauclers revela contre la court[2], et dist vilonnie à la roïne, et se parti de court vilainnement. Et quant li rois le sot, si en fu trop doulanz; et fist le conte ajourneir en sa court[3], à quarante[4] jourz[5], de ce que li rois li[6] sauroit que demandeir. Li cuens respondi qu'il n'iroit ne n'i envoieroit, et envoia le roi deffier par un prestre et par ses letres.

361. — Et quant li quarante jour furent passei de la semonse[1], li rois assembla ses oz, et s'en ala sour le conte[2], et assist Bellesme[3] et la prist[4] par force; n'onques puis ne fu rendue. Et quant li cuens vit son domage aparoir, si vint[5] à la merci le roi, saus touz les coustemenz[6] le roi et le chastel perdu; et vint aus piez la[7] roïne, et li cria[8] merci.

362. — Puis avint une piece après que li cuens de la Marche, qui prenoit les deniers le roi (chascun an trois mile livres de tournois[1]) pour gardeir les marches devers Bourdiaus, et[2] pour ce que li rois vouloit que il fust ses bons amis, si avint que il renonça[3] à penre les deniers le roi; et l'on dit piece a: « Tant grate chie-« vre que mau gist. » Et envoia querre le roi d'En-

---

360. — [1] D, grant pieche après; E, la après. — [2] C, rebella contre l'accord. — [3] DE *omettent* en sa court. — [4] AB, en xl; C, aux xl. — [5] E *ajoute* de faire droit. — [6] B, que il li.

361. — [1] C, de sa par... — [2] CD *omettent* et s'en ala, etc. — [3] C, Bellemer; D, Bierlegnie; E, Berligain; F, Bierleginen. — [4] B, prinsent. — [5] F, vint errant. — [6] C, despens. — [7] B, vint à pié à la. — [8] D, le pria.

362. — [1] CD *omettent* de tournois. — [2] E *ajoute* li envoioit li

gleterre, et vint à Bourdiaus; et atournerent⁴ que il entreroient⁵ en Poiteu, et cuidoient⁶ bien que li rois n'eust pouoir à eus⁷; et entrerent en Poiteu, et forfirent sour le roi.

363. — Mais quant li rois le sot, si ne fu pas esbahiz¹; ains leur ala à l'encontre, et assembla à Poitiers, et issi touz armeiz de Poitiers, si richement² qu'onques³ rois de France⁴ n'issi si richement de bonne vile⁵ pour aleir en ost⁶. Et cuida li cuens de la Marche que li rois deust tourneir à Lezinnon⁷, un sien chastel qui trop est forz; mais li rois ot conseil que il penroit ainsois⁸ les plus febles chastiaus et les garniroit, et puis après feroit tout le païs⁹ preeir et si gardeir que viande ne porroit entreir en¹⁰ Lezinnon, et ainsi le¹¹ porroit avoir. Car il savoit bien que la garnisons i estoit granz, et li chastiaus estoit trop forz¹².

364. — Et quant li cuens de la Marche vit la maniere¹ comment li rois ouvroit², si le douta mout; car il vit bien³ que il estoit sages. Si se traist vers Saintes, et la fist garnir de chevaliers et de serjanz; et s'en ala à Ponz, où li rois englois se tenoit; et là par-

---

rois. — ³ CDEF, refuza. — ⁴ E, deviserent. — ⁵ A, entrerent. — ⁶ A, cuidierent. — ⁷ F omet et cuidoient, *etc.*

363. — ¹ B, esbaubiz. — ² E, et issi de Poitiers moult richement armés; ABCD omettent *les mots* si richement *fournis par* F. — ³ C, ne oncques. — ⁴ B omet de France. — ⁵ F, de vile; D *omet* de bonne vile. — ⁶ E omet qu'onques rois, *etc.* — ⁷ C, Lizon; DEF, Lerinon. — ⁸ BCDF, avant. — ⁹ BC *omettent* le païs. — ¹⁰ F, entrer ens au castel de. — ¹¹ E, ke vitaille n'i poroit aler de castiel à autre; ensi les. — ¹² E *omet* car il savoit, *etc.*

364. — ¹ DF *omettent* la maniere. — ² F, en ouvroit; E, vit que li rois ouvroit ensi. — ³ A *omet* bien. — ⁴ DF *ajoutent* de France.

lerent dou roi⁴ qui mout esforciement venoit contre eus, et bien virent qu'il n'avoient pouoir au roi⁵.

365. — Atant ez vous les roiaus¹ qui avoient pris la Crosanne², un chastel le conte; et vinrent droit devant Saintes, et li cuens d'Artois venoit ou premier front³, banniere desploïe. Et cil dedenz issirent fors contre eus⁴ o grant⁵ foison de chevalerie; et ot enqui grant poingneiz, et i ot perdu et gaaingnié⁶, et pris chevaliers⁷ d'une part et d'autre. Mais cil dedenz en orent le pieur; car li cuens d'Artois se feri⁸ en la citei à grant foison de chevalerie, et fu la citeiz prise. Et quant li rois d'Engleterre le sot⁹, si s'en ala à Bourdiaus; et fist les neis¹⁰ bien gardeir, car il avoit grant paour que li rois ne passast outre à lui. Et plus tost qu'il pot il s'en rala en Engleterre, et se tint pour musart quant il i vint¹¹.

366. — Quant li cuens de la Marche vit qu'il ot perdu Saintes et quatre¹ chastiaus, et que li rois englois li estoit failliz, et mes sires Renauz de Pons² failliz, et li sires de Taillebourc, et li sires de Mirabel³, si se pensa qu'il avoit mal esploitié, et plus tost qu'il pot fist sa pais au roi. Et vint à sa merci, saus les

---

— ⁵ D, n'i aroient pooir; F, pooir à lui de tout lor effort.

365. — ¹ C, la baronnye de France. — ² E, et li rois françois ne s'oublia pas, ains prist par force le Crosane. — ³ DEF, chef. — ⁴ DF *omettent* contre eus. — ⁵ B, et i ot grant. — ⁶ C, grant combat de perte et gaigne. — ⁷ DEF *omettent* et pris chevaliers. — ⁸ A, entra. — ⁹ E, sot ces nouvieles. — ¹⁰ C, le guect. — ¹¹ EF, il en estoit issus.

366. — ¹ F, quatre autres. — ² C, de Poictou *en omettant* failliz. — ³ C *ajoute* lesquelz luy avoient touz failly. — ⁴ EF, et çou qu'il

despens le roi et sa conqueste⁴; car c'est la coustume au roi⁵ de France que se il va en ost sour aucun baron, ce que li rois prent à force dou sien li demeure perpetueilment⁶, et li couvient rendre⁷ touz les despens avant qu'il viengne à la pais le roi. Ainsi atournoit li rois touz ceus qui contre lui se reveloient⁸; et fist garnir Saintes et les quatre chastiaus mout bien, et s'en revint en France; et n'avoit baron en France n'ou⁹ roiaume¹⁰ qui vers lui s'osast crosleir¹¹.

XXXV.

367. — Puis avint un tans après qu'une mout granz maladie li prist, et fu malades comme près de mourir¹, et en celle eure se croisa pour aleir outre meir; et repassa², et atourna sa voie³, et fist preeschier des croiz. Et mout se croisierent de hauz hommes⁴, li cuens d'Artois, li cuens de Poitiers, li cuens d'Anjo, li cuens de Flandres, li cuens de Bretaingne, li cuens de Dreues, li cuens de Saint Pol, li cuens de Monfort, li cuens de Vendosme, li cuens de la Marche⁵, mes sires Gauchiers de Chastillon, Oliviers de Termes, mes sires Raous de Couci, mes sires Rogiers de Rosoi⁶, mes

---

avoit conquesté; D, et che perdu che que li rois avoit conquesté. — ⁵ A, as rois. — ⁶ E, çou k'il conquiert par force li demeure propre à tous jours. — ⁷ D, et convient rendre le baron. — ⁸ D, aloient ou reveloient. — ⁹ C, ne entour le. — ¹⁰ DEF, ne n'estoit roiames. — ¹¹ C, drecier. *Les paragraphes 367 à 397 manquent dans* D.

367. — ¹ E, si qu'il quida morir. — ² B, respassa; C, repassa à santé. — ³ C *omet* et atorna sa voie. — ⁴ F *ajoute* et puissant primers se croisa. — ⁵ F *ajoute* li quens de Bouloigne, li quens de

sires Raous de Soissons, et tant d'autres granz seigneurs que France⁷ en demoura toute wide, et encore⁸ i pert.

368. — Mais une chose fist li rois dont il ne vint nus biens ; car il s'acorda au respit de trois ans que li chevalier quisent¹ au legat pour avoir respit² des detes qu'il devoient aus bourjois, sauf ce que li legaz ne pourprenoit pas leur foiz³. Et sour ce il s'en alerent outre meir ; et ainsi ne fist mie⁴ Godefrois de Bouillon, qui vendi sa duchée à touz jourz, et ala outre meir⁵ proprement⁶ au sien, et n'enporta rien de l'autrui. Si esploita⁷, et l'Escriture dit que Dieus ne se veut mie servir⁸ de rapine ne de toute⁹.

369. — Quant li rois ot atournei sa voie, si prist s'escharpe¹ et son bourdon à Nostre Dame à Paris ; et li chanta messe li evesques². Et se mut³ de Nostre Dame entre lui et la roïne et ses freres et leur fammes⁴, deschauz et nuz piez ; et toutes les congregations et li pueples de Paris les⁵ convoierent jusqu'à Saint Denis,

---

Ponthieu. — ⁶ EF *omettent* les seigneurs de Couci et de Rosoi. — ⁷ F, douche France. — ⁸ E, si k'encore.

368. — ¹ E, requisent. — ² C, il s'acorda que les chevaliers eussent respit au legat trois ans ; E, qu'il orent respit de paiier. — ³ B, le porprenoit par leur fois ; C, n'en proprenoit pas leur foy ; E *omet* sauf ce que, *etc.*; F, il s'acorda à chose que li chevalier eussent respit trois ans de paiier lor debtes as bourjois, et n'en prendoit mie li liegas lor fois dou paiier. — ⁴ E, n'ouvra mie ; F, n'eut talent de faire. — ⁵ CF *omettent* outre meir ; E, et i ala. — ⁶ E, purement. — ⁷ F *ajoute* bien ; E, moult bien. — ⁸ CEF, ne veut pas estre servis. — ⁹ B *altère le mot* toute.

369. — ¹ C, sa charpe. — ² F *ajoute* de Paris. — ³ BC, s'en vint.

en larmes et en pleurs⁶. Et là prist à eus congié li rois, et les renvoia à Paris, et ploura asseiz au departir d'eus.

370. — Mais la roïne sa mere demoura avec lui, et le convoia trois journées maugrei¹ le roi. Et lors li dist : « Bele très douce mere, par celle foi que vous « me devez², retourneiz desormais. Je vous lais mes « trois enfanz à gardeir, Loueys et Phelipe et Ysabel; « et vous lais à gouverneir³ le roiaume de France, et « je sai bien⁴ qu'il seront bien gardei⁵ et li roiaumes « bien gouverneiz⁶. » Adonc li respondi la roïne en plourant :

371. — « Biaus très douz fiuz, comment sera ce que « mes cuers porra souffrir¹ la departie de moi et de « vous? Certes il sera plus durs que pierre s'il ne « part² en deus moitiez; car vous m'avez estei li « mieudres fiuz qui onques fust à mere. » A ce mot chéi pasmée; et li rois la redreça et baisa³, et prist⁴ congié à li en plourant; et li frere le roi et leur fammes prisent congié à la roïne⁵ tout en plourant⁶. Et la roïne se repasma⁷, et fu grant piece en paumai-

---

— ⁴ A *omet* et leur fammes. — ⁵ ABC, et les. — ⁶ F, en grans plours.
370. — ¹ E, maleoit gret. — ² A, donnez. — ³ BE, à gardeir; C, en garde; F, vous relais enquore à gardeir. — ⁴ E, sai de fit. — ⁵ AB, sera bien gardez; C, seront bien gardez. — ⁶ EF, il sera bien gardés et bien gouvrenés; F *ajoute* se Dieu plaist.
371. — ¹ BCEF, endurer. — ² E, fent. — ³ B, la redresse et baise; E, le redrecha et l'enleva. — ⁴ AB, prent. — ⁵ C, prindrent congé à leurs femmes et à la royne. — ⁶ EF *omettent* et li frere, *etc.* — ⁷ A, s'en repaira; BE, se repasme; C, se pasma; F, se re-

son ; et quant elle fu repairie⁸, si dist : « Biaus tenres
« fiuz, je ne vous verrai jamais ; li cuers le me dit. »
Et elle dist voir ; que elle fu morte avant que il revenist⁹.

372. — Or vous dirons dou roi qui erra tant par petites¹ journées que il vint à Aigue Morte, un sien port près de Marseilles. Et fu sa nave apareillie, et entra enz entre lui et sa mesnie sans plus²; et si frere et leur fammes entrerent chascuns en la leur³, et li autre baron ausi. Et departirent dou port par un mardi matin, à⁴ trente huit naves pleines de bonnes genz et de hauz hommes, sans les naves aus menues genz⁵ et sans celles aus chevaus et aus viandes. Et nagierent tant par la grace de Dieu que il arriverent en Chipre, et prisent port à Limeson une citei qui est en Chipre⁶ ; et là furent près d'un an.

373. — Et lors vout li rois que tuit entrassent¹ en naves, et fait fu quant² il l'ot commandei. Et envoia à chascun seigneur des naves letres closes, et leur commanda que il ne les leussent³ devant ce qu'il fussent⁴ meu dou port. Et quant il furent meu, chascuns brisa la letre le roi⁵ ; et virent que li rois commandoit que

---

pasma. — ⁸ C, relevée; EF, revenue; B, relevée et repairie. —
⁹ F ajoute d'outre mer.

372. — ¹ CE, par ses. — ² A répète par erreur et sa mainie. —
³ B, la soie. — ⁴ F, atout; ABC omettent la préposition à. · ⁵ EF, et sans les mainsnies et les menues gens; BC omettent et de hauz hommes, etc. — ⁶ C omet et prisent port, etc.

373. — ¹ BEF, rentrassent. — ² F, fu fait errant quant. — ³ C, ouvrassent. — ⁴ E, leuscent mie si fuscent; F, jusques à tant que il fuissent. — ⁵ DEF, sa letre; C, sa letre de par le roy. — ⁶ C,

tuit alassent à Damiete ; et maintenant commanda chascuns aus maroniers[6] que il s'i adreçassent[7].

374. — Et li maronier dirent que si feroient il[1] voulentiers, et alerent si droit à Damiete que il vinrent en dis jourz au port ; et furent venues toutes les naves en jour et demi, et prisent port[2]. Mais li porz estoit malaisiez à penre ; car les naves ne pouoient aprochier la rive de bien une lance ou plus[3]. Quant cil de Damiete se perçurent, si coururent aus armes ; et font sonneir un gresle, et sont venu au rivage[4] ; et commencierent à traire saietes aus ars turcois[5] ausi menuement[6] comme plueue chiet dou ciel[7] ; et crestien arresterent un pou.

375. — Et quant li rois vit que crestien arrestoient[1], si fu touz forseneiz d'ire et de mautalant[2], qu'il en ot. Et joint les piez[3], et saut en meir touz armeiz, l'escu au col et l'espée ou poing ; et ot de meir[4] jusqu'au ceintuir[5], et vint au rivage[6] si comme Dieu plot. Et se met entre Sarrezins, et fait tant d'armes que ce fu merveille[7] ; et le regardoit on[8] à merveilles[9] pour son bien

par quoy commanderent aux notonniers. — [7] F *ajoute* au plus droit que il porroient.
374. — [1] C, laquelle chose feirent. — [2] C *omet* et furent venues, etc. — [3] F, et de plus enquore. — [4] A, à rivage. — [5] B, à ars tricois. — [6] C, aussi dreu ; E, moult menuement ; F *omet* ausi. — [7] EF *omettent* comme, etc.
375. — [1] A, arresterent. — [2] C, et de dueil ; E *omet* d'ire et de mautalant. — [3] F, ses deus piés ensemble. — [4] BE, de la mer. — [5] C, et estoit en l'eaue jusques à la sainçture. — [6] EF, vint à rive ; B, vint armé. — [7] F, une grans merveille. — [8] B, redoutoit on ; C, moult le redoubtoient Sarrazins, *en omettant* à merveilles. —

faire. Et quant crestien virent le roi ainsi maintenir[10], si fierent en meir à un tas[11], et prennent terre, et escrient Monjoie, et se fierent entr'eus, et tant en ocient qu'on ne le[12] puet nombreir[13]; et adés issoient des naves[14].

376. — Quant Sarrezin virent qu'il ne le porroient endureir[1], si tournent les dos et s'enfuient[2], et se fierent en Damiete; et clorent les portes[3]. Et crestien se logent et herbergent[4], et assiéent la citei; et furent enqui une piece de tans. Et vout li rois que li engin fussent drecié et getassent[5]; et fu fait quant[6] li rois l'ot commandei[7]; et geterent trois jourz et trois nuiz sans cesser en la citei, et ne faisoit on dedenz[8] nul semblant de deffendre.

377. — Et se[1] perçurent les gardes de l'ost, et[2] dirent au roi[3] : « Sire, il nous est avis que il n'a nului
« dedenz la citei[4]; car nus ne pert aus creniaus ne aus
« portes[5] nuit ne jour. Et se il vous plaisoit, nous[6]
« feriens monteir à eschieles, et entreir dedenz; et

---

[9] E, de toutes pars; F, le regardoient li plusour.— [10] C, maintenant. — [11] C, par monceaulx. — [12] BE, nes; CF, ne les. — [13] C ajoute tant y en avoit. — [14] EF ajoutent crestiien; C omet et adés, etc.

376. — [1] F, ne pooient endurer le fais. — [2] A, se fuient; BEF, s'enfuirent; C, prindrent la fuyte. — [3] B omet et clorent les portes. — [4] F, se logierent tout environ. — [5] C, que li engien gietaissent et furent dreciet. — [6] F, et li rois commanda que li mangonnel fuissent geté en la cité, et li engien furent drechiet errant que. — [7] C omet quant li rois, etc. — [8] E, el castiel.

377. — [1] BCF, s'en. — [2] C, quant les gardes de l'ost s'en eperceurent, si. — [3] E, quant ce virent les gardes de l'ost si vinrent au roi et li disent. — [4] F, en Damiete. — [5] C omet ne aus portes; E, n'apert as portes ne as murs ne as crestiaus. — [6] BC, nous i.

« saura on⁷ comment il leur est. » Li rois respondi que c'estoit bon à faire ; et fait crier que tuit soient apareillié l'endemain matin pour assaillir. Et furent drecies les eschieles, et monterent aus murs⁸, et entrerent en la citei sans contredit ; car cil de laienz en estoient tuit alei⁹ de nuit¹⁰, fors la vieille genz et li malade.

378. — Et quant il furent enz, si cerchierent la vile, et la trouverent bien garnie de vins et¹ de viandes² ; et vinrent aus portes, si les ouvrirent. Et entrerent enz cil de l'ost³, et furent menées les dames aus maistres estages⁴ : li rois et li prince demourerent dehors. Et avint à la roïne que li maus de son ventre la prist⁵, et delivra d'un fil ; et fu apeleiz en bautesme Pierres, et encore est il apeleiz Pierres⁶ Tristanz ; car il ne tarja gaires que Damiete fu rendue par une aventure qui avint au conte d'Artois, si comme vous orrez⁷.

XXXVI.

379. — Ainsi avint que Damiete fu conquise, dont

— ⁷ E, nous feriesmes drecier eschieles as murs pour savoir ; F, nous y feriemes monter par eschieles et entrer par dedens ; et si sariemes. — ⁸ A *omet* et monterent aus murs ; B *omet* et monterent. — ⁹ C *ajoute* et fouys de la ville. — ¹⁰ F, s'en estoient tout par nuit fui.

378. — ¹ ABE *omettent* de vins et. — ² F *ajoute* à grant plenté. — ³ E *omet* et entrerent, *etc.* F *seul donne* cil de l'ost. — ⁴ A, ostages. — ⁵ E, et avint que la roïne s'acoucha. — ⁶ B *omet* et encore est il apeleiz Pierres ; C, et puis l'appela on Pierre ; E, et ot non Pieres ; F, et puis fu nommés Pierres. — ⁷ F *ajoute* ci après en sivant.

crestien furent baut et joiant[1]. Et vint li cuens d'Artois au roi, et li dist : « Sire, que sejournons nous ci?
« Se vous m'en voulez[2] croire, nous chevaucheriens
« entre nous et le Temple et l'Ospital. Et sachiez[3], la
« terre est nostre; ne jà ne trouverons qui la[4] nous
« contredie[5]. — Certes, biaus freres, dist li rois, se
« vous m'en creez nous nous[6] soufferriens[7] encore; si
« apenriens[8] la terre et le païs, qui mout est forz à
« conquerre; et li Turc sont sage et bon guerrieur.

380. — « Sire, dit li cuens d'Artois, il nous couvient
« passeir le flun Jourdain; et se nous aviens passei le
« flun Jourdain[1], nous averiens conseil comment nous
« esploiteriens. — En non de moi[2], biaus freres, je
« resoing[3] tant vostre hardement et tant connois vostre
« courage que se vous aviez le flun passei, vous n'i
« atenderiez ne chaut ne chevelu[4]. — Ha! sire, dit li
« cuens[5], je vous jur[6] que je vous atenderai tant que
« vous serez passeiz. » Li rois en prist le serement, et
li otroia le congié de passer le flun[7]; mais se il seust
qu'il en avint, il ne li eust otroié pour tout l'or dou
monde[8].

381. — En icelle nuit avint proprement[1] que li cuens

---

379. — [1] C, quant Damyette fut conquise, si en furent crestiens moult liés et joyeux. — [2] BE, vouliez. — [3] E *ajoute* de voir; F, de verité. — [4] A *omet* la. — [5] C, et saichez de voir que nous ne trouverons jà qui nous aille à l'encontre, car la terre est nostre. — [6] A *ne répète pas* nous. — [7] EF, vous souferriés. — [8] F, et aprenderiés; E, aprenderiens à counoistre.

380. — [1] B *ne répète pas* Jourdain; C, se nous le avions passé. — [2] C, en non Dieu. — [3] EF, redout; C, doubte. — [4] C, ne froit. — [5] B *omet* dit li cuens. — [6] F *ajoute* sour sains. — [7] F le flun Jourdain. — [8] BC, tout le monde.

d'Artois fist² sa gent armeir, et Templiers et Ospitaliers ; et passerent le flun. Et furent passei au jour par un crestien renoié, qui savoit les passages, et savoit le païs et la terre³ ; et dist au conte d'Artois⁴ : « Sire, « se vous me vouliez croire, je vous feroie annuit « gaaingnier le plus grant tresor dou monde⁵, qui est « en une vile qui a non la Mansorra⁶, où toutes les « genz de cest païs sont fui⁷.

382. — « Alons i, dit li cuens. — Ha! sire¹, dit li « maistres dou Temple², que c'est que vous dites? « Pour Dieu merci, vous ne savez que ce monte. Où « vous cuiderez que Sarrezin soient desconfit, jà ne « garderez l'eure, si en serez touz avironneiz. Mais « pour Dieu, sire, atendons le roi qui doit enqui pas- « seir ; et vous, sire, li³ avez en couvent que vous ne « vous mouverez devant qu'il soit passeiz⁴.

383. — « Hai, hai! dit li cuens, voirement ce dit on « voir : Adés aura il en Templiers dou poil dou leu¹. « — Voire, dit li maistres, qui mout estoit hardiz et « preuz, or chevauchiez queil part que vous voulez, et

---

381. — ¹ E *omet* proprement. — ² F, et li quens d'Artois fist celle nuit. — ³ C, qui sçavoit les passaiges et le païs; E, atant es vous un crestiien renoié venut au conte qui bien savoit les passages et le pays. — ⁴ F, et lors vint uns crestiens renoiiés au conte d'Arthois, qui savoit les passages et les païs, et dist. — ⁵ B, dou siecle; C, du ciel. — ⁶ A, li Amosore; B, li Amasonne; C, li Amazone; EF, la Maronne.—⁷ A l'ont fui; EF, l'ont enfoui; B, son fui; C, ont leur reffuge.
382. — ¹ F *ajoute* pour Dieu. — ² B *omet* dou Temple. — ³ C, oultre plus vous luy. — ⁴ BF, mouveriez.... seroit passés; E, ne vous mouverés si sera passés, et il passera le matin.
383. — ¹ EF, de l'ours. — ² A *omet* reprouveir; B, ne sera

« nous vous sivrons ; ne jà, se Dieu plait, ne porrez
« reprouveir² à Templier nulle mauvestié³, par teil cou-
« vent⁴ que onques la crestienteiz ne reçut si grant
« domage comme elle recevra encui⁵ en cest jour, si
« comme mes cuers le me devine⁶. »

384. — Atant fierent chevaus des esperons et s'en
vont à la Mansorra¹ ; et entrent enz, et leur sembloit
que il n'i eust nului. Mais certes si avoit² : toutes les
terraces³ estoient pleines de Sarrezins⁴ bien garniz de
grosses pierres et de peis aguz, et les entrées de la
vile estoient lacies⁵ de barres couleices. Et maintenant
que il furent enz entrei, les barres furent coulées⁶ et
fermées⁷ ; et commencierent cil des terraces⁸ à geteir
grosses pierres et peis aguz, et reverseir⁹ iaue bouil-
lant pour eus eschaudeir. Et li tans estoit chauz, et
crestien estoient en presse¹⁰ ; si estoient en si grant
destroit que il n'avoient pouoir d'eus secourre ne
aidier¹¹.

385. — Et quant Sarrezin les virent à si grant¹

---

reprové. — ³ BCEF, traïson ne mauvaitié. — ⁴ C, et saichez. —
⁵ CEF, huy. — ⁶ C, dict ; F *ajoute* or chevauchiés de par la Mere
Dieu.

384. — ¹ A, Mausorra ; B, Masoure ; C, l'Amazone ; EF, Maronne.
— ² F *ajoute* grant plenté de lor anemis. — ³ C, tout le terrastre ;
EF, toutes les rues. — ⁴ E *ajoute* en soliers et en loges. — ⁵ E,
bien garnies de ; F, et les rues et toutes les entrées estoient fort
lachies. — ⁶ B, cloées. — ⁷ F, lachées et coulées ; E, les portes
furent fermées et toutes les bares coulées. — ⁸ C, cil de la ville ;
E, Sarrazin ; F, cil des soliers et des hautes loges. — ⁹ E, et ver-
soient par les feniestres. — ¹⁰ F *ajoute* et enclos des barres cou-
leiches, et si ne pooient avenir as Sarrazins. — ¹¹ E, d'eaus def-
fendre ; F *ajoute* en nulle maniere.

meschief, si s'esforcierent² plus et plus³, et tant que il les mirent à la mort presque touz. Et li rois, qui de tout ce ne savoit mot, passoit⁴ le flun; et quant il fu passeiz si cuida son frere trouveir, si nou⁵ trouva point; et lors dist li rois : « Ha! freres⁶, comme je croi « que vostre⁷ orgués nous⁸ grevera et fera d'en- « nui⁹ ! »

386. — Atant ez vous un de ceus qui en estoit eschapeiz; et vient au roi, et li escrie : « Ha! sire, « malement est¹; morz est li cuens d'Artois vostre « freres, et toute la chevalerie qui avec lui estoit, et li « maistres dou Temple, et cil de l'Ospital. Et sachiez, « sire, je vous di voir; que je le vi ocirre à mes ieus². » Quant li rois l'oï ainsi parleir, si pensa un pou³, et soupira mout grief⁴, et dist : « Se il est morz, Dieus li « face pardon de ses pechiez, et lui et touz les autres! » Atant commanda li rois que les tentes⁵ et li pavillon fussent⁶ tendu⁷; si se reposeroient, car li oz estoit mout travailliez dou flun⁷ qui estoit parfonz et roides.

387. — Si tost comme Sarrezin sorent que li rois avoit passei le flun, il font courre à leur¹ escluses, et

---

385. — ¹ E, à tel; AB *omettent* si grant. — ² A, si desforcierent. — ³ F *ajoute* d'iaus grever quar il en avoient bien le pooir. — ⁴ B, et passoit. — ⁵ A, nen. — ⁶ F, ha quens d'Arthois chiers frere. — ⁷ F *ajoute* grans. — ⁸ AEF, vous. — ⁹ F, de grant anui; C *ajoute* et grant destourbier.
386. — ¹ F, malement vous va. — ² BCEF *omettent* à mes ieus. — ³ F *ajoute* et ot grant destrece à son cuer. — ⁴ BCEF *omettent* mout grief. — ⁵ E, li tref; F *omet* les tentes et. — ⁶ C *ajoute* dreciez et. — ⁷ C, de avoir passé le fleuve; E, dou flun k'il avoient passé.

font tenir le flun², ; et fu si granz en pou d'eure que
nus n'i passast qui ne fust noiez. Et li legaz dit au roi :
« Sire, venez en en Damiete en ceste galie ; si serez
« sauveiz³. — Hé ! Dieus, dit li rois, comment porroit
« ce avenir que je lairoie ci ce pueple que j'ai ci
« amenei⁴, et m'en iroie à sauvetei ? Certes, sire legaz,
« je n'en ferai rien ; ainsois atenderai la merci Dieu,
« et vuel faire⁵ auteil fin comme il feront. »

388. — Quant li legaz vit que li rois ne se mouve-
roit, si se part de lui, et entre¹ en la galie, et s'en va² à
Damiete³ ; et li rois demoura. Et Sarrezin firent bien
gardeir le rivage ; que⁴ nus vaissiaus n'i pouoit⁵ pas-
seir se à painne non⁶, qui ne fust ars⁷ de feu grejois.
Et l'avoient si avironnei de toutes parz qu'il ne se
pouoient mouvoir ; et mout avoient pou à mangier.
Ainsi furent dès la Touz Sainz jusqu'à quaresme pre-
nant en teil destroit⁸, et leur failli dou tout la viande⁹ ;
et tout ce fu par mon seigneur Jehan de Biaumont, qui
deffendi le pas à gardeir par où il estoient si contraint.

389. — Quant li soudans de Babiloine vit que li rois
estoit si adouleiz¹, si li manda que il se rendist à lui ;

---

387. — ¹ C, si lascherent les ; E, fisent clore les ; F, fisent tenir
les. — ² F, et fisent le flun reculer. — ³ E, serons à sauveté. —
⁴ F, qui sont venu morir pour l'amour de moi. — ⁵ A omet faire ;
CF, et ferai.

388. — ¹ BCEF, parti ..... entra. — ² BEF, ala. — ³ F ajoute
dont il aporta grant doel as crestiens que il trouva. — ⁴ F, si que.
— ⁵ C, n'eust sceu ; EF, peust. — ⁶ C, que à grosse peine. — ⁷ F
ajoute et bruis. — ⁸ E, destresse ; F omet en teil destroit. — ⁹ F,
lor vivres.

389. — ¹ C, si à meschef. — ² BC, respondi. — ³ F, eh ! Dieux.

et li rois dist² : « Ne place à Dieu que je me rende à
« paien ne à Sarrezin. — Hé³ ! sire, dit li cuens de
« Poitiers et li cuens d'Anjo, pour Dieu, si ferez ; car
« vous veez bien que nous n'avons que mangier, ains
« mourons ici de fain et de males aises⁴ ; et bien⁵
« porra avenir que nous serons delivrei par raançon. »

390. — Tant li prierent tuit cil qui là estoient que
li rois rendi s'espée au soudan, et li cuens de Poitiers,
et li cuens d'Anjo, et tuit li autre baron. Et fu li rois
prisonniers dis jourz au soudan de Babiloine¹, n'onques
ne fu remueiz² de son treif³ ; mais il estoit bien gardeiz
de Sarrezins. Si avint que li soudans le fist raiembre⁴ ;
et fu raiens⁵ de huit cent mil besanz, et l'en fist bien
seur⁶ par le Temple et par l'Ospital.

391. — Et quant li soudans de l'Eschemele et li
soudans de Damas et cil de Alape sorent que li soudans
de Babiloine avoit raiens¹ le roi sans eus et sans leur
conseil, si s'en vont tuit armei à son treif, et dirent
qu'il vouloient estre parsonnier² de la raançon au roi.
Et li soudans leur respondi boubencierement³ et dist
qu'il n'i partiroient jà.

392. — Quant li troi soudan virent l'orgueil de lui¹,

———

— ⁴ BCF, mesaise ; E, meskief. — ⁵ F, moult bien.
390. — ¹ F *omet* de Babiloine. — ² C, ne partit. — ³ E, son siege.
— ⁴ F, mettre à raenchon. — ⁵ C, ranssonner et fut de la somme
de. — ⁶ C, de laquelle somme fent le soudam asseuré.
391. — ¹ C, ranssonné ; E, rançounet ; F, mis à raenchon. —
² C, estre presentez. — ³ E, orghelleusement.
392. — ¹ F, du soudan de Babilone. — ² C, puis s'en allerent ;

si l'ocirrent maintenant; et s'en vont² au treif le roi
tuit enflammei³ d'ire et d'ardeur⁴, et avoient les ieus
ausi rouges⁵ comme charbons ardenz⁶. Et firent dire
au roi⁷ par un latimier⁸ que il avoient ocis le soudan
de Babiloine pour ce qu'il ne les vouloit laissier partir
en sa⁹ raançon : « Si voulons que nous en soiens en
« son point, et que vous en aiez¹⁰ le couvenant à nous
« trois¹¹. » Et li rois respondi maintenant, qui bien
perçut leur forsenerie à leur chiere et à leur sem-
blant¹², que il le vouloit bien¹³.

393. — Et fu faite la couvenance aus trois¹ soudans,
et fu couvent² que il renderoient³ touz les prisons de-
livres⁴ sans raançon; et li rois leur ot couvent que
dedenz la quinzeinne qu'il seroit venuz à Damiete, qu'il
la feroit widier à crestiens⁵ et delivreir aus Sarrezins.
Et li prison furent rendu ainsois que li rois se vousist
mouvoir, à reis de⁶ Gauchier de Chastillon que on ne
pot trouveir⁷.

F, tout errant et vinrent. — ³ B, enflé. — ⁴ F, de grant ardour.
— ⁵ F, tous flamboians. — ⁶ C, feu ardant; E *omet* ardenz. —
⁷ F *ajoute* de France qui moult se douta quant il les vit venir en
tel maniere. — ⁸ A *omet* par un latimier. — ⁹ AB, en vostre; E,
à la. — ¹⁰ B, nous en aiens. — ¹¹ C, et couvenances telles à nous
trois comment il avoit avec lui; E, or voloient iestre en son point
et voloient que les couvenences fuscent à aus trois; F *reproduit à
peu près* E, *en ajoutant* ou se ce non il feroient de lui autel que il
avoient fait dou soudan. — ¹² C, le roy qui maintenant veid leur
semblant et forcenerie dict. — ¹³ F, voloit volentiers.

393. — ¹ B, à eus trois. — ² C, par tel moyen; EF, fu li cou-
vens teus. — ³ F, que li rois renderoit. — ⁴ E *omet* delivres. —
⁵ F, des crestiens; E, k'il feroit vuidier les crestiens. — ⁶ C, fors;
EF *ajoutent* mon signour. — ⁷ F *ajoute* en nulle maniere.

394. — Atant se parti li rois des soudans, et entra en une nave[1] entre lui et ses freres; et li autre entrerent[2] en pluseurs vaissiaus. Et vinrent à Damiete, et furent receu liement et doulantement : liement pour le roi et[3] ses freres que on ravoit[4]; doulantement pour le conte d'Artois qui estoit morz, et pour le grant domage que crestien avoient receu.

395. — Lors commanda li rois que tuit widassent la vile[1], et s'en alassent en Acre; et fist penre la roïne qui gisoit d'enfant, et la fist metre en une nave et mener en Acre[2]. Et fu Damiete widie et rendue es mains aus Sarrezins; et puis ne tarja[3] gaires que li soudan la firent[4] tout araseir et abatre, pour ce qu'il avoient sorti que encore une foiz la raveroient crestien.

396. — Et li rois fu à Acre; et ainsi comme[1] crestien venoient[2] de chaitivison[3], li rois les faisoit revestir[4] selon ce qu'il estoient; car il revenoient tuit nu[5]. Et ainsi se mena[6] li rois en la terre de Surie; et fist fermeir Cesaire et Saiete, et Mont Musart, une[7] rue d'Acre qui mout fait[8] de bien à toutes genz. Ainsi demoura li rois en la terre d'outre meir six ans[9].

---

394. — [1] F *ajoute* dolans et courchiés de la perte que il avoit faite. — [2] EF, entrerent tout. — [3] B, et pour. — [4] C *omet* que on ravoit.
395. — [1] F, Damiete. — [2] F, en la cité d'Acre; C *omet* et fist penre, *etc*. — [3] F, demoura. — [4] E, li soudans le fist.
396. — [1] F, et à fait que. — [2] CF, revenoient; E, repairoient. — [3] E, de caitivaisons tout nu. — [4] F *ajoute* et metre sus. — [5] E *omet* car il, *etc*. — [6] CF, se demena; E, fu. — [7] E, et une. — [8] C, laquelle est en Acre où on faict moult. — [9] F, par l'espasse de six ans.

397. — Et avint que la roïne sa mere li manda pour Dieu que il s'en revenist, car elle estoit mout malade; et se il avenoit riens de li[1], li roiaumes seroit[2] en grant peril[3]; car li prince dou roiaume se mellent[4], et elle ne garde l'eure qu'elle muire[5]. Quant li rois entendi les paroles que sa mere li mandoit, si fu meuz à pitié; et en renvoia le conte de Poitiers et[6] le conte d'Anjo, qui estoient trop maladif[7].

XXXVII.

398. — Or[1] avint une aventure en France d'un jugement qui fu renduz en la court le roi[2] des enfanz la contesse de Flandres, lesqueis elle avoit eu : de[3] Bouchart d'Avesnes[4] deus fiuz[5], Jehan et Baudouin; et de mon seigneur Guillaume de Danpierre[6], Guillaume et Guion et Jehan.

399. — Si fu li jugemenz teis que Guillaumes averoit

---

397. — [1] E, se elle moroit. — [2] F, estoit. — [3] E, en aventure. — [4] C, se melloient; EF, estoient mellé. — [5] C, elle ne faisoit que actendre l'eure de la mort; EF, ne gardoit l'eure k'elle morust. — [6] E *omet* le conte de Poitiers et. — [7] B, malades; C, trop mallement deshaitiez; E, souvent estoit malades; F, estoient moult malade soùvent; et li rois demoura en Acre pour sa femme qui gisoit d'enfant et pour sa raenchon.

398. — [1] F, endementiers. — [2] DF, le court de Franche; E, la court à Paris. — [3] DEF, de mon seigneur. — [4] DEF *ajoutent* ki gentius hom et vaillans estoit. — [5] *Au lieu de* deus fiuz *on lit dans* DE, c'est à savoir, *et dans* F, et avoient à non. — [6] D, et après mon seigneur Bouchart ot le contesse à mari monseigneur Guillame de Dantpierre dont ele eut trois fix. EF *ont une leçon équivalente*.

la contei de Flandres après le decès de sa mere; et furent forjugié Jehans et Baudouins pour ce que leur peres avoit prise leur mere et espousée mauvaisement, car il estoit soudiacres. Et d'autre part la damoisele li fu chargie[1] en garde (pour sauf faisant, que sa lige dame estoit) par les pers de Hainnaut[2]. Mais on li[3] fist grace; dont on fist mal[4].

400. — Or vous dirons qu'il en avint[1]. Jehans et Baudouins se departirent de court plus tost que il porent, et vinrent à un chastel leur mere qui siet en la marche de Flandres et de Hainnaut, et entrerent enz[2], et en mirent hors la garnison[3] la contesse, et le garnirent bien. Et quant la contesse le sot, si en fu trop doulante; et assembla ses oz, et ala devant le chastel et l'assit. Mais elle n'avoit[4] homme en l'ost qui li aidast de cuer; ainsois amoient mieuz Jehan et Baudouin que li[5].

401. — Quant la contesse vit que ainsi estoit, si se

---

399. — [1] C, changée. — [2] C, pourtant que l'autre dame estoit en hayne des pers. — [3] C, leur. — [4] C, on leur fist tort. DEF *ont pour ce paragraphe une leçon complètement différente de celle qu'on lit dans* ABC; *voici le texte du manuscrit* D : Et eurent descort entr'aus, et se misent en diseurs en roy (EF, en la roïne) de Franche et en grans signeurs; et fu dit par assentement et assentit à le court (E, par acort en assentit; F, par assentement en la court) à Paris, que Jehans, qui estoit de monseigneur Bouchart, tenroit Hainau, et Bauduins ses freres tenroit (F, ot) autre tere contre (E, encontre; F, à l'encontre), et Guillames, qui fu de monseigneur Guillame de Dampierre, aroit le conté de Flandres après le dechet de sa mere.

400. — [1] DF, qu'il avint après che; E *omet* or vous, *etc.* — [2] A *omet* et entrerent enz. — [3] B, *etc.* les garnisons. — [4] C, il n'y avoit; DF, il n'avoit; E, il n'estoit. — [5] F, que la contesse.

parti¹ de l'ost, et i laissa chevetain mon seigneur Guion de Danpierre son fil; car mes sires Guillaumes ses fiuz li ainsneiz estoit morz². Et s'en vint à court à la roïne, et li chéi aus piez, et li dist³ : « Dame⁴, pour Dieu
« merci, Jehans et Baudouins mi fil m'ont tolu Ripe-
« monde un mien chastel, et me béent à deseritier.
« Dame, pour Dieu, or⁵ i metez⁶ conseil; car je sui vo
« famme lige, et sui cousine germainne au roi; et si
« sui preste et⁷ apareillie de croire vostre conseil et de
« metre toute ma terre en vostre main. — Dame, dit
« la roïne, vous parlerez au conte de Poitiers et⁸ au
« conte d'Anjo, et je leur manderai entresait qu'il i
« metent⁹ conseil¹⁰. »

402. — La contesse se parti atant de la roïne, et trouva les contes¹ à Saint Germain en Laie², où li cuens de Poitiers estoit deshetiez; et parla à eus et leur conta³ son besoing, et il li respondirent molement⁴. Quant la contesse vit et perçut leur courage, si traist le conte d'Anjo à une part⁵ et li dist : « Biaus niés⁶,
« aidiez moi de bon cuer, car je vuel que vostre painne

---

401. — ¹ A, se part. — ² DEF, estoit mors qui estoit ainsnés. — ³ D, li cay as piés en disant. — ⁴ F, gentiex dame. — ⁵ E, dame, si. — ⁶ F, metés hastéement. — ⁷ F, à mon seignour le roy et sui toute. — ⁸ E *omet* au conte de Poitiers et. — ⁹ E, je li ..... i meche. — ¹⁰ F, il metent conseil à votre besoigne.
402. — ¹ E, le conte. — ² D, le conte de Poitiers à Saint Germain en Laie et le conte d'Angiau. — ³ B, *etc.* montra. — ⁴ E, à Saint Germain en Laie et li moustra sa besoingne et li proia pour Dieu k'il i mesist conselg; et li quens fist l'ensouniiet et respondi molement; F, le conte de Poitiers à Saint Germain en Laye et parla à lui; et il respondi molement et li quens d'Ango ausi. — ⁵ E, son corage si l'en proia de recief. — ⁶ D, cousins. — ⁷ D, en saisine.

« i soit bien sauve ; et je vous donrai la contei de
« Hainnaut, qui bien vaut vint mil livres l'an. Et vuel
« que vous en soiez maintenant en possession⁷, et vous
« en donrai mes letres pendanz. »

403. — Quant li cuens l'oï ainsi parleir, si li esclaira¹ li cuers ; et dist à la contesse : « Dame, se
« vous me faites ce que vous m'avez en couvent², je
« vous renderai le chastel, et vous ferai vostre terre
« tenir en pais à touz jourz mais. » Et la contesse li rendi² maintenant la contei de Hainnaut⁴ par devant le conte de Poitiers, et l'en donna bonne chartre en son seel⁵. Atant se parti la contesse des contes, et s'en ala droit à Ripemonde, et les trouva⁶ ainsi comme elle les avoit laissié ; et pou i avoit perdu et gaaingnié⁷.

XXXVIII.

404. — Or vous vuel dire un essemple¹ sour ce que la contesse avoit quis ajue² au conte de Poitiers et au conte d'Anjo³.

405. — Il fu une foiz uns leus qui avoit deus jourz¹ de terre ahennable ; et vint à une chievre qui avoit

---

403. — ¹ C, esveilla ; D, esclarchi. — ² C, vous dites ; DEF, m'avés dit. — ³ C, l'en saissit ; F, donna. — ⁴ F *seul donne* la contei de Hainnaut. — ⁵ F, boines lettres pendans de son seel ; E, et la contesse dist que oïl seelées de sen seel. — ⁶ F, trouva sa gent. — ⁷ F *ajoute* de chiaus du castel ne de l'autre partie.

404. — ¹ B, un conte. — ² B, aide. — ³ C, avoit requis au conte de Poictiers et d'Anjo. DEF *omettent les paragraphes* 404 à 419.

405. — ¹ B, jornez. — ² B *omet* et vint à une, *etc.* — ³ B *ajoute*

deus chevresons; si li dist : « Chievre, j'ai deus jourz
« de bonne terre ahennable² d'aragis de vigne; si te
« lo³ que tu les⁴ faces à moitié. Et saches de voir que
« la terre est si crasse qu'elle portera froument tout
« adés⁵ sans fiens metre; et saches de voir que je la
« feisse plus voulentiers que je ne la donnasse à moitié.
« Mais j'ai un grant plait en la court mon seigneur⁶
« Noble le lion contre Belin le mouton, de deus⁷ bre-
« biz siennes que il dit que je li ai⁸ mangies; si me
« couvient estre chascune semainne à plait, et estre en
« grant painne de querre mon conseil.

406. — « Certes, dit la chievre, je n'oseroie¹. —
« Pourquoi? dit li leus. — Par foi, dit la chievre,
« pour ce que vous iestes uns granz sires et forz, et
« bien enparenteiz; et je sui une petite chose et de
« povre affaire. Si n'averoie nul bon plait encontre
« vous². — Ha! dit li leus, chievre, belle amie, or ne
« me³ resoing⁴ de rien. Je te jur par la foi que je
« doi dame Hersant, ma famme, et mes douze enfanz
« que j'ai de lui⁵ touz vis, que je te serai bons par-
« sonniers, ne jà en ma vie tort ne te ferai. — Par foi,
« dit la chievre, je le⁶ ferai; mais adés me douterai
« que vous ne me faciez⁷ male part⁸.

---

dist li leus à la chievre. *La leçon de C est à la fois incomplète et
remaniée :* Il fut une foys ung loup qui avoit deux jours de terre
en hanauble qui estoient araige de vignes; si vint à la chievre
et luy dist : je te conseille. — ⁴ A, le. — ⁵ C, tout eslit et tout
à ung dos. — ⁶ C *omet* mon seigneur. — ⁷ A, et deus. — ⁸ BC,
que j'ai,

406. — ¹ B, je n'em ferai point. — ² B, toi. — ³ B, m'en. —
⁴ C, redoubtes. — ⁵ BC *omettent* de lui. — ⁶ B, je la; C, je les. —
⁷ B que tu ne me faces; C, que ne m'en faciez. — ⁸ A, que vous
ne me faites tort.

407. — Atant s'en parti li leus de la chievre. Et la chievre tist la terre, et ahenna[1] de froument; et moute-plia, et fu en point[2] de messonneir. Et vint au leu[3] et li dist : « Leus, nostre froumenz est en point de « cuiedre[4]; venez i vous, ou i envoiez[5]. — Par foi, « dit li leus, je n'i puis aleir ne n'i puis envoier; mais « fai le messonneir : si fai metre le froument d'une « part et la paille d'autre; et quant je revenrai de mon « plait, si partirons bonnement. » La chievre n'en pot plus porteir[6] dou leu, et s'en revint; et messonna le froument, et le fist batre, et metre le grain d'une part et la paille d'autre.

408. — Atant ez vous le leu où vient, qui n'atendoit autre chose; et vient à la chievre[1], si li dit mout fiere-ment : « Ore, dame, partirons nous nostre despouille? « — Oïl voir, dist la chievre[2], biaus sires, se vous « voulez. Veez ci le grain d'une part et la paille « d'autre, si comme vous me commandastes[3]; si pen-« rez la moitié de l'un et la moitié de l'autre. — Va à « diables[4], sote beste, tu ne sez que tu dis[5]. Ainsi ne « sera il pas. — Comment donc? dit la chievre.

409. — « En non Dieu[1], dit li leus, je te dirai : je

---

407. — [1] B, et l'ahena; C, et laboura. — [2] B, bon point. — [3] C, et quant se vint ou temps de moissonner elle vint au loup. — [4] B, moisoner; C, ceiller. — [5] B, vien i ou tu i envoies. — [6] C, ne peut avoir aultre responce.

408. — [1] B, atant ez vous le leu qui vint à la chievre; C, en après vint le loup vers la chievre. — [2] A, oï, dist la chievre, voir. — [3] B, mandastes; C, l'avez commandé. — [4] C, au dyable. — [5] C omet tu ne sez que tu dis.

409. — [1] C omet en non Dieu. — [2] AB, aimmi; C, amy. — [3] A,

« sui uns granz hons, et ai mout grant mesnie, et me
« couvient asseiz plus qu'il ne fait toi; car tu ies une
« lasche criauture. Si averas de pou asseiz; tu averas
« la paille, et je averai le grain. — Hai mi[2]! sire, dit
« la chievre, vous ne dites mie bonne raison; mais
« pour Dieu, prenez vostre part, et moi laissiez la
« moie. — Par la laingue beu[3], dit li leus, je n'en
« ferai nient[4]. Et bien te conseil[5], que je revenrai ci[6]
« le matin; et tu me saches à dire se tu le feras ou
« non. »

410. — Atant s'en parti li leus, et la chievre demoura toute esbaubie[1]. Et se pensa de deus viatres qu'elle avoit nourri de son lait à sa[2] mamelle, qui estoient d'une abaïe de Citiaus, qui estoient[3] près de lui manant, dont li uns des chiens avoit non Taburiaus[4] et li autres Roeniaus[5]. Et s'en va droit à eus, et les trouva à l'entrée de la porte. Et quant Taburiaus et Roeniaus virent venir leur mere, si li vont à l'encontre et la font bienvaingnant[6]; et li demandent queis besoinz l'a amenée[7]. Et elle leur dit comment li leus la vouloit meneir[8].

411. — « Voire, dit chascuns des chiens, par nos
« botes, ainsi n'ira il pas. Ore vous en raleiz, et nous
« vous avons en couvent que nous i serons[1] le matin

---

par la laingue ditu; C, par la langue dieu. — [4] B, ne t'en ferai rien. — [5] C, et bien te dis. — [6] B omet ci.

410. — [1] C, esbahye. — [2] C, et de sa. — [3] AB, estoit. — [4] B, Taburés. — [5] C, Hurelz, *et plus bas* Hurel. — [6] C, et la saluerent. — [7] C, quelle chose elle avoit. — [8] C, l'avoit menée.

411. — [1] B, nous irons. — [2] C, à la raison faire. — [3] C *ajoute*

« bien main à la parson² de vous et d'Isengrin ; et se
« Dieu plait³, il ne vous fera jà tort ne outrage là⁴ où
« nous soiens⁵. » Atant s'en rala la chievre, et s'en
vint à son osteil ; et trouva ses deus chevresons plou-
ranz, et les rapaisa⁶ ; et se coucha dormir⁷, mais pou
i reposa ; et se leva bien matin, et pria Dieu qu'il la
conseillast.

412. — Atant ez vous¹ les deus freres Taburel et
Roenel ; et la saluent, et li demandent se Isengrins est
venuz. Et la chievre dit : « Nennil encore. — Or vous
« dirons, bele mere, dient li chien, que nous ferons.
« Nous nous reponrons² en cest buriau³ d'esteule⁴, et
« serons là tuit coi ; et bien verrons et orrons que
« Isengrins voura faire. Car se il nous savoit à sejour⁵,
« il n'i venroit pas espoir⁶ ; ains atenderoit tant que
« nous n'i seriens pas. — Par ma foi, dit la chievre,
« mi enfant, vous dites bien. » Et li chien s'en vont,
et se mucent⁷ ou buriau d'esteule.

413. — Atant ez vous Isengrin le leu où vient ; et
amainne Renart son compere à son conseil¹, qui
maintes mauvaises taches² li avoit faites ; et dit à la
chievre : « Ore, dame, iestes vous conseillie ? — Dont,
« respondi la chievre, queil conseil voulez vous que

---

et nous pouons. — ⁴ BC, fera point de tort. — ⁵ C, *omet* là où nous
soiens. — ⁶ B, rapaia. — ⁷ C, pour dormir.
412. — ¹ C, atant vindrent. — ² B, repondrons ; C, reposerons.
— ³ A, burial ; B, moncel, *et plus bas* monsia ; C, monceau. —
⁴ C, estoille, *et plus bas* estonule. — ⁵ C, à son jour. — ⁶ C, vien-
droit huy. — ⁷ B, se vont musier.
413. — ¹ B, à consoil ; C, son compagnon et son compere. —
² BC, niches. — ³ B, et je panrai. — ⁴ B, grouciet ; C, as tu donc

« j'aie? Prenez vostre part, et me laissiez³ la moie. —
« Voire, dit li leus, en as tu groucié⁴? Certes, dit il,
« ne sera autrement que je t'ai dit⁵. » Et endementieres que li leus et la chievre betensoient⁶, Renarz gete ses ieus vers le buriau d'esteule, et voit les queues des viatres⁷, et dit à Isengrin :

414. — « Biaus comperes¹, prenez vous près de
« vostre affaire; car je voi teil chose en vostre affaire²
« que vous ne veez pas. — Par le cuer beu³, dit li
« leus, sire Renarz, il ne sera autrement : j'averai le
« grain, et elle avera la paille. — En non Dieu, dist
« Renarz, biaus comperes⁴, je nou di se pour bien
« non; et bien vous en couvieigne⁵. Prenez⁶ ci garde;
« je m'en vais. » Et se part Renarz d'Isengrin, et monte en un tertre⁷ près d'enqui pour veoir la fin que ses comperes fera. Et Isengrins prent ses sacs entre lui et son charreton, et les emplissoit dou froument. « Par la Mere Dieu, dist la chievre, ore est aus
« laides⁸. » Et escrie Roenel et Taburel : « Mi enfant,
« vous veez comment il est. » Et li chien saillent hors de l'esteule, et ne demandent qui ot donnei⁹.

415. — Et assemblerent au leu de cors et de piz, et

---

grumellé. — ⁵ AB *omettent* que je t'ai dit. — ⁶ C, se debatoient. — ⁷ C, les yeulx d'ung des chiens.

414. — ¹ C *ajoute* prenez vous garde et. — ² C, je voy tel point en la chartre. — ³ B, ceur bieu; C, la goule deu. — ⁴ C *omet* dist Renarz biaus comperes. — ⁵ C, ce que je vous dis ne le vous dis que pour bien mais bien vous en advienne. — ⁶ B, prenez vous. — ⁷ C, sur ung terrier. — ⁸ A, as laides; B, au laides; C, or vat à layde. — ⁹ C, qui avoit tort ou droit.

le porterent¹ à terre le ventre deseure ; et li montent sour la mormelante², et li font plus de cent plaies sour le cors de lui, et faisoient les flocons³ de son poil voler vers le ciel⁴ ; et l'atournerent enqui en teil maniere que on n'i sentoit ne pous ne aleinne, et le cuidoient avoir mort. Et prisent le froument, et le porterent ou grenier à la chievre ; et endementieres que il portoient le blei, li charretons prist Isengrin, et le mist au plus tost que il pot⁵ sour la charrete à grant painne ; et se part d'enqui tantost⁶, et le mainne vers son recet⁷.

416. — Atant ez vous Renart qui li vient à l'encontre, qui tout avoit veu, et qui mout en estoit liez ; car c'estoit sa nature¹ : il estoit liez quant maus adersoit². Et venoit à son compere, qui mout estoit maumeneiz³ ; et li dit en faingnant⁴ : « Biaus comperes, il me poise « mout de vostre mesestance ; et se vous m'en eussiez « creu, il fust autrement qu'il n'est ; car je vous disoie « bien que vous preissiez garde à vostre affaire, que « je veoie teil chose en vostre affaire que vous ne veiez « pas. — Renarz, Renarz, dist Isengrins, qui n'a plus « d'ami⁵ que vous, il n'en a point⁶. On m'a fait honte ; « je l'amenderai quant je porrai. » Atant se part Isengrins de Renart, et Renarz li fait la loupe⁷.

---

415. — ¹ C, tellement qu'i le tomberent. — ² B, mormerande ; C, et luy monterent sus. — ³ C, floussons. — ⁴ C, en l'air. — ⁵ BC *omettent ici* au plust tost que il pot. — ⁶ BC, au plus tost que il pout. — ⁷ C, son lieu.
416. — ¹ B, maniere. — ² B, adreçoit. — ³ B, mehainniez. — ⁴ C, et estoit moult joyeulx de cest affaire, car sa nature est de estre joyeux quant mal s'adresse ; puis li dist en se mocquant. — ⁵ B, n'a ami. — ⁶ B, gaires. — ⁷ C *omet* et Renarz, *etc.*

417. — Et Isengrins s'en va en son osteil, où sa famme, dame Hersanz, l'atendoit et si enfant. Et quant il le virent venir gisant sour la charrete sour un pou d'estrain, si le commencierent à moquier, et li dirent : « Plus apareillie chose remaint que ceste[1]. Est-ce li « froumenz que vous nous deviez amener pour faire « des gastiaus en quaresme[2] ? » Ainsi disoient la maisnie Isengrin, et on dit piece a : « Cui il meschiet, tuit « li mesoffrent. » Et Isengrins descent de la charrete touz bleciez, et s'en va le col baissant couchier en son lit ; ne puis ne fu il gariz de[3] ses plaies en cinc mois de l'an[4].

418. — Or revenrons à Roenel et à Taburel et à la chievre, qui orent[1] portei le froument ou[2] grenier ; et dirent : « Bele mere, nous nous en irons en maison « qui est asseiz près de ci, et se vous avez mestier de « nous, nous serons[3] adés apareillié de vous aidier. « Et veez ci un cor que vous sonnerez, s'il vous est « besoinz ; et tantost comme nous l'orrons sonneir, « nous acourrons[4] à vous. — Granz mercis, dit la « chievre, bel enfant. Benoite soit l'eure que je vous « alotai premiers. » Atant prisent li chien congié, et s'en alerent en leur abaïe.

419. — Or vous dirons pourquoi je vous ai contei

---

417. — [1] B *ajoute* et remaint assez de ce que musars panse ; C *remplace* plus apareillie, *etc. par* tant grate chievre que mal gist, et assés remeit de ce que musart pense. — [2] B, en ma renoncie ; C, en vostre revenue. — [3] B, ne furent garies. — [4] C, mois après.

418. — [1] B, cui il orent. — [2] B, en son. — [3] C, nous sommes et serons. — [4] B, vanrons.

cest essemple : pour Jehan d'Avesnes que¹ je di qui fu
li leus ; et sa mere fu la chievre ; et li cuens d'Anjo et
li cuens de Poitiers furent Roeniaus et Taburiaus. Et
Jehans d'Avesnes vouloit avoir le grain, et vouloit sa
mere laissier la paille ; car il li vouloit tolir sa terre où
il n'avoit droit, et la vouloit deseritier. Mais sa mere,
que je comper à la chievre, nou pot souffrir ; ains ala
au conte d'Anjo et au conte de Poitiers, que je di qui
furent Roeniaus et Taburiaus ; et fist tant envers eus
que il li aidierent son droit à retenir² envers son fil,
qui est compareiz au leu. Et li foula on si sa³ vendenge
qu'il n'ot pouoir ne talant de regibeir, si comme vous
orrez ça en avant se j'ai lieu et tans dou dire⁴.

XXXIX.

420. — Or revenons au¹ conte d'Anjo qui assembla²
un grant ost ; si s'en ala à Ripemonde. Mais ainsois
qu'il i fust venuz, s'en fu aleiz Jehans d'Avesnes en
Alemaingne au roi son serourge, et li requist ajue ; et
li rois li respondi que contre sa mere ne li aideroit il
pas. Et couvint que li chastiaus fust renduz au conte
d'Anjo, et li cuens i laissa sa garnison³ ; et vinrent⁴ à
Valenciennes entre lui et la contesse⁵.

---

419. — ¹ C, car. — ² C, maintenir. — ³ C, sur sa. — ⁴ C omet
ça en avant, etc.

420. — ¹ BC, à nostre matiere et dirons dou ; EF, or revenrons
à nostre matiere et dirons dou. — ² D, or revenrons à nostre ma-
tière et dirons comment li quens d'Angiau assanla. — ³ D, ses
garnisons. — ⁴ BD, s'en vint. — ⁵ F, et la contesse et li quens
d'Ango vinrrent à Valenchienes.

421. — Et trouverent les portes fermées ; et la contesse manda le maieur et les jureiz, et leur demanda pourquoi il avoient ce fait qu'il[1] avoient fermées les portes[2]. Et il respondirent : « Pour sauf faisant ; car « nous veons le païs triboulei, et le descort qui est « entre vous et voz enfanz[3]. — Bien avez fait, dit la « contesse ; ouvrez les portes, et je vous jur sour sainz « que je ne li cuens d'Anjo ne ferons mal ne grietei à « ceus de la vile[4]. »

422. — Et maintenant li furent ouvertes les portes[1], et entrerent enz li cuens d'Anjo et la contesse à toutes leur genz. Et furent mandei li prevoz et li maires et li jurei de la vile[2], et jusques[3] à cent des meilleurs[4] de la vile ; et leur[5] commanda la contesse que il feissent faautei[6] au conte d'Anjo. Quant il oïrent ce, si furent tuit esbahi, et bien virent que il n'avoient pouoir ; et firent faautei au conte[7], vousissent ou non ; et fu saisiz de Valenciennes et de la forteresse.

423. — Et manda à ceus de Mons en Hainnaut que il li venissent faire faautei, par la letre la contesse et

---

421. — [1] EF *omettent* avoient ce fait qu'il. — [2] C *ajoute* contre elle. — [3] C, et vostre filz ; E, pour droit faisant à cescune partie et pour le pays qu'il véoient tourbler et le discorde mouvoir entre li et ses enfans ; F, et vos enfans que pour chou l'avons nous fait. — [4] AC *omettent* et je vous jur, *etc.* B *omet en outre* ouvrez les portes.

422. — [1] BC *omettent* les portes. — [2] C *omet* et li jurei de la vile. — [3] EF, et les jurés dusques. — [4] F, des plus souffisans. — [5] F *ajoute* requist et. — [6] F *ajoute* et hommaige. — [7] A *omet* au conte.

par la soie¹; et cil de Mons li manderent que il n'en feroient rien pour lui ne pour la contesse. Et l'endemain li cuens fait son ost mouvoir et s'en va asseoir Mons; et cil dedenz estoient bien hourdei, qui pou le prisierent². Et li cuens fist geteir perrieres³ et mangoniaus jour et nuit, et tant les destrainst que il l'ot par force. Et fist tant que il⁴ fu saisiz de la contei de Hainnaut, à reis de Bins, où la famme Jehan gisoit d'enfant (et pour ce le laissa), et à reis d'Anguien, un chastel qui est mon seigneur Sohier, qui estoit cousins mon seigneur Jehan d'Avesnes : icil ne vout au conte obeïr ne faautei⁵ faire.

424. — Quant li cuens d'Anjo ot saisi Hainnaut et laissié¹ chevetain² pour gardeir sa terre, si s'en revint en France; et trouva sa mere mout malade si comme au lit de la mort. Et fist son testament, et laissa mout grant tresor³ pour Dieu, et mourut en la foi et en l'estat de sainte eglise comme preude dame⁴ et sage qu'elle estoit⁵. Et fu portée à Maubuisson s'abaïe, et là fu enfouie⁶ honourablement⁷.

425. — Desoremais vous dirons de Jehan d'Avesnes qui estoit avec le roi d'Alemaingne son serourge¹, qui li disoit souvent : « Sire, pour Dieu, lairez vous dese« ritier vostre sereur² et voz neveus que j'ai de li³,

---

423. — ¹ C omet par la letre, etc. — ² B, les prisoient. — ³ BE, pierres. — ⁴ C omet fist tant que il. — ⁵ D, fianche.

424. — ¹ E, si i laissa. — ² C, gouverneur. — ³ DEF, moult grant cose. — ⁴ B, preude fame; DEF, boine dame. — ⁵ C omet qu'elle estoit. — ⁶ C, ensepulturée; E, ensevelie. — ⁷ F, moult honnerablement la Dieu merchi.

425. — ¹ C, son parent. — ² CE, vostre serourge; D, mi lairés

« qui doivent estre oir après le decès ma mere? Or
« pouez veoir qu'elle a mise la terre de Hainnaut[4] en
« la main le conte[5] d'Anjo; et en est saisiz, et les
« faauteiz[6] en a prises à touz jourz comme de la soie[7].
« Pour Dieu, sire, comment soufferrez vous ce? Et
« d'autre part c'est de vostre fié, et i est entreiz sans
« vostre seu[8], et en est meffaiz envers vous. »

426. — Tant fist entendant d'unes choses et d'autres
au roi[1] que il fist semonre toute Alemaingne, et vint en
ost en Hainnaut à six[2] liues près de Valenciennes. Et
quant li cuens d'Anjo sot que li rois d'Alemaingne
estoit en Hainnaut à six liues près de Valenciennes[3], si
refait une mout grant semonse; et vint à Douai[4], et là
se tint, et atendi sa gent; et quant il furent venu, si
prist[5] conseil que il feroit. Ses consaus li loa que il se
tenist cois de ci à tant que on verroit que li rois feroit;
et li moustrerent bonne raison, et li dirent[6] :

427. — « Sire, vous iestes saisiz de la terre, ne il

---

vous desireter qui sui vostre serourge. — [3] D, de vostre sereur;
F, ki sont mi enfant; F, hé! très chiers sires pour Dieu me lairés-
vous ensi deshyreter qui sui vos serourges et vos biaus neveus que
jou ai de vostre sereur. — [4] A, qu'ele l'a mise; BE, qu'elle l'a
mis : *je supplée* la terre de Hainaut. D, qu'ele a tout mis; F,
veoir et sentir que elle a mis tout Haynau. — [5] C, qu'elle at donné
au conte. — [6] E, fianches. — [7] C, de sa terre. — [8] BF, vostre
seur.

426. — [1] B, et d'un et d'autre le roi; C, il donna tant à entendre
au roy d'unes et d'aultres; F, tant fist entendant me sires Jehans
d'Avesnes le roi d'Alemaigne d'unes coses et d'autres; DE, tant
fist entendant *ou* entendre d'unes et d'autres le roy. — [2] D, VIII.
— [3] A *seul répète* à six liues, *etc.* — [4] DE, à Saint Quentin; F
ajoute en Vermandois. — [5] D, si atendi et prist. — [6] C *omet* et li
dirent.

« n'a encore rien meffait sour vous; et d'autre part il
« a amour entre le roi de France, vostre frere¹, et entre
« le roi d'Alemaingne : si ne seroit mie avenant² que
« vous commencissiez la mellée ne brisissiez l'aliance³. »
A ce conseil s'acorderent tuit, et sejournerent à Douai⁴
une grant piece; et⁵ ne garda on l'eure⁶ que li rois
d'Alemaingne⁷ fist destraveir ses treis⁸, et s'en rala
ainsi comme il i vint, à meinz d'avoir et à plus de
honte⁹. Et li cuens d'Anjo s'en revint en France.

428. — Or vous dirons¹ dou roi d'Alemaingne, qui
en fu raleiz en son païs. Il oï dire que li Danois estoient²
sans seigneur; et li prist talant d'aleir³, et assembla
son ost. Et s'en ala en Danemarche⁴, un païs iaweus⁵,
et la vout penre par force; mais il n'en savoit mie bien
le tour. Si avint un jour que il chevauchoit touz ar-
meiz, sour un grant destrier⁶ frés et nouvel et bien
peu⁷; et regarda⁸, et voit⁹ outre un fossei un grant
troupel¹⁰ de païsanz armeiz à la guise dou païs.

---

427. — ¹ D, vostre sire. — ² C, pas convenable; DE, mie boin.
— ³ C *omet* ne brisissiez l'aliance. — ⁴ DEF, à Saint Quentin. —
⁵ AB *omettent* et. — ⁶ C, ne tarda guieres; DEF, ne demoura
gaires. — ⁷ BD, rois d'Ais. — ⁸ F *ajoute* et ses pavillons et fist
arrouter sa route. — ⁹ DEF *omettent* à meinz d'avoir, *etc.*

428. — ¹ F, reparlerons un poi. — ² DEF, Frise estoit. — ³ F,
d'aler en Frise. — ⁴ DE, en Frise; F, et i ala. — ⁵ A, iawex; B,
iouex; C, long; DEF, anieus. — ⁶ DE, cheval. — ⁷ C *omet* et bien
peu. *Voici la leçon de* D *et les variantes de* EF : et avoit aveukes
lui peu de gent, car il estoit auques seus, et mal afferoit à si
grant seigneur (E *ajoute* com il estoit; F, que il estoit) que ses
gens ne li estoient (EF, sa gens ne li fust) plus près. — ⁸ DEF
omettent et regarda. — ⁹ DE, si avint que il vit; F, si avint par sa
mesaventure que, *etc.* — ¹⁰ E, un fouc.

429. — Et[1] fiert cheval des esperons, et cuide passcir outre; mais il ne pot, car li fosseiz estoit larges[2], et il estoit pesantment armeiz. Si sailli bien quatre piez dedenz le fossei[3], et s'entouella[4] si durement que il sembloit à ceus de là[5] que il fust englueiz[6]; ne li sien ne li porent aidier[7]. Quant li païsan virent qu'il estoit[8] en leur nace, si vont celle part, et le sachent hors à cros[9], et l'ocient[10]. Ainsi gaaingne qui mal brace[11].

XL.

430. — Ci vous lairons ester dou roi d'Alemaingne, si vous dirons dou[1] roi de France qui outre meir estoit[2]. Nouveles li vinrent des maistres de court[3] que sa mere estoit morte[4]; si vit bien que mestiers estoit qu'il s'en revenist en France. Et fist[5] apareillier ses naves, et entra dedenz; et s'en vint par la grace de Dieu sans destourbiers[6], atout trois enfanz que il ot[7] en la terre de Surie; et arriva à Aigue Morte[8], et erra

---

429. — [1] DE, et li rois par son grant hardement; F *ajoute de plus* et par son outrage. — [2] F, trop larges et parfons. — [3] E, si sali en mi le fosset et affondra li chevaus el brai jusques al ventre. — [4] DEF, et par le grant forche de lui et du cheval si se touella ens. — [5] E, en tel maniere qu'il estoit avis as paysans; F, si durement qu'avis estoit as païsans. — [6] C, dont se travailla durement; toutes voyes il sembla à ceulx qui là estoient qu'il feut anglois. — [7] F *ajoute* en nulle maniere. — [8] A, est. — [9] A, crous; D, greus de fer; E, graus de fier; F, cros de fer. — [10] E *ajoute* dont ce fu damages; D, grant damages; F *ajoute de plus* à chiaus de son païs. — [11] DEF *omettent* ainsi gaaingne, *etc.*

430. — [1] F, redirons dou boin. — [2] D, estoit demourés. — [3] CD *omettent* des maistres de court. — [4] F, la roïne Blance sa mere moroit. — [5] A, fait; F, fist errant. — [6] C *omet* sans destourbiers. — [7] C, ot de sa femme; F, ot engenrés. — [8] F *ajoute* et là li dist

tant par ses journées que il vint en France; et fu receuz comme sires⁹ à grant honeur¹⁰.

431. — Ci vous lairons esteir un pou dou roi, si vous dirons dou conte d'Anjo qui manda au seigneur d'Anguien qu'il li venist faire homage; et il li manda[1] que jà en sa vie[2] homage ne li feroit. Li cuens assembla quanque il pot avoir de gent et par homage et par deniers; et ot avec lui l'arcevesque Thomas de Rains, qui le servoit à son pouoir; qu'il en cuidoit traire[3] teil bontei où il failli[4]; et on dit piece a : « Biaus semblanz « fait musart lié. »

432. — Et s'en ala devant Anguien et l'assit, et bien avoit pouoir dou penre et esperance; mais li sires d'Anguien pourchaça tant par aucun sien ami[1] que il mit Anguien en la main le roi. Et li rois manda maintenant au conte d'Anjo qu'il s'en revenist sans atargier; et faire li couvint, puis que li rois le vout; et s'en revint arriere touz doulanz[2].

433. — Or vous dirons un pou de Jehan d'Avesnes, qui estoit si doulanz qu'a pou qu'il n'enrajoit touz vis, pour ce qu'il avoit failli[1] à son propos : et dou roi

---

on q.. la roïne sa mere estoit morte, dont il fu moult dolans. — ⁹ F *ajoute* bien et liement. — ¹⁰ C *omet* à grant honeur.

431. — ¹ C, contremanda; DF, remanda. — ² DEF *omettent* en sa vie. — ³ D, trouver. — ⁴ E, tel cose estraire dont il li fali.

432. — ¹ B, par un sien bon ami; F, par aucuns de ses amis. — ² F, mout courouchiés; C, sans séjour, laquelle chose list, dont fut tout doulant.

433. — ¹ B, failloit. — ² C *omet* ce li sembloit. — ³ A, plus que

d'Alemaingne qui morz estoit, qui estoit ses serourges, ainsi comme vous l'avez oï ; et de l'amour de sa mere où il avoit failli ; et de la contei de Hainnaut dont il estoit fors mis à touz jourz, ce li sembloit², et il et si oir, dont il li estoit plus que de toutes³ autres choses. Et estoit sans terre, povres et au desouz⁴, et sans esperance de recouvrer jamais. Si avint que maladie le prist, et chéi en langueur, et langui grant piece⁵ ; et à la pardefin mourut à Bins en Hainnaut en grant pauvretei⁶. Et ce fu à bon droit ; que qui ne porte pere et mere honeur, il pert la soie ; car Dieus le dit en l'evangile, et dit : « Honeur ton pere et ta mere, et tu en « seras honoureiz, et en pues⁷ aquerre le regne des « cieus⁸. »

434. — Quant Baudouins d'Avesnes vit que ses freres fu morz et que il ot à touz biens failli, si se pensa que il croiroit sa mere ; et vint à li, et li chéi aus piez et li cria merci¹. Et la contesse li respondi : « Bau« douins, Baudouins, à queil eure ? En non Dieu, trop « a coustei, et à tart connoissiez vostre folie. — Hé !

---

toutes ; B, plus que de lui ne de toutes ; C, il estoit plus doulant que de toutes. — ⁴ C *omet* et au desouz. — ⁵ E, li prist et moult fu grant pieche en langueur ; F, et avint que dou grant anoi que il avoit que une maladie le prist et chéi en langor. — ⁶ D, moru à Valenchienes et fu enfouys en l'eglise Saint Pol, si comme il afferi à si haut homme et à si gentil homme qu'il estoit. EF *s'accordent pour le fond avec* D ; *voici les variantes les plus saillantes :* E, Saint Pol à Valencienes à grant hounour et à grant signourie si com il afferoit à tel homme com il estoit ; F, Saint Pol à Valenchienes à grande seignourie ..... à si haut homme comme ..... — ⁷ C, si tu les honnores tu seras honnoré, par quoy pourras. — ⁸ DEF *omettent cette dernière phrase.*

434. — ¹ C, si vint à elle et luy crya mercy en soy gectant aux

« bele mere², pour Dieu merci, ce ne faisoie je pas;
« ains le faisoit mes freres, qui morz est³, par sa
« outrecuidance⁴. Et bele très douce mere⁵, je vuel
« desore en avant obeïr à touz voz commandemenz. »
Quant la mere le vit si obeïr⁶, si fu meue à pitié; car
elle estoit mere. Et tuit li chevalier et les dames qui
enqui estoient s'agenoillierent aus piez la contesse, et
li crierent merci pour son fil⁷; et la contesse li pardonna, et fu touz sires de court⁸.

435. — Or revenons au conte d'Anjo, qui tenoit la contei de Hainnaut; et sembla¹ au roi son frere qu'il ne la tenoit pas asseiz rainablement²; car il i estoit entreiz sans le grei dou souverain seigneur³ de cui on la tenoit, et sans lui faire homage. Si vout li rois⁴ outréement que on la remeist en la main la contesse, et il feroit tausier les despens que il i avoit faiz⁵. Et fu mandée la contesse⁶, et li despens tausié⁷ à cent mil livres de tournois à repenre dedenz cinc ans en la terre; et la contesse refu saisie de sa terre⁸.

---

piedz de sa dite mere; D, que il querroit sa mere, et qu'il venroit à li et li cayroit as piés et li prieroit merchi, et le fist; F, que il kerroit madame la contesse sa mere et venroit à li et li crieroit merchi, et il vint à li et li chéi as piés. — ² F, ha gentiex dame vous estes ma mere. — ³ BCE *omettent* qui morz est. — ⁴ B *ajoute* liquelz en est mors; DEF *omettent* par sa outrecuidance. — ⁵ F, très vaillans dame et mere. — ⁶ CDEF, humilier. — ⁷ F, s'agenoullierent devant li et li crierent merchi pour mon seignour Baduwin son fil. — ⁸ C, et refut sire de court; D, de le court le contesse; F *ajoute* par la volonté madame la contesse sa mere.
435. — ¹ B, s'en ala. — ² F, pas à raison. — ³ D, sans le seigneur; E, sans le gret au signeur; F, sans le congiet au seignour. — ⁴ F, li boins rois. — ⁵ C, qui avoient esté faitz. — ⁶ E *omet* et sans lui faire, *etc.* — ⁷ EF, et taxa on les despens. — ⁸ DF *ajoutent* aussi comme devant; C *omet* et la contesse, *etc.*

XLI.

436. — Ci vous lairons esteir de la contesse de Flandres, qui asseiz a eu de painne et de travail en sa vie; si vous dirons de l'empereeur Baudouin de Coustantinoble, qui fu fiuz le conte Perron d'Ausuere, qui fu envoiez en Coustantinoble[1] et fu sacreiz et enoinz à empereeur. Et fu mariez à la fille le roi Jehan d'Acre, que il ot de la sereur le roi d'Espaingne, et estoit niece[2] la roïne Blanche; et l'enmena à Coustantinoble[3]. Et en fu baus[4] li rois Jehans pour la jonesce de lui tant comme il vesqui; mais il estoit de grant aage, et fu morz comme preudons et[5] bons crestiens, et fu enfouiz devant le maistre auteil Sainte Soufie.

437. — Et li emperercs Baudouins estoit juenes et enfantis; si despendi largement, et ne prist pas garde à son affaire; si fu povres et endeteiz, et n'ot que donneir aus chevaliers[1] et aus serjanz. Si s'en partirent de lui une granz partie, et[2] s'en ralerent en leur païs[3]. Et quant li empereres vit qu'ainsi estoit, si ot conseil qu'il venroit en France à l'apostoile qui estoit à Lion[4], et à la roïne qui estoit ante sa famme[5], et requerroit ajue à l'apostoile et à la roïne[6].

---

436. — [1] C *omet* qui fu envoiez, *etc.* — [2] BC, mere. — [3] BC, Coloigne; D, Col.; F, Acol. — [4] C, gouverneur. — [5] D *omet* preudons et.

437. — [1] F *ajoute* de la contrée. — [2] C, de lui plusieurs gens lesquelz. — [3] F *ajoute* dont il estoient. — [4] F *ajoute* sour le Rosne. — [5] C, tante sa mere. — [6] C, leur requerroit ayde.

438. — Et monta sour meïr plus coiement que il pot, pour Vatage[1] qui le guerroioit, et mout le tenoit court[2]; et desirroit[3] à avoir la saisine de Coustantinoble et de l'empire. Et s'en vint à Marseille, et descendi à la Roche, et s'en vint au plust tost qu'il pot[4] à Lion, où il trouva la pape; et li moustra sa necessitei. Et li apostoiles en fu trop meuz, et li donna le disme aus clers[5] trois ans[6]. Et en vint à la roïne qui voulentiers le vit; et li dist son essoingne[7]. Et la roïne li dist que voulentiers i meteroit conseil; et le retint une grant piece avec lui, et le trouva enfantif en ses paroles; et li desplaisoit[8] mout, car à empire tenir couvient mout sage homme et viguereus.

439. — « Dame, dist li emperetes, il me couvient
« deniers; que je ne puis mie tenir l'empire sans grant
« coustage. Si me couvient vendre la contei de Namur
« qui me vient naissant[1] de mon heritage. — En non
« Dieu, dist la roïne, ce ne vuel je pas que vous la
« vendez. — Dame[2], que ferai-je dont? — Par foi, dit
« la roïne, je vous presterai[3] vint mil livres à rendre[4]
« aus issues[5], et ainsi sera sauvée à vous et à voz oirs;
« en teil maniere que vous me jurerez[6] sour sainz que
« dedenz le mois que vous serez revenuz[7] en Coustan-

---

438. — [1] B, Varage; C, Vacaige; D, Nathache. — [2] A *répète par erreur* le tenoit court. — [3] B, et destroit. — [4] E, et chemina tant qu'il vint. — [5] F, sour les clers. — [6] C, à IIII ans; E, XXX ans. — [7] C, moustra son inconvenient. — [8] A, desplait; DEF, desplut *ou* desplot.
439. — [1] E, de naisçant; CD *omettent* naissant. — [2] F, ciere dame. — [3] F *ajoute* du mien. — [4] DE, reprendre. — [5] E, reçoites. — [6] A, jurez. — [7] E, repairiés. — [8] F, vostre femme l'emperreïs.

« tinoble, vous m'envoierez l'empereriz[8]; car je la
« desir mout à veoir. »

440. — « Certes, dist cil qui ne se sot[1] gardeir,
« voulentiers. » Et li jura[2], et la roïne li delivra vint
mil livres ; et prist congié à li, et au plus tost que il
pot s'en rala en Coustantinoble ; et sachiez de voir que
il n'avoit que targier. Et quant il fu revenuz, si dist à
l'empereriz : « Dame, la roïne m'a prestei vint mil
« livres sour la contei de Namur, en teil maniere qu'il
« me couvint jureir[3] que je vous i envoieroie[4] dedenz
« le mois que je seroie revenuz. — Sire, dit la dame,
« qui desirroit l'aleir[5], vous en tenrez bien couvent,
« et sauverez vostre serement[6] se Dieu plait. »

441. — Lors fist li emperees apareillier[1] quatre
navies armées[2], et fist metre dedenz ce que mestiers
fu ; et fist entreir l'empereriz dedenz, et chevaliers et
aubalestriers ; et la commande[3] à Dieu, à teil eur
qu'onques puis ne la vit. Et s'en vont costoiant terre ;
et nagierent tant que il vinrent à droit port de salut[4].
Lors li furent apareillies chevaucheures beles et riches,
et errerent[5] tant par leur journées que il vinrent à
Pontoise. Quant la roïne la vit, si ne fu onques joie faite
se là non[6] ; et demoura avec li tant comme elle[7] vesqui.

---

440. — [1] ADF, si sot. — [2] F, moult volentiers, et li creanta. —
[3] F ajoute sour sains. — [4] BDE, vous envoieroie à li ; C, à elle;
F, par devers li. — [5] E, ki i desiroit aler. — [6] D, sacrement.
441. — [1] D, dist li emperees, apparelliés. — [2] C omet armées.
— [3] C omet la commande. — [4] C omet de salut ; B, qu'il venirent
au droit port de salut. — [5] A, errent. — [6] C, si luy feist la plus
grant joye du monde ; D, si ne fist onques si grant joie ; EF, si li

442. — Et quant elle mourut, elle li donna[1] la contei de Namur; et en fu en possession. Si en prist les homages des frans hommes et les faauteiz des bourjois; et la tint jusqu'à un jour que mauvaise renommée courut[2] des fiuz aus bourjois de grant lignage de Namur. Si en ot plainte[3] des moiennes[4] genz de la vile, et fist mandeir les peres à ceus qui estoient blasmei[5]. Si leur commanda qu'il chastiassent leur enfanz en teil maniere qu'elle n'en oïst jamais[6] reclain; et se il nou faisoient, il couvenroit qu'elle i[7] meist conseil. Et li bourjois respondirent et dirent : « Dame, vous dites bien, et nous dirons à noz enfanz « qu'il se tiengnent en pais; et se il nou veulent faire[8], « si en faites ce que vous cuidiez que bon soit[9] et que « consaus vous en aportera[10]. »

443. — Atant s'en partirent li bourjois[1], et commanderent à leur enfanz qu'il se chastiassent et si laissassent leur folies : il[2] n'en firent nient, ainsois furent pieur[3] que il n'avoient avant estei. Or vous dirons qu'il faisoient. Il aloient en la taverne, il dis ou il douze; si despendoient[4] vint sous[5] ou trente, ou plus ou meinz, et mandoient à un preudomme de petit parage[6] de la

---

fist *ou* si en ot très grant joie. — [7] F, comme la roïne.

442. — [1] F, vendi; E, rendi à l'empereis. — [2] D, fu; C *omet* courut. — [3] F, et en ot la dame plaintes. — [4] C, si s'en plaindirent les menues. — [5] E, oquisouné. — [6] B, que il n'en oïssent mais; D, qu'on n'en oïst mauvais; F, que elle n'en oïst plus mauvais. — [7] DF, que on i. — [8] F *ajoute* pour nous. — [9] D, che que Diex vous ensegnera. — [10] C, et que bons conseulx vous rapporteront.

443. — [1] F *ajoute* et revinrent à Namur. — [2] F, et li enfant. — [3] F, assez piour; C, plus mauvais; D, firent pis que devant. — [4] C *ajoute* dix sous — [5] D, livres. — [6] E, lignage. — [7] C, ou

vile, auques riche[7], qu'il paiast leur despens. Aucun i en avoit qui les paioit par paour[8], et aucun qui ne les vouloit paier : si le batoient[9], et faisoient vilonnie, et toloient le sien[10] à force[11].

444. — Quant l'empereriz oï les complaintes[1], si fu mout courroucie; et commanda à son bailli, qui estoit chevaliers[2], qu'il les preist et meist en teil lieu qu'il n'eussent pouoir de mal faire[3]. Li baillis les fist gaitier, et sot où il estoient[4]; et ala folement et[5] mal garniz, et les cuida penre. Mais il se deffendirent viguereusement, et[6] ocirrent[7] le bailli; puis se destournerent et mirent à sauvetei. Quant l'empereriz le sot, près ala qu'elle[8] ne perdi le sens[9], et[10] dist : « Voirement sui je sans amis et en[11] estranges « contrées ? »

---

riche. — [8] F, pour la cremanche. — [9] E, celui batoient. — [10] C *omet* le sien; F, si estoient batu et fourmené, et toloient le leur. — [11] F *contient l'addition suivante* : Et quant Hues ou Wautiers avoit une bele fille, li doi ou li troi le gaitoient tant que ele aloit ou marchiet ou en sa besoigne; et dont disoient : « Happe, « Diex le me doinst! » Et puis l'enmenoient en un destour, et en faisoient lor volentés. Et le tenoient tant comme il lor plaisoit, et puis le ramenoient à le maison lor peres ou lor meres; et se on ne les reprendoit, on estoit batu; et faisoient avoir en covent as peres et as freres que pour chou pis ne lor feroient. Et tex enfances faisoient li boin enfant de Namur, nam! nam!

444. — [1] BDE, ces plaintes; C, la plainte; F, ceste plainte. — [2] E, boins chevaliers; D *omet* qui estoit chevaliers. — [3] F, mal à nului faire. — [4] E, il aloient. — [5] Et *omis dans* A. — [6] C, en telle maniere qu'ilz. — [7] F, misent à mort. — [8] C, a pou que elle; E, près k'elle. — [9] D, pour un peu que ele n'issi de sen sens; F, a poi que elle ne derva le sens. — [10] Et *omis dans* A. — [11] DEF, sans amis en.

445. — Et fait à l'endemain semonre devant li¹ la communautei de Namur; et il vinrent devant li², et elle leur demanda la mort de son bailli et les mourdreurs qui ocis l'avoient. Li bourjois respondirent que de la mort le bailli leur pesoit, mais il n'en estoient corpable; et bien vouloient que cil qui avoient fait le fait³ fussent puni. « En non Dieu, dist l'empereriz, « ainsi n'ira il pas; vous les me renderez, et en sera « chascuns de vous à ma voulentei de cors et d'avoir. « — Ha! dame⁴, comment porra ce estre que cil « comparra le fait qui corpes n'i a? Certes, dame, nus « droiz ne le porte⁵; ne se Dieu plait, ce ne sera jà « souffert. »

XLII.

446. — Atant s'en partirent li bourjois de la court l'empereriz, sauf ce qu'il s'offroient bien à droit¹; et l'empereriz respondi que jà droiz n'en seroit diz autres² que sa voulenteiz. Ainsi wacrerent³ les choses une piece; et l'empereriz faisoit penre dou leur, et les mesmenoit durement. Quant li bourjois⁴ virent qu'ainsi estoit⁵, si orent conseil que il envoieroient au roi⁶ savoir mon se il i vouroit⁷ metre conseil. Et eslurent

---

445. — ¹ B *omet* devant li. — ² C, et il vinrent; F, et il i vinrent; D *omet* et il vinrent devant li. — ³ E, fait ce cas. — ⁴ F, ha pour Dieu gentiex dame. — ⁵ C, ne le demoustrent; DEF, ne l'aporte.

446. — ¹ BC, droit à faire; D, de estre mené à droit. — ² C, feroit des autres; D, fais ne dis autres. — ³ B, waclerent; CDEF, demourerent. — ⁴ F *ajoute* de Namur. — ⁵ E *omet* et les mesmenoit, etc. — ⁶ B *omet* au roi. — ⁷ A, se il vauroit? B, vauroient.

quatre des plus sages d'eus; et furent envoié au roi[8], et li moustrerent[9] la desraison que leur dame leur faisoit : « Pour Dieu, sire, si i[10] metez conseil[11].

447. — « Certes, dist Pierres de Fontainnes, je vous
« dirai[1] queil conseil vous en devez avoir. Vous en
« irez arriere, et penra chascuns bourjois de Namur
« une hart[2] en son[3] col; et irez tuit devant l'empe-
« reriz[4], et direz : — Dame, veez ci voz mourdreurs;
« faites en ce qu'il vous siet[5]. » Quant li bourjois oïrent ce, si furent tuit esmaié[6]; et li rois[7] les regarda, si les vit touz mueir; si dist : « Mes sires Pierres, vous
« ne parleiz mie par conseil : li bourjois s'en iront et
« s'acorderont à leur dame[8]; si feront que sage. —
« Sire, vous dites bien, » dient li bourjois, qui ne desirroient que[9] l'aleir.

448. — Et se partirent de court comme cil qui onques puis n'orent talant de revenir; et revinrent à Namur, et conterent au commun[1] comment il avoient errei[2]. « Par foi, dient il[3], là n'a point de ressort : il

---

— [8] C, d'eulx qui y allerent. — [9] E *ajoute* la besoigne et; F, lor besoigne et. — [10] E, sire disent il cor i. — [11] C, et que pour Dieu y mist conseil; F, il y vausist metre conseil.

447. — [1] A, di; E, dirai que vous ferés et. — [2] F, une fort hart. — [3] BDEF, et la liera entour son; C, et la loyez entour vostre. — [4] C *ajoute* en luy criant mercy. — [5] BCDEF, plait. — [6] C, tristes; DEF, esbahi. — [7] F, li boins rois. — [8] D, s'en revoisent et s'acorgent à lor dame; E, s'en revoisent à lor dame et facent pais; F, s'en revoisent arriere et faichent pais à lor dame. — [9] D, qui moult desiroient; EF, ki desiroient.

448. — [1] DEF *omettent* au commun. — [2] C, exploicté; E, çou qu'il avoient frouvé. — [3] E, dient li autre; F, par foi, seignour.

« nous couvient querre⁴ avouei⁵. — En non Dieu, dist
« li uns d'eus, j'ai entendu des anciens bourjois⁶ de
« ceste vile⁷ que la conteiz de Namur doit estre mon
« seigneur Henri de Lucembourc, et que on l'en fait
« tort; si vous loeroie⁸ en bonne foi que vous l'en-
« voïssiez querre, et li feissiez tuit faautei et il nous⁹.
« Et sachiez qu'il le fera voulentiers; que c'est la chose
« ou monde que il plus desirre. »

449. — A ce conseil s'acorderent tuit, et fu envoiez querre; et il vint sans delai, et li firent faautei et il eus; et s'en rala en son païs, et enprunta deniers, et assembla granz genz. L'empereriz¹ sot que li bourjois² avoient fait faautei³ à mon seigneur Henri⁴; et fist⁵ garnir le chastel, et i mist chevetain⁶ preudomme et sage. Mes sires Henris vint à Namur atout son ost; et li bourjois⁷ le reçurent voulentiers⁸, et li mirent en abandon cors et avoir et vile⁹. Et il tint son siege enqui, et hourda si bien le bourc, et gardoit si bien l'entrée dou chastel¹⁰ que nus n'i pouoit entrer ne issir. Ainsi tint le siege¹¹ une grant piece.

450. — Et l'empereriz se pourchaça¹ tant² à la con-

— ⁴ A, querir. — ⁵ C, adveu. — ⁶ C *omet* bourjois. — ⁷ DEF *omettent* de ceste vile. — ⁸ AB, loeriens; DEF, loeroie; C, conseilleroie. — ⁹ BD, et il vous.

449. — ¹ E, et quant l'empereis; F, li empereis de Constantinoble. — ² F *ajoute* de Namur. — ³ E, hommage. — ⁴ F *ajoute* de Lussembourg. — ⁵ F, et mes sires Henris fist. — ⁶ A *omet* chevetain. — ⁷ F *ajoute* de la ville. — ⁸ F *ajoute* et de cuer. — ⁹ C, abandonnerent en la ville leurs corps et biens. — ¹⁰ E *omet* et gardoit, *etc*. — ¹¹ BC *omettent* enqui et hourda, *etc*.

450. — ¹ DF, pourcachoit. — ² DEF *omettent* tant. — ³ A *omet*

tesse de Flandres, de cui elle tenoit la contei de Namur, et à ses amis qu'elle assembla un³ grant ost où il ot mout de chevaliers et⁴ de granz seigneurs. Si i fu⁵ li cuens d'Eu⁶, li cuens de Monfort et li cuens de Joingni, et mes sires Erarz de Valeri pour les Champenois, et la contesse de Flandres pour sa partie. Et fist chevetain⁷ Baudouin d'Avesnes son fil, dont il ne vint nus biens ; et aprochierent Namur à quatre liues⁸, et l'endemain i vinrent.

451. — Et commanda la contesse¹ que on asseist le bourc ; et assaillirent Flammenc et Hannouier faintement², car mes sires Baudouins d'Avesnes deportoit mon seigneur Henri³ quanque il pouoit ; et plus i perdirent ses genz qu'il n'i gaaingnierent. Dont pourchaça Baudouins d'Avesnes unes trives à quarante jourz, en teil maniere que on n'osteroit ne ne meteroit⁴ rien ou chastel⁵ dedenz les trives⁶.

452. — Quant li Champenois virent la traïson et l'emport¹ de Baudouin d'Avesnes, si s'acorderent aus trives ; et s'en repairoient² arriere quant li Alemant escrierent³ « helpe, helpe⁴ ! » et se ferirent⁵ en la

---

un. — ⁴ C *omet* de chevaliers et ; F, de cevalerie et. — ⁵ A, si fu. — ⁶ A, Iu ; C, Huy ; EF, Dreu. — ⁷ F *ajoute* de mon seignour. — ⁸ C, trois lieues.

451. — ¹ E, l'empereis. — ² DEF, faintichement. — ³ F *ajoute* de Lussembourg. — ⁴ E, ne meteroit ne porteroit. — ⁵ F, en la ville ; D *omet* ou chastel. — ⁶ F *ajoute* durant.

452. — ¹ C, l'entreport ; DF, le deport ; E, la besoingne et le deport. — ² D, s'acorderent entro aus que il s'en revenroient (E, retourneroient ; F, repairoient). — ³ E, arriere et maintenant furent apparelliet et s'escrierent ; F, arriere en Flandres et dont

queue⁶ des Champenois⁷ au harnois le conte de Joingni, et li firent grant domage de chevaus⁸ et d'armeures et de son harnois; ne plus n'en fu fait⁹. Ainsi s'en parti li oz des Champenois¹⁰ asseiz vilainnement¹¹ pour la mauvestié¹² aus Flammens¹³.

453. — Et mes sires Henris¹ tint son siege, ne onques ne le mut²; et passerent les³ trives, ne nus n'i revint⁴. Et il destraingnoit⁵ durement ceus dou chastel, et fu devant⁶ un an ou plus. Quant li chevetains dou chastel vit qu'il n'averoit nul secours, et que viandes li apetisoient⁷, et sa garnisons mouroit de maladie, si fu à grant mesaise de cuer; car il savoit bien que mes sires Henris⁸ le haoit forment⁹.

454. — Atant ez vous un chevalier qui hurte à la porte; et on vint aus creniaus, et li demanda on que il vouloit; et il dit que mes sires Henris vouloit parleir au chevetain. Li mesages li ala dire; et il dist que il i parleroit à lui⁴ voulentiers. Et vint aus creniaus²; et mes sires³ Henris le voit et li dit : « Chevetains, vous « me faites painne et domage⁴; et bien savez que vous

---

s'escrierent. — ⁴ F *ajoute* bi Gode. — ⁵ AD, se fierent. — ⁶ C, entre la rue. — ⁷ D *omet* des Champenois. — ⁸ D *omet* de chevaus. — ⁹ C, n'en fu. — ¹⁰ F *omet* des Champenois. — ¹¹ A *omet* asseiz vilainnement. — ¹² E, pour l'ocoison. — ¹³ F *omet* pour la mauvestié des Flammens.
453. — ¹ F *ajoute* de Lussembourg. — ² EF, ne se mut; C, que nul homme ne luy empecha. — ³ A *omet* les. — ⁴ EF *omettent* et passerent, *etc.* — ⁵ C, tenoit court. — ⁶ F, et i fist. — ⁷ C, vitailles luy dimynuoient. — ⁸ F *ajoute* de Lussembourg. — ⁹ C *omet* car il savoit, *etc.*
454. — ¹ A *omet* à lui. — ² E, vint apolier au mur. — ³ CEF, quant mes sires. — ⁴ F, faites grant domage. — ⁵ E, aide ne

« n'averez jamais secours[5]. Et sachiez de voir[6], je ne
« me mouverai de ci, tant comme je vive[7], tant que
« j'aie[8] le chastel; et sachiez de voir[9], se je vous
« praing par force, je ne vous en saurai grei[10]; et se
« vous me le rendez[11], je vous pardonrai mon mauta-
« lant. Et sachiez de voir[12] que vous n'i averez desoré
« en avant[13] point de honte[14].

455. — « Sire, dit li chevetains[1], je m'en conseil-
« lerai, et dedenz quinze jourz je le vous lairai[2]
« savoir[3]. » Mes sires Henris li otroia; et li chevetains
envoia à l'empereriz, et li manda comment il estoit[4];
et elle li manda[5] qu'elle n'en pouoit plus[6] faire. Et au
chief[7] de la quinzeinne, li chevetains li rendi le
chastel[8], sauve sa vie; et mes sires Henris i entra, et
le[9] tient encore cui qu'en poit ne soit bel[10].

XLIII.

456. — Ci vous lairons esteir de Namur, qui gist
sour mauvais costei[1]; si dirons dou roi Loueys le preu-

---

secours; D, n'arés secours de nului. — [6] F *omet* et sachiez de voir.
— [7] C, toute ma vie. — [8] E, si averai. — [9] C *omet* et sachiez de
voir. — [10] F, nul gré et si le porrés bien comparer. — [11] F *ajoute*
de vostre gré. — [12] E, et si veés bien. — [13] B, n'i aurés mais. —
[14] F, de blasme; D, de honte ne de vilenie.
455. — [1] D *ajoute* des or mais. — [2] BCD, ferai. — [3] D, je vous
ferai savoir me volenté. — [4] EF, il li estoit. — [5] DEF, remanda.
— [6] C, n'y sçavoit que. — [7] C, par quoy droict ou chef. — [8] B,
etc. rendi le chastel à mon seigneur Henri. — [9] A, et la. — [10] C,
et en fut en possession; D, et le tint qui que en fust bel ne qui que
en fust lait; E, et le tint puis ce di; F, et l'a tenu tous jours puis
se di cui qu'il en soit lait ne cui biel.

domme qui ore regne². Sa conscience le reprist³ de la terre de Normandie que li rois Phelipes⁴ avoit conquise sour le roi Jehan d'Engleterre, le mauvais roi, qui fu peres au roi Henri qui ore est⁵, jà soit ce que li rois Phelipes l'eust⁶ par le jugement aus pers de France, et en fust⁷ semons li rois Jehans par ses pers.

457. — Mais aucunes genz dient¹ : « Pour ce s'il « deffailli à la court le roi son seigneur, n'avoit il pas « terre forfaite à perdre² ; car il n'avoit fait envers le « roi nul fait crimineil³. » Si dient⁴ que li rois de France pot par raison saisir la terre par la deffaute dou roi Jehan, et penre les issues; mais se li rois Jehans ou si oir voussissent venir au roi, et li requeissent saisine de leur terre parmi droit faisant, et amendeir les deffautes par le jugement des pers, il la deust ravoir.

458. — Et pour ceste doute¹ et pour autres² a il fait pais au roi d'Engleterre et bon acort; en teil maniere que³ li rois d'Engleterre vint en France, et sa famme et ses fiuz, et furent à Paris entour la saint Martin *anno Domini LIX*⁴. Et fu ordenei par bonne pais que li rois

---

456. — ¹ A, conseil; C *omet* ci vous lairons, *etc.* — ² B, qui après regna; E, ki adont regnoit; F, qui à cel tamps regnoit; CD *omettent* qui ore regne. — ³ D, remorst. — ⁴ F *ajoute* ses peres. — ⁵ B, qui puis fu; F, qui après regna; CE *omettent* qui ore est. — ⁶ C, en feist; E, le tenist. — ⁷ ABCEF, fu.

457. — ¹ C, dirent; EF, disoient. — ² C, forfait pour terre perdre; DF, à perdre terre. — ³ D, de crime. — ⁴ D, disent; CEF, disoient.

458. — ¹ E, raison. — ² F, autres raisons. — ³ C *omet* en teil maniere que. — ⁴ C, en l'an Nostre Seigneur Mil CC.LIX; DF,

d'Engleterre averoit et tenroit perpetueilment, et il et si oir, la contei de Caourz, et la contei de Pieregort, et la duchée d'Aginois qui contient[5] six citeiz. Et de ce li fist li rois englois homage à Paris, en sa maison[6], voiant[7] le pueple; et quita bonnement toute la droiture que il avoit[8] ne pouoit[9] avoir en toute la remanance de[10] la conqueste[11], et de ce li donna il sa chartre[12] roial.

459. — Et li donna li rois françois[1] deus cent mil livres et cinquante pour porteir et pour despendre en la terre d'outre meir dont il est[2] croisiez. Et fu couvent[3] que li rois d'Engleterre le venroit servir[4] deus foiz en l'an, au sien[5], quarante jourz[6], à la requeste[7] le roi de France; et que li cuens de Poitiers seroit quites de l'omage que il devoit de la terre que il tenoit en ces[8] trois conteiz. Ainsi furent apaisié li dui roi, et furent fait bon ami; et la conscience au roi de France fu apaisie. Et bien sachiez de veritei[9], qui est sans conscience il vit bestiaument[10]; et dit l'on piece a :

> Gui conscience ne reprent
> Plus tost à mal qu'à[11] bien entent.

---

l'an de grace (E *ajoute* Nostre Signeur), *etc.* — [5] EF, qui contienent. — [6] D, u palais; F, en la sale. — [7] D, devant; C, en presence de tout. — [8] E, il i avoit. — [9] C, pouoit ne debvoit. — [10] C *omet* toute la remanance de. — [11] D, en le conté et en le duché de Normendie; E, et tout le ramanant de la contet; F, en tout le, *etc.* — [12] E, carité.

459. — [1] D, et li rois franchois otria. — [2] CDEF, estoit. — [3] F, et fu li rois mis à serment et fu couvenenchiet. — [4] F, que il venrroit. — [5] D, à sen coust; E, à sen frait. — [6] AB *répètent par erreur* en l'an. — [7] D, à le semonse. — [8] A, en ses. — [9] D *omet* de veritei. — [10] DEF, comme beste. — [11] A, à mal c'au; BE, au mal qu'au; C, en mal que en; F, au mal k'à; D, plus à mal qu'à.

460. — Atant se parti li rois d'Engleterre, et la roïne et ses fiuz, dou roi de France, son serourge[1], qui mout les avoit honoureiz et festiez[2] par sa terre; et s'en ralerent en Engleterre leur païs[3]. Mais il laissierent le roi et la roïne touz doulanz pour Loueys leur ainsnei fil, qui morz estoit sour l'aage de seize[4] ans, qui estoit merveilles sages et gracieus. Et menoient teil duel que nus nes pouoit apaisier; et si estoit la roïne[5] grosse[6] d'enfant près de gesir[7].

461. — Ainsi menoit li rois son duel de son enfant que il mout amoit[1]; et estoit si tristes que nus[2] n'en[3] pouoit parole traire[4]. Atant ez vous l'arcevesque Rigaut de Rouen[5], qui le[6] vint veoir et conforteir; et mout li disoit de bons moz de l'Escriture[7] et de la pacience saint[8] Job. Et li[9] conta un essemple d'une masenge qui fu prise en une masengiere, ou jardin[10] à un païsan. Quant li païsanz la tint, si li dist qu'il la mangeroit.

462. — Et la masenge respondi au païsan : « Se tu, « dist-elle, me manjues[1], tu ne[2] seras gaires saouleiz[3] ;

---

460. — [1] D *omet* son serourge. — [2] DEF *omettent* et festiez. — [3] DEF *omettent* leur païs. — [4] CD, xv. — [5] B *omet* la roïne; *le mot* estoit *a disparu dans* A. — [6] EF, enchainte. — [7] AB, près à gesir; C, de gezir; D, preste de gesir; E, près de l'agesir; F, près d'agesir.

461. — [1] EF, avoit moult amé. — [2] C, et le roy avoit si grant dueil que nul. — [3] A, ne; F, n'i. — [4] D, prendre ne traire; E *omet* et estoit, *etc.* — [5] DEF *omettent* de Rouen. — [6] C, atant vint l'archevesque Rigault qui les. — [7] C, leur disoit de l'Escripture. — [8] CE *omettent* saint. — [9] C, leur. — [10] C, prise en ung jardin.

462. — [1] F, se tu me tuoies et mangoies. — [2] C, n'en. — [3] DEF

« car je sui une petite chosete⁴. Mais se tu me vou-
« loies⁵ laissier aleir, je t'apenroie trois sens⁶ qui
« t'averoient grant mestier se tu les vouloies metre à
« uevre. — Par foi, dist li païsanz, et je te lairai
« aleir⁷. » Et lasche la main⁸, et la mesange se trait⁹
sour une branche; et fu merveilles lie¹⁰ de ce qu'elle
fu eschapée¹¹. « Or t'apenrai, dit la masenge¹² au
« païsan, se tu veus¹³, mes trois sens¹⁴. — Oïl voir,
« dist-il¹⁵.

463. — « Or escoute, dit la masenge, je te lo (et si le
« retien bien¹) que ce que tu tiens à tes mains que tu ne
« getes à tes piez; et que tu ne croies² pas quanque tu
« orras³; et que tu ne mainnes mie trop grant⁴ duel
« de la chose que tu ne porras avoir ne⁵ recouvrir.
« — Que est ce, dit li vilains, n'en diras tu el? Par le
« cuer beu⁶, se je te tenoie, tu ne m'eschaperoies
« huimais. — En non de moi⁷, dit la masenge, tu
« averoies droit; car je ai en ma teste une pierre pre-
« cieuse, ausi⁸ grosse comme uns oes de geline, qui
« bien vaut⁹ cent livres¹⁰. » Quant li païsanz l'oï, si

---

ajoutent de mi. — ⁴ CDE, chose; F, bieste. — ⁵ B *ajoute* croire et.
— ⁶ C, saultz *ici et plus bas*. — ⁷ F, escaper. — ⁸ C *ajoute* et la
laissa aller. — ⁹ B, s'en corut; CF, se assist; D, s'en va asseir;
E, saut. — ¹⁰ F, lie à grant mervelles. — ¹¹ D *ajoute* de le main
au païsant. — ¹² C, dist elle. — ¹³ B *omet* au païsan se tu veus.
— ¹⁴ D, mes trois sens se tu les veus oïr. — ¹⁵ DF, dist li
païsans.
463. — ¹ DEF *omettent* et si, etc. — ² AB, croire. — ³ EF, tu
os. — ⁴ B, etc. *omettent* trop grant. — ⁵ DEF *omettent* avoir ne.
— ⁶ AD, cuer biu; BE, ceur beu; C, cul bieu; F, cuer bieu. —
⁷ D, en non Diu. — ⁸ DEF *omettent* precieuse; A *transporte ce
mot après* geline, *et omet* ausi. — ⁹ C, vaut plus de. — ¹⁰ E, cent

debat¹¹ ses poinz, et decire¹² ses cheviaus, et demainne le plus grant duel dou monde¹³.

464. — Et la masenge commença à rire¹ et li dist² : « Soz vilains, mauvaisement as entendu et mis à uevre « les trois sens³ que t'avoie dit⁴; saches de voir que « tu ies de touz trois deceuz. Tu me tenoies en ta « main ; si me getas à tes piez quant tu me laissas aleir. « Et me créis de ce que je te fis entendant que j'avoie « en ma teste une pierre precieuse qui estoit ausi « grosse comme uns oes de geline; et je toute ne sui « mie si grosse⁵. Et si mainnes duel de moi où tu ne « revenras jamais⁶ ; car je me garderai mieux que je « ne me sui gardée. » Atant bati ses eles, et s'envola ; et laissa le païsan son duel faisant⁷.

465. — « Sire, dist li arcevesques, vous veez bien « que vous ne pouez recouvreir à vostre¹ fil ; et bien « devez croire que il est en paradis² : si vous devez « conforteir³. » Li rois vit bien et sot que l'arcevesques li disoit voir ; si se conforta⁴, et oublia auques⁵ son duel⁶.

---

mars. — ¹¹ C, deteurt; CEF, destort. — ¹² D *omet* decire. — ¹³ F, si grant doel que plus ne pot.

464. — ¹ D *ajoute* trop fort. — ² E, et la masenghe respondi en riant. — ³ C, saultz. — ⁴ D *ajoute* chertes bien pert s'alleluye qui à cul de buef le chante. — ⁵ DE *ajoutent* comme un oef ; F, et tous mes cors n'est pas ausi gros conme li oes de gueline. — ⁶ D, à cui tu ne recouverras jamais ; C, que tu ne peulx recouvrer ; E, que tu ne raveras jamais. — ⁷ E *omet* faisant.

465. — ¹ C, recouvrer vostre. — ² F *omet* et bien devez, etc. — ³ CDF, reconforter. — ⁴ CD, reconforta. — ⁵ C, aucunement; D *omet* auques. — ⁶ E, de son duel; F, de son grant doel.

XLIV.

466. — Or vous dirons de l'arcevesque Thomas de Biaumez[1], qui tout couvoitoit; et on dit en proverbe : « Qui tout couvoite, tout pert. » Il avoit eu la garde de[2] Saint Remi de Rains par lonc tans, il et si anciseur[3]; et les mesmenoit trop malement et raiemboit[4]. Et ot bien, si comme on dit[5], quatre mil livres de l'abbei Gilbert; et vouloit penre tout à fuerre[6] quanque Sainz Remis avoit vaillant. Mais on dist piece a que la soursomme abat l'asne.

467. — Et avint que[1] li abes et li couvenz ne porent plus endureir, et prisent garde à leur priveleges se par aventure i averoit chose qui mestier leur eust[2]. Si trouverent les chartes de six rois de France qui disoient que l'eglise de Saint Remi et li chastiaus estoit fondeiz de l'aumosne[3] des rois[4]; et l'avoit chascuns rois renouvelei par sa chartre[5] jusques au roi Phelipe. Mais li rois Phelipes[6], quant il ala outre meir, la commanda[7] à gardeir à l'arcevesque Guillaume Blanchemain son oncle; et depuis l'ont eu li arcevesque de Rains en

---

466. — [1] A, Biamez; D, Biaumés; BF, Biauvais; C, Beauvois; E, Rains. — [2] CD, en sa garde. — [3] F *ajoute* grant avoir. — [4] E, menoient..... raenchounoient; F *omet* et les mesmenoit, *etc.* — [5] D, et ot bien pris li archevesques Thumas. — [6] B, à force et à feurre; C, tout et fourrer; D, prendre et pillier plus et plus.

467. — [1] F *omet* avint que. — [2] B, i auroit qui lor peust avoir mestier; D, leur peust aidier ne avoir mestier. — [3] C, de la main. — [4] E, estoient des aumosnes as rois. — [5] E, carite. — [6] ACE *omettent* mais li rois Phelipes. — [7] C, au roi Phelipe qui la com-

garde⁸, par la nicetei des abeiz et dou couvent⁹ qui ont estei jusqu'à l'arcevesque Thomas, qui ore est¹⁰.

468. — Et quant li abes et li couvenz virent qu'ainsi estoit, si alerent¹ au roi, et li prierent² pour Dieu³ qu'il meist conseil⁴ à l'eglise Saint Remi, dont il estoit⁵ rois et⁶ sires, et qui estoit fondée⁷ de ses anciseurs; et bien en estoient privelegié de six rois. Les chartres furent moustrées au roi⁸ et leues devant⁹ le conseil; et dist li rois qu'il i meteroit voulentiers conseil¹⁰. Et fu li arcevesques semons et ajourneiz devant lui, contre l'abei et le couvent de Saint Remi¹¹; li arcevesques contremanda une foiz et autre et tierce foiz, et ot touz ses contremanz; et prolonja¹² bien un an¹³ qu'onques ne respondi.

469. — En la pardefin li rois le fist sommeir¹, et li fu² jourz asseneiz certains³ que il i fust⁴. Quant li arcevesques vit que il ne porroit plus ganchir⁵, si li couvint aleir⁶. L'abes et li procureeur dou couvent i furent present, et dist li rois à l'abei et au couvent : « En queil garde iestes vous, ou en la moie, ou en⁷

---

manda; E, qui en ala outre mer et le commanda. — ⁸ C *omet* en garde. — ⁹ D *omet* et dou couvent; E *omet de plus* qui ont estei. — ¹⁰ B, qui fu lon tans après; CDEF *omettent* qui ore est.

468. — ¹ AB, s'alerent. — ² B, crierent. — ³ BC *ajoutent* merci. — ⁴ F, hastieu conseil. — ⁵ D, est. — ⁶ F *omet* rois et. — ⁷ D, et fondée. — ⁸ DEF *omettent* au roi. — ⁹ B *ajoute* le roi et. — ¹⁰ DEF, i entenderoit volentiers. — ¹¹ F *ajoute* de la cité de Rains. — ¹² A, proloina; D, pourlonga; EF, delaia. — ¹³ C, sept ans.

469. — ¹ E, li archevesques fu semons. — ² A *omet* fu. — ³ C, à la parfin jour certain luy fut assigné de par le roy. — ⁴ D *omet* que il i fust. — ⁵ C, differer. — ⁶ D, si ala à sen jour. — ⁷ D, ou

« l'arcevesque[8] ? » Li abes respondi et dist : « Sire,
« nous soumes en vostre garde et devons estre, et bien
« en soumes[9] privelegié de voz anciseurs. » Et furent
moustrei li privilege. Lors dist li rois : « Sire abes,
« aleiz vous en ; li plaiz[10] n'est pas à vous, ains est à
« moi ; et se li arcevesques veut dire chose qui valoir[11]
« lui puisse, si le die ; et nous l'en ferons voulentiers
« droit en nostre court. »

470. — Quant li arcevesques vit qu'il ne porroit eschapeir[1], si prist un jour à dire ses raisons ; et quant vint au jour, il contremanda ; et ot encore un jour et emport[2]. Et à celui jour vint ; et preist encore voulentiers un jour s'il le peust avoir, mais il nou pot avoir[3]. Et quant il vit que respondre li couvenoit[4], si demanda la moustrée des choses que li rois clammoit[5] ; et fu jourz asseneiz de faire la moustrée[6]. Li prevoz de Loon vint à Rains, et fist la moustrée en lieu dou roi[7] ; et moustra à la gent l'arcevesque l'eglise Saint Remi et le chastel, et les viles Saint Remi jusqu'à vint quatre[8] ; et leur dist que encore leur en moustreroit se il vouloient ; et il dirent que il s'en tenoient bien à paié[9].

---

en la garde de. — [8] F, ou en la garde de Saint Remi ou en la moie. — [9] E ajoute chartret et; F, et dist, sire, nous soumes chartré et. — [10] C, pais. — [11] B, aidier.

470. — [1] D, autrement besongnier. — [2] C, jour d'entreport; E, contremanda un jour de deport; D, et tant eut de jours que lois porte, et li fu assignée journée chertaine sans contremant. — [3] CDEF, mais il ne pot; A omet mais il nou pot avoir. — [4] B, couvanroit. — [5] A, demandoit; D, demanda jour de veue que li rois clamoit. — [6] D, de le veue faire. — [7] D, le veue pour le roi; E omet li prevoz de Loon, etc. — [8] D, XIIII. — [9] BCDF, à bien paié; E, bien paiiet à tant.

471. — Atant leur fu¹ jourz asseneiz par devant le roi, pour dire droit² aus parties³ sour touz les erremenz à chascun; et fu li arcevesques presenz à quanqu'il pot avoir de conseil⁴. Lors se leva maistre Juliens⁵ de Peronne, et dist : « Sire arcevesques, « voulez vous oïr droit liqueis doit avoir la garde de « Saint Remi⁶, ou vous, ou⁷ li rois? » Li arcevesques⁸ respondi et dist : « Oïl. »

472. — Lors recorda¹ mes sires Juliens tout le procès jusqu'en la fin², et dist par droit et par jugement des maistres³ que li rois averoit la garde de Saint Remi et de ses choses⁴; et avoir les devoit⁵ par le privilege de ses anciseurs, « et par la reconnoissance de vous, « sire arcevesques; que vous baillastes, un jour fu jà, « vostre letre pendant à madame la roïne⁶. Et veez les « ici⁷; et parolent ainsi :

473. — « Thomas, par la grace de Dieu arcevesques « de Rains, à touz ceus qui ces letres verront¹ salut². « Sachent tuit que je Thomas, arcevesques de Rains, « reconnois³ que je tieng en commande⁴ dou roi de

---

471. — ¹ BDF, refu. — ² B, vrai droit. — ³ D, as parties devant le roi pour faire che que drois porteroit. — ⁴ F, de boin conseil. — ⁵ EF, Vilains. — ⁶ F *ajoute* de Rains. — ⁷ F *ajoute* mesire. — ⁸ D *omet* voulez vous oïr, *etc.*

472. — ¹ EF, regarda. — ² D, du commencement dessi en le fin. — ³ D *ajoute* de le court; C, et par droict jugement dist. — ⁴ D, de ses appertenanches; E, del sien. — ⁵ EF, le doit; C *omet* et avoir les devoit. — ⁶ A *omet* à madame la roïne. — ⁷ EF *omettent* et veez les ici.

473. — ¹ EF *ajoutent* et orront. — ² E *ajoute* en Nostre Signeur. — ³ D *omet* que je Thomas, *etc.* — ⁴ A, coumanda; CE, comman-

« France, mon seigneur, la garde de Saint Remi de
« Rains, et m'otroi à ce que je ne la tiengne⁵ fors tant
« comme il lui plaira⁶. »

474. — Quant li arcevesques oï la letre lire, si li
chéi li neis ; et fu li plus esbaubiz¹ hons dou monde²,
et il et tuit li sien. Lors se leva et s'ala conseillier, et
dist à son conseil : « Biau seigneur³, que porrai je
« faire? Par foi, je sui essilliez⁴ s'ainsi demeure, et ai
« perdue ma citei ; car tuit mi bourjois iront manoir à
« Saint Remi. — En non Dieu, dit li uns de son conseil,
« vous direz que vous ne voulez pas que cis jugemenz
« soit estables⁵, pour ce qu'il n'est pas faiz ne⁶ renduz
« par voz pers. Et vous iestes pers ; si devez estre
« jugiez par eus. » Tuit li autre dou conseil⁷ s'i acorde-
rent⁸.

475. — L'arcevesques en vint¹ devant le roi ; et li
conta Pierres Halos sa parole, et dist ainsi : « Par foi,
« sire, li arcevesques est² pers de France ; si doit estre
« jugiez par ses pers. Cis jugemenz n'est pas faiz par
« ses pers ; si ne veut pas que il li griet³. » Pierres de

---

dement. — ⁵ A, la tayng ; B, la teing ; C, la tiens ; F, et ne le doi
tenir ; DE, et reconnois que je ne le tieng. — ⁶ AB, lor plaira ; C,
il plaira à monsieur le roy.

474. — ¹ A, abaubiz. — ² C, et fut durement esbahy. — ³ BF
ajoutent pour Dieu ; C, pour Dieu merci. — ⁴ E, je serai hounis.
— ⁵ D, vous dirés que chis jugemens ne doit mie estre estavles ;
F, que chiex jugemens n'est pas estavles. — ⁶ DF *omettent* faiz
ne. — ⁷ D *ajoute* l'archevesque. — ⁸ F, à cel conseil s'acorderent
tout.

475. — ¹ B, revint. — ² C, dit qu'il est. — ³ E, li soit griés ; F,
que si li puist grever en riens ; C, et ne veult pas en nulle fin ce

Fontainnes respondi⁴ : « L'on vous en dira droit⁵, se
« vous voulez, s'il doit valoir ou non. » Li arcevesques
dist que bien le vouloit; et⁶ se traist arriere.

476. — Et li maistre se conseillierent¹, et dirent²
que cis jugemenz estoit bons et rainables³; car la querele dont li jugemenz estoit faiz n'estoit pas de la
perie⁴, et pour ce couvenoit il qu'il fust tenuz. Atant
se parti l'arcevesques de Rains de court sans congié
penre, tout plourant⁵; et se mist⁶ en sa chambre, et i
fu deus jourz qu'onques n'en issi⁷. Et puis s'en vint à
Rains, et requist aus evesques de sa province qu'il li
aidassent envers le roi; et li evesque respondirent
qu'il estoient homme le roi, ne contre lui⁸ n'iroient il
mie; ne il n'entendoient pas qu'il li⁹ feist tort¹⁰.

477. — Or vous dirons¹ de l'abei qui demoura à
court, qui requist au roi² qu'il envoiast garde à Saint
Remi en l'eglise, pour gardeir la terre Saint Remi³. Li

---

jugement accorder ne tenir pour ce qu'il n'est faict par ses pers.
— ⁴ AD, respondi Pierres de Fontaines; F, et Pierres de Fontaines uns maistres si respondi. — ⁵ D, respondera droit et voir.
— ⁶ D omet dist que, etc.
476. — ¹ E, se traisent ariere. — ² D, dirent à lui. — ³ C, et
leal; F, et loiaus. — ⁴ A, de l'emperrie; BC, de la partie; EF, de
l'empire; D, de le pairie. — ⁵ DE omettent tout plourant. — ⁶ B,
s'en vint tout plorant. — ⁷ D, en le cambre qu'onques n'en issi
dusques à l'endemain. — ⁸ E, envers le roi et il disent que contre
lui. — ⁹ DF, que li rois li; E, que on li. — ¹⁰ *Les mots* atant se
parti, *etc. sont rejetés dans* D *à la fin de la chronique, et y forment
un chapitre intitulé*: Comment li archevesques de Rains requist
as evesques de se province qu'il li aidassent envers le roi.
477. — ¹ F, or vous devons redire. — ² D *ajoute* et à le court.
— ³ C, gardes pour garder l'eglise et la terre; D, garde à Saint
Remi; E, garde à Saint Remi pour la terre et l'eglise garder; F,

rois respondi que il en averoit conseil jusqu'à la septembre au parlement[4]. Lors s'en revint li abes à Rains[5]. Quant li arcevesques le sot, si le fist tasteir[6] en mout de manieres pour quoi il relaissast[7] ce qu'il avoit entrepris ; mais il n'en pot à chief venir. Ains s'en ala au parlement, et requist la garde[8] au roi, et li rois li bailla ; et s'en revint à Saint Remi bauz et joianz[9] et liez. Et ot conseil bon et loial qui li dist :

478. — « Sire, vous iestes hors des mains l'arce-
« vesque quant à la laie joustice ; vous n'avez rien fait
« se vous n'iestes[1] hors de sa crestientei. Si vous cou-
« vient tant faire à l'apostoile et à ses freres que vous
« soiez exans en vostre terre[2] ; et pour Dieu travailliez
« i[3], si ferez grant aumosne[4]. Et vous en avez jà mout
« bon avantage ; et si averez la priere le roi qui mout
« vous vaura. Et bien avez pouoir de servir la court[5],
« et la courz penra voulentiers ; et vous[6] soiez larges
« de donneir, car jà ne saurez tant donner que il ne
« vous demeurt asseiz. Et bien sachiez de voir que li
« dui meilleur avocat de la court[7] par cui vous esploi-

---

garde à Saint Remi pour garder la terre. — [4] B, jusques au parlement en septembre; C, dedens le moys de septembre au parlement; E, et qu'il atendist juskes à septembre au parlement; F, respondi qu'il en aroit en septembre au parlement. — [5] C *omet* lors s'en revient, *etc.* — [6] C, essayer; DE, tempter; F, atempter. — [7] A, il le relaissat; B, il delaissast; C, il relascheoit; D, il relasquast. — [8] C, l'ayde. — [9] A, joauz ; E *omet* et joianz.

478. — [1] B, metés. — [2] C, vous et vostre terre en soyez hors; E, assols et vostre terre ; F, assols (D, assols de sen espirituel) en vostre terre. — [3] B, travilliez vous en un pou; C, travailliez vous en; DF, travelliés vous i. — [4] F, ferez aumosne; E, ferés que sages. — [5] E, de desiervir à court; F, de deservir envers la court de Romme. — [6] C, mais que vous. — [7] C *omet* de la court; F

« terez plus tost de vostre besoingne acheveir⁸, c'est⁹
« *aurum* et *argentum*¹⁰ ; si faites que vous les aiez de
« vostre conseil, et je vous afi que vostre besoingne
« sera faite. »

479. — A ce conseil s'acorda¹ li abes et ses consaus², et se pourvit³ de ce qui li⁴ estoit mestiers ; et mut⁵ privéement, et s'en ala par le roi⁶ et prist congié au roi. Et dit l'on que li rois⁷ li charja sa letre de priere et de croire⁸, s'il en avoit mestier. Et quant li arcevesques le sot, si fu à mesaise de cuer ; et pria touz ceus qu'il avoit faiz⁹ et qui si ami devoient estre, chascun par lui¹⁰, que il alassent¹¹ pour lui à Rome, contre l'abei qui le vouloit deseritier. Mais il n'en i ot nul qui un seul mot respondist, fors seulement li arcediacres¹² Guillaumes de Brai, qui dist¹³ : « Sire¹⁴, je voi bien
« comment il est ; je sui apareilliez de faire vostre vou-
« lentei de ce que je porrai faire. » Li arcevesques¹⁵ l'en mercia, et li fist livreir quanque mestiers fu ; et s'en ala à Rome, et i demoura grant piece ; et s'en revint à meinz d'avoir et à plus de pechiez¹⁶.

---

ajoute de Romme. — ⁸ C *omet* de vostre, *etc.* — ⁹ F *ajoute* chil que je vous dirai. — ¹⁰ E, ors et argens.

479. — ¹ A, à ce acorda. — ² E, et li couvens ; F, et ses couvens et tous ses consaus. — ³ C, pourveurent. — ⁴ C, leur. — ⁵ F, vint. — ⁶ C, parler au roy. — ⁷ E, et ala privéement parler au roi, et li dist ensi, et li rois. — ⁸ B, *etc.* d'acroire. — ⁹ EF, avoit avancés. — ¹⁰ C *omet* chascun par lui. — ¹¹ AB, alast. — ¹² E, archevesques. — ¹³ E, fors seulement uns ki dist. — ¹⁴ F, sire evesques. — ¹⁵ F *ajoute* de Rains. — ¹⁶ DEF *omettent* et s'en revint, *etc.* ; A *omet seulement* à meinz d'avoir, *etc.*

AVERTISSEMENT

POUR L'USAGE DU VOCABULAIRE.

Les leçons du texte sont en romain, et les explications ou traductions *en italique*. Les leçons placées entre parenthèses sont des fautes ou des variantes qui ne figurent pas dans le texte. Toute leçon qui n'est pas immédiatement suivie d'une autre leçon mise entre parenthèses appartient au manuscrit A, quand une des lettres *b*, *c*, *d*, *e*, *f* ne la rattache pas à l'un des cinq autres manuscrits. Le manuscrit A contient souvent pour le même mot, outre la leçon correcte qui a été reproduite de préférence dans le texte, des leçons incorrectes ou des variantes qui n'y ont pas été admises : l'éditeur s'est contenté de renvoyer à un passage pour chaque espèce de leçons.

Le Vocabulaire renvoie aux numéros des paragraphes, et non à la pagination.

LISTE DES ABRÉVIATIONS.

abrév.	abréviation.	poss.	possessif.
act.	actif.	prép.	préposition.
adj.	adjectif.	prés.	présent.
adv.	adverbe, adverbiale.	prét.	prétérit.
aff.	affirmation.	pron.	pronom.
art.	article.	r. n.	régime neutre.
conj.	conjonction, conjonctive.	r. p. f.	régime pluriel féminin.
dém.	démonstratif.	r. p. m.	régime pluriel masculin.
f.	féminin.		
f. s.	féminin singulier.	r. s. f.	régime singulier féminin.
fut.	futur.		
gér.	gérondif.	r. s. m.	régime singulier masculin.
imparf.	imparfait.		
impér.	impératif.	rel.	relatif.
impers.	impersonnel.	s.	singulier, sujet.
ind.	indicatif.	s. n.	sujet neutre.
inv.	invariable.	s. p. f.	sujet pluriel féminin.
loc. adv.	locution adverbiale.	s. p. m.	sujet pluriel masculin.
loc. conj.	locution conjonctive.	s. s. f.	sujet singulier féminin.
m.	masculin.		
n.	neutre.	s. s. m.	sujet singulier masculin.
n. pr. r.	nom propre régime.		
n. pr. s.	nom propre sujet.	subj.	subjonctif.
nég.	négation.	subst.	substantif.
p.	pluriel.	v. n.	verbe neutre.
part.	participe.	voc.	vocatif.
pers.	personnel.	voy.	voyez.

VOCABULAIRE.

A.

A, *prép.* à Reins, 5; à Acre, 57; à quatre liues, 22; à terre, 27; — à une saint Jehan, 6; à une fois, 43; à ces jourz, 13; à son disneir, 15; — envoia à, 5; revenons à, 6; — avoit à faire, 18; desirrent à faire, 2; comença à, 16; — parla à, 20; requist à, 17; — feist à blasmeir, 285; — pendoit à, 2; — mariée à, 28; — ot à non, 2; est mestiers à, 4; — sacreiz à roi, 5; s'en tint à paié, 5; — à destre, 176; à genouz, 15; — à armes, 47; à navie, 54; — à merveilles, 23; à mesaise, 37; — à privei, 33; — à grant plantei, 45; — à mort, 60; — à chascun coup, 56.

A, *interj.* Voy. Ha.

Aage, *r. s. m.* 22, 134; (age), 14.

Aaisier. *Voy.* Aisier.

Abaïe, *r. s. f.* 324; (abeïc, 424; baïee, 22).

Abaissier; — fu abaissiez, *s. s. m.* 352; fu abaissie (abaissiée), *s. s. f.* 187.

Abandon, *r. s. m.* 326, 449.

Abatre, 334; — abat, 44; — abatent, 124; — abatoit, 56; — fu abatuz, 205; — abatuz, *r. p. m.* 43.

Abaubiz. *Voy.* Esbaubiz.

Abes, *s. s. m. abbé*, 467; (abez, 479); — abes, *voc.* (abez), 469; — abei, *r. s. m.* (abbé), 466; — abeiz, *r. p. m.* (abez), 467.

Abisme, *r. s. m.* 66, 70.

Abitacle, *r. s. m. petite habitation*, 315.

Acheveir (achiver), 478; — ot achevée (achievée), *r. s. f.* 108.

Achoison, *r. s. f. occasion*, 60.

Acointier; — s'acointa, 20.

Acomplir; — fu acomplie, 335.

Acordance, *s. s. f.* 114.

Acorde, *s. s. f. accord*, 270.

Acordeir (acorder); 184; — je m'i acort, 72; — nous nous acordons, 41; — vous vous acordeiz (acordez), 41; — s'i acordent, 75; — s'i acordoit, 20; — s'acorda, 231, 368; — vous i acordastes vous, 61; — s'acorderent, 5; — s'acorderont, 447; — s'i acorderoient, 169; — fu acordei (acordé), *n.* 146; — acordant, *s. p. m.* 147.

Acort, *r. s. m.* 287, 349.

Acoudeir; — estoit acoudeiz (acoudez), 23.

Acourre; — acourrons (acourons), *fut.* 418.

Aderseir, *s'attacher;* —adersoit, 416.

Adés, *adv. toujours*, 240; tout adés, 405.

Adonc, *adv. alors*, 18; (adonques, 109).
Adouleir, *affliger;*—estoit adouleiz (adolez), 389; — furent adoulei (adolé), 158, 225.
Adrecier; — s'adreça, 65; — s'en adresceroit, 357; — s'i adreçassent (adressassent), 373.
Aferir, *appartenir;* — il afiert, 192; — il aferoit, 64.
Afermeir, *affirmer*, (afermer), 203; — aferma, 87; — afermerent, 53; — fu afermée, 225; fu afermei (afermé), *n.* 42.
Affaire, *pour* à faire. *Voy.* Faire.
Affaires, *s. s. m.* (afaire), 217; — affaire, *r. s. m.* 81; son (affayre), 316; son (afaire), 437.
Affameir; — par affameir (affamer), 260.
Afier, *assurer;* — je vous afi, 478; — afient, 294.
Afondreir, *aller à fond*, (afondrer), 161.
Afubleir; — s'afubla, 187; — afublerent, 188.
Afuir, *s'enfuir;* — s'en estoit afuiz (afoïz), 136.
Agait, *r. s. m.* 13.
Age. *Voy.* Aage.
Agenoillier; — s'agenoillierent (s'agenoillerent), 434.
Agesir, *être couché;* — ajut, *prét.* 16.
Agreveir, *aggraver;* — agreva, 218; — se senti agrevei (agrevé), 60.
Aguz, *adj. r. p. m.* 384; — aguë *s. s. f.* 182.
Aharnechier. *Voy.* Harnechier.
Ahennable, *adj. r. s. f. labourable*, 405.
Ahenneir, *labourer*, (ahener), 176; — ahenna, 407.
Ai. *Voy.* Hai.
Aidant, *s. p. m.* 304; — ses aidanz, *r. p. m.* 232.
Aide, *r. s. f.* 259.
Aidier, 90; — aidoit, 346; — aidierent, 419; — aiderai, 224; — aiderons, 36; — aideroit, 347; — aideroient, 292; — aide, *impér.*, 44; — aidiez moi, 402; — aït, 3ᵉ *pers. s. subj. pr.*, 278; — aidast, 79; (aidat, 301); — aidassent, 476.
Aigue. *Voy.* Iaue.
Aimmi. *Voy.* Hai.
Ainglée, *r. s. f. angle*, 131.
Ains, *adv. avant*, 4; ains mais (ain mais), 260; — *prép.* ains (ainz) le jour, 62; ains (ainz) jour, 109; — *conj. mais*, ains (ainz), 18, 230.
Ainsi, *adv.* 5; (ansi, 178; einsi, 301); — ainsi que, 36; — ainsi comme, 56.
Ainsneiz, *s. s. m.* (ainsnez, 4; aingnez, 5; ayngnez, 353; aygnez, 3; ainnez, 12); — ainsnei, *r. s. m.* (aygné, 3; ainné, 17; aynné, 460); — ainsneiz, *r. p. m.* (ainnez), 135; — ainsnée, *s. s. f.* (ainnée, 67; aynné, 355).
Ainsois, *adv. avant* (ainçois), 85, 363; — *mais*, (ainçois, 47; ainçoiz, 350); — ainsois que, *conj. avant que*, 23.
Air, *r. s. m.* 160.
Aise, *r. s. f.* 79; — males aises, *r. p. f.* 389.
Aises, *adj. s. s. m.* (aise), 79.
Aisier, *mettre à l'aise*, 200; (aaisier, 93).
Ajourneir (ajourner, 186; ajorner, 250); — ajourne (ajorne), 248; — ajournons (ajornons), 248; — ajourna, *il fit jour* (ajorna), 87; — fu ajourneiz (ajornez), 468.
Ajue, *r. s. f. aide*, 41, 404.
Alains, *n. pr. s. m.* 98; (Halains, 110; Alain, 114); — Alains, *voc.* (Alain, 110, 111); — Alain, *r. s. m.* 95; (Halain, 111).
Alaschier, *affaiblir?*—alaschoit, 209.
Ale, *s. s. f. troupe en marche*, 147; — *r. s.* 317; — ales, *r. p. f.* (hales), 147.
Alée, *s. s. f. marche, départ*, 154.

Alegier, 182.
Aleinne, *r. s. f. haleine,* (aleine, 58, 415; alaine, 161); — aleinnes, *r. p. f.* (alainnes), 156.
Aleir (aler), 6; (en aler, 8); — je m'en vais (voys), 414; — va, 102; (vait, 60); s'en va, 9; — aleiz (alez), 61; — vont, 195; s'en vont, 391; — aloit, 54; s'en aloit, 63; près s'aloit que, 57; — aloient, 10, — ala, 19; en ala, 76; s'en ala, 25; près s'ala que, 58; — alerent, 72; s'en alerent, 33; — irai (irais), 224; m'en irai (iray), 64; — iras, 132; — ira, 445; — irons, 95; — irez, 147; — m'en iroie, 82; (m'en iroye, 387); — iroit, 88; — iroient, 53; (iroyent, 476); s'en iroient, 53; — va, 408; — alons, 173; — vous en aleiz (alez), *impér.* 111; — voiez, 2e *pers. pl. subj. pr.* 90; — alast, 138; (alat, 93); s'en alast, 102; — alassent, 153; s'en alassent, 395; — estes aleiz, *s. s. m.* (alez), 125; — en estoient tuit alei (alé), 377; — en fu aleiz (alez), 269; —alant, *gér.* 227, 228, 319.
Aleirs, *s. s. m. marche, départ,* (alers), 175; — aleir, *r. s. m.* (aler), 440.
Alemant, *s. p. m.* 452.
Aleure, *r. s. f. allure,* 112.
Aletier, *allaiter,* — aletai, *prét.* (aletays), 418.
Aliance, *r. s. f.* 35; (alience, 274).
Alier; — s'alia, 356; s'alierent, 339.
Alitier; — alita, 19.
Alonc, *prép. près,* 16.
Alumeir (alumer), 213.
Amauris, *n. pr. s. m.* 168; (Aumaris, 166; Aumariz, 34); — Amauri, *r. s. m.* 28.
Ambedeus. *Voy.* Andui.
Amblant, *r. s. m. allant l'amble,* 320.
Ame, *r. s. f.* 30, (arme, 119; s'arme, 327).

Amende, *r. s. f.* 271.
Amendeir (amender), 88; — amenda, 14; — amenderai (amenderais), 416; — amenderoit, 303; s'amenderoit, 303; — averez amendei (amendeit), 217.
Ameneir, 417; (amener, 94); — il amainne, 413; — amenast (amenat), 196; — j'ai amenei (amené), 387; — a amenée, *r. s. f.* 410; — fu ameneiz (amenez), 196.
Amenuisier, *diminuer;* — estoit amenuisie, *s. s. f.* (amenuisiée), 210.
Ameir (amer), 351; — j'ain, 10; — il aime (ayme), 303; —amoit, 130; — amoient (amoyent), 400; — ama, 7; — s'amerent, 21; — j'ameroie, 271; — j'ai ameiz, *r. p. m.* (amez), 282.
Amiraus, *r. p. m. emirs* (amirax), 149.
Amis, *adj. s. s. m.* 298; — amis, *voc. s. m.* 201; — ami, *r. s. m.* 88; — ami, *s. p. m.* 70; — amis, *r. p. m.* 83.
Amit, *r. s. m. amict,* (amis), 180.
Amont, *adv.* 8.
Amour, *r. s. f.* 39; m'amour, 32; la male amour (amor), 351; — par amours, *r. p.* (amors), 295, 331.
Ampoule, *r. s. f.* (ampole), 309.
An, *r. s. m.* 15; — ans, *r. p. m.* 14; (anz, 22).
Anciseur, *s. p. m. ancêtres,* 466; — anciseurs, *r. p. m.* 468.
Andrieus, *n. pr. s. m.* 151; (Andieus, 157; Andriex, 167); — Andrieu, *r. s. m.* (Andriu), 337.
Andui, *s. p. m. tous deux,* 127, 141; — ambedeus, *r. p. f.* 99.
Anée. *Voy.* Année.
Anei, *r. s. m. anneau,* 183; — aniaus, *r. p. m.* 163.
Anemi, *r. s. m.* 25; — anemis, *r. p. m.* 15.
Angoisse, *r. s. f.* (angoysse), 44.

Angoisseusement, *adv. avec angoisse*, 58.
Anientir; — est anientiz (amentis, b; aneanti, c; amendez, a d e f), 270.
Année, *r. s. f.* (anée), 314.
Annuit, *adv. cette nuit*, 381.
Ante, *s. s. f.* tante, 437.
Anuier, Anuis. *Voy.* Ennuier.
Aoust, *r. s. m.* la mie aoust, 309.
Apaier, *apaiser*, 332; — furent apaié (apaiet), 232.
Apaisier, 223; — l'apaisa à son €l, 356; s'apaisa, 71; — fu apaisiez, 108; fu apaisie, *s. s. f.* (apaisiée, 59; apaysiée, 459); — furent apaisié, *s. p. m.* (apaisiet), 459.
Apareillier, *préparer*, 62; (appareillier, 39); — s'apareillierent, 51; — se apareillassent (appareillassent), 96; — sui apareilliez, 479, sui apareillie, *s. s. f.* (apparillie), 401; — est apareilliez (appareilliez), 350; — soumes apareillié (appareillié, 283; appareilliet, 39); — estoit apareillie, *s. s. f.* 348; — fu apareilliez, *s. s. m.* 205; fu apareillie, *s. s. f.* (aparellie), 372; — furent apareillié (appareillié, 131; appareilliet, 96); furent apareillies, *s. p. f.* (appareillies), 441; — soient apareillié (appareilliet), 377; — apareillie, *s. s. f.* (apparrillie), 417; — apareillie, *r. s. f.* (appareillie), 129.
Aparoir (apparoir), 361.
Apartenir; — apartenoit, 307.
Apeleir (apeler), 188; — il apele, 280; — apelent, 180; — apeloit, 241, (appeloit, 16); — apela, 73; — fu apeleiz, (apelez, 14; apelé, 76); — furent apelei (apelet), 230.
Apeure, *apprendre;* — apenrai (apenrais), 462; — j'apenroie, 462; — apenriens, 379; — avons apris, 84.
Apercevoir; — aperçut, 7; (apersut, 237).

Apertement, *adv. ouvertement* (appertemant), 24.
Apetisier, *diminuer;* — apetisoient, 453.
Aporteir (aporter), 212; — je vous aport, 259 b; — aporta, 64; — aportera, 442; — avoient aportei (aporté), 294; — fu aporteiz (aportez), 64; — furent aportei (aporté), 335.
Apostoiles, *s. s. m. pape*, 238; (apostoyles, 300; apostoieles, 184); — apostoile, *r. s. m.* 30; (apostole, 50).
Apostres, *r. p. m.* 280.
Apostumes, *s. s. m.* 195.
Apovrir; — il apovri, 241.
Après, *prép.* 2, 219; — *adv.* 6; en après, 217.
Apresseir, *accabler;* — estoit apresseiz (apressez), 106; — fu apresseiz (apressez), 212.
Apresteir (apreste), 191; — serons aprestei (apresté), 36.
Aprochier, 374; — aprochoit, 101; — aprochoient, 111; — aprocha, 37; les aprocha, 122; — aprochierent (aprocherent), 156; s'aprochierent, 124; (s'aprocherent, 42); — il s'i aproche, *subj.* 280; — aprochiez, 275.
Apuier: — s'i apuia (apuya), 68.
Aquerre, 138, 433; — aquist, *prét.* 139; — avoient aquis, 351 b.
Aquesteir, *acquérir;* — aquestoit, 10 b; — aquesterent, 69.
Aragier, *arracher;* — arajoit (arrageit), 99.
Aragis, *r. s. m. arrachement*, *défrichement*, 405.
Arainnes, *r. p. f. trompettes*, 279.
Araseir, *raser*, (araser), 220, 395.
Arbalestre, Arbalestrier. *Voy.* Aubalestre.
Arc. *Voy.* Ars.
Arcediacres, *s. s. m.* 479; (arcidiacres, 313); — arcediacre, *r. s. m.* (arcidiacre), 311.
Arcevesques, *s. s. m.* 72; — ar-

cevesques, *voc. s. m.* 471; — arcevesque, *r. s. m.* 13; — arcevesque, *s. p. m.* 467; — arcevesques, *r. p. m.* 184.
Arche, *r. s. f.* 342.
Archier, *s. p. m.* 42.
Archiere, *r. s. f. meurtrière*, 80.
Arçons, *r. p. m.* 57; (arsons, 58).
Ardent, *adj. r. s. m.* 155; — ardenz, *r. p. m.* (ardanz), 392.
Ardeur, *r. s. f.* (ardor), 392.
Ardoir, *brûler*, 291; — il art, 120, 213; — ardoit, 94; — ardoient, 53; — fust ars, 388; — fussent ars, 172.
Areir, *labourer*; — aroit, 118.
Argenz, *s. s. m.* 301; — argent, *r. s. m.* 8; — argentum, 478.
Argueir, *presser*; — arguoient, 156.
Arme. *Voy.* Ame.
Armeir (armer), 7; — s'arma, 266; — s'armerent, 98; — nous armeriens (armerions), 110; — estoit armeiz (armez), 126; — soient armei (armé), 111; — armeiz, *s. s. m.* (armés), 113; — armeiz, *r. p. m.* (armez), 428; — armées, *r. p. f.* 441.
Armes, *r. p. f.* 37; (armez, 113); à armes, 252; fait tant d'armes, 285; merveilles faisoit d'armes, 45; se haoient d'armes, 268.
Armeures, *r. p. f.* 139, 452.
Arrés. *Voy.* Reis.
Arresteir; — arrestoient (arestoient), 375 b; — arresta (aresta), 162; s'arresta (s'aresta), 191; — arresterent, 374; (aresterent, 219); s'arresterent, 136; (s'aresterent, 98).
Arriere, *adv.* 9; (arier, 195).
Arriereban, *r. s. m.* (arreereban), 122.
Arrieregarde, *r. s. f.* (arieregarde, 253; la rieregarde, 156; arregarde, 104; areguarde, 96).
Arriveir (arriver), 7; — arriva, 19; — arriverent, 6; (ariverent, 372); — est arriveiz (arrivez), 120.

Arroi, *r. s. m.* 191 f.
Ars, *r. p. m. arcs*, 374.
Ars. *Voy.* Ardoir.
Asne, *r. s. m.* 240.
Asonc, *prép. en haut de*, 213.
Assaillie, *r. s. f.* 229.
Assaillir, 56; (assalir, 59; asalir, 53); — assailloit (asaloit), 53; — assailloient (assaloient, asaloient), 153; — assaillirent, 451; (asaillirent, 56); — assaurons (asaurons, b), 175; — assaillist, *subj. imp.* (assalit), 331.
Assaillir, *r. s. m. assaut*; laissier l'assaillir (l'aissalir), 257.
Assauz, *s. s. m.* 333.
Assavoir *pour* à savoir. *Voy.* Savoir.
Assegier, 52; (asegier, 53); — avez assegié, 258; — avoit assegiez, *r. p. m.* 148.
Asseiz, *adv.* (assez), 36; (assez) plus, 25.
Assembleir (assembler), 90, 348; — s'assemblent (s'asemblent), 43; — assembla, 37; — assemblerent, 150, 415; s'assemblerent (s'asemblerent), 3; — avoit assemblei (ensemble), 37; — furent assemblei (assemblé), 38; — fust assembleiz, (assemblez), 309.
Asseneir, *assigner*; — fu asseneiz (assenez), 469.
Assentir; — s'i assenti, 29.
Asseoir, 423; (aseir, 147); — j'assié (assiés), 207; — assiéent, 376; — assit, 361; (assist, 32; asit, 116); — assizent, 51; (asizent, 176); — asserroit, 297; (asseroit, 31); — asseist, *imp. subj.* (asseit), 451; — ont assise, *r. s. f.* (asise), 148; — avoit assise (asise), 119; — fu assis, 31; fu assise, *s. s. f.* 297; (asise, 299, 343).
Asserizier, *se calmer*; — asseriza, 66.
Asseur, *adj. s. p. m. assûrés* (aseur), 70.
Asseurance, *r. s. f.* 228.

Asseureir; — s'asseura (s'aseura), 40; — j'estoie asseureiz (asseurez), 35; — seroit asseurei, *s. n.* (asseuré), 231.
Assevir, *assouvir, calmer;* — assevirai (assevirais), 211; — assevissiez, *impér.* 204; — avoient assevi, 351; — est assevie, *s. s. f.* 205; — fustes asseviz, *s. s. m.* 211.
Assez. *Voy.* Asseiz
Assolucion, *r. s. f.* 215.
Assoure, *absoudre*, 185; (assaure, 217); — assout, *prét.* (assaut), 232; — assousist, *imp. subj.* (asousist), 186; — serez assouz, *s. p. m.* (assauz), 217; — seroient assouz, 215; (assauz, 219).
Astinence, *r. s. f.* 181.
Atachier; — atachierent (atechierent), 222; — furent atachies, *s. p. f.* 172; — atachies, *r. p. f.* 198.
Atant, *adv. alors*, 8.
Atapinier, *cacher;* — s'atapina, 199.
Atargier, *tarder*, 432; — atarja, 104.
Ateindre, 260; — il ateint (ataint), 120; — ateingnoient (ateignoient), 54; — ateindrent, 220; — furent ateint (ataint), 156.
Atendre, 88; — il atent, 8; — atendoit, 8; — il atendi, 40; — s'atendirent, 96; — atenderai (atendrays), 380; — atenderoit (atendroit), 412; — atenderiez (atendriez), 380; — atendons, *impér.* 382; — atendist, *imp. subj.* (atendit), 276.
Atourneir (atourner, 15; atorner, 18); — s'atourne (s'atorne), 9; — atournoit (atornoit), 366; — atourna (atorna), 92; — atournerent (atornerent), 6; s'atournerent (s'atornerent), 148; — avoit atournei (atornet), 358; — ot atournei (atorné), 369; — fu atourneiz, *s. s. m.* (atornez), 27; — fu atornei, *s. n.* (atorné, 145; atornet, 340; atornez, 31).
Atout, *prép. avec*, 7; à toute la letre, 162.
Atraire, 182.
Atre, *r. s. m. parvis*, 64.
Aubalestre, *r. s. f.* 104.
Aubalestrier, *r. s. m.* 131; — aubalestriers, *r. p. m.* 104; (aubalestriés, 441; aubaletiers, 98).
Aube, *r. s. f.* 180.
Aucuns, *s. s. m.* 187; — aucun, *r. s. m.* 432; — aucun, *s. p. m.* 169; — aucune, *r. s. f.* 80; aucune chose, 201; — aucunes, *s. p. f.* (aucune), 457.
Audiance, *r. s. f.* 189.
Auforz, *n. pr. s. m. Alphonse*, 308.
Aumatique, *r. s. f. dalmatique*, 181.
Aumosne, *r. s. f.* 467.
Aune, *s. s. f.* 222; — aunes, *r. p. f.* 198.
Auques, *adv. quelque peu*, 443, 465.
Aurum. *Voy.* Or.
Aus. *Voy.* Il *et* Li.
Ausi, *adv.* 31, 40.
Autant, *adv.* 4.
Auteil, *adj. r. s. f. telle*, (ateile), 387.
Auteil, *r. s. m.* (autel), 436.
Autrement, *adv.* 54.
Autres, *s. s. m.* 12; — autre, *r. s. m.* 2; — autre, *s. p. m.* 41; asseiz autre baron, 59; — autres, *r. p. m.* 139; mout d'autres, 149, 151, 334; (*à cause du latin* multi alii *on trouve aussi au sujet*, mout d'autre, 145, 157, 289, 295, 305, 331); — autre, *s. s. f.* 21; — autre, *r. s. f.* 30; — autres, *s. p. f.* 124.
Autrui, *r. s. m.* 368.
Aval, *adv.* 68; — *prép.* 110.
Avaleir (avaler), *descendre*, 49, 211.
Avancier; — s'avança, 281.
Avant, *adv.* 188; d'ore en avant, 349.

VOCABULAIRE.

Avantage, *r. s. m.* 478.
Avantgarde, *s. s. f.* (avangarde), 94; — avantgarde, *r. s. f.* 104; (avantguarde, 96; avangarde, 112).
Avec, *adv.* 245; — *prép.* 6; (aveques, 103).
Avenanz, *adj. s. s. m.* 27; — avenant, *s. s. n.* 250.
Avenir, 154; — avient, 26; — avenoit, 49; — avint, 2; — avinrent, 11; — avenra, 30; — aviengne, 3e *pers. subj. pr.* (avieigne), 26, 154; —avenist, 28; — fussent avenu, 11.
Aventure, *s. s. f.* 26; — *r. s. f.* 80; (venture, 321); — aventures, *r. p. f.* 169.
Aventureir; — aventura, 78.
Avenue, *r. s. f. aventure,* 19; — avenues, *r. p. f.* 197, 212.
Avers, *s. s. m. avare,* 244.
Aversaires, *r. p. m.* 124.
Avesprir, *faire soir;* — quant il fu avespri, *s. n.* (avespriz), 23.
Avironneir; — avoient avironnei (avironné), 388; — est avironneiz (avironez), 260; — serez avironneiz *s. s. m.* (avironez), 382.
Avis, *s. s. m.* 377.
Avocat, *s. p. m.* 478.
Avoinne, *r. s. f.* (avoyne), 23.
Avoir, 11; — j'ai, 30; (ais, 10; ay, 25; ays, 91); — tu as, 464; — avons, 41; — avez, 5; — ont, 41; — j'avoie (avoye), 464; — avoit, 1 (avoyt, 2; avot, 127); — aviens, 173; — aviez, 102; — avoient, 6; (avoiet, 223); — il ot, *eut,* 2, 134; — orent, 1; (orrent, 21; eurent, 55); — averai (aurais), 409; — averas (auras), 409; — avera (aura), 171; — averons, 70; (aurons, 175); — averez, 454; (aurez, 122); — averont (auront), 42; — averoie (auroie, 202; auroye, 406); — averoies (auroyes), 463; — averoit, 138, 453, 477; (auroit, 121); — averiens (au-riens), 173; — averoient, 356, 462; (auroient, 42; aroient, 39); —aiez, *impér.* 39; —j'aie, *subj.* (aye), 413; — il ait, 4; — aiens (aienz, 141; aions, 41); — aiez, 392; (avez, 111); — eusse, 234; — eust, 81; (eut, 125); — eussiez, 114; — eussent, 61; (eussient, 222); — avoit eu, 50; (eut, 269).
Avoir, *r. s. m.* 88.
Avouei, *r. s. m.* (avoé), 448.
Avuleir, *aveugler;* — avulons, *subj. pr.* (avuglons), 228.
Avules, *s. s. m. aveugle,* (avulez, a; aveules, d e f), 1.

B.

Bacheler, *r. s. m.* 20.
Bacin, *r. s. m. bassin,* 212.
Baconneir, *découper;* —fust baconneiz (baconnez), 195.
Baiee. *Voy.* Abaie.
Baillier, 96; — baillai (baillay), 91; — bailla, 73; — baillames, 75; — baillastes, 472; — baillierent, 294; (baillerent, 73); — avez baillié (baillict), 102; — ot baillie, *r. s. f.* 7.
Baillis, *s. s. m.* 444; — bailli, *r. s. m.* 444; (baillif, 190; bailliu, 444).
Baisier; — baisa, 371.
Baissier, 44; — baisserons, 36; — baissie, *r. s. f.* 126; — baissant, *gér.* (bassant), 417.
Ban, *r. s. m.* crier son ban, 298.
Bandeir; — estoit bandeiz (bandez), 98.
Bandes, *r. p. f.* 98; (bendes, 97).
Banniere, *r. s. f.* (baniere), 44; —bannieres, *s. p. f.* (banieres), 111; — bannieres, *r. p. f.* (banieres), 36.
Baptesme. *Voy.* Bautesme.
Barbacannes, *r. p. f. réduits fortifiés,* (barbacanes), 342.
Barbe, *r. s. f.* 197.
Bareterres, *s. s. m. trompeur,* 324; —bareteeur, *r. s. m.* (bareteor), 326.

Barge, *r. s. f.* 63.
Baron. *Voy.* Bers.
Baronnie, *s. s. f.* 157; — baronnie, *r. s. f.* 110; (baronie, 168).
Barres, *s. et r. p. f.* 384.
Bas, *adv.* 215; — de bas, 217.
Basse, *adj. r. s. f.* 127.
Bastarz, *s. s. m.* 243.
Bastir; — avez bastie, *r. s. f.* 277.
Bataille, *s. s. f.* 277; — *r. s. f.* 7; — batailles, *r. p. f.* 278; — batailles des murs, 296.
Batre, 107; — batoient, 443; — il bati, 464; — batant à esperon, 102.
Baudouins, *n. pr. s.* (Bauduins, 316; Bauduin, 401); — Baudouins, *voc.* (Bauduin, 434); — Baudouin, *r.* (Bauduin), 2.
Baume, *r. s. m.* 335.
Baus, *s. s. m. gardien,* 45; (bauz, 243, 436; bax, 52); — bau, *r. s. m.* 48; (baut, 40).
Baus, *s. s. m. bail, garde;* — bau, *r. s. m.* (baut), 188.
Bautesme, *r. s. m.* 14, 76, 378; (baptesme, 214).
Bautisier; — se bautisast (baptizat), 212.
Bauz, *adj. s. s. m. fier,* 477; — baut, *s. p. m.* 128, 379.
Beche, *r. s. f.* 194.
Beeir, *desirer;* — béent, 401.
Bel, *adv.* 176. *Voy.* Biaus.
Bende. *Voy.* Bande.
Benoite, *adj. s. s. f.* (bennoite), 418; — benoite, *r. s. f.* 301.
Berrie, *r. s. f. plaine,* 150.
Bers, *s..s. m. baron;* — baron, *s. p. m.* 5; — baron, *voc. p.* 31; — barons, *r. p. m.* 11.
Bertranz, *s. s. m.* (Bertrans), 327.
Besant, *s. p. m.* 208; — besanz, *r. p. m.* 171, 203.
Besoingne, *s. s. f.* (besoigne), 478; — besoingne, *r. s. f.* 294; (besoigne, 18); — besoingnes, *r. p. f.* (besoignes), 194.
Besoinz, *s. s. m.* 410; (besoyng,
418); — besoing, *r. s. m.* 402.
Beste, *voc. s. f.* 408; — beste, *r. s. f.* (bete), 203; — bestes, *r. p. f.* (betes), 241.
Bestiaument, *adv.* 459.
Betenseir, *disputer;* — betensoient, 413.
Beu. *Voy.* Cuer beu.
Bevrage, *r. s. m.* 71.
Biaus, *adj. s. s. m.* 41; (bias, 108, 115); — biaus, *voc. s. m.* 44; (biau, 82; biaux, 61; biax, 61); — biau, *r. s. m.* biau bacheler, 20; bel enfant, 136; bel osteil, 191; — biau, *voc. pl. m.* biau seigneur, 4; bel enfant, 418; (bia seigneur, 168); — biaus, *r. p. m.* 301; — bele, *s. s. f.* 133; — bele, *voc. f.* 78; — bele, *r. f.* 13; (belle, 21); — beles, *s. p. f.* 121; (belles, 167); — beles, *r. p. f.* 99; — biau, *s. s. n.* 119; ne li fu pas bel, 126; li fu mout bel, 189; ne soit bel, 455.
Bien, *adv.* 2.
Bien faires, *s. s. m.* leur bien faires, 113; ses bien faires (ses biens faires), 266; — bien faire, *r. s. m.* son bien faire, 375; leur bien faire, 113.
Biens, *s. s. m.* 150; — bien, *r. s. m.* 4; — biens, *r. p. m.* 206.
Bienvaingnant, *r. s f. qui est bienvenue,* 410.
Bieu, Biu, *Voy.* Cuer beu, Laingue beu.
Blans, *adj. s. s. m.* 180; — blanche, *s. s. f.* 180; — blanche, *r. s. f.* 13.
Blasme, *r. s. m.* 175.
Blasmeir (blasmer), 285; — blasma, 269; — seriens blasmei (blasmé), 201.
Blasons, *r. p. m. écus armoriés,* 101.
Bleciez, *part. s. s. m.* 417; — bleciez, *r. p. m.* 42.
Bleiz, *s. s. m.* (blez), 165; — blei, *r. s. m.* (blé), 415; — bleiz, *r. p. m.* (blez), 120.
Blondiaus, *n. pr. s.* 77; (Blon-

dias, 78); — Blondiaus, *voc.* (Blondial), 82; — Blondel, *r.* 80.
Boidie, *s. s. f. tromperie.* 316.
Boivre, *r. s. m. le boire*, 158.
Boivre, 201; (boyvre, 71); — bevoit, 146; — but, 131; — burent, 36; — bevera (bevra), 35.
Bondir, *retentir*, 101.
Bonnement, *adv.* 407; (bonement, 227).
Bonnet, *r. s. m.* (bonet), 320.
Bons, *adj. s. s. m.* 12; (bon, 113); — bon, *r. s. m.* 38; — bon, *s. p. m.* 50; — bonne, *s. s. f.* 21; (bone), 187; — bonne, *r. s. f.* 5; — bonnes, *r. p. f.* 236; (bones, 98); — bon, *s. s. n.* il est bon; 111; seroit bon, 169, 219.
Bontei, *r. s. f.* (bonté), 7; — *bon office,* (bonté), 431.
Borgnes, *s. s. m.* 311.
Botes, *r. p. f.* 411.
Boubencierement, *adv. orgueilleusement*, (bobencierement), 391.
Bouchart, *r. s. m.* 398.
Bouche, *r. s. f.* (boche), 2.
Bougre, *voc. p. m. hérétiques.* 230.
Bouillant, *part. r. s. m.* (boillant), 211; — *r. s. f.* (boillant), 384.
Boulengier, *s. p. m.* (bolengier), 164.
Bourc, *r. s. m. bourg*, 342; — bours, *r. p. m.* (bors), 299.
Bourdon, *r. s. m. bâton de pélerin*, 199; (bordon, 214, 369).
Bourjois, *s. s. m.* (bourjoys), 447; — bourjois, *r. s. m.* 228; (borjois, 68); — bourjois, *s. p. m.* 188; (bourjoys, 312; borjois, 217; borjoys, 443); — bourjois, *r. p. m.* 368; (bourjoys, 442; borjois, 186).
Bourses, *r. p. f.* (borses), 2.
Bouteir (bouter), 345; — avoient boutei (bouté), 216.

Bracie, *r. s. f. brasse*, (braciée), 56.
Bracier, *brasser*, — il brace, 429.
Braieul, *r. s. m. ceinture*, (brayeul), 2.
Branche, *r. s. f.* 2.
Braz, *s. s. m.* 131; — *r. p. m.* 58.
Brebiz, *r. p. f.* 253; (berbiz, 94).
Briés, *adj. r. p. m. brefs*, 88.
Briés, *r. p. m. lettres-closes*, 104, 122.
Brisier, 90; — brisa, 68; — brisierent, 99; (briserent, 265); — brisissiez, 427; — avoit brisié, 68.
Broion, *r. s. m. rouleau de boulanger*, 164.
Bruianz, *adj. r. p. f.* 54.
Buef, *r. s. m. bœuf*, 161; — bues, *r. p. m.* 94.
Buisines, *r. p. f. sorte de trompette*, 43.
Buriau, *r. s. m. monceau* (burial), 412.

C.

C'à. *Voy.* Que.
Çà, *adv.* 125; — çà en avant, 11; (sa en avant, 69); — deçà *prép.*, 246; par deçà, 19.
Çaienz, *adv. céans*, 201; (caenz 200; caens, 48; saiens, 189).
Calices, *r. p. m.* 86.
Car, *conj.* 6; (quar, 4); — car, *que*, 273.
Carrefour, *r. s. m.* (carefour, 198; carrefor, 240).
Carrel, *r. s. m. grosse flèche*, 131; (quarrel, 131).
Casseir; — avoit cassei, 214 c; (chastoié, a; cassé, b; quassé, d); — fu cassée, *voy.* Tanseir.
Cauchons, *n. pr. s.* 311.
Ce. *Voy.* Cis.
Ceingles, *r. p. f. sangles*, 101.
Ceintuir, *r. s. m. ceinturon*, 375.
Cel, Cele, Celui. *Voy.* Cil.
Celebreir; — estoit celebreiz (celebré), 144.

Celéement, *adv. secrètement*, 37.
Celeir; — estre celée, *s. s. f.* 316; — est celei, *n.* (celé), 26.
Cembiaus, *r. p. m. joutes*, 306.
Cendal, *r. s. m. taffetas*, 320.
Cent, *abrév.* 15.
Cerchier, *explorer;* — cerchierent, 131, 378.
Certainnement, *adv.* (certainement), 65.
Certains, *adj. s. s. m.* 469.
Certes, *adv.* 46; (ciertes, 406); — à certes, *positivement*, 191, 358.
Ces, Cest, Ceste. *Voy.* Cis.
Cesseir (cesser), 106, 378.
Ceus. *Voy.* Cil.
Chainnon, *r. s. m.* 320.
Chaitif, *r. s. m. captif*, 328.
Chaitivison, *r. s. f. captivité*, 396.
Chambre, *r. s. f.* 8; — chambres, *r. p. f.* 25.
Champaingne, *r. s. f. plaine*, (champaigne), 176.
Chançon, *r. s. f.* 80.
Chancil, *r. s. m.* (chanel), *chenal*, 177.
Chans, *r. p. m. champs*, 48.
Chanteir (chanter), 70; — chantoit, 81; — chanta, 307; — chanterent, 86.
Chantres, *s. s. m.* 313; — chantre, *r. s. m.* 314.
Chape, *r. s. f.* 320; — chapes, *r. p. f.* 145.
Chapel, *r. s. m.* 320.
Chapele, *r. s. f.* 280.
Chapitre, *r. s. m.* 313.
Chapons, *r. p. m.* 65.
Char, *r. s. f. chair*, 205.
Charbons, *r. p. m.* 392.
Chardenaus, *s. s. m.* 184; (chardonaus, 217); — chardenaus, *voc. s. m.* (chardonaus), 220; — chardenal, *r. s. m.* (chardonal, 185; cardenal, 219); — chardenaus, *r. p. m.* 236.
Chargier; — charja, 89; (cherja, 18); — chargierent (chargerent, 124; charjerent, 229); — fu chargie, *s. s. f.* 399.

Charitei, *r. s. f.* (charité), 181.
Charles, *n. pr. s.* 314.
Charneument, *adv.* 19.
Charpenteir (charpenter), 54.
Charpentiers, *r. p. m.* 98.
Charrete, *r. s. f.* 415; (charete, 417).
Charretées, *r. p. f.* (cheretées), 96.
Charretons, *s. s. m. charretier*, 415; — charreton, *r. s. m.* (chereton), 414.
Charrue, *r. s. f.* 94.
Chartre, *s. s. f.* 208; — *r.* 91; — chartres, *s. p. f.* 468; — *r.* 467.
Chascuns, *pr. s. s. m.* 29; (chescuns, 256; chascun, 279); — chascun, *r. s. m.* 56; (chascuns, 123); — chascune, *r. s. f.* 307.
Chaseiz, *r. p. m. ayant fief*, 276.
Chasque, *r. s. m.* 209.
Chastei, *r. s. f. chasteté*, (chasté), 180.
Chastelains, *s. s. m.* 79; — chastelain, *r. s. m.* 79.
Chastelet, *r. s. m.* 359.
Chastiaus, *s. s. m.* 78; — chastel, *r. s. m.* 65; (chastial, 137); — chastel, *s. p. m.* 166; — chastiaus, *r. p. m.* 92; (chatiaus, 168; chastias, 126).
Chastier; — chastiassent, 442.
Chat, *r. s. m.* 119; — chaz, *r. p. m. sorte d'engin*, (chas), 105.
Chaucier, 180; — chauçast, 83.
Chaut, *adj. r. s. m. chauve*, 380.
Chaut, *r. s. m. le chaud*, 169.
Chauz, *adj. s. s. m. chaud*, 156; — chaut, *r. s. m.* 155.
Chemin, *r. s. m.* 160; — chemins, *r. p. m.* 117.
Chemise, *r. s. f.* 187.
Cheoir, 187 (chaoir, 30); — il chiet, 58, 374; — il chéi, *prét.* 68; (chaï, 401); — chéirent, 71; — cherroit (charroit), 182; — chéist, 126.
Chesure, *r. s. f. chasuble*, 181.
Chevalereus, *adj. s. s. m.* 12; (chevalereux, 137; chevaleros, 110).

Chevalerie, *s. s. f.* 156; (chevelerie, 309); — chevalerie, *voc.* (chevalierie), 132; — chevalerie, *r. s. f.* 91; — chevaleries, *r. p. f.* 99.
Chevaliers, *s. s. m.* 12; (chevalierz, 24); — chevalier, *r. s. m.* 89; — chevalier, *s. p. m.* 127; (chevaliers, 136); — chevaliers, *r. p. m.* 17; (chevalierz, 23).
Chevaucheures, *s. p. f. montures*, 441.
Chevauchier; — chevauchoit, 57; (chevauchoyt, 428); — chevauchierent, 96; (chevaucherent, 23); — chevaucheriens (chevacheriens), 379; — chevauchiez, *impér.* 283, (chevauchez, 383).
Chevaucheeurs, *r. p. m.* (chevaucheors), 223.
Chevaus, *s. s. m.* (chevax), 204; — cheval, *r. s. m.* 58; — cheval, *s. p. m.* 155; (chevax, 156); — chevaus, *r. p. m.* 47, 99; (chevaux, 47, 139; chevax, 23, etc.).
Chevelu, *r. s. m.* 380.
Chevetains, *s. s. m.* 104; (chevetaing, 258; chevetaig, 161; chevetain, 106; chevetaigne, 258; chevetaygne, 453); — chevetains, *voc.* (chevetaynne), 454; — chevetain, *r. s. m.* 342; (chevetaing, 401; chevetaig, 159; chevetaigne, 264; chevetaygne, 424; chevetaynne, 454); — chevetain, *s. p. m.* (chevetaig, 256; chevetaigne, 256).
Cheviaus, *r. p. m. cheveux*, 463.
Chevresons, *r. p. m. chevreaux*, 405.
Chien, *s. p. m.* 412; — chiens, *r.* 410.
Chiere, *r. s. f. mine*, 392; laide chiere, 230; meilleur chiere, 341; — chieres, *r. p. f.* 341.
Chierement, 265.
Chiers, *adj. voc. s. m.* 194.
Chiés, *s. s. m. chef*, 179; — chief, *r. s. m. tête*, 31, 212; au chief de, *au bout de*, 141; venras à chief, *viendras à bout*, 293; — chiés, *r. p. m.* 307.
Chievre, *s. s. f.* 119; — *voc.* 405; — *r.* 405.
Chiez, *prép. chez*, 78.
Chose, *s. s. f.* 59; je sui une petite chose, 406; avint chose que, 119; — chose, *r. s. f.* 30; — choses, *r. p. f.* 188.
Chosete, *s. s. f. petite chose*, 462.
Ci, *adv.* 13; de ci à tant que, 232; ci en avant, 1.
Ciel, *r. s. m.* 374; — cieus, *r. p. m.* (cieux, 5; ciex, 309).
Cil, *pr. dém. s. s. m.* 3; (cils, 143); — celui, *r. s. m.* 12; (celuy, 31); — cil, *s. p. m.* 39; (cils, 286); — ceus, *r. p. m.* 9; (ciaus, 150; cias, 177); — celle, *r. s. f.* 95; (cele, 1); celi (celui), 353; — celles, *r. p. f.* 208.
Cimetiere, *r. s. f.* 213, 335.
Cinc, *abrév.*, 417.
Cinquante, *abrév.*, 51.
Cis, *pr. dém. s. s. m.* 136; — ce, *r. s. m.* 5; cest, 69; cestui (cetui), 55; — cist, *s. p. m.* (ces), 55; — ces, *r. p. m.* 13; — ceste, *s. s. f.* 114; — *r.* 39; — ces, *s. p. f.* 91; — ces, *r. p. f.* 66; (ses, 49); — ce, *s. s. n.* 114; c'est, 8; (çou, 109; se, 25); — ce, *r. s. n.* 2; (ço, 439; çou, 206; sou, 293).
Citeiz, *s. s. f.* (citez), 52; — citei *r. s. f.* (cité), 45; — citeiz, *r. p. f.* (citez), 299.
Citoien, *s. p. m.* 216.
Clammoir (clamer), 126; — clammoit (clamoit), 470 b.
Cleis, *s. s. f.* (clés, 165; clef, 148; clers, 160); — cleis, *r. p. f.* (clés), 254.
Cler, *adv. clairement*, 81.
Clergié, *r. s. m.* 218.
Clers, *s. s. m. clerc*, 20; — clerc, *r. s. m.* 311; — clerc, *s. p. m.* 50; — clers, *r. p. m.* 152.
Clochete, *s. s. f.* 145.

Clore; — clorent, *prét.* 376; estoit close, 68; — furent closes, 305. — *Voy.* Letre.
Coche, *r. s. f.* 131.
Cochons, *n. pr. s.* 311.
Coffre, *r. s. m.* (cofre), 333; — coffres, *r. p. m.* 8.
Coiement, *adv.* 62; au plus coiement que il pot, 8.
Coing, *r. s. m. coin,* (coyng), 176.
Cois, *adj. s. s. m.* (quoys), 426; — coi, *r. s. m.* (quoi), 205; — coi, *s. p. m.* 36; (quoi, 412); — coie, *s. s. f.* (coye), 71.
Col, *r. s. m. cou,* 58; (coul, 26); — colz, *r. p. m.* 99.
Colées, *r. p. f. coups donnés sur le cou,* 127.
Combatre, 36; — se combatirent, 155; — combatanz, *s. s. m.* 76.
Comble, *r. s. m.* 161.
Commande, *r. s. f. garde à titre précaire* (coumanda), 473.
Commandement, *r. s. m.* 249; — commandemenz, *r. p. m.* 434; — (mout d'autre commandement, 145; *voy.* Autres).
Commandeir; — il commande, 441; — commanda, 93; (comanda, 467; coumanda, 76); se commanda, 32; — commandastes, 408; — commanderent, 443; — ot commandei (commandé), 56.
Comme, *adv.* 2; (come, 32; con ou com, 367).
Commencier; — commença, 16; (commensa, 464); — commencierent, 42; — commencissiez (comencissiez), 427.
Comment, *adv.* (commant, 4; coument, 455).
Commun, *r. s. m. le commun,* 448.
Communaument, *adv.* 298.
Communautei, *r. s. f.* (comunité), 445.
Commune, *adj. r. s. f.* 159; (comune, 435).
Communes, *r. p. f.* 276.

Compaingnie, *r. s. f.* (compaignie), 139.
Compaingnon, *r. s. m.* (compaignon), 221; — compaignon, *s. p. m.* (compaignon), 227; — compaingnons, *r. p. m.* (compaignons), 227.
Compareir; — je comper (compere), 419; — comparra, *paiera,* (compara), 445; — comparrez, 265; — est compareiz (comparez), 419.
Comperes, *s. s. m.* (conperes), 416; — comperes, *voc.* 414; — compere, *r. s. m.* 413.
Complaindre lui meismes, 132; — se complaingnoit (complaignoit), 133.
Complaintes, *r. p. f.* 444.
Conaus. *Voy.* Touaus.
Concile, *r. s. m.* 144.
Condamneir (condamner), 238; — condamna, 239; — estoit condamneiz (condampnez), 239; — fu condamneiz (condamnez et condampnez), 239.
Conduire, 257; (conduyre, 104); — conduist, *prét.* (conduit), 98, 242; — furent conduit, 47.
Conduit, *r. s. m.* 258; sauf conduit, 319; (saus conduit, 227).
Confermeir; — conferma, 236; — confermerent, 242.
Confés, *s. s. m.* 306.
Confession, *r. s. f.* 183.
Confondre; — confondoient, 54.
Conforteir (conforter), 461; — se conforta, 465.
Conforz, *s. s. m.* (confors), 105.
Congié, *r. s. m.* 18; sans congié (congiet) penre, 268.
Congregations, *s. p. f.* 369.
Conjoïr, *féliciter;* — se conjoïrent, 49.
Connestable, *r. s. m.* 123.
Connoistre, 80; — je connois, 224; (quenois, 228;) — connoissiez, *ind. prés.* quenoyssiez, 434; — connoissoient, 208; — connut, 137; — connoissiez vous en, *impér.* 230; — fu conneuz, 65.

Conquerre, 246; (conquere, 379); — conqueroit, 255; — conqueroient, 225; — conquist, *prét.* 1, 225; — conquerons, *impér.* 173; — avoit conquise, 456; — est conquis, 260; — estoit conquise, 57.

Conqueste, *r. s. f.* 366.

Conradins, *n. pr. s.* (Coradins), 149.

Conras, *n. pr. s.* 233.

Conroi, *r. s. m.* 155; (conroy, 112).

Consaus, *s. s. m.* 75; (consauz, 252; consiaus, 11); — conseil, *r. s. m.* 6; — consaus, *r. p. m.* (consiaus), 38.

Conscience, *s. s. f.* 456; — *r.* 459.

Conseilleeur, *r. s. m.* (conseilleor), 240; — conseilleeurs, *r. p. m.* (conseillors), 471.

Conseillier, 40; — s'en conseilla, 293; — se conseillierent, 476; — je m'en conseillerai (conseillerays), 455; — s'en conseilleroit, 40; — s'en conseilleroient, 169; — bien te conseil, 2e *pers. impér.* (conseille), 409; — conseilliez, *impér.* 40; — iestes vous conseillie (conseillée), 413; — fu conseilliez, 75.

Conseuz, *r. p. m. consuls*, 216.

Conte, *comte.* Voy. Cuens.

Conteir, *compter*, (conter), 150.

Conteir, *raconter*, (conter), 11; — dont je vous cont, 317; — conta, 11; — conterent, 448; — ai contei (conté), 142.

Conteiz, *s. s. f. comté* (contez), 448; — contei, *r. s. f.* (conté, 74; contée, 399); — (le conté, *r. s. m.* 67).

Contes, *s. s. m. récit*, 144; (compes *pour* comptes, 287).

Contesse, *s. s. f.* 20; (contessa, 421, 434); — contesse, *r. s. f.* 273.

Contraindre; — contraindrez (contreindrez), 32; — estoient contraint, 388.

Contraire, *adj. n.* 230.

Contre, *prép.* 1.

Contredire; — contredirent le pas, *défendirent le passage*, 344; — contredie, 3e *pers. s. subj. pr.* 120; — contredesist, 118.

Contrediseur, *r. s. m.* 340.

Contredit, *r. s. m.* 313.

Contrée, *r. s. f.* 6; — contrées, *r. p. f.* 77.

Contrelier, *contrarier*; — contrelioit, 278; — contrelioient, 345.

Contremandeir; — contremanda, 250.

Contremant, *r. s. m. répit*, (contrement), 250; — contremanz, *r. p. m.* 468.

Contremont, *adv. en remontant le cours*, 177.

Contremonteir, *remonter le cours*; — contremonta, 344.

Convenir. Voy. Couvenir.

Converseir; — conversa, 19.

Convoier; — convoia, 276; — convoierent, 369.

Cor, *r. s. m. instrument à vent*, 418; — cors, *r. p. m.* 43.

Corbiaus, *n. pr. s. s. m.* 311.

Corde, *s. s. f.* 329; — *r. s.* 49; — cordes, *r. p. f.* 284.

Cornes, *r. p. f.* 183.

Corneir (corner), 79.

Corpable, *adj. s. p. m. coupables*, 445.

Corpes, *r. p. f. fautes*, 445.

Corpus Domini, 145.

Corrompre; — estoit corrompuz (corrumpuz), 344.

Cors, *s. s. m. corps*, 27; — *r. s.* 28; — *s. p.* 172; — *r. p.* 56.

Cos, *n. pr. s. s. m.* 311.

Costeiz, *s. s. m.* (coustez), 131; — costei, *r. s. m.* 456 e (conseil 456 a); — costeiz, *r. p. m.* (coutez, 307).

Costiere, *r. s. f. côte, pente*, 284.

Costoier; — costoiant, *gér.* (coustoiant), 441.

Cote, *r. s. f. cotte, partie de l'habillement*, 328.

Cou. Voy. Col.

Couart, *adj. r. s. m.* 110.
Couche, *r. s. f.* 23.
Couchier, 200; se couchier, 129; — se coucha dormir, 411; — fust couchiez, 23.
Couleices, *adj. r. p. f. à coulisses*, 384.
Couleir; — furent coulées, 384.
Coulombiers, *s. s. m. gardien de colombier* (colombiers), 160.
Coulomier, *r. s. m. colombier* (colomier), 160.
Coulon, *r. s. m. pigeon*, 159; (colon, 159).
Coupeir (couper, 167; coper, 46); — couperent, 98; — couperoient, 97.
Courage, *r. s. m.* (corage), 380, 402.
Courageus, *adj. s. s. m.* (corageus), 121.
Courant, *adj. r. s. m.* 111.
Courbe, *adj. s. s. f.* 182.
Couronne, *s. s. f.* (corronne), 282; — couronne, *r. s. f.* 32; (coronne, 32; corone, 31).
Couronneir (coronner, 309; coroner, 337); — on couronne (coronne), 141; — estre couronneiz (coronnez), 347; — fu couronneiz (coronnez, 338; corronnez, 308); — furent couronnei (couronné), 141; — sera couronneiz (couronez), 337; — fust couronneiz (couronez), 15.
Couronnement, *r. s. m.* (coronnement, 310; coronement, 15; corronement, 311).
Courre (corre), 387; — court, 24; (cort, 286); — se courent sus, 101; — courut (corut, 194; corrut, 442; couri, 86); — coururent, 68; (corurent, 94); leur cururent sus, 156; (seure), 298.
Courroucier; — sont courroucié (courrocié), 174; — fu courrouciez (corrociez), 223; fu courroucie, *s. s. f.* (corrociet), 444; — courroucié, *r. s. m.* (corrociet), 324.

Courrous, *r. s. m.* (couroz), 334; (courot *pour* couroc, 87).
Court, *adj. r. s. m.* (cort), 12;— courz, *r. p. m.* 118.
Court, *adv.* (cort), 260.
Courtois, *adj. s. s. m.* 27; — *r. s. m.* 132; — courtoises, *r. p. f.* 25.
Courtoisie, *r. s. f.* (cortesie), 132.
Courz, *s. s. f. cour*, (corz, 310; cors, 237); — court, *r. s. f.* (cort), 62.
Cous, *s. s. m. coup*, (caus), 270; — coup, *r. s. m.* (cop), 24; au premier coup (cop), 173; — cous, *r. p. m.* (cos), 101.
Cousine, *s. s. f.* 401.
Cousins, *s. s. m.* 423; — *voc.* 63; — cousin, *r. s. m.* 319.
Coust, *r. s. m. coût*, à leur coust, 334.
Coustage, *s. s. m. dépense*, (coutage), 439.
Cousteir; — a coustei (cousté), 434; — auroit coustei (cousté), 226.
Coustement, *r. s. m. dépense*, (coutement), 223; — coustemenz, *r. p. m.* 361.
Coustume, *s. s. f.* 348.
Cousuz, *part. s. s. m.* (cosuz), 161.
Coutel, *r. s. m.* 298.
Coutres, *n. pr. s. s. m.* 311.
Couvenance, *s. s. f.* 393; — couvenances, *r. p. f.* 294.
Couvenant, *r. s. m. convention*, 49; — couvenanz, *r. p. m.* 232.
Couvenir; — il couvient, 29; il me couvient deniers, *il me faut de l'argent*, 439; — couvenoit, 15; — couvint, 3; — couvenra, 84; — couvenroit, 442; (couverroit, 226);— bien vous en couvieigne, *qu'il vous en advienne bien*, 414; — avoient couvent, 295; — fu couvent, *s. s. n.* (couvenz, 393, 459).
Couvenz, *s. s. m. convention*,

(couvanz), 352; — couvent, *r. s. m.* par teil couvent que, 383; leur ot couvent, 393; vous m'aviez en couvent (couvant), 194; vous m'avez en couvent, 403; vous li avez en couvent, 382; nous vous avons en couvent (couvant), 411; vous en tenrez bien couvent, 440; li en failli de couvent, 326.

Couvenz, *s. s. m. couvent*, 467; (couvanz, 352); — couvent, *r. s. m.* 467.

Couvertoirs, *r. p. m. couvertures*, 207.

Couvine, *r. s. m. disposition*, 163, 210.

Couvoiteus, *adj. s. p. m.* 228.

Couvoitier; — il couvoite, 466; — couvoitoit, 466; — couvoita, 274.

Couvoitise, *r. s. f.* 209.

Couvrir, 207; — se couvri, 81; — couverz, *r. p. m. cachés*, 246.

Cras, *n. pr. s. s. m.* 311.

Crasse, *adj. s. s. f. grasse*, 405.

Craus. *Voy.* Cros.

Creance, *r. s. f.* 247.

Cremir, *craindre;* — estoit cremuz, 214; — fu cremuz, 291.

Creniaus, *r. p. m.* 49; (carniaus, 55).

Crepon, *r. s. m. croupion*, 195.

Crestiens, *s. s. m.* 436; — crestien, *s. p. m.* 1; — crestiens, *r. p. m.* 43.

Crestienteiz, *s. s. f.* (crestientez, 146; crestienté, 46); — crestientei, *r. s. f.* (crestienté), 1.

Creveir (crever), 117.

Criauture, *s. s. f.* 409.

Crier, 56; — crioit, 198; — cria, 303; — crierent, 164; — crierai, 64.

Crimineil, *adj. r. s. m.* (criminel), 457.

Crist, *n. pr. r.* 280.

Criz, *s. s. m.* 266.

Croce, *s. s. f.* 182; — croce, *r. s. f.* 183; — croces, *r. p. f.* 307.

Crochet. *Voy.* Tronchet.

Croire, 34; (croyre, 356); — je croi, 154; (croy, 385; crois, 293); — creons, 78; — creez, 4; — creoit, 239; — creiez, 110; — tu créis, *crus*, 464; — il créi, 14; — croiroit (croroit), 434; — tu croies, *subj.* (croire), 463; — avoir creu, 178; — eussiez creu, 416; — creanz, *part. pr. s. s. m.* 70; — creuz, *part. passé, s. s. m.* (creus), 3; creant mesage, *messager devant être cru*, 270.

Croire, *r. s. m. créance*, 479.

Croisier; — croisa, 146; se croisa, 6; (croysa, 367); — se croisierent (croiserent), 50; — est croisiez, 459; — voile croisié, 66 d.

Croistre, 16; — croissent (croissent), 262; — croissoit (croisset), 287; — crut, 14; — croisteront (crestront), 122; — croisteroient (croistroient), 147.

Croiz, *r. s. f.* 31; — croiz, *r. p. f.* 50; (croz, 184).

Cros, *r. p. m. crocs*, (craus, 162; crous, 429).

Crosleir (crosler), 274, 366; — crosla (crusla), 119.

Croupes, *r. p. f.* (crupes), 101.

Crueus, *adj. s. s. m.* 245; — crueuse, *s. s. f.* 86.

Cuens, *s. s. m. comte*, 13; (quens, 14; conte, 422); — cuens, *voc.* 44; — conte, *r. s. m.* 5; — conte, *s. p. m.* 219; — contes, *r. p. m.* 402.

Cuer beu, *sorte de juron;* par le cuer beu, 414 a, 463 e; (par le cuer bieu, 463 f; par le cuer biu, 463 a, d; par le ceur beu, 463 b; par le ceur bieu, 414 b; par le cul bieu, 463 c; par la goule deu, 414 c).

Cuers, *s. s. m.* 58; — cuer, *r. s. m.* 37; — cuers, *r. p. m.* 156; perdirent leur cuers, 287.

Cui. *Voy.* Qui.

Cuidance, *r. s. f. pensée*, 109.

Cuidars, *s. s. m. pensée*, 121.

Cuidier, *penser;* — il cuide, 24;
— cuidiez *ind. pr.* (cuidez),
442; — je cuidoie, 114; —
cuidoit, 33; — cuidiez, 125;
— cuida, 58; — cuidierent,
362; — cuiderez, 302.
Cuiedre, *récolter,* 407; — cuillierent, *assemblerent* (cuillerent), 33.
Cuir, *r. s. m.* 161.
Cuirées, *r. p. f. plastrons,* 123.
Cuisine, *r. s. f.* (cuysine), 65.
Cuisses, *r. p. f.* 101.
Cultiveir (cultiver), 176.
Cure, *r. s. f. soin, souci,* 30, 200.

D.

Damages. *Voy.* Domages.
Dame, *s. s. f.* 7; — *voc.* 337; —
r. 20; — dames, *s. p. f.* 378;
— *voc.* 132; — *r.* 54.
Damoisele, *s. s. f.* 14; (damoysele, 353); — damoisele, *r. s. f.* 19; (damoysele, 139); —
damoiseles, *r. p. f.* 8; (damoyseles, 355).
Danrée, *r. s. f.* 138.
Dans, *voc. s. m. seigneur,* (dant), 220.
Darreins. *Voy.* Derreins.
De, *prép.* 1; d', 6; roi de Jherusalem, 2; dus de Venise, 1;
— de haute eure, 23; — parleir de, 7; disoit bien de lui, 27; — dignes d'estre, 29; —
s'estraingla des resnes dou cheval, 25; garniz d'or, 8; enoinz de la sainte ampoule, 5;
— estoit d'un pié en la galie, 9; — douteiz de ses anemis, 15; fu porteiz de hauz hommes, 307; — mieuz de vous, 32;
plus loial de vous, 32; — de petit esciantre, 3; — ce que Diex vous enseignera de bien, 4; — de ce Robert issirent, 5;
envoia des cieuz, 5; d'une part, 68; — de legier, 36; —
de par le conte, 65; — leur souvient de, 2; — ferons roi de Loueys, 4; — talant d'aleir,
6; — aage de vint ans, 22; —
fors de, 74; — se delitoit de, 81; — de ça les monz, 237;
de ci à l'endemain, 101; de ci à tant que, 77; de ci que, 53.
Deables. *Voy.* Diables.
Debatre; — il debat, 463.
Deçà. *Voy.* Çà.
Decès, *r. s. m.* (decet), 399.
Decevoir; — a deceu, 211; —
ies deceuz, 464.
Decirier, *déchirer;* — il decire, 463.
Declin, *r. s. m.* 132.
Decolace, *adj. r. s. m. décapité,* 155; (decollace, 40).
Decoleir, *décapiter* (decoler), 244.
Decoupeiz, *part. r. p. m. taillés en pièces,* 56.
Dedenz, *adv.* 1, 343; cil dedenz, 225; — *prép.* dedenz le chastel, 78; — par dedenz, 195.
Deerainne. *Voy.* Derreins.
Deffaillanz, *adj. s. s. m.* (defaillanz), 186.
Deffaillir; — il deffailli, *prét.* (defailli, 456; defalli, 250); —
estoit deffailliz (defaliz), 251.
Deffaire (defaire), 342.
Deffaute, *r. s. f,* 7; (defaute, 201); — deffautes, *r. p. f.* 456.
Deffendeur, *s. p. m. défenseurs,* (defendeor), 45.
Deffendre, 9; — se deffendoit, 266; — il deffendi, 388; — se deffendirent, 59; — deffendist, *subj. imp.* (deffendit), 45.
Deffensables, *adj. s. s. m.* 260.
Deffense, *r. s. f.* 349; — deffenses, *r. p. f.* 342.
Deffiance, *r. s. f. défi,* 88.
Deffier, 360; (desfier, 340); —
deffioit, 274.
Definitive, *adj. r. s. f.* 239.
Defors, *prép. hors de,* 118;
Degrei, *r. s. m.* (degré), 320; —
degreiz, *r. p. m.* (degrez), 102.
Dehors, *prép.* 94; — *adv.* cil dehors, 225; — par dehors, 68.
Delai, *r. s. m.* 358.

Deleiz, *prép. près*, (delez, 55; deleis, 90).

Delitier, *délecter;* — se delitoit, 81.

Delivreir (delivrer), 6; — delivra, 85; delivra d'un fil, 378; — je delivrerai, 47; — fu delivrée, 208; — avoit estei delivreiz (delivrez), 253; — serons delivrei (delivré), 389; fussent delivrei (delivré), 171.

Delivres, *adj. r. p. m. delivrés*, 393.

Demain, *adv.* 278.

Demandeir (demander), 39; — je demant, 203; — il demande, 205; — demandons, 323; — demandeiz (demandez), 349; — demandent, 410; — demandoit, 199; — je demandai (demandais), 208; — demanda, 10; — demanderent, 136; — demanderoit, 203; — demanderoient, 316; — demandeiz, *impér.* (demandez), 202; — avoit demandei (demandé), 206; — fu demandei, *s. n.* (demandé), 230.

Demeneir; — il demainne, 463; — se demena, 27; — demenerent, 68.

Demi, *adj. r. s. m.* 77.

Demourée, *s. s. f.* (demorée), 154.

Demoureir (demourer, 89; demorer, 184); — il demeure, 223; — demouroit (demoroit), 226; — demouroient, 69; — demoura, 49; (demeura, 138); — demourerent, 20; (demorerent, 173); — demourrai (demorrai, 64; demourais, 111); — demourra (demoura, 220; demorra, 122); — demourrons (demorrons), 231; — demourroie (demouroie), 82; — demourroit (demouroit, 85; demoroit, 119); — demourroient (demouroient), 103; — demoureiz, *impér.* (demourez), 82; — demeurt, *qu'il demeure*, 122, 478; — demourast (demorast),

11; — demourissiens, 154; — ot demourei (demoré), 242; — avoient demourei (demoré), 169; — est demourée (demorée), 151; — estoit demoureiz, *s. s. m.* (demorez), 67; estoit demourée, *s. s. f.* (demoret), 105; estoit demourei, *s. s. n.* (demouré), 67.

Demoureirs, *s. s. m.* (demourers), 175; — demoureir, *r. s. m.* (demorer), 24.

Denier, *s. p. m.* 10; — deniers, *r. p. m.* 68.

Denz, *r. p. m. dents,* 212.

Departie, *r. s. f.* 374.

Departir, *répartir, partager,* 115; — departoient, 278; — il departi, *partit*, 103; se departi 120; — departirent, 372; se départirent, 33.

Departir, *r. s. m. départ,* 369.

Depecier; — depecierent, 313; — fu depeciez, 162.

Deporteir, *se divertir,* (deporter), 27; — deportoit, *favorisait,* 451.

Depuis, *prép.* 1; — depuis (despuis) que, 190.

Derreins, *adj. s. s. m. dernier,* 354; — derreinne, *r. s. f.* (deerainne), 354; — derreinnes, *r. p. f.* (dareines), 164.

Derriere, *adv.* 94; (deriere, 187); — *prép.* derriere (derier) le dos, 211; par derriere les tentes, 163; — par derriere, *adv.* (deriere), 285.

Derverie. *Voy.* Desverie.

Dès. *Voy.* Depuis, Desore en avant, Desormais.

Desarmeir; — estoit desarmeiz (desarmez), 112.

Desceindre, 328.

Descendre; — descendoit, 66; — il descendi, 102; — descendirent, 51; — descendist, 66.

Deschaucier, 328.

Deschauz, *adj. s. s. m.* 369.

Desconfire, 289; — desconfisoit, *neutre*, 43; — il desconfist (desconfit), 290; — se descon-

firent, 156; — fu desconfiz, 288; fu desconfite, 298; — furent desconfit, 113.
Desconfiture, s. s. f. 290.
Descorde, s. s. f. 272.
Descordeir; — je m'en descorderai, 41.
Descorz, s. s. m. 235; — descort, r. s. m. 30; — descorz, r. p. m. 4.
Descouvert, part. n. à descouvert, 131, 210.
Descroistre; — descroissoient, 287 c.
Deseritier (deseriter, 401; desheriter, 321; desiriter, 273); — deseritoit, 273; — deseritera, 95; — avoient deseritié (deserité), 216; — je sui deseritiez (deseritez), 64.
Deservir, mériter; — deservoient, 351; — ai deservi, 46; — avez deservi, 230.
Desesperance, r. s. f. (deseperance), 182.
Desespereiz, part. s. s. m. (deseperez), 25.
Deseure, adv. 182, 215. — par deseure, 161; — par deseure, prép. 212; (par deseur, 181; par desus, 101).
Desgarni, part. r. s. m. 59.
Deshetiez, adj. s. s. m. malade, 402.
Deshoneur, r. s. f. (deshonor), 227.
Deshonoureir; — est dehonourée (deshonorée), 46.
Desir, r. s. m. 202.
Desirranz, adj. s. s. m. (desiranz), 122.
Desirrier; — je desir, 71, 202, 439; — il desirre (desire), 448; — desirrent, 2; — desirroit (desiroit), 211); — desirroient, 447; — ai desirrié (desiré), 200.
Desirriers, s. s. m. désir, (desiriers), 205.
Deslier; — est desliez (desloiez), 181; — fu desliez, 205.
Desloiaus, adj. s. s. m. 12; — desloial, voc. p. m. 230.

Desmentir; — s'en desmenti, manqua, 343.
Desordeneiz, part. r. p. m. (desordenez), 284.
Desore en avant, adv. 77, 434.
Desormais, adv. 70, 135, 370 (desoremais, 308).
Desouz, adv. 182; au desouz, 124, 433; par desouz, 183; — desouz, prép. 198, 274; (desoz, 159; desor, 50, 144).
Despendre, dépenser, 6; — despendoit, 53; — despendoient, 443; — il despendi, 437; — avoit despendu, 232; — avoient despendu, 169.
Despens, s. p. m. (despent), 435; — despens, r. p. m. 192.
Despit, r. s. m. 86.
Desplaire; — desplaisoit, 438 b (desplait, a).
Desploïe, part. r. s. f. (desploiée), 283; — desploïes, r. p. f. (desploiées), 279.
Despouille, r. s. f. (despuille), 408.
Despouillier (despoillier), 328; — se despouilla (despoula), 187.
Despuis. Voy. Depuis.
Desraison, r. s. f. 282.
Desroi, r. s. m. désordre, (desroy, 95; deffroi, 284).
Destendre, 297.
Destourbier, empêcher; — destourboit (destorboit), 94; — destourboient (destorboient), 105; — destourbast (destorbast). 253.
Destourbier, r. s. m. empêchement, (destorbier), 51; — destourbiers, r. p. m. (destorbiers), 430.
Destourneir; — il destourne (destorne), 24; — se destournerent (destornerent), 444.
Destraindre, resserrer; — destraingnoit (destreygnoit), 453; — destraingnoient (destreignoient), 157; il destrainst; prét. (destraint), 423; — furent destraint, 105.

VOCABULAIRE.

Destraveir, *détendre*, (destraver), 53.
Destre, *r. s. f.* à destre, 110.
Destres, *adj. s. s. m.* 181; — destre, *r. s. m.* 203; — destre, *r. s. f.* 32.
Destresce, *r. s. f.* (destrece), 46.
Destrier, *r. s. m.* 112.
Destroit, *r. s. m. contrainte, détresse*, 384, 388; (estroit, 177 a).
Destroiz, *adj. s. s. m. oppressé*, 165.
Destruction, *r. s. f.* 227.
Destruire, 228; (destrire, 116); — il destruit, 120; — destruioient (destruoient), 120; — destruira, 63; — soumes destruit, 63; — soit destruite, 223.
Desveiz, *adj. s. s. m. fou,* (desvez), 263; — une desvée, *s. s. f.* 302.
Desverie, *r. s. f. folie*, (derverie), 203.
Dete, *r. s. f.* 3; — *r. p. f.* 367.
Detenir; — detint, 177.
Deus. *Voy*. Dui.
Devant, *adv.* 157; au devant, 91; — devant, *prép.* 7; — par devant, 54; — devant que, *conj.* 382; devant ce que, 130.
Devenir, 105; — devenrez, 132.
Devers, *prép.* 231, 284; (dever, 231); — par devers, 150.
Devier; — devia, 213.
Devineir; — mes cuers le me devine, 383.
Devise, *r. s. f. testament*, 306.
Devisier, *régler*; — devisa, 36; — avoit devisié (devisé), 32; — fu devisié, *s. s. n.* (devisé), 139.
Devoir; — je doi, 265; (doy, 406); — il doit, 49; — devons, 469; — devez, 38; — doivent, 104; — devoit, 95; — deviez, 211; — devoient, 311; — dut, 42; — je deverai (devrays), 249; — deveroie (devroie) je, 321; — il doie, *doive* (doye), 32; — deust, 363; (deut, 233).

Devoz, *adj. s. s. m.* 50.
Diables, *s. s. m.* 11; — diable, *r. s. m.* 114; — diables, *r. p. m.* 408; (deables, 325).
Diemenge, *r. s. m.* 276, 290; (diemenche, 279).
Dieus, *s. s. m.* 50; (Dieuz, 4; Dieux, 4; Dius, 182; Dieu, 386); — Dieus, *voc.* 44; — Dieu, *r. s. m.* 8; (Dieus, 153, 411).
Dignes, *adj. s. s. m.* 29.
Dire, 10; — je di, 78; (dis, 4); — il dit, 2; — dites, 35; (dittes, 5); — dient, 5; — je disoie, 416; — disoit, 27; — disoient, 39; (disoyent, 29); — dist, *prét.* 3; (dit, 8); — dirent, 13; — dirai (diray, 27; dirais, 194); — diras, 463; — dirons, 13; — direz, 447; — diroit, 197; — dites, *impér.* 33; — die, *il dise*, 469; — deist, 193; — avoit dite, 335; — est dit, *s. s. n.* 189; — fu dite, 280; fu dit, *s. s. n.* 42; — dites, *part. r. p. f.* 169.
Dis, *dix*, 233.
Disete, *r. s. f.* 329.
Disme, *adj. num. r. s. m.* 258; — disme, *r. s. f.* 211.
Disme, *r. s. m. dîme*, 152; (disime, 438).
Disneir, *r. s. m.* 15.
Ditier, *r. s. m. écrit,* 51.
Diverse, *adj. s. s. m. fâcheuse*, 195.
Doi. *Voy*. Dui.
Doiens, *s. s. m.* 313; — doien, *r. s. m.* 311.
Doit, *r. s. m. doigt*, 183; — doiz *r. p. m.* 328.
Domages, *s. s. m.* 334; (damages, 88); — domage, *r. s. m.* 229; (damage, 102).
Domagier; — domaja (domaga), 331.
Don, *r. s. m.* 273; — dons, *r. p. m.* 60.
Donc, *conj.* 32; (donques, 304).
Donneir (donner, 11; doner, 181); — je doins, 32; (donne,

282); — il donne, 41; — donnons (donons), 141; — donneiz (donnez), 224; — donnoit (donoit), 199; — donnoient (donoient), 44; — donna, 60; (dona, 140); — donnerent, 6; — donrai (donrais), 301; — donra, 74; — donront, 84; — je donroie, 35; — donnez, *que vous donniez*, 73; — donnasse (donasse), 405;—donnast (donast), 138; — donnassent (donassent), 219; — avoit donnei (donné), 234; (avoit doné, 274); — ot donnei (donné), 414; — eust donnei (donné), 125; — est donnée, 355; — furent données, 333.

Dont, *adv. d'où;* là dont il issi, 270; si li demanda dont il estoit, 327; — *conj. donc;* dont le prenez, 325; — *pr. rel.* 1, 258; (dou, 244).

Dormant, *adj. r. s. f.* une table dormant, 187.

Dormir, 86; — dormoit, 8; — il dormi, 79; — dormirent, 163.

Dos, *r. s. m.* 241; — *r. p. m.* 128.

Doubleir; — doubla, 267.

Doubles, *r. p. m.* (dobles), 161.

Doulantement, *adv.* (dolantement, dolentement), 394.

Doulanz, *adj. s. s. m.* (dolanz, 116; dolens, 24); — doulant, *s. p. m.* (dolant), 157; — doulanz, *r. p. m.* (dolanz), 460; — doulante, *s. s. f.* (dolante, 400; dolente, 48).

Douleur, *r. s. f.* (dolor), 195.

Dous, *adj. s. s. m.* (daus), 335; — douce, *voc. s. f.* 370; — *r. s. f.* 321.

Doute, *r. s. f.* 39, 458.

Douteir; — je dout, 41, 165; — doutons, 11; —doutoit, 246; — le douta, 364; se douta, 239; — douterent, 331; — me douterai, 406; — douteiz, *impér.* (doutez), 265; — estoit douteiz (doutez), 15; — fu douteiz (doutés), 291.

Douze, *abrév.* 247.

Drecier, 48; — drecierent, 210; (drecerent, 68); — furent drecié, 54; (dreciet, 105); furent drecies, *s. p. f.* 172; (dreciées, 377); — fussent drecié, 376; (dreciet, 105).

Droit, *adv.* 32; tout droit, 120; (tou droyt, 357).

Droiture, *r. f. s.* 181; (droyture, 458).

Droiz, *adj. s. s. m.* 197; — droit, *r. s. m.* 273.

Droiz, *s. s. m.* bons droiz, 46; (droyz, 445; droit, 185); — droit, *r. s. m.* 41.

Druguemens, *s. s. m. drogman*, 7; — druguement, *r. s. m.* 7; — druguemens, *r. p. m.* (drugemens), 196.

Duchée, *r. s. f.* 368; (dugée, 458).

Duchoise, *s. s. f.* 6; — *r.* 6.

Duel, *r. s. m. deuil*, 68; — dues, *r. p. m.* 171.

Dui, *s. p. m. deux*, 121; il dui, 80; (doi, 72); — deus, *r. p. m.* 24; — deus, *r. p. f. abrév.* 8, 27.

Dureir (durer), 158; — duroit, 118; — dura, 127; — durerent, 141; — durast (durat), 101.

Durement, *adv. fortement*, ama durement, 7; amoit trop durement, 332.

Durs, *adj. s. s. m.* 371; — dure, *r. s. f.* 157.

Dus, *s. s. m. duc*, 1; (dux, 77); — duc, *r. s. m.* 65.

E.

E. *Voy.* Et, He.

Effort. *Voy.* Esfort.

Eglise, *s. s. f.* 467; — *r.* 27; (la glise, 31, 477); — eglises, *s. p. f.* 86; — *r.* 241.

El, *r. s. n. autre chose*, 216, 322, 463.

Ele, *r. s. f. aile*, 159; — eles, *r. p. f.* 464.

Election, *r. s. f.* 69.
Elle. *Voy.* Il.
Elmes. *Voy.* Hiaumes.
Embesoingnier; — eust embesoingnié (embesoigné), 121; — soiez embesoingniez, *s. s. m.* (embesoigniez), 194.
Embruns, *adj. s. s. m. colère*, 358.
Empanseir, *méditer;* — avoit empansei (empansé), 23.
Empereres, *s. s. m.* 215; — empereur, *r. s. m.* (empereour, 142; empereor, 214; enpereor, 436; emperor, 223).
Empereriz, *s. s. f. impératrice*, 444; — empereriz, *r. s. f.* 446; (empereris, 441; emperriz, 440; emperiz, 439).
Empire, *r. s. m.* 438.
Empirier (empirer), 4.
Emplir, 2; — emplissoit (emplisoit), 414.
Emploier; — aiez emploié (emploiet), 141; — soit emploïe, *s. s. f.* (emploiée), 282; — fust emploiez (emploiet), 141; fust emploïe, *s. s. f.* (emploiée), 138.
Emport, *r. s. m. influence*, 452; (enport, 470).
En, *adv.* en avoit estei hors mise, 1; (ent, 128); — *rel.* et en ot trois filles, 21.
En, *prép.* 1; en France, 2; en mi lieu de sa terre, 88; — en son cuer, 7; — en touz tans, 2; — en greï, 84; en bonne foi, 29; — creanz en Dieu, 70; — en bautesme, 14; en ces paroles, 63; — en ajue, 41; — en avant, 77; — en venir, *à venir*, 152.
En, *pron. Voy.* On.
Enarmeir, *garnir de courroies*, (enarmer), 123.
Enbaumeir; — fu enbaumeiz (enbaumez), 333; (fu enbausemez, 335).
Enceinte, *adj. s. s. f.* 187.
Enchaucier, *poursuivre;* — enchaucent, 128.

Enchauz, *s. s. m. poursuite*, 128.
Enchierir; — enchierit, 226.
Enclore; — serons enclos, 173; — enclos, *part. r. s. m.* 44.
Encontre, *prép.* 100.
Encontre, *r. s. f.* il averoit encontre, 121; — à l'encontre, 90, 259, 363.
Encontreir (encontrer), 88; — encontroit, 100; — s'encontrerent, 57.
Encore, *adv.* 5; (encor, 185).
Encoste, *prép.* 329.
Encui, *adv. encore aujourd'hui*, 211, 383.
Endemain, *r. s. m.* 49.
Endementieres, *adv. pendant ce temps*, 147; — endementieres que, 107; (endementiers que, 229).
Endeteir; — fu endeteiz (endetez), 437.
Endomagier; — se fussent endomagié (endomagiet), 286.
Endroit, *adv.* ici endroit, 230; ore endroit (endroyt), 2; — *prép.* endroit Rueil, 344; endroit moi, 228.
Endureir (endurer), 56.
Enerbemenz. *Voy.* Enherbemenz.
Enfance, *r. s. f.* d'enfance, 77.
Enfantis, *adj. s. s. m. enfantin*, 437; (enfanz, 243); — enfantif, *r. s. m.* 438.
Enferreir (enferrer), 123.
Enfes, *s. s. m.* 136; — enfant, *r. s. m.* 11; — enfant, *s. p. m.* 231; — mi enfant, *voc. p. m.* 414; — enfanz, *r. p. m.* 13.
Enflammei, *part. s. p. m.* (enflamé), 392.
Enfleir; — fu enfleiz (enflez), 331; — enflei, *r. s. m.* (enflé), 60.
Enforciement, *adv. à force*, 50.
Enforcier; — il enforce, 262; — enforcent, 262.
Enfouir; — il enfoui, *prét.* (enfoï), 307; — est enfouie (enfoïe), 213; — fu enfouiz (enfoïz, 27; enfoyz, 16); fu enfouie

(enfoye), 424; — fust enfouiz (enfoïz), 133.

Enfuir; il s'en vouloit fuir, 276; — il s'enfuit, 24; — s'enfuient (se fuient), 376; — s'enfuioit (s'enfuyoit), 163; — s'enfui, *prét.* 135; (s'enfuit, 288); — vous vous enfuirez, 277. — *Voy.* Fuir.

Engin, *s. p. m.* (engein, 105; engien, 55; engeinz, 55); — engins, *r. p. m.* 54; (engiens, 106; engienz, 254; engeinz, 55; engenz, 257).

Englueir; — fust englueiz (engluez), 429.

Enherbeir, *empoisonner;* — fu enherbeiz (enherbez), 60.

Enherbemenz, *s. s. m.* 60; (enerbemenz, 71).

Enjorrans, *n. pr. s.* 281; — Enjorrant, *r.* 336.

Enjournée, *r. s. f. point du jour,* (enjornée), 210.

Enleveir; — sont enlevei (enlevez), 307.

Enmeneir; — enmena, 12; (enmana, 115); — enmenerent, 229; — enmenast, 103. — *Voy.* Meneir.

Enmetre, *imputer;* — enmetoit, 274; — enmist (enmit), 185; — li enmeteroient la mort le roi, 340.

Enmi, *prép. au milieu de,* 31, 195.

Enmureir; — avoir enmurée, 11.

Ennuier, — ennuia (ennuya, 117; enuia, 242; anuia, 212).

Ennuis, *s. s. m.* (anuis), 151; — ennui, *r. s. m.* (anui), 385.

Enoindre, 309; — enoinst, *prét.* (enoint), 180; — fu enoinz, 436; — furent enoint, 309.

Enparenteiz, *adj. s. s. m.* (enparentez), 406.

Enporteir; en vouloit faire porteir (porter), 8; — enporta, 368; — enporterent, 162; — enportera, 198; — enporteroie (enporteroye), 121; — en fu porteiz (portez), 332.

Enprisonneir; — est enprisonneiz (enprisonez), 66.

Enprunteir (enprunter), 68; — enprunta, 449; — enprunteiz, *part. s. s. m.* (enpruntez), 318.

Enquerre, 312; — avoit enquis, 232.

Enqueste, *r. s. f.* 313.

Enqui, *adv. là,* 33; (iqui, 286); d'enqui, 142; (d'emqui, 108); d'enqui en avant, 208.

Enragier; — enrajoit, 57; (enragoit, 433); — fu enragiez, 103; — furent enragié (esragié), 221.

Enrainié, *r. s. m.* bien enrainié, *bien appris,* 198.

Enseigne, *r. s. f.* 286; — enseignes, *r. p. f.* à celles enseignes, 208.

Enseignier; — il enseigne, 102; — enseignoit, 55; — enseignoient, 323; — enseignierent, 316; — enseignera, 4; — fu enseigniez, 247.

Ensemble, *adv.* 14.

Ensevelir; — fu enseveliz, 27.

Ensourquetout, *adv. par dessus tout* (ensorquetout, 349; enseurquetout, 11).

Ent. *Voy.* En.

Entechiez, *adj. s. s. m.* doué, 332; — entechié, *r. s. m.* (entechiet), 132.

Entencion, *r. s. f.* 194.

Entendanz, *adj. s. s. m. intelligent,* 3.

Entendre, 125; li fist entendre, 273; — il entent, 459; — entendez, 194; — entendoient, 476; — il entendi, 7; (endendi, 88); — entendimes, 212; — entendirent, 210; entendirent à erreir, 229; — entendez moi, 194; — ai entendues, *r. p. f.* 249; ai entendu, *n.* 270; — as entendu (entendut), 464; — avez entendu, 230; — ont entendu, 83; — ot entendu, 108; — on li fist entendant, *part. pass.* 240; firent entendant, 26.

Enterreir; — fu enterrée, 143.
Enteseir, *ajuster*, (enteser), 205; — il entoise, 205.
Entouelleir, *embourber;* — s'entouella, 429.
Entour, *adv. à l'entour;* ci entour (entor, 32; ci entors, 260); tout entour (entors), 97; — *environ*, entour un pié (entors), 161; — *prép.* entour la demoisele, 19; tout entour (entors) le chastel, 104; la terre d'entour (entors) Biauvais, 94.
Entre, *prép.* 4; entr'eus (aus), 26; entre denz, *entre les dents*, 212.
Entredonneir;—s'entredonnent, 127.
Entrée, *r. s. f.* 410; — entrées, *s. p. f.* 384; — *r. p. f.* 261.
Entreir (entrer), 48; — il entre, 388; — vous entreiz (entreis), 91; — entroit, 358; — entra, 23; entra enz, 66; — entrerent enz, 56;—entrera (entara), 171; — entrerez, 63; — entreroit, 274; — entreroient (entrerent), 362; — entrast, 66; (entrat, 323);—entrassent, 373; — est entreiz (entrez), 425; — sont entrei (entreit), 102; — fu entreiz (entrez), 93.
Entremelleir; — s'entremellerent (entremeslerent), 99.
Entrepenre; — s'entreprisent (s'entreprindrent), 268; — j'entrepenrai (entreprendrai), 294; — j'entrepenroie, 293; — avoit entrepris, 477.
Entresait, *adv. pendant ce temps*, 340, 401.
Entrevaus, *r. p. m. intervalles*, 19.
Entrevenir; — s'entreviennent (s'entrevienent), 101.
Envers, *prép.* 231.
Envie, *r. s. f.* 29.
Environneir; — environnerent (environerent), 43; — fu environneiz (environez), 222; — environnei, *s. p. m.* (environné), 31.

Envoier, 104; — il envoie, 89; — envoient, 168; — envoioit, 163; — envoia, 45 (envoya 5); — envoierent, 256; — envoierai (envoierays), 302; — envoierez, 439; — envoieront, 83; — j'envoieroie (envoyeroye), 440; — envoieroit, 360; — envoieroient, 139; (envoieront, 83; envoierent, 446); — envoiez, *impér.* 301; — envoit, *qu'il envoie*, 231; — envoions, *subj.* 228; — envoiez, 233; — envoiast, 14; (envoiat, 159); — envoïssiez, 448; — avoit envoié, *r. s. m.* (envoiet), 278; avoit envoié, *r. n.* (envoiet), 108; avoit envoiez, *r. p. m.* 42; — soumes envoié, *s. p. m.* 247; (envoiet, 84); — fu envoiez, 65; fu envoiez querre des barons, 352; fu envoïe, *s. s. f.* 208; — furent envoié (envoiet, 231; envoyet, 446).
Envoleir; — s'envola, 464.
Enz, *adv. dedans*, 56, 422.
Epitre, *r. s. f.* 181.
Erarz, *n. pr. s.* 450; (Erars, 325); — Erart, *r. s. m.* 67.
Erchembaut, *n. pr. r.* 353.
Ermitage, *r. s. m.* 317; (hermitage, 327).
Erramment. *adv. aussitôt*, 61.
Erreir, *marcher*, (errer), 120; — errent, 441; — erroit, *se trompait*, 189; — erra, 65; — errerent, 75; — avoient errei (erré), 448; — ot errei (erré), 191.
Erremenz, *r. p. m.* (erramenz), 471.
Esbaïr; — fu esbaïz (esbahiz), 190; — furent esbaï, 26; — esbaï, *part. r. s. m.* 59; — esbaïz, *r. p. m.* 103.
Esbaubiz, *adj. s. s. m.* 232; (abaubiz, 474); — esbaubi, *s. p. m.* 64; (esbaubit, 350); — esbaubie, *s. s. f.* 410.
Esbaudir, *se réjouir;* — s'esbaudissent, 287.
Escarlate, *r. s. f.* 317.

Escerveleir, *ôter le cerveau;* — fu escerveleiz (escervelez), 332.
Eschange, *r. s. m.* 164.
Eschapeir (eschaper), 470; — eschapa, 163; — tu eschaperoies, 463; — eschaperoit, 52; — fu eschapée, 462; — fust eschapeiz (eschapez), 164.
Eschargaitier, *guetter,* 157.
Escharpe, *r. s. f.* 369.
Eschaudeir (eschauder), 384.
Escheoir; — il eschéi (eschaï), 20; — est escheuz (eschauz), 34; est escheue, 72; — estoit escheuz, 28.
Eschevin, *s. p. m.* 311; — eschevins, *r. p. m.* 311.
Eschevinage, *r. s. m.* 13.
Eschiele, *s. s. f. corps de troupes,* 43; — *r. s. f.* 123; — eschieles, *s. p. f. échelles,* 172; — *r. p. f.* 171; *corps de troupes,* 123.
Eschine, *r. s. f.* 195.
Esciantre, *r. s. m. science,* 3.
Esciantreus, *adj. s. s. m. savant* (escreaitreus), 4.
Esclairier; — esclaira, 403; — est esclairié, *s. s. n.* (esclariet), 349.
Esclavine, *r. s. f. cape,* 199, 206.
Escluseir, *fermer les escluses, barrer,* (escluser), 177.
Escluses, *r. p. f.* 387.
Escommenier (escumunier), 235; — il escommenie (escumenie), 185 b; — escommenioit (escumunioit, 185; escomunioit, 188); — escommenia (escumunia), 215; — escommenieroit (escumunieroit), 219; — soumes escommenié (escumuniet), 226; — seroit escommeniez (escumeniez), 301; — escommeniez, *part. s. s. m.* (escumuniez), 243.
Escouteir; — escouterent, 171; — escoute, *impér.* 463.
Escrier; — il escrie, 43; — escrient, 376; — escria, 44; — escrierent, 452; — escriant, *gér.* 125.

Escrire, 37; (escriere, 104; escrivre, 107); — avoit escrit, 159; — escrit *part. r. s. n.* 206.
Escriture, *s. s. f.* 368; — *r.* 2.
Escu, *r. s. m.* (escut), 126; — escuz, *r. p. m.* 99.
Escuiers, *s. s. m.* 325; — escuier, *r. s. m.* 100; — escuier, *s. p. m.* 325.
Eseque, *r. s. m. service funèbre,* 64.
Esforciement, *adv. à grand effort,* 105; (efforciement, 254).
Esforcier; — s'esforça, 287; — s'esforcierent (desforcierent), 385.
Esforz, *r. p. m.* (efforz), 142.
Esgardeir, *regarder;* — esgarda, 197; — esgardeiz, *impér.* (esgardez), 187; — avez esgardei (esgardé), 31.
Eslire; — eslut, 47; — eslurent, 83; — fu esleuz, 214; — furent esleu, *s. p. m.* 72; — esleuz, *part. s. s. m.* (esliz), 151; — esleu, *r. s. m.* (eslit), 170.
Esloingnier; — estoit esloingniez (esloigniez), 164.
Eslongier, *s'éloigner;* — eslongierent (eslongerent), 229.
Esmai, *r. s. m. émoi,* 219.
Esmaier, *étonner;* — furent esmaié, 447.
Esmereiz, *adj. s. s. m. éprouvé,* (esmerez, 58.
Esmouvoir; — esmut, 6.
Espace, *r. s. f.* en ceste espace, 299; si pou d'espace, 318.
Espaingnol, *s. p. m.* (Espaignot), 127; — Espaingnous, *r. p. m.* (Espaignous), 124.
Espandre, 94; — espandirent, 317.
Espardre, *disperser;* — se sont espars, 173; — esparse, *r. s. f.* 110.
Espargnier; — il espargne, 306.
Espaule, *r. s. f.* 131; (espale, 131); — espaules, *r. p. f.* 195.
Espée, *r. s. f.* 86; metre à l'es-

pée, 333; — espées, r. p. f. 99.

Esperance, r. s. f. 171.

Esperars, s. s. m. espérance, 121.

Esperiz, s. s. m. 306; — esperit, r. s. m. 133.

Esperon, r. s. m. 83; à esperon, 102; — esperons, r. p. m. 58.

Espie, s. s. f. espion, 65; — r. 55.

Espier; — fu espiez, 65.

Esploit, r. s. m. à grant esploit, en grande hâte, 92.

Esploitier, agir, se hâter, profiter, réussir, 49; — esploita, 368; — esploitierent, 230; (esploiterent, 54); — esploiterez, 478; — esploiteriens (esploteriens), 380; — esploiteroient, 150; — avoit esploitié (esploitiet), 366; — avoient esploitié (esploitiet), 223.

Espoir, adv. peut-être, 412.

Espondre, exposer; — il espondi, 73.

Espouanteir (espoanter), 182.

Espous, s. s. m. 183.

Espouseir; — espousa, 12; — espousates, 323; — espouseroit (espousaroit), 76; — espousez, subj. pr. (esposez), 233; — ai espousei (espousé), 30; — avoit espousée, 399.

Esragier, arracher, 98; — esragierent, 98.

Esragier, enrager. Voy. Enragier.

Esranlie? r. s. f. 275 a.

Essaier; — essaieroit, 199; — avoit essaié (essaiet), 127.

Essemple, r. s. m. 404; (exemple, 182; exempcle, 461).

Essiau? r. s. m. 278 ab.

Essillier, ruiner, 220, 304; — sui essilliez, 474.

Essoingne, r. s. m. besoin, (essoynne), 438.

Estable, r. s. f. étable, 205.

Estables, adj. s. s. m. stable, (establez), 474.

Estages, r. p. m. (ostages), 378.

Estain, r. s. m. 86.

Estanfort, r. s. m. gros drap? 328.

Estat, r. s. m. 69.

Esteir, s'arrêter, se reposer, (ester), 13.

Estellins, r. p. m. 53; (esterlins, 60).

Esteule, r. s. f. chaume, 412.

Estole, r. s. f. 181.

Estours, s. s. m. combat, 127.

Estouvoir, r. s. m. nécessité, (estovoir), 106.

Estraiers, adj. r. p. m. errants, abandonnés, 124.

Estrain, r. s. m. paille, 417.

Estraingleir; — s'estraingla, 25; (s'estrangla, 86); — estrainglei, r. s. m. (estrainglé), 26.

Estrange, adj. r. s. m. 303; — r. s. f. 63; — estranges, r. p. f. 77.

Estre, 29; — je sui, 321; (suy, 110; suis, 38; suys, 44); — tu ies, 132; — est, 4; comment il leur est, 377; — soumes, 35; (somes, 39); — iestes, 277; (estes, 30); — sont, 39; (sunt, 55); — je estoie, 35; — estoit, 1; (estoyt, 3; estot, 118); comme il leur estoit, 264; dont il li estoit plus, 433; il en estoit granz mestiers, 159; — estoient, 33; — je fui (fuis), 82; — il fu, ỳ (fut, 186; fust, 420); — fustes, 211; — furent 2; — serai (serais), 277; — seras, 433; — sera, 30; — serons, 36; — serez, 90; — seront, 207; — je seroie, 121; — seroit, 17; — seriens, 201, 349; — seroient, 31; — soiez, impér. 478; — 'je soie, 38; — soit, 31; — soiens, 392; (soyens, 35; soyons, 8); — soiez, 70; — soient, 104; — fust, 6; (feust, 15; fu, 23); — fussent, 252; (feussent, 11; fuissient, 376; fussient, 445); — je ai estei (estet), 91; — avez estei (estet), 371; — ont estei (estet), 467; — avoit estei (esté, 1 ; avoit estet, 323) ; — ot estei (esté), 160 ; — eust estei (esté, 270 ; eust estet, 356).

Estres, *s. s. m.* 241.

Estrier, *r. s. m.* 46.

Estroit, *r. s. m. Voy.* Destroit.

Estruire, *instruire ;* — avoit estei estruiz, 323.

Estrumenz, *r. p. m.* 80.

Estuier, *mettre en étui, rendre inutile ?* — estuioit, 209.

Esveillier ; — il esveille, 8 ; — esveilla, 49 ; — s'esveillierent (s'esveillerent), 164 ; — avoit esveillié (esveillé), 119.

Et, *conj.* 1 ; (e, 210).

Eu. *Voy.* Avoir.

Eue. *Voy.* Iaue.

Eur, *r. s. m. auspice*, à teil eur (tele *ou* teile eure), 191, 441.

Eure, *s. s. f.* 70 ; — eure, *r.* 1 ; (hore, 23) ; d'eure en eure, 70 ; ne garde l'eure, *voy.* Gardeir ; — eures, *r. p. f.* 49 ; toutes les eures que, 153.

Eus. *Voy.* Il.

Evangile, *r. s. m.* ou *f.* 433 ; (evangele, 181).

Eve. *Voy.* Iaue.

Eveschie, *s. s. f. évêché*, (m'eveschiez), 192.

Eveschiez, *s. s. m. cathédrale*, (esveschiez, 141 ; eveschie, 31).

Evesques, *s. s. m.* 73 ; — evesques, *voc.* (esvesques), 249 ; — evesque, *r. s. m.* 73 ; (esvesque, 269 ; vesque, 192) ; — evesque, *s. p. m.* 248 ; (evesques, 307) ; — evesques, *r. p. m.* 184.

Exans, *adj. s. s. m.* 478.

Exemple. *Voy.* Essemple.

Ez vous, *voici, voilà*, 102, 113, 125.

F.

Faautei, *r. s. f. serment de fidélité* (faauté, 422 ; fiance, 292) ; — faauteiz, *r. p. f.* (faautez), 425.

Faiçon, *r. s. f.* 197.

Faille, *r. s. f. tromperie*, 111.

Faillir ; — failliez, *ind. pr.* (faillez), 275 ; — il failli, *prét.* 202 ; (fali, 326) ; — faurez, 202 ; — il faille, 123 ; — failliens (faillens), 304 ; — avoit failli, 433 ; — ot failli, 60 ; — estoit failliz (faliz), 366 ; — estoient failli, 45 ; — failliz, *part. s. s. m.* 277 ; — faillant, *gér.* 346 ; (falant, 10).

Fain, *r. s. f. faim*, 261 ; (fein, 389).

Faindre ; — faingnant, *gér.* (fayngnant), 416.

Faintement, *adv. mollement*, 451.

Faire, 2 ; (fayre, 316) ; — je fais, 208 ; (faz, 349) ; — fait, 5 ; (fet, 40) ; — faites, 4 ; (faitez, 114 ; faytes, 4) ; — je faisoie, 328 ; (fesoie, 434) ; — faisoit, 54 ; (faisoyt, 446 ; faysoit, 68 ; feisoit, 45 ; fesoit, 6) ; — faisiez (fesiez), 30 ; — faisoient, 56 ; (fesoyent, 29) ; — fist, 7 ; (fit, 23 ; fi, 44) ; — fistes (feistes), 327 ; — firent, 26 ; — ferai, 46 ; (ferais, 74 ; ferays, 301) ; — feras, 409 ; — ferons, 4 ; — ferez, 5 ; — feront, 387 ; — feroie, 48 ; (feroye, 381) ; — feroit, 11 ; — feriens, 377 ; (ferions, 217) ; — feroient, 52 ; — fai, *impér.* 293 ; (fay, 407) ; — faisons, 263 ; — faites, 47 ; (faytes, 2) ; — faces, 405 ; — face, 11 ; — faciens, 35 ; — faciez, 168 ; (faites, 406) ; — facent, 166 ; — feist, 105 ; — feissiez, 448 ; — feissent, 133 ; — avoit faiz, *r. p. m.* 206 ; avoit faite, *r. s. f.* 22 ; avoit jà faite faire la couronne, 347 ; avoit faites, *r. p. f.* 413 ; — ot fait, 33 ; — estoit faiz, *s. s. m.* 197 ; — fu faiz, 134 ; fu faite, *s. s. f.* 290 ; fu fait, *s. s. n.* 56 ; — sera fait, *s. s. n.* 223 ; — soit faiz, *s. s. m.* (fait), 231 ; — fust faiz, *s. s. m.* (fait), 133 ;

— fait, *r. s. n.* 229; — faisant, *gér.* (feisant), 290; — faisant, *part. pass.* pour sauf faisant, 399, 421; parmi droit faisant, 456; — fist entendre, 273; fist entendant, 240, 356, 416; (*voy.* 315, 316, 317, 339, 347, 464); — feist à blasmeir, 285; — à faire (affaire), 23, 24, 154; — fist que fous, 316, 356; vous fistes que fous, 327; ferez que sages, 304; feront que sage, 447; — fist le malade, 199.

Faires. *Voy.* Bien faires.

Fais, *r. s. m.* 156; à un fais, 43.

Familleus, *adj. s. s. m. affamé*, 285.

Famme, *s. s. f.* (fame), 78; famme (fame) lige, 402; — famme, *r. s. f.* 233; (fame, 3); — fammes, *s. p. f.* (fames), 371; — fammes, *r.* (fames), 241.

Faus, *adj. r. s. m.* 313; — *r. p. m.* 311; — fause, *r. s. f.* 8.

Fauseir, *fausser;* — fausoit, 232.

Fautable. *s. p. m. féaux*, 38.

Fautre, *r. s. m. partie de la selle*, 125.

Febles, *adj. r. p. m.* 363.

Felon, *s. p. m.* 293.

Felonnie, *r. s. f.* (felonie), 57.

Fendre; — il fendi, 195.

Fenestre, *r. s. f.* 68.

Fer, *r. s. m.* 97.

Feret, *r. s. m. petite affaire;* qui mout firent bien leur feret (lor ferret), 345.

Ferir, *frapper, lancer*, 24; fiert, 100; se fiert, 44; — fierent chevaus des esperons, 384; fierent en meir, 375; se fierent, 43; — feroit, 284; — feroient, 155; — il feri, 131; se feri, 45; — ferirent dedenz le chastel, 107; se ferirent (se fierent), 229.

Fermeir, *fermer à clef ou au verrou*, (fermer), 68; — ferment, 148; — fu fermeiz (fermez), 24; — furent fermées, 384; — fermées, *r. p. f.* 421.

Ferranz, *n. pr. s.* 121; — Ferranz, *voc.* 125; — Ferrant, *r.* 122.

Ferreir (ferrer), 97, 123.

Ferris, *n. pr. s.* 214; — Ferri, *r.* 242.

Fers, *adj. s. s. m. ferme*, 70; — ferme, *s. s. n.* 248.

Feste, *r. s. f.* 18; — festes, *r. p. f.* 80.

Festier, *fêter;* — avoit festiez, *r. p. m.* 460.

Feus, *s. s. m.* 131; — feu, *r. s. m.* 53; (fu, 20); feu grijois, 388.

Feves, *r. p. f.* 261.

Fi, *interj.* 25.

Fiance, *r. s. f.* 38.

Fiens, *r. s. m. fumier*, 405.

Fier, se fier, 342; — se fioit, 241.

Fierement, *adv.* 408.

Fieveiz, *r. p. m. fieffés*, (fievez), 104; barons fieveiz (fievez), 186.

Fiez, *s. s. m. fief;* — fié, *r. s. m.* 122; — fiez, *r. p. m.* 357; (fiés, 356).

Figureir; — est figurée, 307; — sont figurei, *s. p. m.* (figurez), 307.

Fille, *s. s. f.* 67; — *r.* 13; — filles, *r. p. f.* 21.

Filleus, *voc. s. m.* 61; (fillues, 61;) — filleul, *r. s. m.* 60.

Fin, *adj. r. s. m.* 307.

Fineir, *finir;* — ne finerent d'aleir, 53; — fu fineiz (finez), 37; fu finée, 290.

Fins, *s. s. f.* 155; — fin, *r. s. f.* 294.

Fiuz, *s. s. m.* 14; (fix, 243); — fiuz, *voc.* 371; — fil, *r. s. m.* 14; (fiuz, 76); — mi fil, *s. p. m.* 401; — fiuz, *r. p. m.* 3; (filz, 355).

Flaiaus, *r. p. m. fléaux de porte*, (flaias), 172.

Flamme, *r. s. f.* 120.

Flammenc, *s. p. m.* (Flamenc, 287; Flamein, 290; Flamain, 284); — Flammens, *r. p. m.* (Flamens, 284; Flameins, 452).

Flocons, *r. p. m.* 415.
Flouteir; — flouta (flota), 161; — floutant, *s. p. m.* 177.
Flun, *r. s. m. fleuve*, 150.
Foi, *r. s. f.* 8; (foy, 5); — foiz, *r. p. f.* 294, 368.
Foison, *r. s. f.* (foyson, 299; fuison, 18; fuyson, 92).
Foieres, Foir. *Voy.* Fouerres, Fouïr.
Foissele, *r. s. f. panier*, 358.
Foiz, *r. s. f.* une foiz, 468; — foiz, *r. p. f.* 7.
Folement, *adv.* 241.
Folie, *r. s. f.* 109; — folies, *r. p. f.* 243.
Fondeir; — avoit fondée, *r. s. f.* 333; — estoit fondeiz (fondez), 467; estoit fondée, 468.
Fondre, 211.
Force, *s. s. f.* 65; — *r.* 45; que vous n'i faciez force, 203; — à force, 249; (à forces, 211); — par force, 361.
Forest, *r. s. f.* 315.
Forfaire; — forfaisoit, 257; — forfaisoient, 296; — forfist, 150; — forfirent, 362; — forfeist, *imp. subj.* 298; — avoit forfaite, *r. s. f.* 456.
Forjugier, *débouter ;* — furent forjugié (forjugiet), 399.
Formage, *r. s. m.* 358.
Forme, *r. s. f.* 35.
Forment, *adv. fortement,* 453.
Fors, *adv. dehors,* 262; fors de, hors de, 177; — *prép. excepté,* 45; fors li arcediacres, 479; fors li dus, 77; fors que li rois, 56; fors de, 1.
Forseneir (forsener), 131.
Forseneiz, *adj. s. s. m.* (forsenez), 375.
Forsenerie, *s. s. f.* 202; — *r.* 392.
Fort, *adv.* 163.
Forteresse, *r. s. f.* 422; — forteresses, *s. p. f.* 118; — *r.* 94; (forterresses), 108.
Forz, *adj. s. s. m.* 78; (fors, 108; fortz, 260); — fort, *r. s. m.* 65; — fort, *r. s. f.* 100; — forz, *s. p. f.* 296; — forz, *r. p. f.* 236.
Fosseiz, *s. s. m.* (fossez), 429; — fossei, *r. s. m.* (fossé), 428; — fosseiz, *r. p. m.* (fossez), 150.
Foueres, *s. s. m. laboureur,* (foieres), 192.
Fouïr; — fouez (foiez), 192; — fouoit (foioit); 193; — fouant, *part. pr. r. s. m.* (foiant), 191.
Fouleir; — foula, 419.
Fourcheir; — il fourche (forche), 176.
Fourrée, *part. r. s. f. doublée,* (forrée, 317; forré, 320).
Fourrier, *s. p. m.* (fourier, 94; fouriers, 94).
Fous, *adj. s. s. m.* 11; (fox, 67); — fol, *r. s. m.* 357.
Frain, *r. s. m.* 25; (frainc, 25; freinc, 86; frein, 221).
François, *r. s. m. langue française,* en françois, 212.
Frans, *adj. r. p. m. francs,* 442.
Fremir; — il fremi, *prét.* 266.
Freres, *s. s. m.* 20; (frere, 322); — freres, *voc.* 379; (frere, 82); — frere, *r. s. m.* 3; — frere, *s. p. m.* 231; — freres, *r. p. m.* 208.
Frés, *adj. r. s. m. frais,* 208; — frés, *s. p. m.* 156.
Fret, *r. s. n. froid,* 169.
Front, *r. s. m.* 365.
Froumenz, *s. s. m.* (fromenz, 417; froment, 407); — froument, *r. s. m.* (froment, 405; forment), 172.
Fuerre, *r. s. m. pillage,* mirent le païs à fuerre, 253; penre à fuerre (affuerre), 466.
Fuerres, *r. p. m. fourreaux,* 101.
Fuie, *r. s. f.* 156.
Fuinons, *n. pr. s.* 151.
Fuir, 318; — qui i avoient fui bues, *qui y avaient sauvé bœufs,* 253; — sont fui (l'ont fui), 381; s'en sont fui, 171; — s'en fust volentiers fuiz, 322. — *Voy.* Enfuir.
Fust, *r. s. m. bois,* 86.

G.

Gaaingnage, *r. s. m. récolte*, (gaaygnage), 118.
Gaaingnes, *r. p. f. profits*, (gaaignes), 226.
Gaaingnier (gaaignier), 381; — je gaaing (gaayng), 192; — il gaaingne (gaaigne), 429; — gaaingnierent (gaaignerent, 128; gaaygnerent, 345; gaainnierent, 451); — a gaaingnié (gaaignié), 240; — i ot gaaingnié (gaaigniet, 177, 365; gaaygniet, 96); — averoit gaaingnié (gaaigniet), 177.
Gaillarz, *n. pr. s.* 267; — Gaillart, *r.* 260.
Gaires, *adv.* 66; (guieres, 330).
Gait, *r. s. m. guet*, 332.
Gaite, *s. s. f.* 266 b; (li gaite, 266 a; guete, 79).
Gaitier, 444.
Galie, *s. s. f. galère*, 8; — *r.* 7; — galies, *s. p. f.* 237; — *r.* 236.
Ganchir, *esquiver*, 469.
Garçons, *s. s. m.* (garçon), 25; — garçon, *r. s. m.* 65; — garçons, *r. p. m.* 94.
Garde, *s. s. f. gardien*, je sui garde, 258; — gardes, *s. p. f.* 164, 171, 377; les gardes furent tuit yvre, 163.
Garde, *r. s. f.* avoir la garde, 471; ont eu en garde (guarde), 467; — ne prennent garde, 195; ne s'en donnoit garde, 209; — avoir garde, *courir un danger*, 109. (*Voy.* 70, 131, 214).
Gardeir (garder), 10; se gardeir (se garder), 131; — il garde, 78; — gardoit, 160; (wardoit, 45); se gardoit, 71; — gardoient, 164; — garda, 427; — garderent, 134; — me garderai (guarderais), 464; — garderez, 382; — garderoient, 103; — gardeiz, *impér.* (gardez), 265; — gart, *qu'il garde*,
50; — gardez, *que vous gardiez*, 282; — me sui gardée, 464; — sont gardei (gardé), 145; — sera gardeiz (gardez), 370; — ne garde l'eure, *n'attend pas longtemps*, 397 (*Voy.* 382, 427).
Garins, *n. pr. s.* 271; — Garins, *voc.* (Garin), 270; — Garin, *r.* 269.
Garir, *guérir;* — fu gariz (wariz), 417.
Garison, *r. s. f.* à garison, *en sûreté*, 318.
Garnir, 108; (garnier, 366); — il garni, *prét.* 259; (garnist, 342); — garniront, 148; — garniroit, 363; — estoit garniz, 209; (guarnitz, 130); — estoient garni, 225; (garniz, 130); estoient garnies, 118; — garniz, *s. s. m.* 444; — garniz, *r. p. m.* (guarniz), 8; — garnie, *s. s. f.* 177; — *r.* 172.
Garnisons, *s. s. f.* 210; (li garnisons, 298); — garnison, *r. s. f.* 209; (garnisons, 107); — garnisons, *s. p. f.* 262; — *r.* 254.
Gasteir; — gastoient, 120.
Gastiaus, *r. p. m.* 417.
Gauchiers, *n. pr. s.* 367; — Gauchier, *r.* 151.
Gautiers, *n. pr. s.* 135; — Gautier, *r.* 135.
Geline, *r. s. f.* 463; — gelines, *r. p. f.* 94.
General, *adj. r. s. m.* 144.
Genouz, *r. p. m.* 15.
Genre, *r. s. m. gendre*, 243.
Gente. *Voy.* Genz.
Gentillesce, *r. s. f.* (gentillece), 67.
Gentis, *adj. s. s. m.* gentis hons, 136; — gentil, *r. s. m.* 72; gentil homme, 123; — gentis, *s. s. f.* 7.
Genz, *s. s. f.* (gent), 59; — male genz, *voc.* (gent), 230; — gent, *r. s. f.* 6; — genz, *s. p. f.* 155; toutes les genz, 381; aucunes genz (aucune gent), 457; —

genz, *r. p. f.* 372; de bonnes genz, 118; — gent, *s. p. m.* 103, 111, 122, 133, 147, 223; — genz esbaïz, *r. p. m.* 103; — genz, *r. p. m.* ou *f.* 39, 94, 98, 120; tant de genz (gent), 150, 151.

Genz, *adj. s. s. m. gentil,....* — gente, *adj. r. s. f.* 13.

Gerarz, *n. pr. s.* (Gerars), 311.

Germains, *adj. s. s. m.* 21; — germain, *r. s. m,* 319; — germainne, *s. s. f.* (germaine), 401; — germainne, *r.* 13.

Gesir, 241, 460; — gist, 119, 362; — gisoit, 81, 292; se gisoit, 86; gisoit d'enfant, 423; — jut, *prét.* 19, 131; — jurent, 128; — gisant, *part. pr. r. s. m.* 417.

Get, *r. s. m. jet,* (gest), 104.

Geteir (geter, 54; jeter, 53); — il gete, 413; — getoit, 56; — getas, 464; — geta (cheta), 194; — geterent, 56; (jeterent, 376); — tu getes, *subj.* 463; — getassent (jetassent), 376; — fu geteiz (getez), 162.

Geuneir; — geuna, 201; — avoit geunei (jeûné), 206.

Gibet, *r. s. m.* 329.

Gilebert, *n. pr. r.* 466.

Glaive, *r. s. m.* mouroient à glaive, *mouraient effroyablement;* 158; — glaives, *r. p. m. lances,* 123.

Glatir, *crier;* — glatissent, 43.

Godefrois, *n. pr. s.* 368; (Godefroys, 1); — Godefroi, *r.* (Godefroyt), 2.

Gorge, *r. s. f.* 211.

Gourle, *r. s. m. sac,* 214.

Goute, *r. s. f.* il ne vit goute, 190.

Gouverneir (governer), 29; — gouvernoit (governoit), 123; — il gouverne, *subj.* 4; — sera gouverneiz (governez), 370.

Grace, *r. s. f.* 214; on li fist grace, 399.

Gracieus, *adj. s. s. m.* 460.

Grain, *r. s. m.* 407.

Graingneur, *r. s. m. plus grand* (greigneur, 133; grignor, 298); — graingneur, *r. s. f.* (grignor), 81.

Grantment, *adv.* 177.

Granz, *adj. s. s. m.* 4; (grans, 66; grant, 41); — grant, *r. s. m.* 55; — grant, *s. p. m.* 52; — granz, *r. p. m.* 70; — granz, *s. s. f.* (grant, 11; grande, 12); — grant, *r. s. f.* 6, 18, 22, etc. — granz, *r. p. f.* 127.

Grateir; — il grate, 362.

Greiz, *s. s. m. gré,* 231; — grei, *r. s. m.* 84; au grei (gré) de, 196.

Grejois, *r. s. m.* feu grejois, 53; (grijoys, 388).

Grenier, *r. s. m.* 415.

Gresle, *r. s. m. cor,* 374.

Grevance, *r. s. f.* (grevence), 130.

Greveir (grever), 339; — grevera (grevara), 385; — que il li griet, *subj.* que il lui *fasse tort,* 475; — fu greveiz (grevez), 239; fu grevée, 86.

Grief, *adv. fortement,* 386.

Grietei, *r. s. f. tort* (grieté), 421 def.

Grifons, *r. p. m. Grecs,* 243.

Grosse, *adj. s. s. f.* 185; — *r.* 57; — grosses, *r. p. f.* 54.

Groucier, *grogner;* — as tu groucié (grocié), 413.

Guarniz. *Voy.* Garnir.

Guenelon, *n. pr. r.* 277.

Guerre, *s. s. f.* 235; — guerre, *r.* 127; (guere, 64).

Guerredonneir, *récompenser,* (guerredoner), 351; — il guerredonne, 288.

Guerrieur, *s. p. m.* (guerieur), 379.

Guerroier; — guerroioit (guerroit, 438; gueroiet, 235).

Guerroier, *r. s. m. guerre,* 226.

Guete. *Voy.* Gaite.

Guieres. *Voy.* Gaires.

Guillaumes, *n. pr. s.* 278; (Willaumes, 289); — Guillaume, *r.* 13.

Guis, *n. pr. s.* 28; — Guion, *r.* 28.
Guise, *r. s. f.* 267.

H.

Ha, *interj.* 385; (a, 44).
Hache, *r. s. f.* 205; — haches, *r. p. f.* 98.
Hahai, *interj.* 164.
Hai, *interj.* 383; (hay, 383; ai, 277); hai mi (aimmi), 409.
Haïr, 60; — il het, 182; — haoit, 109; (aoit, 100); — haoient, 268; se haoient, 286.
Haitiez, *adj. s. s. m. bien portant*, 71; — haitie, *s. s. f.* (hetie), 105.
Hale. *Voy.* Ale.
Halos, *n. pr. s.* 475.
Hanap, *r. s. m.* 281.
Hanches, *r. p. f.* 197.
Hannouier, *s. p. m. habitants du Hainaut*, (Hanouier), 451.
Hapisseir, *happer;* — hapissoient, 346 b (hapisoient, 346 a).
Hardement, *r. s. m. hardiesse*, 246; — hardemenz, *r. p. m.* 335.
Hardiement, *adv.* 99.
Hardier, *harceler;* — hardioient, 225; — hardierent, 103; — hardieroient, 103.
Hardiz, *adj. s. s. m.* 12; — hardi, *s. p. m.* 97; — hardiz, *r. p. m.* 97; — hardie, *s. s. f.* 132.
Harnechier (aharnechier), 252.
Harnois, *r. s. m.* 53; (harnoys, 452).
Hart, *r. s. f.* 52.
Hasteir (hater), 75; — hasteiz vous, *impér.* (hatez-vous), 8.
Hasteir, *r. s. m. hâte*, or dou hasteir (haster), 8.
Hastivement, *adv.* 112; (hativement), 54.
Hauberc, *r. s. m.* 298; — haubers, *r. p. m.* 123.
Haut, *adj. r. s. m.* (aut), 28; — haut, *s. p. m.* 147; — hauz, *r. p. m.* 55; — haute, *r. s. f.* 23.
Haut, *adv.* 81; de haut, 217.
Havot, *r. s. m. butin?* 105.
Hé, *interj.* 434; (e, 114).
Helpe, *aide?* 452.
Henriz, *n. pr. s.* 23; (Henris, 12; Hanris, 51); — Henri, *r.* 12; (Hanri, 55).
Herbergier, *loger;* — se herbergent, 376; — herberja, 208; se herberja, 78; — se herbergierent, 147; (herbergerent, 298); — herberjast, 199.
Heritage, *r. s. m.* 439.
Herodes, *n. pr. s.* 244.
Hersanz, *n. pr. s.* (Hersenz), 417; — Hersant, *r.* 406.
Hiaumes, *r. p. m.* (hyaumes, 99; elmes, 101).
Hobeler. *Voy.* Houbeleir.
Hoir. *Voy.* Oir.
Homage, *r. s. m.* 12; l'omage, 190; — li homage, *s. p. m.* (omage), 338; — homages, *r. p. m.* 442.
Hon, *pron. Voy.* On.
Honeur, *r. s. f.* (honour), 73; oneur (l'onor, 60; d'onour, 75); m'oneur (m'onor), 282; — honeurs, *r. p.* (honors), 39.
Honnir; — honnissoit (honissoit), 292; — soumes honni (honit), 63.
Honourablement, *adv.* (honorablement), 295.
Honoureir; — honeur, 2ᵉ *pers. impér.* (honoure), 433; — avoit honoureiz, *r. p. m.* (honorez), 460; — seras honourez (honorez), 433.
Hons, *s. s. m.* 29; — homme, *r. s. m.* 26; (home, 218; ome, 178); — homme, *s. p. m.* 226; (home, 38); — hommes, *r. p. m.* (homes), 37.
Honte, *s. s. f.* 88; — *r.* 10; sa honte, 23.
Hore. *Voy.* Eure.
Hors, *adv.* 1.
Houbeleir, *piller*, (hobeler), 116.
Hourdeir, *fortifier;* — se hourdoient (hordoient), 150; —

hourda (horda), 449; — se hourderent (horderent), 256; — estoit hourdeiz (hordez), 343; — estoient hourdei (hordé), 257.

Huchier, 266.

Hues, *n. pr. s.* 274; — Huon, *r.* 288; (Hue, 311).

Hui, *adv.* 282; hui ce jour, 281; d'hui (d'ui) en quarante jourz, 248.

Huimais, *adv. maintenant*, 357; (huymays, 463).

Huis, *s. s. m. porte*, 68; (huys, 24); — huis, *r. s. m.* 68; — huis, *r. p. m.* (huys), 323.

Huissiers, *r. p. m.* 187.

Huit, *abrév.* 193.

Humilier, 190; — s'humilierent (s'umilierent), 231.

Humilitei, *r. s. f.* (humilité), 180.

Hurteir; — il hurte, 454.

Hurupel, *surnom*, *r.* 336.

Hustineir, *harceler;* — hustinoient, 229.

I.

1, *adv.* 6.

Iaue, *r. s. f.* 333; (aigue, 177; aygue, 212; eve, 384).

Iawens, *adj. r. s. m. aqueux, écageux*, (iawex), 428.

Icel, *pron. r. s. m. ce*, 107; — icil, *s. p. m.* 317; — icelle, *r. s. f.* (icele), 1.

Ici, *adv.* 103.

Ieus. *Voy.* Œil.

Il, *pron. s. s. m.* 2; et il et sa partie, 45; que il (qu'i), 106; — le, *r.* 7; (lo, 407); l', 8; — dou, *de le*, 432; — nou, *ne le*, 82; (nel, 48, 88); — lui, 6; (luy, 66); li, 3; l', 44, 316; — il, *s. p. m.* 1; il dis ou il douze, 443; — les, *r. p. m.* 31; — nes, *ne les*, 234, 460; — eus, 93; (aus, 26; aux, 36; iaus, 31; ax, 80; iax, 474; ias, 96); entr'eus, 99; deus d'iaus, 167; (deus d'aus, 251); — leur, 23;

(lor, 2); — elle, *s. s. f.* 7; (ele, 7); — la, 9; l', 12; — li, *r. s. f.* 11; de li, 20; de lui, 406; à lui, 20; entour lui, 31; — les, *r. p. f.* 145; — nes, *ne les*, 207; — il, *s. s. n.* 2; — le, *r. n.* 4; — dou, 35; — nou, 4; (nel, 56).

Ilec, *adv.* 137.

Image, *s. s. f.* 307.

Incarnacion, *r. s. f.* 15.

Innocenz, *n. pr. s.* 242; — Innocent, *r.* 144.

Ire, *r. s. f.* 87.

Iriez, *adj. s. s. m. irrité*, (irez), 237; — irie, *s. s. f.* (irée), 146.

Isengrins, *n. pr. s.* (Ysengrins), 412; — Isengrin, *r.* 411; (Ysengrin, 414).

Isle, *r. s. f.* (ile), 56; — isles, *r. p. f.* 54.

Isnel, *adj. r. s. m. léger*, 112.

Issir, 117; — issoient, 375; — il issi, 69; — issirent, 93; — istrai (itrais), 262; — istroit, 264.

Issues, *r. p. f.* 439; (yssues, 301; issiues, 261).

Iver, *r. s. m.* 6.

J.

Jà, *adv.* 9.

Jamais, *adv.* 32; jamais jour, 87.

Jaque, *n. pr. r.* 21; (Jaques, 260).

Jardin, *r. s. m.* 80; — jardins, *r. p. m.* 120.

Je, *pron. s. s. m.* 4; j', 10; (g'i, 260); je Solehadins, 207; tieng jou, 114; — me, *r. s. m.* 32; m', 4; — moi, 32; (moy, 174; — nous, *s. p. m.* 14; — nous, *r. p. m.* 3; (nouz, 5; nos, 35; noz, 39); — je, *s. s. f.* 371; je toute, 464; — me, *r. f.* 371; m', 371; — moi (moy), 371.

Jehans, *n. pr. s.* 12; (Jehan, 401); — Jehan, *r.* 6.

Jeter. *Voy.* Geteir.

Jeuner. *Voy.* Geuneir.
Jhesu Crist, *r. s. m.* 280.
Joianz, *adj. s. s. m.* 35; (joauz, 477); — joiant, *s. p. m.* 128; (joiaiant, 139).
Joie, *s. s. f.* (joye), 441; — joie, *r.* 81.
Joieus, *adj. s. s. m.* (joyous), 71.
Joindre; — il joint, 126; — joindrent, 42; se joindrent, 124.
Joingnet, *r. s. m. juin,* (joinnet), 290.
Joïr, 121; — il joï, *prét.* 243; — mout le joïrent, le fêtèrent, 317; — jorrez vous, 10.
Jolis, *adj. s. s. m.* 79.
Jones. *Voy.* Juenes.
Jonesce, *r. s. f.* (genesce, 436; juenece, 243).
Joueir (jouer), 54.
Jourdain, *n. pr. r.* 380; (Jourdan, 380).
Journées, *r. p. f.* 195 (jornées, 75).
Jourz, *s. s. m.* 156; (jorz, 31; jors, 469); — jour, *r. s. m.* 15; (jor, 33); — jour, *s. p. m.* (jor), 361; — jourz, *r. p. m.* 13; (jorz, 59; jour, 140); jourz, *journaux,* 405; — toute jour, *r. s. f.* 154.
Joustice, *r. s. f.* (justice), 2.
Jousticier (justicier), 198.
Jousticieres, *s. s. m.* (justicieres, 2; justicierres, 2); — jousticiere, *r. s. m.* (justicierre), 16.
Juenece. *Voy.* Jonesce.
Juenes, *adj. s. s. m.* 135; (jones, 339).
Jugemenz, *s. s. m.* 399; — jugement, *r. s. m.* 2.
Jugier; — jugierent, (jugerent), 251; — estre jugiez, 474.
Juliens, *n. pr. s.* 471.
Jurei, *s. p. m.* (juré), 422; — jureiz, *r. p. m.* (jurez), 421.
Jureir (jurer), 440; — je jur, 224, 380; — jura, 130; — jurerent, 32; — jurerez, 35, (jurez, 439); — jureiz, *impér.* (jurez), 32; — jurez, *subj.* 32;
— ai jurée, *r. s. f.* 61; — avoit jurei (juré), 234; — ot jurei (juré), 334.
Jus, *adv. en bas,* 49, 194.
Jusques, *prép.* 256; (juques, 47); jusqu'à, 185; (jusc'à, 153).

L.

Là, *adv.* 6; (lu, 133); — par delà, 150.
La. *Voy.* Il, Li.
Laboureir; — il labeure, 279 d (laboure, 279 a).
Lache. *Voy.* Lasche.
Lacier; — estoient lacies, *s. p. f.* (laciées), 384.
Laide, *adj. r. s. f.* 230; — lait, *r. n.* le lait, 217; nul lait, 262; faire lait, 272.
Laides, *r. p. f. injures, outrages,* 414.
Laie, *adj. r. s. f.* 478.
Laienz, *adv. là dedans,* 80, 112; (laenz, 48; léanz, 79).
Laingue, *r. s. f.* 409; — laingues, *r. p. f.* (lengues), 284; — par la laingue beu, *sorte de juron,* 409 b (par la laingue ditu, 409 a; par la langue dieu, 409 c).
Laissier, 29; (lassier, 29); — je lais, 207; — il lait, 187; — laissent, 159; — laissoit (laisoit), 232; — laissas, 464; — laissa, 117; (laisa, 10; laysa, 306); — laissierent, 201; (laisserent, 160); — lairai (lairay, 30; layray, 455; laray, 27; lairais, 462); — laira, 207; — lairons, 13; (layrons, 308); — lairez, 63; — lairoie (lairoye), 387; — lairoit, 121; — laissiez, *impér.* 200; — laissiens, *subj.* 304; — laissiez, 11; — laissent, 166; — laissast (laissat), 48; — laissassent, 443; — avoit laissié (laissiet), 340, 403; — ot laissié (laissiet), 424.
Lait, *r. s. m.* 410.
Lait. *Voy.* Laide.

Lampe, *r. s. f.* 213.
Lance, *r. s. f.* 21; — lances, *r. p. f.* 99.
Lancier; — se lança, 268; — ot lancié (lanciet), 59, 298.
Langueur, *r. s. f.* (languer), 433.
Languir; — il langui, *prét.* 433.
Largement, *adv.* 282.
Larges, *adj. s. s. m.* 12; — large, *r. s. m.* 132.
Largesce, *r. s. f.* 132; (largece), 7.
Larmes, *r. p. f.* 369.
Lasche, *adj. s. s. f.* (lache), 409.
Laschier; — il lasche, 58.
Lastei, *r. s. f. lassitude*, 140.
Latimiers, *adj. s. s. m. interprète,* 55; — latimier, *r. s. m.* 392 b; — latimiere, *r. s. f.* 55.
Le. *Voy.* Il, Li.
Leanz. *Voy.* Laienz.
Legaz, *s. s. m.* 153; (legas, 167; ligaz, 368; legat, 146); — legaz, *voc.* 387; — legat, *r. s. m.* 50; — legat, *s. p. m.* 50.
Legier (De), *adv. facilement,* 36.
Legierement, *adv. facilement,* 156.
Lei, *adj. n. large*, 97.
Leiz, *prép. près*, (lez), 16; tout leiz (lez) des portes, 298.
Les. *Voy.* Il, Li.
Letre, *r. s. f.* 7; letre pendant, 472; — letres, *s. p. f.* 313; — *r.* 17; letres closes, 373; letres pendanz, 294.
Leu, *lieu. Voy.* Lieus.
Leur, *pron. pers. Voy.* Il.
Leur, *pron. poss. s. s. m.* 113; (lor, 3); — leur, *r. s. m.* (lor, 53; lur, 105); — leur, *r. p. m.* (lor), 51; — leur, *s. s. f.* (lor), 65; — la leur, *r. s. f.* (la lor), 372; — dou (do) leur, *r. n.* 446.
Leus, *s. s. m. loup*, 405; — leu, *r. s. m.* 383.
Leveir; — leva, 195; se leva, 79; — leverent, 26; se leverent, 123; — avoit levei (levé), 234; — fu leveiz (levez), 87.

Lez. *Voy.* Leiz.
Li, *art. s. s. m.* 1; (le, 260); — le, *r. s. m.* 1; l', 2; — dou, *de le,* 7; (do, 446); — au, *à le,* 4; — ou, *en le*, 20; — li, *s. pl. m.* 2; (les, 310); — les, *r. p. m.* 2; — des, 5; — aus, 6; (as, 18; au, 23); — la, *s. s. f.* 1; l', 21; (li, 67, 124, 157, 183, 327); — la, *r. s. f.* 1; l', 2; (le, 22); — les, *s. p. f.* 20; — les, *r. p. f.* 2; — aus (as), 25; — es, *en les,* 30.
Li, *pron. Voy.* Il.
Lices, *r. p. f.* 150.
Liege, *r. s. m.* 161.
Liement, *adv. joyeusement*, 259; (liéement, 75).
Lier (loier), 284; — est liez (loiez), 181; — liies, *r. p. f.* (lieez), 211.
Lieus, *s. s. m.* (lius), 144; — lieu, *r. s. m.* 43; (liu, 53; lui, 90; luy, 33; leu, 185); — lieus, *r. p. m.* (lius), 212.
Liez, *adj. s. s. m. joyeux,* 7; — lié, *s. p. m.* 83; (liet, 128); — lie, *s. s. f.* 186; (liée, 326).
Liges, *adj. s. s. m.* 349; — lige, *r. s. m.* 248; — lige, *s. s. f.* 399.
Lignage, *r. s. m.* (linage), 136.
Linceus, *r. p. m.* 207.
Lion, *r. s. m.* 76.
Liqueis, *pron. rel. s. s. m.* 144; 471; liqueis que ce soit, 101; — lequeil, *r. s. m.* (lequel), 205; — lesqueis, *r. pl. m.* 398; (lesquels, 286; lesquieux, 47); lesqueis que, 103; — desqueis (desquex), 113; — laqueil, *r. s. f.* (laquele, 233, laquieule, 181); — esqueis, *r. p. f.* (esquieles), 159.
Lire, 18; — lut, *prét.* 73; — leussent, *imp. subj.* 373; — ot leues, *r. p. f.* (leuees), 90; — fu leue, 250; (fu lute, 256); — furent leues (lutes), 468.
Lit, *r. s. m.* 8.
Litiere, *r. s. f.* 335.
Liue, *r. s. f. lieue*, 220; — liues, *r. p. f.* 40; (lieuz, 22).

Lius. *Voy.* Lieus.
Livraison, *r. s. f.* 261.
Livrées, *r. p. f.* 16.
Livreir (livrer), 47; — livrerent, 137; — livrerai (livreray), 125; — avoient livrei (livré), 313.
Livres, *r. p. f.* 362; (libres, 402).
Loeir; — je lo, 41 (los, 228); — tu loes, 111; — loons, 14; — loez, 166; — loa, 426; — loeroie (loueroie, 72; lorroie, 174; loeriens, 448); — loeroient, 36; — loeiz, *impér.* (louez), 30; — lot, *qu'il loue*, 122; — fu loée, *s. s. f.* 49; li fu loei, *s. n.* (loé), 161.
Loges, *r. p. f.* 264.
Logier; — se logent, 376; — se logierent, 152; — estoit logiez, 48; — furent logié (logiet), 105.
Loi, *r. s. f.* 7.
Loiaument, *adv.* 36.
Loiaus, *adj. s. s. m.* 331; — loial, *r. s. m.* 32; (loyal, 477); — loiaus, *r. p. m.* 47; — loial, *r. s. f.* 313.
Loiautei, *r. s. f.* (loiauté), 267.
Loing, *adv.* 155; (loins, 63; loinz, 209); — de loing, 156; — au loing (au lons), 334.
Lombarz, *n. pr. r. pl.* (Lombart), 228.
Lonc, *adj. r. s. m.* lonc tans, 1, 86; (lon tans, 214); — longue, *r. s. f.* 197; — de lonc en lonc, *r. n.* 162.
Longuement, *adv.* 89.
Lor. *Voy.* Il, Leur.
Lors, *adv.* 26; (lor, 146).
Los, *r. s. louange. gloire*, 44, 138; — *r. p.* granz los, 139.
Loupe, *r. s. f.* li fait la loupe, 416.
Lu? *Voy.* Là.
Lundi, *r. s. m.* 140.

M.

Ma. *Voy.* Mes.
Macecriers, *s. s. m. boucher*, 222.
Madeleinne, *n. pr. r. f.* (Mazeleine), 306.
Mai, *r. s. m. nom de mois*, (moy), 93.
Maiement. *Voy.* Meismement.
Main, *r. s. m. matin;* au main, 279.
Main, *adv. matin*, bien main, 411.
Main, *r. s. f.* 9; — mains, *r. p. f.* 6.
Mainbournie, *r. s. f. tutelle*, (mainbornie), 134.
Mains, *adv. Voy.* Meinz.
Mainsneiz, *s. s. m. puîné*, (mainznez), 3; — mainsnei, *r. s. m.* (mainsné), 5.
Maint, *adj. s. p. m.* 146; — mainte, *r. s. f.* 53; — maintes, *r. p. f.* 413.
Maintenant, *adv.* 12.
Maintenir, 34; — se maintenoit, 100; — se maintint, 196; — se estoit maintenuz, *s. s. m.* 267.
Maires, *s. s. m.* (mayres), 422; — maieur, *r. s. m.* 421.
Mais, *conj.* 3; (més, 82); — *plus*, 132, 262; — mais que, *excepté que*, 161.
Maisnie. *Voy.* Mesnie.
Maison, *r. s. f.* 418; (mayson, 458); maison Dieu (mesnon Dieu), 288.
Maistre, *adj. s. s. m. principal*, 436; — maistres, *r. p. m.* 378.
Maistres, *s. s. m.* 201; (maystres, 383; maiestres, 200; mestres, 146; maistre, 239); — maistres, *voc.* (maiestre), 202; — maistre, *r. s. m.* 238; (maiestre, 204; mestre, 203); — maistre, *s. p. m.* (maystre, 476; mestre, 208); — maistres, *r. p. m.* (mestres), 430.
Mal, *adv.* 349; mau, 362.
Malades, *adj. s. s. m.* 71; — malade, *r. s. m.* 204; — malade, *s. p. m.* 172; — malades, *r. p. m.* 200; — malade, *s. s. f.* 397; — *r. s. f.* 424.
Maladie, *s. s. f.* (maledie), 117;

— maladie, *r. s. f.* 56; (maledie, 60; meledie, 159).
Maladif, *adj. s. p. m.* 397.
Malaisiez, *adj. s. s. m.* (malaaisiez), 374.
Male, *adj. s. s. f.* 6; — *voc.* 230; — *r. s. f.* 56; — males aises, *r. p. f.* 389.
Male, *adj. r. s. m.* oir male, 354.
Malement, *adv.* 8; (melement, 120).
Mamelle, *r. s. f.* 410.
Manches, *r. p. f.* 145.
Mandeir (mander), 122; — il mande, 40; — mandent, 84; — mandoit, 18; — mandoient, 292; — manda, 7; — manderent, 33; (mandarent, 423); — manderai (manderays), 401; — manderons, 166; — manderoit, 223; — manderoient, 155; — mandons, *impér.* 263; — mandeiz (mandez), 122; — mandast, 17; — ai mandeiz, *r. p. m.* (mandez), 40; — avez mandei (mandé), 33; — ot mandei (mandé), 90; — fu mandeiz, *s. s. m.* (mandez, 122; mandé, 63); fu mandée, *s. s. f.* 435; — furent mandei (mandé), 188.
Mandement, *r. s. m.* 87.
Mangier, 62; (mengier, 20); — tu manjues, 462; — mangiez, *ind. prés.* 201; — manjoient, 97; — manja, 131; (menja, 206; manjia, 280); — mangierent (manjierent), 280; — mangerai (manjerais), 202; — mangeroit, 461; — manjucent, *subj.* 280; — j'ai mangies, *r. p. f.* 405.
Mangiers, *s. s. m.* 310; — mangier, *r. s. m.* 158; au mangier, 318.
Mangoniaus, *r. p. m. machines à lancer des pierres,* 53; (mangonias, 357; magoniaus, 423).
Maniere, *r. s. f.* 30; — manieres, *r. p. f.* 300.
Manoir, *demeurer,* (manoyr), 474; — manant, *part. pr. s. p. m.* (menant), 410.
Mantel, *r. s. m.* 12.
Maqueriaus, *r. p. m. nom de poisson,* (maquerias), 245.
Marchandises, *r. p. f.* (marchendises), 226.
Marche, *r. s. f. frontière,* 118; — marches, *r. p. f.* 92.
Marchié, *r. s. m.* (marchiet), 325.
Marchir, *avoir affaire,* 336; — marchissoient, *confinaient,* 330.
Marchis, *s. s. m.* 29; — *voc.* 211; — *r.* 210.
Marchois, *r. s. m. frontière,* 27.
Mardi, *r. s. m.* 140.
Mari, *r. s. m.* 34.
Mariage, *r. s. m.* 183.
Marier, 71; — se maria, 353; — fu mariez, *s. s. m.* 233; fu mariée, *s. s. f.* 21; — fust mariez, 6.
Marine, *r. s. f. rivage,* 296.
Maronier, *s. p. m. mariniers,* 374; — maroniers, *r. p. m.* 373.
Mars, *r. p. m. marcs,* 84.
Martiaus, *r. p. m.* 98.
Martirs, *s. s. m.* 247.
Masenge, *s. s. f.* 462; (mezenge, 463); — masenge, *r. s. f.* 461.
Masengiere, *r. s. f. piége à mésanges,* 461.
Matiere, *r. s. f.* 6.
Matin, *adv.* bien matin, 411.
Matines, *r. p. f.* 70.
Matins, *s. s. m.* (matin), 280; — matin, *r. s. m.* 51.
Maubaillir, *maltraiter,* 311; — avez maubailli (maubali), 350; — serons maubailli, 226; — eust estei maubailliz (maubailis), 356.
Mauclers, *surnom, s. s. m.* 360; — Mauclerc, *r. s. m.* 356.
Maufaiteurs, *r. p. m.* (maufeiteurs), 2.
Maugarnir; — estoient maugarni, 210.
Maugrei, *prép.* (maugré), 370.

Maumeneir ; — estoit maumeneiz (maumenez), 416.
Maus, *s. s. m.* 378; (mau, 152); — mal, *r. s. m.* 184; — mal, *s. p. m.* 11; — maus, *r. p. m.* 2.
Mautalant, *r. s. m. mauvaise volonté*, 375.
Mauvais, *adj. s. s. m.* 12; (mavais, 125); — mauvais, *voc.* 63; — mauvais, *r. s. m.* 226; (mauvays, 456); — mauvais, *s. p. m.* (mavais), 2; — mauvaise, *s. s. f.* (mauvayse), 442; — mauvaises, *r. p. f.* 281; (mavaises, 341).
Mauvaisement, *adv.* 2; (mavaisement, 464).
Mauvestié, *r. s. f.* 10; (mauvaitié, 258; mauvaitiet, 452).
Mayres. *Voy.* Maires.
Me. *Voy.* Je.
Mecreance. *Voy.* Mescreance.
Meffaire, 90; — meffaisiens, 349; — meffeissent, 348; — a meffait. 427; — est meffaïz, *s. s. m.* 425.
Meffait, *r. s. m.* 19; — meffaiz, *r. p. m.* (*ou* mesfaiz), 306.
Meilleur. *Voy.* Mieudres.
Meinz, *adv. moins*, 110; (mains, 443); à meinz (meins) d'avoir, 427; au meinz, 121.
Meirs, *s. s. f.* (mers), 71; — meir, *r. s. f.* (mer), 6; la terre d'outre meir (mer), 46; aler outre meir (mer), 367.
Meismement, *adv.* (maiement, 60, maiment, 127).
Meismes, *adj. s. s. m.* 87 ; — par eus (iaus) meismes, *r. p. m.* 156.
Mellée, *r. s. f.* (meslée), 286; — mellées, *r. p. f.* 2.
Melleir (se mesler), 7; — se mellent, 397; — se mellerent (meslerent), 287; — s'en melleroit (mesleroit), 293; — estoit melleiz (meslez), 285; — furent mellei (mellé), 124.
Mellins, *n. pr. s. s.* 335.
Membres, *r. p. m.* (menbres), 197.

Menaces, *r. p. f.* 275.
Menacier; — en menaçant, *gér.* 218.
Menaide, *r. s. f. conduite*, 6.
Mencion, *r. s. f.* 287.
Meneir (mener), 240; il l'en peust meneir (mener), 7; — tu mainnes, 463; — il mainne (meynne), 415; — menoit, 78; se menoit, 241; — menoient, 137; — mena, 225; se mena, 396; — menerent, 128; — menra, 185; — ai menei (mené), 282; — avoit menée, *r. s. f.* 7; — fu meneiz (menez), 45; — furent menei (mené), 54; en furent menei (mené), 310; furent menées, 378.
Menestreus, *s. s. m.* (menestrex), 79; — menestrel, *r. s. m.* 77.
Mensonge, *r. s. m.* (mençoinge), 265.
Mentir, 303; — tu menz, 325; — se mentoit, 185; — mentiroit, 208; — vous i avez menti, 277.
Menue, *adj. s. s. f.* 219; — menues, *r. p. f.* 372.
Menuement, *adv.* 374.
Mer. *Voy.* Meirs.
Merci, *r. s. f.* 60; — granz mercis, *r. p. f.* 418.
Mercier; — je merci, 75; — mercia, 139; l'en mercia, 479.
Mercredi, *r. s. m.* 51.
Mere, *s. s. f.* 352; — *voc.* 370; — *r.* 135; mere eglise, 27.
Merveille, *s. s. f.* 44; c'estoit merveille (merveilles) à veoir, 266; ce fu merveille (merveilles), 275; — merveille, *r. s. f.* 199; (merveilles, 127); — merveilles, *r. p. f.* 66; à merveilles, 23; (à merveille, 79).
Merveilles, *adv.* 18, 45, 144, 148; (mervellez, 113).
Merveilleuse, *adj. s. s. f.* 315.
Merveillier; — se merveilla, 30; — se merveillierent (merveillerent), 33.
Mes, *pr. poss. s. s. m.* 57; mes

sires (me sires), 151 ; — mon, *r. s. m.* 4 ; — mi, *s. p. m.* 38 ; — mi, *voc. p. m.* 414 ; — mes, *r. p. m.* 462. — ma, *s. s. f.* 8 ; — *r.* 464 ;—mes, *r. p. f.* 207.

Mesages, *s. s. m. messager*, 108 ; — mesage, *r. s. m.* 102 ; — mesage, *s. p. m.* 42 ; — mesages, *r. p. m.* 74 ; —mesage, *r. s. m. message*, 167.

Mesagier, *r. s. m.* 159 ; —mesagier, *s. p. m.* 73 ; —mesagiers, *r. p. m.* (messagiers), 18.

Mesaise, *r. s. f.* 37 ; —mesaises, *r. p. f.* 169.

Mesaisiez, *adj. s. s. m.* 199 ; — mesaisié, *r. s. m.* 199.

Meschance, *r. s. f.* 332.

Mescheoir ; — il meschiet, 417.

Meschief, *r. s. m.* 158 ; à meschief, 385.

Mescreance, *r. s. f.* (mecreance), 239.

Mescreanz, *adj. s. s. m.* 12.

Mesestance, *r. s. f. malheur*, 416.

Mesfaiz. *Voy.* Meffait.

Mesler. *Voy.* Melleir.

Mesmeneir ; — mesmenoit,'446 ; — mesmenerent, 266 b.

Mesnie, *s. s. f. serviteurs, gens*, 9 ; (li maisnie, 417 ; mainie, 372) ; — mesnie, *r. s. f.* 221 ; (maisnie, 409 ; mainie, 109).

Mesoffrir, *désobliger* ; — mesoffrent, 417.

Mespenre, *méprendre* ; —je mespreingne, *subj.* (mespreigne), 30 ; — avoient mespris, 216.

Messe, *s. s. f.* 280 ; — *r.* 87.

Messonneir (messoner, 407 ; messonner, 407) ; —messonna (mesona), 407.

Mestiers, *s. s. m.* 4 ; (mestier, 108) ; — mestier, *r. s. m.* 200 ; (mestiers, 121).

Mesure, *r. s. f.* 335.

Metre, 61 ; — se met, 375 ; — metez, 48 ; — metoit, 209 ; se metoit, 272 ; — metoient, 253 ; — mist, 180 ; se mist (mit), 63 ; — mirent, 26 ; (misent, 444 ; missent, 120) ; — meterai (metrai , 48 ; metray, 31 ; metrais, 260) ; — meteroie (metroie) , 294 ; — meteroit, 301 ; se meteroït (metroit), 52 ; — meteroient, 292 ; — metez, *impér.* 102 ; vous metez, 111 ; — il mete, *subj.* 175 ; — metez, 38 ; — metent, 401 ; — meist, 6 ; — avoit mise, *r. s. f.* 236 ; — orent mise, *r. s. f.* 1 ; — auroie mis, 224 ; — fu mis, 329 ; — avoit estei mise, 1 ; — seroie mis, 121 ; — soient mis, 223.

Mezenge. *Voy.* Masenge.

Mi, *adj. r. s. m.* en mi le vis, 284 ; par mi an, 166 ; de la mi aoust, 309 ; — mie, *s. s. f.* mie nuiz (nuit), 177 ; — mie, *r. s. f.* mie nuit, 7.

Mie, *nég.* 26.

Mien, *r. s. m.* (men), 401 ; — la moie, *r. s. f.* 194 ; (la moye, 469) ; — le mien, *n.* 260 ; dou mien, 282.

Mieudres, *s. s. m.* 11 ; — meilleur, *s. p. m.* (millor), 478 ; —meilleurs, *r. p. m.* (meillors, 47 ; millors, 422) ; — mieudres, *s. s. f.* 30 ; — meilleur, *r. s. f.* (meillor), 341 ; —meilleur, *r. s. n.* (millor), 174, 209 ; — mieuz, *r. s. n.* dou mieuz, 47 ; (dou mues, 103) ; — au mieuz, 147 ; (au mues, 111) ; atout le mieuz (mues) de ses barons, 104.

Mieuz, *adv.* 10 ; (miex , 123 ; mues, 132) ; — qui mieuz mieuz, 284 ; (qui miex miex, 172).

Mil, *n. de nombre*, 15 ; (mile, 84).

Miles, *n. pr. s. s.* 151 ; — Milon, *r.* 196.

Mineir (miner), 343.

Mire, *s. p. m. médecins*, 131 ; — mires, *r. p. m.* 131.

Misericorde, *r. s. f.* 182.

Mitre, *r. s. f.* 183 ; — mitres, *r. p. f.* 307.

Moi. *Voy.* Je.

Moie. *Voy.* Miens.
Moiennes, *adj. r. p. f.* (moyenes), 442.
Moignes, *n. pr. s. s.* 344.
Moines, *r. p. m.* 22.
Mois, *s. s. m.* 93; — mois, *r. s. m.* 6; (moys, 290).
Moitié, *r. s. f.* 405; — moitiez, *r. p. f.* 371.
Molement, *adv.* 402.
Molesce, *r. s. f.* 7.
Moleste, *r. s. f. tourment*, 85, 267.
Mon, *adv. certes, vraiment*, 446.
Mon, *pron. poss. Voy.* Mes.
Mondes, *s. s. m.* 27; (mons, 215); — monde, *r. s. m.* 109; (mont, 448).
Monjoie, *cri de guerre*, 375.
Montaingnes, *r. p. f.* (montaignes), 260.
Monteir (monter), 155; — il monte, 42; — montoit, 174; (montoyt), 5; — monta, 8; — monterent, 6; — monteiz, *impér.* (montez), 111; — montast, 66; — estoit monteiz (montez), 112; — vous ne savez que ce monte, *ce qui en peut résulter*, 382.
Monz, *r. p. m.* 237.
Moquier, 417.
Morel, *adj. r. s. m. noir*, 320.
Morel, *nom de cheval*, 203.
Mormelante, *r. s. f. gorge?* 415; (mormerande, 415 b).
Mors, *voc. s. f.* 132; — mort, *r. s. f.* 2.
Mortalitei, *r. s. f.* (mortalité), 159.
Morteil, *r. s. m.* (mortel), 16; — morteil, *r. s. f.* (mortel), 33.
Mourdreurs, *r. p. m. meurtriers*, (murdreurs), 445.
Mourdrir, *tuer*, 11; — auroit mourdri (moudri), 348.
Mourir (morir), 132; — mourons (morons), 389; — mouroit (moroit), 334; — mouriez (moriez), 201; — mouroient (moroient), 158; — mourut (morut, 3; morust, 16); — mourras (moras), 132; — mourroit (morroit), 335; — que je muire, *subj.* 203; — il muire, 204; (elle muyre, 397); — le cuidoient avoir mort, *avoir tué*, 415; — l'avoient mort, 340; — estoit morz, 159; (mors, 26); — estoient mort, 45; (morz, 158); — fu morz, 20; fu morte, 353; — avoit estei morz, *avait été tué*, 232; — mort, *r. s. m.* 221; (mors, 332); — morz, *r. p. m.* 298; (mors, 43).
Moustier, *r. s. m.* (mostier), 79; — moustiers, *r. p. m.* (mostiers), 241.
Moustrée, *r. s. f. désignation sur place*, 470.
Moustreir (moustrer), 19; — moustroient, 39; — moustra, 95; — moustrerent, 50; — moustreroit, 36; (mousteroit, 470); — avez moustrée, *r. s. f.* 6; — furent moustrei (moustré), 469; furent moustrées, 468.
Mout, *adv.* 3; (mult, 225).
Mouteplier; — mouteplia, 407.
Mouton, *r. s. m.* 205.
Mouvoir (movoir), 7; — muet, 57; — mut, 191; (muut, 453); se mut, 369; — mouverai (movray), 64; me mouverai (mouvrays), 454; — vous ne vous mouverez (mouvrez), 382; — se mouveroit, 388; s'en mouveroit (movroit), 257; — se meust (meut), 44; — fu meuz, 50; fu meue, 434; — fussent meu, 373.
Mouvoir, *r. s. m.* dou mouvoir (movoir), 175.
Moy. *Voy.* Je, Mai.
Moyenes. *Voy.* Moiennes.
Moz, *s. s. m.* (mot), 125; — mot, *r. s. m.* 81; — moz, *r. p. m.* 212.
Mucier, *cacher*; — se mucent, 412.
Mueir, *changer*; — mua, 249;

— est mueiz (muez), 205; — fu muée, 219.
Muete, *r. s. f. départ*, 6.
Mui, *r. s. m.* 109.
Murdreurs, *Voy.* Mourdreurs.
Muriaus, *r. p. m. murailles*, 53.
Murs, *r. p. m.* 171.
Musarz, *s. s. m. fou*, 324; — musart, *r. s. m.* 221; — musart, *s. p. m.* 121; se tinrent à musart, 178.

N.

Nace, *r. s. f. nasse*, 429 a (nasce, 429 b; nasse, 429 d).
Nagier, *naviguer;* — nagierent, 152; (nagerent, 6); — orent nagié (nagiet), 66.
Naitre, 4; — estoit neiz (nez), 324; — naissant, *part. pr. r. s. m.* 439.
Nature, *s. s. f.* 416; — *r.* 228.
Nave, *s. s. f. nef*, 372; — *r.* 62; — naves, *s. p. f.* 372; — *r.* 51.
Navie, *r. s. f. flotte*, 129; — navies, *r. p. f. nefs*, 441.
Navreir, *blesser;* — navra, 131; — fu navreiz (navrez), 344; — se senti navrei (navré), *r. s. m.* 131; — navreiz, *r. p. m.* (navrez), 42.
Ne, *nég. ne*, 58; n'orent 1; — ne, *ni*, 132; (ni, 211); ne pous n'aleinne, 58; — ne ne, *ni ne*, 2, 172, 186.
Necessaire, *adj. s. p. m.* 145.
Necessitei, *r. s. f.* (necessité), 438.
Neis, *adv. même* (nes), 65, 127, 244.
Neis, *s. s. m. nez*, 474.
Neis, *s. s. f. nef*, 66; — neif, *r. s. f.* (nef), 245; — neis, *r. p. f.* (nés, 65; nez, 150).
Nen, *nég. ne*, nen feroit riens, 186.
Nennil, *nég. nenni* (nenil), 114, 412.
Nequedent, *adv. néanmoins*, 49, 62.

Netoier; — fu netoïe, *s. s. f.* 172; — fust netoïe (netoiée), 56.
Neuvieme, *adj. r. s. m.* (nuvieme, 120; novieme, 298).
Nices, *adj. s. s. m. niais*, 34.
Nicetei, *r. s. f. niaiserie*, (niceté, 467; nicetet, 7).
Niece, *s. s. f.* 353.
Nienz, *s. s. m.* 154; — nient, *r.* 4; (niant, 210; noiant, 45; noyant, 443).
Niés, *s. s. m.* 61; (neveu, 245); — niés, *voc.* 321; — neveu, *r. s. m.* 198; — neveus, *r. p. m.* 425.
Noces, *r. p. f.* 141.
Noiant. *Voy.* Nienz.
Noier, *noier*, 177; — noioit, 177; — fu noiez, 66; — fussent noié (noiet), 177.
Noier, *nier;* — noioit, 190 b (uoioit a; nioit d).
Noirz, *adj. r. p. m.* 22.
Noise, *s. s. f.* 187; — *r.* 210.
Nombre, *r. s. m.* 124.
Nombreir (nombrer), 375.
Nommeir (nomer), 151; — nommerai (nomerays), 151; — avoit nommei (nomé), 289; — sont nommei (nommé, 95; sont nomet, 51).
Non, *nég.* 47, 114, 220, 409.
Noncier; — fu noncié, *s. s. n.* (nonciet), 320.
Nonne, *r. s. f.* 127; (none, 140); — nonnains, *r. p. f.* (nonains), 333.
Nons, *s. s. m. nom*, 236; — non, *r. s. m.* 2; — nons, *r. p. m.* 55.
Nostre, *pron. poss. r. s. m.* 15; no, 34; — noz, *r. p. m.* 39; — nostre, *s. s. f.* 379; — nostre, *r. s. f.* 6; no, 218; — noz, *r. p. f.* 36; — parmi le nostre, *r. s. n. moyennant notre argent*, 228.
Note, *r. s. f.* 81.
Nourrir; — avoit nourri (norri), 77; — avoit estei nourriz (norriz), 159.

Nous, *pron. pers. s. p. m.* 14; — nous, *r.* 3; (nouz, 5; nos, 35; noz, 39).
Nouvelement, *adv.* (novelement), 253.
Nouveles, *s. p. f.* (noveles, 67; novelles, 246); — nouveles, *r. p. f.* (noveles), 8.
Nouviaus, *adj. s. s. m.* (noviaus), 93; — nouviau, *r. s. m.* nouviau (noviau) tans, 92; nouviau (novel) venu, 160; nouvel (novel) et bien peu, 428; — nouviaus, *r. p. m.* (noviaus, 166; noviax, 178).
Nuef, *adj. r. s. m.* 329; — nueve, *r. s. f.* 82.
Nues, *r. p. f.* 66.
Nuire, 347.
Nuiz, *s. s. f.* 70; (nuit, 101); mie nuiz (nuit), 177; — nuit, *r. s. f.* 7; de nuit, 377; à la mie nuit, 162; — nuiz, *r. p. f.* 201.
Nus, *pron. s. s. m. nul*, 43; (nuns, 175); — nul, *r. s. m.* 81; (nuil, 11); nului, 171; (nelui, 306); — nus, *r. p. m.* 78; (nuns, 235); — nulle, *r. s. f.* (nuille), 39.
Nuz, *adj. s. s. m.* — nu, *s. p. m.* 396; — nuz piez, *r. p. m.* 369; — nue, *s. s. f.* 188; — nues, *r. p. f.* 127.

O.

O, *prép. avec*, 227, 365.
Obedience, *r. s. f.* 181.
Obeïr, 423; — obeïssoit, 214.
Obscure, *adj. s. s. f.* 70; — *r.* 128.
Ochoison, *r. s. f.* 359.
Ocirre, 12; — ocit, 44 (ocist, 222); — ocient, 124; — ocioient, 156; — ocist, *prét.* 164; (oucit, 298); — ocirrent, 392, 444; — eussent ocis, 61.
Octaves, *r. p. f.* 309.
Oeil. *r. s. m.* 117; — ieus, *r. p. m.* (iex), 190.

Oes, *s. s. m. œuf* (oef), 463; — oef, *r s. m.* 161.
Oes, *r. s. m. besoin*, 233.
Offrir; — il offre, 271; — s'offroient, 446; — offrons, *subj.* 228; — fust offerte, 168.
Oies, *r. p. f.* 94.
Oïl, *aff. oui*, 63; (oï, 408; oye, 462).
Oile, *r. s. f. huile*, 213.
Oir, *r. s. m. héritier*, 28; — oir, *s. p. m.* 63; (hoir, 425); — oirs, *r. p. m.* 245; (hoirs, 69).
Oïr, 77; — oëz, 189; — il oï, 7; — oïmes, 264; — oïrent, 164; — orras, 463; — orrons, 412; — orrez, 1; — orroit, 77; — oïst (oyt), 442; — ai oï, 10; — avez oï, 234; — avoient oï, 170; — ot oï, 21, 232; — oiant, *part. r. s. m.* 187.
Oire, *r. s. m. marche*, 92.
Olive, *r. s. f.* 213.
Oliviers, *n. pr. s. s.* (Olliviers), 367.
Omage. *Voy.* Homage.
On, *pron.* 141; (hon, 5; en, 133, l'en, 329).
Oncles, *s. s. m.* 15; — oncle, *r.* 135.
Ondes, *s. p. f.* 70.
Oneur. *Voy.* Honeur.
Ongles, *s. p. f.* 71.
Onques, *adv.* 7; (enques, 237).
Opinion, *r. s. f.* 306.
Or, *adv.* 6; (ore, 463).
Or, *r. s. m.* 8; — aurum, 478.
Orages, *s. s. m.* 66.
Ordeneir (ordener), 155; — ordencroit, 238; — fu ordenei, *s. s. n.* (ordené), 458; — ordenées, *part. r. p. f.* 279.
Ordre, *r. s. f.* 70; — ordres, *r. p. f.* 144.
Ore, *adv. maintenant*, 40; que ore (c'or), 246; ore endroit, 2; d'ore en avant (d'or en avant), 349.
Orei, *r. s. m.* bon orei (oreit), *bon temps*, 93.
Orgués, *s. s. m.* 190; — orgueil, *r. s. m.* 331; (orguel, 125).

Orible, *adj. r. s. f.* 158.
Ormes, *s. s. m.* 98; — orme, *r. s. m.* 97.
Ors. *Voy.* Ours.
Osei, *adj. r. s. m. hardi,* (osé), 222.
Oseir; — osoit, 19; — osas (ossas), 132; — osa, 127; — oseroie (oseroye), 406; — oseriez, 35; — osast, 88; — osassent (ossassent), 97.
Ospitaliers, *r. p. m.* (Opitaliers, 381; Opiteliers, 178).
Ospitaus, *s. s. m.* 202; — ospital, *r. s. m.* 199; Ospital, *les Hospitaliers,* 379.
Ostage, *r. s. m.* 106; — ostage, *s. p. m.* 305; — ostages, *r. p. m.* 292.
Osteil, *r. s. m.* (ostel), 58; — osteis, *r. p. m.* 328.
Osteir; — osta, 160; — osteroit, 451.
Ostesse, *s. s. f.* (otesse), 78; — ostesse, *voc.* 78; — *r.* 79.
Ostoier, *faire la guerre,* 295.
Otes, *n. pr. s. s.* 278; — Oton, *r.* 214; (Othon, 274).
Otroier; — je otroi, 32; (otrois, 224; otroye, 473); je m'i otroi, 282; — otroioit, 299; — otroia, 82; — il otroit, *subj.* 141; — otroiez, 41; — fu otroié, *s. n.* 178.
Ou, *conj.* 443; (u, 443).
Où, *adv.* 7; ez vous le leu où vient, 408, 413.
Ouan mais, *adv. dorénavant,* 173.
Oublier; — il oublie (oblie), 60; — oublia, 465; (oblia, 20), s'oublia, 287; — avoit oublié, 187; (oblié, 22); — ot oublié (oubliet), 206.
Oudarz, *n. pr. s. s. m.* (Oudars), 285.
Ours, *r. p. m.* (ors), 118.
Outrages, *s. s. m. excès,* 275; — outrage, *r. s. m.* 232, 271.
Outre, *prép.* 6; — *adv.* 118.
Outrecuidance, *r. s. f.* 434.
Outrecuidiez, *adj. s. s. m. outrecuidant,* 121; — outrecuidié, *s. p. m.* (outrecuidiet), 155.
Outréement, *adv. absolument,* 33, 435.
Outremer. *Voy.* Meirs.
Ouvreir (ouvrer), 71; — ouvroit, 364; — ouvra, 329; — ouvreroit, 161; (ouveroit, 95); — avoit ouvrei (ouvré, 11; ovré, 190); — avoient ouvrei (ouvré), 295.
Ouvrir; — ouvroit (ovroit), 68; — il ouvri, 195; (ovri, 68); — ouvrirent, 265; — ouvrez, *impér.* 421; — ouvrist (ovrit), 48; — furent ouvertes, 422; — ouverte, *part. r. s. f.* 229.
Ovre. *Voy.* Uevre.
Oz, *s. s. m. armée;* li oz, 133, 298, 336, 452; (li os, 93); — ost, *r. s. m.* son ost, 120, 151, 165, 297, 428; — ost, *s. p. m.* li ost (li oz), 42; — les oz, *s. p. f.* 124, 287; — oz, *r. p. m.* ou *f.* 36, 150, 361, 400.

P.

Pacience, *r. s. f.* 461.
Paele, *r. s. f. poêle,* 211.
Paien, *r. s. m.* 389.
Paiennime, *r. s. f. peuple païen* (paienime), 148.
Paier, 3; — paie on, 208; — paient, 213; — paioit, 443; — paioient, 317; — paierons, 3; — paiast, 443; — paiassent, 312; — avoit paié, 312; avoit paiez, *r. p. m.* 234; — estoit paiez, 234; — furent paié (paiet) 208; — paié, *r. s. m.* s'en tint à paié (paiet), 5, 21; — paié, *s. p. m.* s'en tenoient bien à paié (paiet), 470.
Paille, *r. s. f.* 407.
Pain, *r. s. m.* 49.
Painne, *s. s. f.* 84; (poyne, 402); — painne, *r. s. f.* 405; (paynne, 223; poine, 76); — à painne (poine, 388; poynes, 172).
Pais, *s. s. f. paix,* 224; — pais, *r. s. f.* 87; (pes, 224; pays,

366); faire pais, 187; en pais, 201.

Païs, *s. s. m. pays*, 110; — *r.* 37.

Païsanz, *s. s. m.* 461; — païsan, *s. p. m.* (païsant), 429; — païsanz, *r. p. m.* 118; (païsans, 94).

Paisible, *adj. r. s. f.* 71.

Palais, *r. s. m.* 310.

Paleteir, *escarmoucher*; — paleterent, 96.

Pan, *r. s. m.* 298.

Paour, *r. s. f.* 52; (paor, 44).

Papes, *s. s. m.* li papes, 216, 223, etc. — la pape, *r. s. f.* 214, 438.

Par, *prép.* par meir, 6; par terre, 65; par les isles, 54; — par lonc tans, 1; par matin, 56; — par la bouche, 2; par un sien druguement, 7; — par foi, 5; — par conseil, 15; — par la main, 9; — par semblant, 70; — par leur journées, 75; — de par le roi, 17; — par eus, *à eux seuls*, 219; — par deçà, *prép.* 19; — par dedenz, *prép.* 195; — par defors, *adv.* 162; — par dehors, *adv.* 68; par delà, *adv.* 150; par derriere, *prép.* 163; par derriere, *adv.* 285; — par deseure, *prép.* 212; (par deseur, 181; par desus, 101); par deseure, *adv.* 161; par desouz, *adv.* 183; par devant, *prép.* 54; par devers, *prép.* 150.

Paradis, *r. s. m.* 465.

Parage, *r. s. m.* 28.

Parcut. *Voy.* Percevoir.

Pardefin, *r. s. f.* à la pardefin, 188; en la pardefin, 343.

Pardon, *r. s. m.* 386.

Pardonneir; — pardonna, 434; — pardonrai (pardonrays), 454.

Paremenz, *r. p. m.* 310.

Parenz, *s. s. m.* 347.

Parfin, *r. s. f.* 113.

Parfont, *adv. profondément*, 66.

Parfonz, *adj. s. s. m.* 150.

Parisis, *r. p. m.* 53.

Parjur, *adj. s. p. m.* 349.

Parleir (parler), 1; — je parole, 28, 295; — parleiz (parlez), 48; — parolent, 472; — parla, 20; — parlerent, 173; — parlerons, 46; — parlerez, 401; — parleroit, 454; — ot parlei (parlé), 41; i ot parlei (parlé), 188; — fu parlei, *s. s. n.* (parlé), 146; — letre bien parlant, *r. s. f.* 229.

Parlement, *r. s. m.* 33.

Parmi, *prép.* 57; (parmey, 24); — *moyennant;* parmi tant, 117; parmi le nostre, 228.

Paroir, *paraître;* — il pert, 367, 377; — paroit, *imparf.* 161, 162, 187.

Parole, *s. s. f.* 114; — *r.* 84; — paroles, *s. p. f.* 20; — paroles, *r.* 52; (paraoles, 35; parales, 40).

Parrins, *voc. s. m.* 61; (parreins, 61).

Parson, *r. s. f. partage*, 411.

Parsonniers, *s. s. m. partageant*, 406; — parsonnier, *s. p. m.* 391.

Part, *r. s. f.* 68, 95, 121; — parz, *r. p. f.* 43.

Partie, *s. s. f.* 45; — *r.* 182; — parties, *r. p. f.* 37.

Partir, 16; — part, 371; se part, 83; — il parti, 58; se parti, 8; s'en parti, 58; — s'en partirent, 42; — s'en partiroit, 130; — partisse, 234; — s'en estoit partiz, 340.

Partir, *partager*, 392; — partirons, 407; — il n'i partiroient, 391.

Partout, *adv.* 26.

Pas, *nég.* 2.

Pas, *r. s. m.* 180; — *passage*, 342, 388.

Pasmeiz, *part. s. s. m.* (pasmez), 58; — pasmée, *s. s. f.* 371.

Pasques, *r. p. f.* 80.

Passages, *r. p. m.* 381.

Passeir (passer), 180; — passoit, 385; — passoient, 136; — passa, 344; — passerent, 17;

— passeroient, 344 ; — passast (passat), 365 ; — aviens passei (passet), 380 ; — aviez passei (passé), 380 ; — estoit passeiz (passez), 344 ; — furent passei (passé, 140 ; passet, 361) ; — fust passée, 174.

Passeir, *r. s. m. action de passer* (passer), 58.

Patremoine, *r. s. m.* 301.

Patriarches, *s. s. m.* 29 ; — patriarches, *voc.* 32 ; (patriarche, 31) ; — patriarche, *r. s. m.* 29.

Paumaison, *r. s. f. pamoison*, 59 ; (paumison, 371).

Paumes, *r. p. f.* 129.

Pavement, *r. s. m. pavé*, 58.

Pavillon, *s. p. m.* 386 ; — pavillons, *r. p. m.* 51.

Paynne. *Voy.* Painne.

Pecheeur, *r. s. m.* (pecheour), 183 ; — pecheeurs, *r. p. m.* (pecheors), 182.

Pechié, *r. s. m.* 183 ; — pechiez, *r. p. m.* 182.

Peçoier, *mettre en pièces* ; — peçoia (peçoya), 66.

Peis, *r. p. m. pieux*, 384.

Peleir ; — pela, 71.

Penance, *r. s. f.* 182.

Pendre, 254 ; — pendoit, 2 ; — pendi, 329 ; — pendez moi, 325 ; — fu penduz, 329 ; — letre pendant, *lettres-patentes à sceau pendant*, 472 ; letres pendanz, 294.

Penitence, *r. s. f.* 316 ; (penitance, 183).

Penre, 32 ; — je praing (prayng), 454 ; — il prent, 9 ; — prennent, 195 ; — prenoit, 12 ; — prenoient, 120 ; — prist, 8 ; (print, 6) ; se prist, 201 ; — preimes, 264 ; — prisent, 219 ; (prinsent, 63 ; prindrent, 18) ; — penra, 447 ; — penrons, 173 ; — penrez, 408 ; — penroie, 20 ; — penroit, 7 ; — penriens, 217 ; — se penroient, *s'en prendroient*, 340 ; — prenez, *impér.* 47 ; — preingniez, *subj.* 21 ; (prenez, 14) ; — preist,

117 ; — preissiez, 72 ; — a prises, *r. p. f.* 425 ; — ont pris, 47 ; — avoit pris, 234 ; avoit prise, *r. s. f.* 399 ; — estoient pris, 45 ; (prins, 170) ; — fu pris, 157 ; (prins, 113) ; — fust prise, 53 ; — penre garde, 123 ; — preissiez garde, 416 ; — prenez vous près de vostre affaire, 414.

Pensée, *s. s. f.* 86 ; — *r.* 80.

Penseir (penser), 202 ; — il pense, 67 ; — pensoit, 87 ; — pensoient, 339 ; — pensa, 21 ; se pensa, 23 ; — il pent, *subj. prés.* 280 ; — me sui penseiz (pensez) une chose, 166.

Pentecouste, *r. s. f.* 81.

Percevoir ; — perçut, 44 ; (parçut, 8 ; persut, 160) ; s'en perçut, 81 ; — perçurent (persurent), 156 ; se perçurent (persurent), 148 ; — s'estoit perceuz (persuz), 349 ; — fu perceus, 112 ; — furent perceu (persut), 296 ; — soiens perceu, 8.

Percies, *part. r. p. f.* 129.

Perdre, 122 ; — pert, 433 ; — perdons, 165 ; — perdoit, 303 ; — il perdi, 142 ; — perdirent, 69 ; — perderons (perdrons), 55 ; — perderez (perdrez), 271 ; — perderoie (perdroie), 224 ; — perderoit (perdroit), 255 ; — perdist (perdit), 101 ; — avons perdu (perdut), 165 ; — ont perdue, *r. s. f.* 174 ; — avoit perdu, 129 ; — ot perdu, 24 ; ot perdus, *r. p. m.* 116 ; i ot perdu, 365 ; (perdut, 96) ; — estre perduz, *s. s. m.* 30 ; — est perdue, *s. s. f.* 46.

Peres, *s. s. m.* 3 ; — pere, *r. s. m.* 16.

Perie, *r. s. f. pairie* (pairie), 476 d.

Peril, *r. s. m.* 397 ; — periuz, *r. p. m.* 70.

Perillier, 70.

Perpetueil, *adj. r. s. f.* (perpetuel), 52.

Perpetueilment, *adv.* (perpetuelment, 207; perpetuément, 458).

Perriere, *s. s. f. engin lançant des pierres*, 260; — perriere, *r. s. f.* (perrere), 56; — perrieres, *r. p. f.* 53.

Pers, *s. s. m. pair*, 474; — per, *s. p. m.* 3; — pers, *r. p. m.* 3; (perz, 246).

Pesantment, *adv.* (pesanment), 429.

Peseir; — il poise, 223; — pesoit, 445; — pesa, 58; — cui que il poit, *subj.* 337; cui (qui) qu'en poit, 455.

Pesme, *adj. s. s. f. très-mauvaise*, 86.

Petit, *adv. peu*, 15.

Petit, *adj. r. s. m.* 3; — petit, *s. p. m.* 336; — petite, *s. s. f.* 345; — petites, *r. p. f.* 372.

Peu, *adv. Voy.* Pou.

Peu, *part. r. s. m. repu*, 428.

Peupleir, *se peupler;* — peuploit (pueploit), 111.

Phanon, *r. s. m. fanon*, 181.

Phelipes, *n. pr. s. s.* 14; (Phelippes, 23); — Phelipe, *r.* 1.

Pichés, *n. pr. s. s.* 311.

Picois, *adj. r. p. m. pointus*, 98.

Pié, *r. s. m.* 94; (piet, 9); les gens à pié (piet), 155; — piez, *r. p. m.* 48; (pié, 361).

Piece, *r. s. f.* 19; de piece a, *depuis long temps*, 100; piece a (pieça), 431.

Pierre, *s. s. f.* 332; — *r.* 220; — pierres, *r. p. f.* 54.

Pierres, *n. pr. s. s.* 236; (Pieres, 475; Pierre, 240); — Pierre, *r. s. m.* 189; Perron, 238.

Pilori, *r. s. m.* 329.

Pires, *adj. s. s. m.* 244; — pieur, *s. p. m.* (piour), 443; — pieur, *r. s. n.* (piour), 124.

Pis, *adv.* 175.

Pitiez, *s. s. f.* 303; — pitié, *r.* 144.

Piz, *r. s. m. poitrine*, 197; — piz, *r. p. m.* 101.

Place, *r. s. f.* 100.

Plaidier; — plaideroient (pleideroient), 348.

Plaie, *s. s. f.* 131; — *r.* 131; — plaies, *r. p. f.* 266.

Plaindre, 185; — se plainst, *prét.* (plaint), 216; — se plaindrent, 188.

Plainte, *r. s. f.* (plante), 442.

Plaire; — plait, 89; (plest, 33); — plaisoit, 82; (plesoit, 20); — plot, *prét.* 21; — plaira (playra), 473; — il place, *subj.* 389.

Plait, *r. s. m. procès*, 405.

Plantei, *r. s. f. quantité* (planté), 45.

Pleins, *adj. s. s. m.* (plains), 25; — plein, *r. s. m.* 214; (plain, 109); — pleine, *r. s. f.* (plaine), 213; — pleines, *r. p. f.* (playnes), 372.

Pleniers, *adj. r. p. m.* 141.

Pleurs, *r. p. m.* (plors), 369.

Ploi, *r. s. m. pli*, 219 d (ploit, 219 a).

Plommeir, *couvrir de plomb;* — furent plommei (plomé), 54.

Ploureir (plorer), 283; — il pleure, 279; — ploura, 369; — plouranz, *part. r. p. m.* (plorant), 411; — en plourant, *gér.* 370; s'en ralerent tuit plourant (plorant), 170.

Plueue, *s. s. f. pluie*, 374.

Plus, *adv.* 3; plus loial de vous, 32; plus riche de lui, 72; plus que tuit li autre, 170.

Plus, *s. s. m.* s'acorderent li plus, 170; — le plus, *r. s. m.* 129.

Pluseurs, *r. p. m.* (plusors), 135, 294; — pluseurs, *r. p. f.* (plusors), 7.

Poi. *Voy.* Pou.

Poiez, *part. s. s. m. enduit de poix*, 161.

Poil, *r. s. m.* 383.

Poindre, *piquer;* — il point, 183; point, *châtie*, 288.

Poindre, *peindre;* — estoit poinz, 126.

Poine. *Voy.* Painne.

Poing, *r. s. m.* 268; — poinz, *r. p. m.* 117.
Poingnant, *adj. r. s. f.* (poignant), 183.
Poingneiz, *r. s. m. combat* (poygneiz), 365; — poingneiz, *r. p. m.* (poigneiz), 138.
Point, *r. s. m.* 69; à point, 104; sour le point, 169.
Point, *nég.* 34.
Pointillons? *s. s. m. pointe*, 183 b; (poncillons, 183 a).
Poire, *r. s. f.* 20, 92.
Pois, *r. s. m.* (poys), 300.
Poitraus, *s. s. m. poitrail* (poitrax), 126; — poitraus, *r. p. m.* (poitrax), 101.
Poivre, *r. s. m.* 325.
Pol, *n. pr. r. s. m.* 224.
Pomme, *r. s. f.* (pome), 10.
Poncel, *r. s. m. ponceau*, 280.
Poncillons *ou* pontillons? *Voy.* Pointillons.
Pont, *r. s. m.* 150; pont de neis, 150.
Por. *Voy.* Pour.
Porciaus, *r. p. m.* 94.
Porte, *r. s. f.* 136; — portes, *s. p. f.* 305; — *r.* 48.
Porteir (porter), 37; — je port (porte), 282; — portent, 415; se portent, 101; — portoit, 145; — portoient, 70; — porta, 66; — porterent, 247; — portera, 405; — orent portei (porté), 418; — fu porteiz (portez); 27; — seroit portée, 145; — fussent portei (porté), 172.
Porz, *s. s. m.* 374; — port, *r. s. m.* 8.
Poseir; — il pose, 247.
Possession, *r. s. f.* 402.
Postaus, *s. s. m. podestat* (postas), 219; — postal, *r. s. m.* 216.
Posterne, *r. s. f.* 8.
Pot, *r. s. m.* 109.
Pou, *adv. peu*; 12; (po; 21; peu, 219; poi, 7; poy, 106); a pou (po) que, 103; (a poy que, 433).
Pouoir; — je puis (puys), 192; — tu pues (puez), 433; — il puet, 30; — pouons (poons), 78; — pouez, 30; (poez, 201); — puent, 168; — pouoit, 23; (pooit, 7; poit, 461); — pouoient (pooient), 37; — pot, *prét.* 8; (post, 366); — porent, 39; — porrai (porrais, 474; porrays, 416); — porra, 4; — porrons, 90; — porrez, 36; — porroie, 212; — porroit, 30; — porriens, 304; — porriez, 194; — porroient, 96; (porroyent, 376); — il puisse (puit), 469; — puissiez, 14; — je peusse, 125; — peust, 121; (peut, 7; poïst, 184).
Pouoir, *r. s. m. pouvoir*, (pooir), 9.
Pour, *prép.* pour faire, 3; pour voir, *pour vrai*, 111; pour l'amour, 133; pour ce, 2; pourquoi, 421; pour (por) Dieu, 200; pour (pou) Vatage, 438.
Pourchacier; — pourchaçoit (porchasoit), 184; — pourchaça (pourcheça, 60; pouchaça, 432); — pourchacierent (pourchecierent, 315; porchecerent, 29).
Pourfitable, *adj. s. p. m.* 103.
Pourparleir; — pourparlerent. 274.
Pourpenre, *prendre*; — pourprenoit, 368; — fu pourpris, 131.
Pourpoinz, *r. p. m.* 123.
Pourpre, *r. s. f.* (porpre), 181.
Pourrie, *part. r. s. f.* (porrie), 10.
Poursivre, 350.
Poursuit, *r. s. m. poursuite* (porsuit), 272.
Pourveoir; — se pourvit (porvit), 479.
Pous, *r. s. m. pouls*, 58, 415.
Povres, *adj. s. s. m.* 288; — povre, *r. s. m.* 114; (poivre. 406); — povre, *voc. p. m.* 132; — povres, *r. p. m.* 200; — povre, *s. s. f.* 192; — povres. *voc. p. f.* 132.

Povretei, *r. s. f.* (pouvretet), 433.
Praerie, *r. s. f.* 257.
Precieus, *adj. r. s. m.* 32; — precieuse, *r. s. f.* 463.
Predication, *r. s. f.* 182.
Preeir, *piller* (praier), 363; — préoit, 94.
Preeschier (praachier), 50; — preeschoit (prehechoit, 184; prechoit. 184); — preescheroit (praescheroit), 146.
Prelaz, *s. s. m.* 182; — prelat, *s. p. m.* 187; — prelaz, *r. p. m.* 146.
Premiers, *adj. s. s. m.* 171; — premier, *r. s. m.* 81; — premier, *s. p. m.* 284; — premiere, *s. s. f.* 43; — *r.* 124.
Premiers, *adv. d'abord,* 418.
Près, *adv.* 58; (prez, 38); près ala que, 444.
Presenteir; — fu presenteiz (presentez), 214.
Presentement, *adv.* 203; (presenment, 312).
Presenz, *adj. s. s. m.* 187; — present, *s. p. m.* (presenz), 469.
Presque, *adv.* 158.
Presse, *r. s. f.* 137; en presse, 384.
Presteir; — presterai (presterays), 439; — prestera, 301; — a prestei (presté), 440.
Prestir, *pétrir,* 164.
Prestre, *r. s. m.* 360; — *s. p. m.* 145.
Preu, *adv. beaucoup,* 49.
Preude, *adj. s. s. f.* preude famme, 28; (prode dame, 424).
Preudons, *s. s. m.* 12; (prodons, 95; prodom, 146; prodome, 197); — preudomme, *r. s. m.* 32; (prodomme, 123; prodome, 159); — preudomme, *s. p. m.* (preudome), 50; (prodome, 146); — preudommes, *r. p. m.* (preudomes), 278; (prodomes, 17).
Preuz, *adj. s. s. m.* 12; (preus, 141); — preu, *r. s. m.* 15; — preuz, *r. p. m.* 97.

Preuz, *s. s. m. profit,* 304; — preu, *r. s. m.* 33.
Prevoz, *s. s. m.* 422.
Prez, *adj. s. s. m.* 238; — prest, *s. p. m.* (prez), 35; — preste, *s. s. f.* 401; — *r.* 8.
Prier, 79; (proier, 70); — je proi, 203; si vous proi à touz, 282; — pria (proia), 411; — prierent, 215; (proierent, 390; proyerent, 468); — prieriez (proieriez), 194; — priez, *impér.* (proiez), 193; — priast (proiat), 193.
Priere, *r. s. f.* (proiere), 478; — prieres, *r. p. f.* (proieres), 87.
Primerains, *adj. s. s. m. premier,* 344.
Princes, *s. s. m.* 109; — prince, *s. p. m.* 2; — princes, *r. p. m.* 165.
Priorei, *r. s. f.* (prioré), 333.
Pris, *r. s. m. prix,* 44.
Pris, *part.* Voy. Penre.
Prise, *r. s. f.* 87.
Prisier; — prisoient, 225; — prisa, 131; — prisierent (priserent), 423; — estoit prisiez, 15.
Prison, *r. s. f.* 45.
Prisonniers, *s. s. m.* (prisonners), 290; — prisonniers, *r. p. m.* (prisonies), 47.
Prisons, *s. s. m. prisonnier,* 80; — prison, *r. s. m.* 80; — prison, *s. p. m.* 167; — prisons, *r. p. m.* 78.
Privéement, *adv.* 210.
Priveiz, *r. p. m. familiers* (privez), 62; — privée mesnie, *r. s. f. les gens de la maison,* 65; — à privei (privé), *en particulier,* 33.
Privelege, *r. s. m.* 472; — *s. p. m.* 469; — privileges, *r. p. m.* 467.
Privelegier; — soumes privelegié (privilegié), 469; — estoient privelegié (previlegiet), 468.
Procès, *r. s. m.* 472.
Prochains, *adj. s. s. m.* (prochans), 298.

Procureeur, *s. p. m.* (procureor), 469.
Proece. *Voy.* Prouesce.
Proies, *r. p. f.* 120.
Prolongier; — prolonja (proloina), 468.
Prometre; — prometoit, 326; — promirent, 234; — prometerons (prometrons), 36.
Propement, *adv.* 290, 368, 381.
Prophecie, *s. s. f.* 335.
Prophete, *r. s. m.* 2.
Propos, *r. s. m.* 433.
Proposeir; — proposast (proposat), 239.
Protection, *r. s. f.* (protencion), 189.
Prouesce, *r. s. f.* 92; (proece, 7; prouesse, 137).
Prouveir; — s'i prouvoient (provoient), 285; — se prouva (prova), 342; — estes prouveiz (provez), 125.
Proverbe, *r. s. m.* 109.
Province, *r. s. f.* 476.
Puanz, *adj. r. p. m.* 56; — puanz, *voc. s. f.* 220.
Pucele, *r. s. f.* 18; — puceles, *r. p. f.* 18.
Pueplent. *Voy.* Peupleir.
Pueples, *s. s. m.* 50; — pueple, *r. s. m.* 4, 146.
Pueur, *r. s. f. puanteur*, (puor), 158.
Puis, *adv.* 4; (puys, 87; puist, 44).
Puis neiz, *adj. s. s. m.* (puis nés), 4.
Puisque, *conj.* 41; (puysque, 114).
Puissanz, *adj. s. s. m.* 30; touz puissanz (puyssanz), 90; — puissant, *s. p. m.* 223.
Punir; — fussent puni, 445.
Pure, *adj. r. s. f.* en pure chemise, 187.
Purement, *adv.* 180.

Q.

Quanque, *pron. inv. tout ce qui, autant que;* quanque avenir en pourra, 154; — de quanque, 118; (de quant que, 108); quanque (quant que) li autre vourront, 154; — quanque il estoient, 177; — les prisons quanqu'il en avoit, 178.
Quant, *adv. quand,* 7.
Quant, *adv. autant que;* je ne dout ne tant ne quant, 41.
Quar. *Voy.* Car.
Quarante (*abrév.*), 248.
Quaresme, *r. s. m.* 417; quaresme prenant, 388.
Quarrel. *Voy.* Carrel.
Quarz, *adj. s. s. m. quatrième*, 242; — quart, *r. s. m.* 236; lui quart, 66, 237; — quarte, *s. s. f.* 124; — quarte, *r. s. f.* 98.
Quatorze (*abrév.*), 69.
Quatre, 22; quatre vins (*abrév.*), 15.
Que, *conj.* 1; qu', 8; (c'à, 172; c'on, 212; c'or, 246; c'une, 367; c'uns, 195); — que evesques que arcevesques, *tant évêques que archevêques*, 306; — que, *afin que*, 8; — que, *car* (qu'), 371; — que, *pourquoi*, 379.
Queis, *adj. s. s. m. quel;* queis que je soie, 38; — queil, *r. s. m.* 327, — queis, *s. s. f.* (quieulle), 70; — queil, *r. s. f.* 383 (quiel, 30; quel, 323; quele, 188; quelle, 35; quieule, 216); — queis, *s. p. f.* (quex), 296; — queis, *r. p. f.* (ques), 8.
Querele, *s. s. f.* 476; — *r.* 170.
Querre, 449 (quere, 80; querir, 448); — querons, 294; — queroit, 79; — queroient, 164; — quirent, 26; (quisent, 368); — querroit (queroit), 77; — avoit quis, 404.
Queue, *r. s. f.* 222; — queues, *r. p. f.* 413.
Qui, *pron. rel. s. s. m.* 1; — cui, *r. s. m.* 78; (cuy, 31); à cui, 20; de cui, 435; par cui, 478; — que, *r. s. m.* 11; — qui, *s. p. m.* 2; — à cui, *r. p. m.*

257; — que, *r. p. m.* 50; — qui, *s. s. f.* 1 ; — à cui, *r. s. f.* 28; — que, *r. s. f.* 1 ; — que, *r. s. n.* ce que, 4; ce qu', 79; — que, *ce que;* 11, 18 ; vous dirons que nous ferons, 412; — quoi, *r. s. n.* à quoi, 218; (à coi, 174); par quoi, 117; pour quoi, 61; (pour quoy, 10).

Qui, *quel*; savoir qui il est, 78; verra on qui vostre traitres sera, 281; — que, *quoi;* nous n'avons que mangier, 389.

Qui, *pron. interr. s. s. m.* qui estes-vous, 192; — que, *s. s. n.* que sera ce, 173; que est ce que vous dites, 61 ; que c'est que vous dites, 382.

Quinz, *adj. s. s. m. cinquième,* (quins), 355; — quinte, *s. s. f.* 124; — *r. s. f.* 98.

Quinze (*abrév.*), 308.

Quinzeinne, *r. s. f.* (quinzeyne), 393.

Quiteir (quiter), 183 ; — quita, 458; quiteroit, 183.

Quites, *adj. s. s m.* 459.

Quoi. *Voy.* Cois, Qui.

R.

Raançon, *r. s. f.* 84; (raanson, 164).

Rabaissier ; — rabaissoient, 70.

Raiembre, *racheter,* 83 ; (raeimbre, 117; raembre, 84); — raiemboit (raeimboit, 466; raraimboit, 241) ; — avoit raiens, 391; — fu raiens, 390.

Rainablement, *adv. raisonnablement,* 435.

Rainables, *adj. s. s. m.* 476.

Raison *r. s. f.* 5; (rayson, 409); — raisons, *r. p. f.* (raysons), 470.

Raleir; — s'en rala, 39 ; — s'en ralerent, 170; — m'en rirai (rirais), 64; — raleiz (ralez) vous en, *impr.* 204; vous en raleiz (ralez), 411; — vous en ralez, *subj.* 168; — en fu raleiz (raiez), 428.

Ralier; — ralia, 116.

Rameneir ; — il ramainne (ramaine), 9; — ramenassent, 219.

Rangier, 123.

Raous, *n. pr. s. s.* 367; (Raouls, 2); — Raoul, *r. s. m.* 16.

Rapaisier; — rapaisa, 411.

Rapeleir (rapeler), 302.

Rapine, *r. s. f.* 368.

Rassembleir; — seront rassemblei (rasemblé), 173.

Rassoure, *absoudre;* — rassourez (rassaurez), 220; — estre rassouz (rasouz), 305.

Rateindre; — rateinst, *prét.* (rataint), 63.

Ravoir, 356; — ravoit, 394 ; — rot, 319; — raveroit (raroit), 177; — raveroient, 395; — reust (reut), 232; — reussiens, 165.

Recet, *r. s. m. retraite, logis,* (recest), 415.

Recevoir; — recevoit, 200 ; — reçut, 73; (resut, 89); — reçurent, 43; (resurent, 284); — recevera (recevra), 383 ; — receveroit (recevroit), 60; — receust, 127 ; — avoient receu, 394 ; — fu receuz, 52; fu receue, 76; — furent receu, 310.

Reclain, *r. s. m. réclamation, plainte,* (reclayn), 442.

Recoillier, *recueillir;* — recoillierent (recoillerent), 113.

Reconnoissance, *r. s. f.* (reconoissance), 472.

Reconnoistre; — je reconnois (reconoys), 473; — reconnut (reconut), 325.

Reconquerre; — fu reconquise, *s. s. f.* 1.

Recordeir; — recorda, 272 ; — recordanz, *part. s. s. m.* 40; — recordant, *s. p. m.* (recordans), 189.

Recouvreir (recouvrer), 165 ; recouvreir (recouvrer) à vostre fil, 465.

Recreanz, *adj. s. s. m. lâche*, 277.
Recroire, *se rebuter ;* — recroient, 262.
Reculeir (reculer), 177.
Redouteir; — estoit redouteiz (redoutez), 214.
Redrecier; — redreça (redresça), 371.
Refaire; — refait, 426; — refist, 268.
Refermeir, *fortifier*, (refermer), 92.
Refraindre, *contenir;* — se refraindrent, 231.
Refu, *fut de nouveau*, 435.
Refuseir; — refuserent, 42; — estoit refuseiz (refusez), 199.
Regardeir; — il regarde, 31; (reguarde, 55); — regardoit, 100; — regarda, 80; — regarderent, 155; se regarderent, 350; — regardons, *impér.* 227; — ot regardei (regardé), 197.
Regart, *r. s. m.* 37.
Regibeir, *regimber* (regiber), 419.
Regnes, *s. s. m.* 4; — regne, *r. s. m.* 15.
Regnier (regner), 301; — il regne, 456; — regna, 28.
Regort, *r. s. m. gorge*, *défilé*, 260.
Regreteir (regreter), 132.
Reis, *prép.* à reis (res) des forteresses, *à l'exception des forteresses*, 253; (arrés de Gaillart, 260; au rés de, 293).
Relaissier, 350; — je vous en relais, *je vous en tiens quitte*, 194; — relaissast (relaissat), 477.
Relanquir, *abandonner;* — relanquiroit, 7.
Relevée, *r. s. f. heure de relevée*, 324.
Releveir; — sont relevei (relevé), 70.
Remanance, *r. s. f. reste*, 458.
Remananz, *s. s. m. reste*, 103; — remanant, *r. s. m.* 106.

Remandeir; — remanda, 186; — remanderent, 97; — avons remandei (remandé), 259.
Remanoir, *rester*, 101; — il remaint, 417; (remet, 67); — remest, *prét.* 328 b; (remeit, 328 a); — fu remés, *s. s. m.* 333; — pou i a remés, *r. s. n.* 322.
Remembrance. *r. s. f. souvenir*, 280.
Remeneir; — fu remeneiz (remenez), 205.
Remetre; — remeist, *subj. imp.* 435; — orent remise, *r. s. f.* 1; — fu remis, 56.
Remirier, *examiner;* — remira, 197; — remirant, *gér.* 131.
Remis, *n. pr. s. s.* 466; — Remi, *r.* 5.
Remonteir; — il remonte, 270; — remonta, 11; — remonterent, 101; — furent remontei (remonté), 127.
Remouvoir (remoir), 118; — se remurent, 158; — s'en remouveroit (removroit), 232.
Remueir, *changer;* — il remue, 262; — fu remueiz (remuez), 390.
Renarz, *n. pr. s. s.* 413; — Renarz, *voc.* (Renart), 416; — Renart, *r.* 413.
Renauz, *n. pr. s. s.* 268; — Renaut, *r.* 21.
Rencheoir, *retomber;* — rencherroit, 183.
Rendre, 106; — je rent, 259; — rendoit, 259; — rendoient, 177; — il rendi, 108; — rendirent, 17; — renderai (rendrais), 262; — rendera, 325; — renderons (rendrons), 166; — renderez (rendrez), 445; — renderont (rendront), 168; — renderoit (rendroit), 52; — renderiens (rendriens, 264; rendrions, 34); — renderoient, 334; (rendroient, 254); — je me rende, *subj.* 389; — rendist, 357; (rendit, 264); se rendist (rendit), 389; — ren-

dissent, 254; — avoit rendnz, *r. p. m.* 234; — fu rendue, 52; (fu renduz, 361); — furent rendues, 313; — fussent rendu, 305.

Rendu, *r. s. m. moine* (renduz), 315.

Renoié, *r. s. m. renégat* (renoiet), 381.

Renommée, *s. s. f.* (renomée, 139; ronomée, 94).

Renonc, *r. s. m. renonciation* (renon), 108.

Renoncier; — renonça (renonsa), 362; — renoncierent (renoncerent), 170.

Renouveleir; — avoit renouvelei (renouvellé), 467.

Rente, *r. s. f.* 300; — rentes, *r. p. f.* 207.

Rentreir; — rentra, 191.

Renvoier, 211; — renvoia, 397; — avoit renvoïe, *r. s. f.* 353; — fu renvoïe, *s. s. f.* (renvoiée), 19.

Reondes, *adj. r. p. f.* 145.

Repaire, *r. s. m.* 101.

Repairier, *retourner;* — repairoit, 20; — s'en repairoient (repairoyent), 452; — repaira, 324; s'en repaira, 276; — s'en repairierent (repairerent), 128; — fu repairie, *s. s. f.* 371; — seroient repairié (repairiet), 294.

Repasmeir; — se repasma, 371 f (s'en repaira a; se pasma, c; se repasme, b e).

Repasseir; — repassa, 91; — repassa, *revint à la vie,* 367.

Repenre, 435; — reprent, 459; — reprenoit, 161; — reprist, 456; — repenroit, 348; reprenez, *impér.* 84; — avoit reprise, *r. s. f.* 246.

Repentanz, *adj. s. s. m.* (repentenz), 306.

Replegier, *se porter garant;* — replegierent (replegerent), 167.

Reponre, *cacher;* — nous nous reponrons, 412; — avoit repost, 43.

Reporteir; — reporteroient, 85; — fu reportée, 114.

Repos, *r. s. m.* 330.

Reposée, *r. s. f.* 307.

Reposeir (reposer), 300; — reposa, 411; — se reposeroient, 386.

Reprouveir (reprouver), 383 c; — seroit reprouvei, *s. s. n.* (reprové), 204.

Requerre, 38; — il requiert, 73; — requerez, 271; — requeroient, 159; — requist, 17; — requirent, 138; — requerroit, 437; (requeroit), 234; — requeist (requist), 153 c; — requeissent, 456; — avoient requis, 42.

Requeste, *r. s. f.* 204.

Resemonre, *citer de nouveau,* 251; — fu resemons, 251.

Resne, *r. s. f.* 288; — resnes, *r. p. f.* 25.

Resoingnier, *redouter;* — je resoing, 380; — resoingnoit (resoignoit), 58; — resoingnoient (resoygnoient), 100; — resoingnierent (resoignierent), 157; — resoing, *impér.* (resoyngne), 406; — resoigniez (resoigniez), 202.

Resort, *r. s. m. appel,* 448.

Respit, *r. s. m.* 368.

Respondre, 188; — il respondi, 17; (renpondi, 41); — respondirent, 31; — responderoie (respondroie), 189; — responderoit (respondroit), 316; — respondist, 479; (respondit, 184); — avoit respondu, 272.

Response, *r. s. f.* 21; — responses, *r. p. f.* 341.

Restablir; — il restabli, *prét.* 13.

Retaillier, *retrancher;* — retailla, 288.

Retenir, 82; — retint, 115; — retinrent (retindrent), 9; — retenra, 32; — retenroit, 79; — retien, *impér.* 463; — fu retenuz, 267.

Retourneir; — retourna (retor..a), 63 ; — s'en retournerent (s'ent retornerent), 128 ; — retournerai (retornerai), 220 ; — retourneiz, *impér.* (retornez), 370.

Retraire, 107.

Reveleir, *révolter ;* — se reveloient, 366 ; — revela, 360 ; — estoient revelei (revelé), 330.

Reveleir, *révéler ;* — il fu revelei, *s. s. n.* (revelé), 306.

Revenir, 179 ; — revenoient, 335 ; — revint, 71 ; s'en revint, 11 ; — revinrent, 96 ; s'en revinrent, 37 ; — revenrai (revenrais), 407 ; — revenras, 464 ; — s'en revenroit, 10 ; — revenons, *impér.* 6 ; — revenist (revenit), 371 ; s'en revenist, 300 ; (s'en revenit, 184) ; — fu revenuz, 19.

Reverseir, *renverser,* (reverser), 384 ; — reversa, 212.

Revestir, 396 ; — revestu, *part. s. p. m.* 307.

Ribaut, *r. s. m. goujat,* 298 ; — ribaut, *s. p. m.* 253 ; — ribauz, *r. p. m.* 94.

Richarz, *n. pr. s. s.* 53 ; (Richars, 12 ; Richart, 51) ; — Richart, *r.* 27.

Richece, *r. s. f.* 258.

Richement, *adv.* 16.

Riches, *adj. s. s. m.* 53 ; — riche, *r. s. m.* 72 ; — riche, *s. p. m.* 223 ; — riche, *s. s. f.* 7 ; — riches, *s. p. f.* 441.

Riens, *s. s. f.* 237 ; (rien, 37) ; la riens, 448 ; — rien, *r. s. f.* 53 ; (riens, 40).

Rigaut, *n. pr. r. s.* 461.

Rire, 464 ; — il rit, 279.

Rivage, *r. s. m.* 374.

Rive, *r. s. f.* 374.

Robe, *r. s. f.* 65 ; — robes, *r. p. f.* 139.

Robeir, *voler ;* — fust robeiz (robez), 235.

Roberz, *n. pr. s. s.* 355 ; (Robers, 3) ; — Robert, *r.* 4.

Roche, *r. s. f.* 66.

Rochet, *r. s. m.* 180.

Roeniaus, *n. pr. s. s.* 419 ; (Reniaus, 419 ; Roniaus, 410) ; — Roenel, *r.* 414 ; (Ronial, 412).

Rogiers, *n. pr. s. s.* 367.

Roi, *r. s. f. reis* (roy), 162.

Roial, *adj. s. p. m.* 97 ; (royal, 98) ; — roiaus, *r. p. m.* 99 ; (royaus, 365) ; — roial, *r. s. f.* 31, 458.

Roiaumes, *s. s. m.* 28 ; (royaumes, 28) ; — roiaume, *r. s. m.* 214 ; (royaume, 4) ; — roiaumes, *r. p. m.* 214.

Roidement, *adv.* 101.

Roides, *adj. s. s. m.* (reydes), 386 ; — roide, *r. s. f.* 100.

Roies, *r. p. f. raies,* 328.

Roïne, *s. s. f.* 7 ; (royne, 31) ; — roïne, *r. s. f.* 185 ; (royne, 8 ; roynne, 360).

Rois, *s. s. m. roi,* 142 ; (roys, 3 ; roiz, 6 ; royt, 375) ; d'estre rois, 29 ; — rois, *voc.* 46 ; — roi, *r. s. m.* 4 ; (roy, 1) ; — roi, *s. p. m.* (roy), 2 ; — rois, *r. p. m.* (roys), 467.

Rois, *n. p. s. s.* (Roys), 311.

Romains, *n. pr. s. s.* 184 ; — Romain, *r.* 185.

Rompre ; — rompent, 101 ; — rompist, *subj. imp.* (rompit), 329.

Roncin, *r. s. m. roussin,* 82 ; (roucin, 137).

Rost, *r. s. m. rôt,* 278.

Rouges, *adj. r. p. m.* (roges), 392.

Rouleir (roler, 123 a ; roller, 123 b c e f ; rauller, 123 d).

Route, *r. s. f. troupe,* 320.

Rue, *r. s. f.* 396 ; — rues, *r. p. f.* 56.

Rueir, *précipiter ;* — le rua enz, 245.

S.

Sa. *Voy.* Çà, Ses.

Sablon, *r. s. m. sable,* 155.

Sachier, *tirer ;* — sachent, 429 ; — fu sachiez, 162.

Sacreir (sacrer), 214 ; — sacra,

180; — sacreroit, 180; — fu sacreiz (sacrez), 5. — fust sacreiz (sacrez), 179.

Sacs, *r. p. m.* 414.

Sages, *adj. s. s. m.* 3; — sage, *r. s. m.* 15; — sage, *s. p. m.* 174; — sages, *r. p. m.* 17; — sage, *s. s. f.* 21; — sage, *r. s. f.* 72.

Saieleir, *sceller*, (saieler), 206; — fu saielée (saeléc), 225.

Saiens. *Voy.* Caiens.

Saietes, *r. p. f. flèches*, 374.

Saillir, *sauter*, (salir), 209; — il saut, 9; — saillent sus, 101; (salent, 414); — sailloit, *faisait saillie*, (saloit), 131; — il sailli, *prét.* (sali), 25; — saillirent, 127.

Saingles, *s. p. f. sangles*, 126.

Saingnier, *saigner*; — nous nous saingnerons (sainerons), 35; — estoit saingniez (seingniez), 23; — furent saingnié (sainniet), 36.

Sainne, *adj. s. s. f.* (saine), 105.

Saint, *adj. r. s. m.* 5; — sainte, *s. s. f.* 143; — sainte, *r.* 5.

Sainz, *r. p. m. reliques*, 224.

Saisine, *r. s. f.* 357.

Saisir, 190; — il saisi, *prét.* 58; (saisit, 243); — avoient saisi, 216; — ot saisi (saysi), 424; — fu saisiz, 422; refu saisie, 435; — furent saisi, 303.

Saisons, *s. s. f.* 246; — saison, *r.* 92.

Sale, *salle, r. s. f.* 23.

Salueir (saluer), 89; — il salue, 102; — saluent, 412; — salua, 191; — saluerent, 17.

Salut, *r. s. m.* (saluz, 7; salu, 66).

Samedi, *r. s. m.* 210.

Sanches, *n. pr. s. s.* 352.

Sandales, *r. p. f.* (sandalez), 180.

Sanglant, *adj. r. s. m.* (sainglent), 268.

Sans, *prép.* 13; (sens, 76; senz, 320; sen, 185).

Sans, *s. s. m. sang*, 270; — sanc, *r. s. m.* 35.

Santei, *r. s. f.* (santé), 71.

Saouleir, *rassasier*; — sera saouleiz (saoulez), 462.

Saphadins, *n. pr. s. s.* 148; — Saphadin, *r.* 148.

Sapience, *r. s. f.* 109.

Sarrezins, *s. s. m.* 177; — Sarrezin, *s. p. m.* 155; — Sarrezins, *r. p. m.* 1.

Satisfacion, *r. s. f.* 183.

Saudées, *s. p. f. gayes*, 267.

Sauf, *adv.* 228; sauf (sau) ce que, 446; sauf (saus) ce que, 368.

Sauf, *adj. r. s. m.* (saus), 227; — saus, *r. p. m.* 361; — sauve, *s. s. f.* (sauvée), 402; — sauve, *r. s. f.* 52; — sauves, *r. p. f.* 263.

Sauveir (sauver), 327; — sauverez, 440; — sera sauvée, 439; — serez sauveiz (sauvez), 387.

Sauvetei, *r. s. f. sûreté*, 211.

Savoir, 23; fist à savoir (assavoir), 318; c'est à savoir (assavoyr), 29; — je sai, 47; (say, 44; sais, 202; says, 72); — tu sez, 44; — il set, 4; — savons, 141; — savez, 4; — sevent, 26; — savoit, 3; — savoient, 105; — il sot, *prét.* 18; — sorent, 208; — saurai (saurays), 454; — saura, 248; (seura, 39); — saurez (sarez), 478; — sauroit (saroit), 360; — saches, *impér.* 405; — sachiez, *impér.* 10; — il sache, *subj.* 26; — sachiens, 11; — sachiez, 38; — sachent, 189; — seust (seut), 7; — seussent, 159; — fu seu, *s. s. n.* 317.

Se, *conj.* si, 4; (si, 381); s'elle, 165; — se ... non, *sinon*; se pour bien non, 4; se ce non, 255; se (si) vous non, 283.

Se, *pron. réfl.* se, *m. s.* 6; — se, *f. s.* 371; — s'acorderent, *m. p.* 3; — de soi, *m. s.* 15, 274; à soi meismes, *m. s.* 87.

Seconz, *adj. s. s. m.* 353; —

secont, *r. s. m.* 290; — seconde, *s. s. f.* 124; — seconde, *r. s. f.* 281.

Secourre, 106; (secorre, 148); — secourut, 124; — secourroit (secorroit, 107; secouroit, 256); — secourust (secorut), 297; — secourussent (secorussent), 159.

Secours, *s. s. m.* (secors), 209; — secours, *r. s. m.* 454; (secors, 108).

Seel, *r. s. m. sceau*, 88; (la saiel, 248); — seaus, *r. p. m.* 311.

Seigneurie, *r. s. f.* (seignorie), 56.

Seignier, *signer;* — se seigna, 32.

Seize, (*abrév.*) 14.

Sejour, *r. s. m.* (sejor), 298; à sejour (sejor), 412.

Sejourneir; — sejournons (sejornons), 379; — sejournoit (sejornoit), 6; — sejourna, 115; (sejorna; 140); — sejournerent (sejornerent), 93.

Sele, *r. s. f.* (selle), 126; — seles, *r. p. f.* 101; (celles, 123).

Selon, *prép.* 189; (selonc, 351).

Semainne, *r. s. f.* (semaynne), 405.

Semblanz, *s. s. m.* 431; — semblant, *r. s. m.* 39, 70.

Sembleir; — il semble, 5, 171; — sembloit, 66; sembloit preudomme, 320; — sembla, 123.

Semeir; — semoit, 118.

Semonre, *citer, convoquer*, 119, 186; — il semont, 248; — semonons, 248; — semont, *prét.* 37; — fu semons, 456.

Semonse, *r. s. f. citation, convocation*, 361, 426.

Sen, *prép. Voy.* Sans.

Senebaus, *n. pr. s. s.* (Seinebaus), 236.

Senefier; — il senefie, 180; — senefient, 126; (senefie, 180).

Seneschaus, *s. s. m.* (seneschauz), 285.

Senestre, *r. s. f. gauche;* à senestre, 110.

Senestres, *adj. s. s. m.* 181; — senestre, *r. s. f.* 182; à la main senestre, 212.

Sens, *r. s. m.* 7; — sens, *r. p. m.* 462.

Sens, *prép. Voy.* Sans.

Sentence, *r. s. f.* 218.

Sentir, 306; — sentoit, 415; — il senti, 58; se senti, 60.

Seoir, *être assis, être situé;* — il siet, 119; — séoit, 176; — seist *imp. subj.* (seit), 197; — séanz, *part. s. s. m.* 93; bien séanz sour Sainne, 115; — séant, *r. s. m.* 107; (séanz, 260); en son séant, 212.

Sept (*abrév.*), 299.

Septembres, *s. s. m.* (septembre), 256; — jusqu'à la septembre, *r. s. f.* 477.

Sepulcre, *r. s. m.* 44.

Serement, *r. s. m.* 44.

Seri, *adv. sans bruit*, 265.

Serjanz, *s. s. m.* 44; — serjanz, *r. p. m.* 117; (serjenz, 209).

Serourges, *s. s. m. beau-frère*, (serorges), 433; — serourge, *r. s. m.* (serorge), 420.

Serres, *r. p. f.* 265.

Serveir, *conserver;* — servoit, 185.

Services, *s. s. m.* 144; — services, *r. p. m.* 240.

Servir, 137; ne se veut mie servir, 368; — servoit, 431; — il servi, 15; — vous en serviront, 230.

Ses, *pr. poss. s. s. m.* 15; — son, *r. s. m.* 2; — si, *s. p. m.* 13; — ses, *r. p. m.* 11; — sa, *s. s. f.* 11; s'ostesse, 78; — sa, *r. s. f.* 3; sa esclavine, 206; à sa ostesse, 79; — ses, *r. p. f.* 8.

Seu, *r. s. m.* sans le seu, 265; sans vostre seu, 425.

Seulement, *adv.* 1.

Seur, *adj. r. s. m.* 283.

Seure, *adv. Voy.* Sus.

Seurtei, *r. s. f. sûreté*, (seurté) 35.

Seus, *adj. s. s. m. seul*, 38; —

seul, *r. s. m.* 44; — seule, *s. s. f.* 336; — *r.* 67.

Si, *adv.* 2; si (se) nous armeriens, 110; s'alerent, 468; — si comme, 11; — si très durement, 101, 332; — si que, *tellement que,* 118; — li rois ne s'en mouveroit, si l'auroit pris, 257.

Siecles, *s. s. m.* 39; — siecle, *r. s. m.* 16.

Sieges, *s. s. m. situation, siége de ville,* 338, 141; — siege, *r. s. m.* 260, 166; (segie, 225).

Siens, *pron. poss. s. s. m.* 93; — sien, *r. s. m.* 7; (sen, 372); — li sien, *s. p. m.* 266; — siens, *r. p. m.* 60; — sienne, *s. s. f.* (siene), 130; — sienne, *r. s. f.* (siene), 119; la soie, 433; (la soye, 423); — siennes, *r. p. f.* (sienes), 405; — le sien, *n.* 6; dou sien, 121; au sien, *à ses frais,* 368.

Siet, *verbe impers. il convient,* 447.

Simon, *n. pr. r. s.* 21.

Simplement, *adv.* 338.

Simples, *adj. s. s. m.* 15.

Sinople, *r. s. m.* 126.

Sires, *s. s. m.* 29; sires de lui, 240; — sire, *voc.* 8; — seigneur, *r. s. m.* 15; (seignor, 4; seignour, 103); — seigneur, *voc. p. m.* (seygneur, 4; seignor, 165; seignour, 187); — seigneurs, *r. p. m.* (seignors), 450.

Sivre, *suivre;* — sivoit, 193; — sivrons, 383.

Six (*abrév.*) 152.

Sohier, *n. pr. r. s.* 423.

Soi. *Voy.* Se.

Soie. *Voy.* Siens.

Soingnetage, *r. s. m. concubinage* (soignetage), 241.

Soingneusement, *adv.* 78; (soygneusement, 123).

Soir, *r. s. m.* 109.

Soissante (*abrév.*), 16.

Solaus, *s. s. m. soleil* (solax), 284.

Solehadins, *n. pr. s. s.* 7; (Soleadins, 36); — Solehadin, *r.* 33; (Solehadins, 30).

Solempnitei, *r. s. f.* (sollempnité, 76; sollennité, 310).

Somme, *r. s. m. sommeil,* 264.

Sommeir, 469.

Sommeron, *r. s. m. sommet,* (someron, a b; soumeron, d e; soumiron, f; semeron, c), 162.

Sommier, *r. s. m.* (somier), 137; — sommiers, *r. p. m.* (somiers), 193.

Son. *Voy.* Ses.

Sonneir (sonner, 43; soner, 164); — sonnerez, 418; — sonnanz, *part. r. p. f.* 279; (sonanz, 310).

Sortir, *apprendre par le sort;* — avoient sorti, 395.

Souaire, *r. s. m* (suaire), 198.

Soudainnement, *adv.* (soudainement), 26.

Soudans, *s. s. m.* 149; (soudoians, 155); — soudan, *r. s. m.* 148; (soudant, 149); — soudan, *s. p. m.* 158; (soudant, 392); — soudans, *r. p. m.* 149.

Soudiacres, *s. s. m.* 399.

Souffire; — souffit, *ind. pr.* (soufit), 192.

Souffrance, *r. s. f.* (soufrance), 181.

Souffrir, 158; (soufrir, 304; soffrir, 49); — souffroient, 156; — il souffri, 185; — souffrirent, 156; — soufferrez (souferez), 425; — soufferriens (soufririens), 379; — on se souffrist (soufrit), 174; — avoient souffert (soufert), 169; — sera souffert, *s. n.* 445.

Souliers, *r. p. m.* (solers), 180.

Souloir, *avoir coutume;* — on suet, 121.

Soupe, *r. s. f.* 281; — soupes, *r. p. f.* (sopes), 280.

Soupeçon, *r. s. f.* 281.

Soupeir (souper), 23; — ot soupei (soupé), 129.

Soupireir; — soupira, 386.

Sour, *prép.* (sor), 6, 187, 415;

sour (sor) l'aage de vint ans, 22; orent grant envie sour (sor) le roi, 29; vous le jurerez sour (sor) vostre loi, 35.

Sourmonteir; — sourmonta, (sormonta), 285.

Sourpenre; — furent sourpris, 9; (soupris, 107).

Soursomme, *s. s. f.* (sorsomme), 466.

Sourvivre; — sourvivoit (sorvivoit), 17.

Sous (*abrév.*) *r. p. m.* monnaie, 443.

Soustenance, *r. s. f.* (soutenance), 201.

Soustenir; — soustenoit, 273.

Souvenir; — il souvient, 2; — il li souvint, 80; (sovint, 129).

Souvent, *adv.* 26; (sovent, 39).

Souverain, *adj. r. s. m.* 435.

Soye. *Voy.* Siens.

Soz, *voc. s. m.* 464; — sot, *r. s. m.* 329; — sote, *v. s. f.* 408.

Suaire. *Voy.* Souaire.

Suer, *s. s. f. sœur*, 13; — sereur, *r. s. f.* 17; (serour, 73; seror, 75).

Suet. *Voy.* Souloir.

Sus, *adv.* saut sus, 24; se courent sus, 101; li court sus (seure, 286; seurez, 217); li courut sus, 86; leur coururent sus, 156; (seure, 298); — en sus de lui, 263.

T.

Ta. *Voy.* Tes.

Table, *r. s. f.* 187.

Taburiaus, *n. pr. s. s.* 410; — Taburel, *r. s.* 414; (Taburial, 412).

Taches, *r. p. f. qualités;* bonnes taches, 332; — mauvaises taches, *mauvais traits*, 413.

Taillier, 280; — tailla, 15.

Tailliez, *adj. s. s. m.* bien tailliez, 197; — taillié, *r. s. m.* (tailliet), 136.

Taire, 328; — je m'en tais, 110; — se tait, 144; — se teut, 48;

— tai toi, *impér.* 325; — taisiez vous, 48, 209, 271.

Talant, *r. s. m. désir, envie,* 6, 428.

Tans, *s. s. m. temps,* (tens), 71); — tans, *r. s. m.* 94; (tens, 1); — tans, *r. p. m.* (tens), 2.

Tanseir, *occuper* (tanser), 291; — fu tansée, 345 b (cassée, 345 a).

Tant, *adv.* 7; ne tant ne quant, 41; tant comme, 338. *Voy.* Tanz.

Tante. *Voy.* Tente.

Tantost, *adv.* 196.

Tanz, *adj. r. p. m.* vous averez deus tanz de gent, 122; estoient deus tanz que, 39; tenoit trois tanz (tans) de terre, 6; — tant, *r. s. n.* atout tant de terre, 73; parmi tant, 117. *Voy.* Tant.

Targe, *r. s. f.* 131.

Targier, *tarder,* 440; — tarja, 243.

Tart, *adv.* — à tart, 178, 209.

Tas, *r. s. m.* 375.

Tasteir (taster), 477.

Tausier, *taxer,* (tauser), 435; — furent tausié (tausiet), 435.

Taverne, *r. s. f.* 443.

Teis, *adj. s. s. m.* 88; (tiex, 34); — teil, *r. s. m.* (tel), 26; — teis, *r. p. m.* (tes), 345; — teis, *s. s. f.* (tez, 204; tele, 26, tel, 203); — teil, *r. s. f.* (tel, 107; teile, 415; tele, 178); — teis, *s. p. f.* (tes), 166; — teis, *r. p. f.* 95; (tes, 249).

Temoins. *Voy.* Tesmoins.

Tempés, *s. s. m. tempête,* 66.

Temple, *r. s. m. les Templiers,* 379.

Templiers, *r. p. m.* 178.

Tempoire, *r. s. m. temps,* 306; (tempoyre, 28).

Tençons, *s. s. f. dispute,* 278.

Tendre, 51; — il tendi, 89; — tendirent, 104; — avoient tendu, 162; — fussent tendu, 386.

Tenir, 10; — tieng jou, 114;

VOCABULAIRE. 307

(taing, 270; tayng, 273; tieig, 31; tieyg, 473); — tu tiens, 463; — il tient, 40; — tenons, 166; — tenez, 11; — tiennent (tienent), 166; — tenoie, 463; — tenoies, 464; — tenoit, 2; — tenoient, 45; se tenoient, 330; — tint, 5; se tint, 11; — se tinrent, 178; (se tindrent, 296); — tenrons (tenromes), 36; — tenrez, 231; — tenront, 293; — tenroit, 31; — tenroient, 219; se tenroient, 256; — tien, *impér.* 205; — tenez, 44; —je tiengne, *subj.* (tayng), 473; — se tiengnent, *subj.* (tieyngnent), 442; — tenist se, 107; (se tenit, 426); — sont tenu, 145; — estoit tenuz, 145.

Tenres, *adj. voc. s. m.* 371.
Tens. *Voy.* Tans.
Tente, *r. s. f. pavillon* (tante), 48; — tentes, *s. p. f.* (tantes), 386; — tentes, *r. p. f.* 53; (tantes, 39).
Termes, *s. s. m.* 42; — terme, *r. s. m.* 333.
Termine, *r. s. m.* 268.
Terraces, *s. p. f.* 384; — *r.* 384.
Terre, *s. s. f.* 46; — *r.* 1; — terres, *r. p. f.* 37.
Tertre, *r. s. m.* 284.
Tes, *pron. poss. s. s. m.* 44; — tes, *r. p. m.* 464; — ta, *r. s. f.* 44; — tes, *r. p. f.* 463.
Tesmoingnage, *r. s. m.* (tesmoinnage), 313.
Tesmoingnier; — tesmoingnierent (tesmoygnarent), 311.
Tesmoins, *r. p. m.* (temoins), 311.
Testament, *r. s. m.* 424.
Teste, *r. s. f.* 24; — testes, *r. p. f.* 99.
Thiebauz, *n. pr. s. s.* 305; — Thiebaut, *r.* 343.
Tierce, *r. s. f. troisième heure,* 97.
Tierz, *adj. s. s. m.* 353; — tierz, *r. s. m.* 62; lui tierz, 324; — tierce, *s. s. f.* 21; — tierce, *r. s. f.* 98.

Tierz, *r. s. m.* l'autre tierz, 306.
Toile, *r. s. f.* 198.
Toises, *r. p. f.* 97.
Tolir, *ôter,* 150; — toloit, 158; — toloient, 443; — il toli, *prét.* 190; — m'ont tolu, 401.
Tombe, *s. s. f.* 133; — *r.* 307.
Tonaus. *Voy.* Touaus.
Tondre, 111.
Tormenz, *s. s. m.* 71.
Tort, *r. s. m.* 5; à tort, 185.
Tost, *adv.* 57; si tost, 64; au plus tost, 107.
Touaus, *s. s. m. mêlée* (tonaus ou conaus), 287.
Touchier; — toucha (tocha), 212.
Tour, *r. s. m.* (tor), 428; aubalestre à tour (tor), 104.
Tournant, *r. s. m.* (tornant), 131.
Tourneir (tourner), 363; (torner, 65); — se tourne, 187; — tournent (tornent), 376; — tourna (torna), 288; — tournerent (tornerent), 128; — tourra (torra), 218; — il tourt, *subj.* (tort), 217; — estoient tournei (torné, 297; tornet, 288).
Tournele, *r. s. f.* (tornele, 213; tornelle, 131); — tourneles, *r. p. f.* (torneles), 148.
Tournoi, *r. s. m.* (tornoy), 137.
Tournoiement, *r. s. m. tournoi,* (tornoiement), 136.
Tournoier, *combattre dans les tournois,* 27.
Tournois, *r. p. m. monnaie,* (tournoys, 435; tornois, 362).
Tours, *s. s. f.* (tors), 343; — tour, *r. s. f.* (tor), 80.
Tout, *adv.* 31; tout droit (tou droyt), 357.
Toute, *r. s. f. impôt,* 368.
Toutes voies, *adv.* 150; (toute voies, 359).
Touz, *adj. s. s. m.* 25; (toz, 103; tout, 215); — tout, *r. s. m.* 6; (tot, 71); — tuit, *s. p. m.* 3; tuit armei, 337; — touz, *r. p. m.* 2; (toz, 254); — toute, *s. s.*

f. 45; — toute, *r. s. f.* 8; — toutes, *s. p. f.* 124; — toutes, *r. p. f.* 43; — tout, *s. s. n.* c'est tout (tou) avenant, 250; — tout, *r. s. n.* 165; dou tout, 38.

Touz jourz, *adv.* 122; à touz jourz mais, 204.

Touz Sainz, *r. p. m.* 15; dès la Touz Sainz, 388.

Traieurs, *r. p. m. tireurs*, (traiors), 332.

Traineir (trainier), 61; — trainerent (traienerent), 222; — fust traineiz (trainez), 267.

Traï, 240; — ont traï, 44; — avoit traï (traït), 240; — estes traïz, *s. s. m.* 61; — traï, *s. p. m.* 266.

Traire, *tirer*, 42; — trait, 24; — traient, 101; se traient, 263; — il traist *prét.* (trast, 311; trait, 68); se traist (se trait), 121; — trairent, 99; (traisent, 131); — trairons, 95; — vous traiez, *subj.* 275; — i ot trait, 59; — estoit traiz, 284; — espée traite, 86.

Traïson, *r. s. f.* 33.

Traitier; — traitoient, 144; — traitierent, 315; — traitast (traitat), 186; — avons traitié (traitiet), 63; — avoient traitié (traitiet), 60; — traitié, *part. r. s. m.* (tractié), 26.

Traitres, *s. s. m.* 244; — traitres, *voc. s.* 63; — traiteur, *r. s. m.* (traitor), 126; — traiteur, *s. p. m.* (traitor), 36.

Tranchanz, *adj. r. p. f.* (trenchanz), 98.

Trau, *r. s. m. trou*, 161.

Travail, *r. s. m.* 76.

Travaillier; — travailla, 314; — et vous en travailliez, *impér.* 230; travailliez vous en, 478; — estoit travailliez, 386.

Trebuché, *r. s. f. engin lançant des pierres*, 357; — trebuches, *r. p. f.* (crebuches), 105.

Trece, *r. s. f. tresse*, 197.

Trecier; — estoit treciez, 197.

Treif, *r. s. m. tente*, 55; (tref, 55); — treis, *r. p. m.* 51; (tres, 147; trais, 53).

Trente (*abrév.*), 230.

Très, *adv.* 2; si très durement, 332.

Tresgeteir, *transporter;* — est tresgeteiz (tresgettiz), *est reproduit*, 307.

Tresime, *adj. r. s. m.* 299.

Tresors, *s. s. m.* 302; — tresor, *r. s. m.* 35.

Trespasseir (trespasser), 350; — trespassa, 133; — a trespasseiz, *r. p. m.* (trespassez), 70.

Tribouleir, *tourmenter;* — tribouloit (tribulet), 118; — triboulei, *r. s. m.* (triboulé), 103.

Tricherie, *r. s. f. trahison*, 280.

Tristanz, *n. pr. s. s.* (Tritanz), 378.

Tristes, *adj. s. s. m.* 461.

Trive, *r. s. f.* 333; — trives, *s. p. f.* 196; — trives, *r. p. f.* 59; unes trives, 451.

Troi, *s. p. m.* 392; — trois, *r. p. m.* (troys), 392.

Tronc, *r. s. m.* (trouz), 97.

Tronchet, *r. s. m. billot*, 205 b (crochet, 205 a).

Tronson, *r. s. m.* 57.

Trop, *adv.* 25.

Troupel, *r. s. m.* (tropel), 428.

Trousseir, *plier*, (trosser), 297; — trousserent (trosserent), 159.

Trouveir (trouver), 227; — je truis, 265; — trouvons (trouvons), 259; — trouvai (trovai), 91; — trouva, 385; (trova, 9); — trouverent, 72; (troverent, 17); — trouverai (trouverais), 301; — trouverons (troverons), 379; — trouveroit (troveroit), 178; — avoit trouvei (trové), 79; — avoient trouvei (trouvé, 227; trové, 249); — furent trouvées (trovées), 240.

Truchier, *accorder?* — estoient truchié (truchiet), 341.

Tu, *pron. pers. s. s. m.* 111; — te, *r. s. m.* 110; toi, 293; — tu, *s. s. f.* 413; — te, *r. s. f.* 406.

Tumbeir, *danser*, (tumber), 118.
Tumeir, *tourner* (ruiner, a; tumer, b d; thumer, e; turner, f).
Tunique, *r. s. f.* 181.
Turc, *s. p. m.* 43.
Turcois, *adj. r. p. m.* (turquoys), 374.

U.

Uevre, *r. s. m.* 'ou *f.* (uuevre, 462, 464; ouevre, 237; ovre, 155); — uevres, *r. p.* (ouevres), 251.
Ui. *Voy.* Hui.
Umilier. *Voy.* Humilier.
Uns, *adj. s. s. m.* 2; — un, *r. s. m.* 9; en un de vous, 282; — un, *s. p. m.* nous soiens tuit un; li un, 42; (li uns, 225); — une, *s. s. f.* 8; — une, *r. s. f.* 6; — unes, *r. p. f.* 76; unes letres, 256; d'unes choses et d'autres, 188.
Useir (user), 358; — usoit, 356.
Usleir, *hurler;* — uslent, 43.

V.

Vaches, *r. p. f.* 94.
Vagues, *adj. s. s. m.* 338.
Vaillanz, *adj. r. p. m.* 83; — vaillant, *r. s. n.* 466.
Vain, *adj.* — en vain, 180.
Vaincre; — fussent vaincu (vaincut), 155.
Vair, *r. s. m.* 317.
Vaissiaus, *s. s. m.* 161; (vaisiaus, 162; vassiaus, 162); — vaissiaus, *r. p. m.* (vaisiaus), 394.
Valeur, *r. s. f.* 300.
Valoir, 266; — vaut, 154; — valez (vallez), 10; — valent, 168; (vallent, 166); — valoit, 53; — valut, 13; (vallut, 105; valu, 210; vali, 45); — vaura, 478; — vauroit, 175; — vausist, 123.
Varlez, *s. s. m.* 212; (vallez, 205); — varlet, *r. s. m.* 198; — varlez, *r. p. m.* 221.

Vassaument, *adv. bravement,* (vasaument), 43.
Vaus, *r. p.* 184.
Vavasseur, *r. s. m. vassal,* (vavassor, 114; vavasor, 289).
Vendenge, *r. s. f.* 419.
Vendre, 439; — il vendi, 368; — vendez, *subj.* 439.
Vengence, *r. s. f.* 182.
Vengier (vangier), 268; — vengeroit, 23; — se seroit vengiez, *s. s. m.* (vengiés), 87.
Venir, 47; — je vieng (vaing, 38; vieig, 258); — vient, 81; — venoit, 27; en venoit, 66; — venoient, 39; — il vint, 8; dont il ne vint nus biens, 450; — venimes, 264; — venistes, 316; — vinrent, 18; s'en vinrent (s'en vindrent), 171; — je venrai (venrais), 64; — venras, 293; — venra, 84; — venrons, 175; — venroit, 36; — venroient, 238; — venez en, *impér.* 387; — il viengne, *subj.* (vieigne), 366; — venist, 11; (venit, 319); — venissent, 62; — est venuz, 25; — soumes venu, 230; — sont venu (venut), 374; — estoient venu (venuz), 156; — furent venu, 94; furent venues, 374; — bien soiez vous venuz, *s. s. m.* 321; — venant, *gér.* 227, 228, 319.
Vent, *r. s. m.* 93; — venz, *r. p. m.* 6.
Ventre, *r. s. m.* 187.
Venture. *Voy.* Aventure.
Venue, *s. s. f.* 174; — *r.* 18.
Veoir, 54; (voir, 80); — je voi (vois, 32; voys, 414); — voit, 80; — veons, 14; — veez, 4; — voient, 174; — je veoie, *imparf.* (veoye), 416; — veoit, 48; — veiez, 416; — veoient, 127; (veoyent, 44); — je vi, 110; (je vis, 198); — il vit, 7; — virent, 26; — verrai (verrais), 371; — verra, 281; — verrons, 30; — verront, 473; — verroit, 426; — veez, *impér.* 35; veez-ci, 8; (vez ci, 408); veez

là, 55; — je voie, *subj.* 203; — veist, 123; — veissiez, 94; — avoit veu, 416; — orent veue, *r. s. f.* 187; — veant, *part. r. s. m.* (voiant), 458; — veanz, *r. p. m.* 333; (voiant, 257, 313).
Verge, *r. s. f.* 320.
Vergier, *r. s. m.* 81.
Veriteiz, *s. s. f.* (veritez), 31; — veritei, *r.* (verité), 19.
Vermauz, *adj. s. s. m.* 197; — vermeille, *r. s. f.* 181; — vermeilles, *r. p. f.* 126.
Vers, *prép.* 65, 415.
Vert, *adj. r. s. m.* 320; — verz, *s. s. f.* 181.
Vertu, *r. s. f.* 126.
Vespres, *r. p. f. le soir*, 296.
Vestemenz, *r. p. m.* 181.
Vestir, 188; — il se vest, 9; — il vesti, 180; — vestirai (vestirais), 111; — ot vestu, 320.
Veve, *r. s. f. veuve*, 78.
Vial, *r. s. m. veau*, 141.
Viande, *s. s. f.* 363; — *r.* 205; — viandes, *s. p. f.* 453; — *r.* 47.
Viatres, *r. p. m. chiens de chasse*, 410.
Vices, *s. s. m.* 190.
Victoire, *r. s. f.* 1.
Vidame, *r. s. m.* 95.
Vie, *r. s. f.* 11; — vies, *r. p. f.* 263.
Vieillarz, *s. s. m.* 316; — vieillart, *r. s. m.* 315.
Viele, *r. s. f.* 80.
Vieleir, *jouer de la vielle* (vieler), 81; — en vielant, *gér.* 81.
Vieuz, *adj. s. s. m.* 15; — vieil, *r. s. m.* 135; — vieuz, *r. p. m.* 313; (viez, 166); — vieille, *s. s. f.* 377.
Vigne, *r. s. f.* 191; — vignes, *r. p. f.* 192; (vingnes, 120).
Viguereus, *adj. r. s. m.* 161.
Viguereusement, *adv.* 59.
Vilainnement, *adv.* (vilainement, 26; vilaynnement, 360).
Vilains, *s. s. m.* 109; — vilains,
voc. s. m. 464; — vilains, *r. p. m.* 221; — vilainne, *r. s. f.* (vilaine), 157.
Vile, *r. s. f.* 76; (ville, 218); — viles, *r. p. f.* 119; (villes, 274).
Vilenaille, *voc. s. f. canaille*, 220.
Vilonnie, *r. s. f. vilenie*, 360; (vilonie, 187).
Viltei, *r. s. f. vileté*, (vice, a; vilté, d), 171.
Vin, *r. s. m.* 49; — vins, *r. p. m.* 92.
Vingne. *Voy.* Vigne.
Vint (*abrév.*) vingt, 22, 337.
Vintime, *adj. r. s. m. vingtième*, 47.
Virginitei, *r. s. f.* (virginité), 180.
Vis, *adj. s. s. m. vif*, 433; — vis, *r. p. m.* 336; — vive, *r. s. f.* 45.
Vis, *r. s. m. visage*, 197; en mi le vis, 284.
Visage, *r. s. m.* 268.
Vitaille, *s. s. f.* 346.
Vivre; — viveroit (vivroit), 264; — je vive, *subj.* 262; — ai je vescu, 25; — vivant, *part. r. s. m.* 178.
Vivres, *s. s. m.* 226 h.
Voie, *r. s. f.* 77.
Voiez. *Voy.* Aleir.
Voile, *r. s.* 66.
Voire, *adv.* 154; (voyre, 325).
Voirement, *adv.* 325; (voyrement, 383).
Voirs, *adj. s. s. m. vrai*; c'estoit voirs, 199; se ce n'est voirs, 325; — *r. s.* 227; de voir, 10, 155; (de voyr, 440); — non voir, 301; oïl (oï) voir, 408.
Voiseusement, *adv. habilement*, 99.
Voisins, *adj. r. p. m.* 196; — voisine, *r. s. f.* 56.
Voisins, *n. pr. s. s.* 311; (Voysins, 311).
Voleir (voler), 415; — il vole, 94; — vola, 160.
Vostre, *pron. poss. s. s. m.* 38; —

vostre, *r. s. m.* 29; vo, 44; — vostre, *s. p. m.* 63; — voz, *r. p. m.* 38; (vo, 248; vous, 30); — vostre, *s. s. f.* 154; vo, 401; — vostre, *r. s. f.* 10; vo, 90; — voz, *r. p. f.* 111; — pour dou vostre, *r. s. n.* 34.

Voulenteiz, *s. s. f.* (volentez), 204; — voulentei, *r. s. f.* (volenté), 36.

Voulentiers, *adv.* (volentiers), 6; — *volontairement*, 359.

Vouloir (voloir), 202; — je vuel, 32; (weil, 71; wil, 21); — tu veus (weus), 462; — il veut, 321; (weut, 8; wet, 34); — voulons, 154; (volons, 392); — voulez, 34; (volez, 35); — veulent (weulent), 442; — tu vouloies (voloies), 462; — vouloit, 25; (voloit, 8; volloit, 10); — vouliez, 381; (voliez, 327); — vouloient (voloient), 156; — je vous, *prét.* 208; — il vout, 7; (vot, 53; vaut, 373); — vourent, 311; — je vourai (vourays), 209; — voura (vaura), 412; — vourez, 302; (vorrez, 47); — vouront, 154; — vouroit, 200; (vauroit, 103); — vouriez (vourriez), 154; — vueilliez, *subj.* 321; (vuylliez, 220); — vousist, *voulût*, 177; (vousit, 393; vausit, 286); — vousissent, 169; (vausissent, 456).

Vouloir, *r. s. m.* (voloir), 351.

Vous, *pron. pers. s. p. m.* 1, 14; — vous, *r. p. m.* 13, 14; (vos, 13); — vous, *s. p. f.* 301; — vous, *r. p. f.* 8.

Vraiement, *adv.* 257; (vraiment, 347).

Vrais, *adj. s. s. m.* 303; — vraies, *r. p. f.* 77.

W.

Wacreir, *demeurer;* — wacrerent. 446.

Wage, *r. s. m. gage*, 301.

Waingnons, *r. p. m. chiens* (wayngnons), 329.

Waraingles, *r. p.* 123.

Wardoit. *Voy.* Gardeir.

Wariz. *Voy.* Garir.

Watiaus, *r. p. m. gâteaux?* 228.

Wedes, *n. pr. s. s. Eudes*, 311.

Wide, *adj. s. s. f.* 367; — *r.* 345.

Widier, *vider*, 218; — widassent (wydassent), 395; — fu widiez, *s. s. m.* 333; fu widie, *s. s. f.* 395.

Willaumes. *Voy.* Guillaumes.

Witiers, *n. pr. s. s.* 311.

Y.

Yaue. *Voy.* Iaue.

Yex. *Voy.* Oeil.

Ymbert, *n. pr. r. s. m.* 353.

Ysabiaus, *n. pr. s. s. f.* 76; — Ysabel, *r.* 370.

Ysengrins. *Voy.* Isengrins.

Yvre, *adj. s. p. m.* 163.

TABLE ALPHABÉTIQUE

DES MATIÈRES.

Cette table renvoie aux numéros des paragraphes.

A.

Acre (Syrie), occupée par les chrétiens, 31, 36 à 38, 40. — Prise par Saladin, 45. — Assiégée et prise par Philippe Auguste, 1, 53 à 57. — Conservée par les chrétiens, 61, 63, 67 à 69, 140, 147, 152, 179, 196, 199, 211, 213, 395, 396.

Aeliz, 353. *Voy.* Alix.

Agénois (Duché de), 458. *Aginoys.*

Agnès de Beaujeu, seconde femme de Thibaut IV comte de Champagne, 353.

Agnès de France, fille de Louis le Jeune, comtesse de Ponthieu, 14, 17 à 22.

Aigues Mortes (Gard), 372, 430.

Aingleterre. *Voy.* Angleterre.

Aire (Pas-de-Calais), 74, 273, 274.

Aix-la-Chapelle (Allemagne), 214.

Alain de Rouci, 95, 98, 109 à 115, 253. *Rouci (Roussy).*

Ale, 13. *Voy.* Alix.

Alep ou *Alape* (Le soudan de), 149, 158, 391 à 394. *Voy. aussi* Saladin.

Alexandre IV, appelé par erreur Innocent IV, 242.

Alfonse IX, roi de Castille, père de Blanche, 308.

Alfonse de France, fils de Louis VIII, comte de Poitiers, 308, 367, 369, 371, 372, 389, 390, 394, 397, 401 à 404, 419, 459.

Alise (Vaus de).

Alix de Champagne, femme de Louis le Jeune, 13, 14. *Ale.*

Alix de Champagne, nom donné par erreur à Marguerite ou à Béatrix, filles de Thibaut IV, 353. *Aeliz.*

Alix reine de Chypre, fille de Henri II, comte de Champagne, 67.

Alix de Hollande, femme de Jean d'Avesne, 423, 425.

Allemagne, 50, 65, 148, 214, 288, 420, 426. *Alemaingne (Alemaigne, Alemeigne, Alemaygne, Alemaynne, Lemainne, Lemaingne).*

Allemagne (Empereur de), Frédéric II, Othon IV.

Allemagne (Roi de), Guillaume de Hollande, Richard d'Angleterre.

Allemands, nom donné aux Flamands, 452.

Amauri Ier, roi de Jérusalem, 28, 34, 166, 168. — Mentionné à tort comme roi de Chypre, 67.

TABLE ALPHABÉTIQUE DES MATIÈRES. 313

Amausorra. *Voy.* Mansourah.
Amiens (Somme), 76, 279.
Amosorre. *Voy.* Mansourah.
Ancone (Marche de). *Voy.* Vaus d'Alise.
André de Nanteuil, 151, 157, 167, 170.
Angeu. *Voy.* Anjou.
Angleterre, 12, 64, 83 à 86, 102 à 104, 106, 108, 109, 255, 288, 292, 294, 295, 299, 365, 460. *Engleterre (Aingleterre, Eingleterre, Angleterre).*
Angleterre (de), Édouard, Richard.
Angleterre (Barons de), 83 à 85, 87, 88, 103, 292 à 295, 303, 304.
Angleterre (Reine de), Éléonore d'Aquitaine, Éléonore de Provence.
Angleterre (Roi de), Henri II, Henri III, Jean, Richard Cœur de Lion.
Anglois, 59, 113, 123, 127, 128, 293. *Englois (Angloiz).*
Anguien. *Voy.* Enghien.
Anjou, province de France, 6. *(Angeu), Anjo.*
Anjou (Comte de), Charles de France.
Antioche (Syrie), 1.
Apologues. *Voy.* Chèvre, Mésange.
Apostrophes de l'auteur à ses auditeurs, 4, 11, 13, 17, 22, 27, 28, 50, 57, 66, 67, 69, 77, 116, 134, 135, 142, 144, 151, 152, 153, 165, 171, 184, 196, 214, 234, 235, 244, 246, 267, 278, 292, 308, 316, 317, 329, 330, 336, 343, 345, 354 à 357, 372, 378, 400, 404, 419, 425, 428, 430, 431, 433, 436, 440, 443, 456, 459, 466, 477.
Apôtres (Les douze), 280.
Aquitaine (de) Éléonore.
Archembaud de Bourbon, 353.
Arcis (de), Jean.
Arménie (de), Estéfanie.
Arménie (Roi de), Livon Ier.
Armes. *Voy. dans le Vocab.* Ars,
Aubalestre, Carriaus, Coutel, Cros, Cuirées, Escuz, Espée, Glaive, Hache, Haubers, Hiaumes, Lance, Martiaus, Pourpoinz, Saiete, Targe.
Arras (Pas-de-Calais), 74, 273, 274.
Arras (L'évêque de), 73.
Arthur, comte de Bretagne, 245.
Artois (Comté de), 74, 75.
Artois (Comte de), Robert de France.
Ascalon (Palestine), 7, 8, 40. *Escaloingne (Escaloigne, Escolonne).*
Ascalon (Le bailli de), 40.
Assise (Italie), patrie de saint François, 195. *(Asise).*
Aubemarle, nom d'une machine de guerre, 357.
Aubourc. *Voy.* Dagsbourg.
Autriche, 65, 78, 83, 84. *Osteriche (Outeriche).*
Autriche (Duc de), Léopold V.
Ausuere. *Voy.* Auxerre.
Auvergne (de), Guillaume.
Auxerre (Comte de), Pierre.
Avesnes (de), Baudouin, Bouchard, Jean.
Avignon (Vaucluse), 331, 333, 334, 340. *Avingnon (Avignon, Aynnon).*
Avignon (Les habitants de), 330, 331, 332, 334.

B.

Babylone d'Égypte, 45, 46, 148, 149, 150, 153, 157, 159, 160, 165, 173, 198, 207. *Babiloine (Babiloyne).*
Babylone d'Égypte (Soudan de), Malec el Camel (*Voy.* Saphadin), Touran Schah.
Bagdad (Turquie d'Asie), 149. *Baudas.*
Bainson. *Voy.* Binson.
Bapaume (Pas-de-Calais), 74, 273, 274.
Bari, ville de Pouille, 179. *Saint Nicholas au Bar.*

Barons. *Voy*. Angleterre, Empire, Espagne, Flandre, France, Navarre, Terre sainte.

Barons (Conseil supérieur des), 3 à 6, 11, 13, 14, 29 à 42, 53, 59, 71 à 73, 75, 83 à 85, 87, 88, 95, 103, 121, 122, 134, 139, 141, 147, 153 à 157, 167 à 170, 173, 178, 179, 186 à 189, 233, 268, 275, 282, 283, 292 à 295, 303, 304, 352.

Barres (des) Guillaume.

Barrois, surnom de Guillaume des Barres, 57, 58, 95, 100, 109, 114.

Baru, 29; Barul, 40. *Voy*. Beirout.

Batailles et combats, 24, 40 à 45, 57 à 59, 94 à 101, 109 à 113, 116, 118 à 128, 155, 156, 252, 253, 286 à 290, 341 à 346, 357, 362 à 365, 374, 375, 384, 385, 428, 429.

Baudas. *Voy*. Bagdad.

Baudouin d'Avesnes, fils de Bouchard et de Marguerite, comtesse de Flandre, 398 à 401, 434, 450, 451, 452.

Baudouin II, empereur de Constantinople, 243, 436 à 441.

Baudouin VIII, comte de Flandre, 72, à 76, 273.

Baudouin IX, comte de Flandre, puis empereur de Constantinople, 316, 317, 319, 321, 322, 325.

Baudouin, roi de Jérusalem, 2.

Bavière (de), Élisabeth.

Bavière (Duc de), Othon.

Bayonne (Basses-Pyrénées), 119, 120, 128.

Bazoche (de), Jacques.

Béatrix de Champagne, fille de Thibaut IV. *Voy*. Cécile de Champagne.

Béatrix, comtesse de Provence, femme de Charles de France, comte d'Anjou, 354, 369, 371, 372.

Beaujeu (de), Agnès, Imbert.

Beaumetz (de), Thomas.

Beaumont (de), Jean.

Beauvais (Oise), 22, 24, 93 à 96, 104, 191. *Biauvais (Byauvais, Byauvez, Biavais)*.

Beauvais (Les bourgeois de), 185, 186, 188.

Beauvais (Évêque de), Milon de Nanteuil, Philippe de Dreux.

Beauvaisis, 94. *Biauvoisin (Biavoisin)*.

Beirout (Syrie), 69, 141. *Baru*.

Beirout (Le seigneur de), 29, 40. *Baru (Barul)*.

Belin le mouton, personnage d'apologue, 405.

Bellême (Orne), 361.

Bérenger (Raimond).

Bérengère de Castille, sœur de Ferdinand III, femme de Jean de Brienne, 436.

Bergerac (Dordogne), 119, 125. *Brai Gerart (Brai Girart)*.

Beronne (de), Renaud.

Bertrand de Rais, faux comte de Flandre, 315 à 329.

Biamez, 466. *Voy*. Beaumetz.

Biaugeu, 353. *Voy*. Beaujeu.

Biaumont, 388. *Voy*. Beaumont.

Biauvoisin. *Voy*. Beauvaisis.

Biavais. *Voy*. Beauvais.

Biavoisin. *Voy*. Beauvaisis.

Binch en Hainaut (Belgique), 423, 433. *Bins*.

Binson (Marne), 342, 343. *Bainson*.

Blanche de Castille, fille d'Alfonse, femme de Louis VIII, roi de France, demande un subside à Philippe II pour son mari, 301, 302. — Ses enfants, 308. — Couronnée à Reims, 309, 310. — Elle prend conseil à la mort de Louis VIII, 336 à 339. — Elle résiste aux barons ligués contre son fils, 347 à 351. — Elle répond à une calomnie de l'évêque de Beauvais et le fait condamner, 184 à 190. — Elle plaide la cause du roi de Navarre, 356 à 358. — Elle est insultée par Pierre Mauclerc, 360, 361. — Ses adieux à son fils, 370, 371. —

DES MATIÈRES. 315

Elle empêche la vente du comté de Namur, 437 à 442. — Sa maladie et sa mort, 397, 424, 430. — Nommée dans le récit, 354, 401, 472.
Blanche de France, fille de Louis IX, 355.
Blanche de Navarre, comtesse de Champagne, 352.
Blanche de Navarre, fille de Thibaut IV, comte de Navarre, femme de Jean de Bretagne, 356.
Blanche Main (Guillaume).
Blois (Comte de), Thibaut V.
Blois (Fiefs de), 356, 357, 359.
Blondel, ménestrel de Richard Cœur de Lion, 77 à 83.
Boloingne, 21, 268. *Voy.* Boulogne.
Bordeaux (Gironde), 362, 365. *Bourdiaus (Bordiaus).*
Borgne (Le), Jacques.
Borgoingne, 328; Borgoyngne, 324. *Voy.* Bourgogne.
Bouchard d'Avesnes, premier mari de Marguerite, comtesse de Flandre, 398, 399.
Bouillon (de), Godefroi.
Boulogne (Comté de), 21. (*Boloingne*), *Bouloingne.*
Boulogne (Comte de), Philippe Hurepel, Renaud de Dammartin.
Bourbon (de), Archembaud, Marguerite.
Bourdiaus. *Voy.* Bordeaux.
Bourg (de), Jean le Clerc.
Bourgogne, province de France, 324, 328. (*Borgoingne, Borgoyngne*).
Bouvines (Nord), 280. *Bovines.*
Boves (de), Hugues.
Brabant (de), Henri, Mathilde.
Brabant (Duc de), Henri III.
Brai (de), Guillaume.
Brai Gerart ou Girart. *Voy.* Bergerac.
Braine, *Brainne. Voy.* Henri et Jean de Braine. *Voy. aussi* Jean de Brienne.
Brebant, 355. *Voy.* Brabant.

Bretagne, province de France, 245, 353. (*Bretaigne*), *Bretaingne.*
Bretagne (de), Jean.
Bretagne (Comte de), Arthur, Geoffroi II, Pierre Mauclerc.
Brie, dépendance de la Champagne, 347.
Brienne (de), Érard, Gautier, Jean.
Builon, 1; Buillon, 368. *Voy.* Bouillon.
Byauvais, Byauvez. *Voy.* Beauvais.

C.

Cahaire, 171. *Voy.* Caire.
Cahors (Comté de), 458. *Caourz.*
Cainoi (Haimmon).
Caire (Le), château près Babylone d'Égypte, 157, 171. *Caire (Cahaire).*
Calabre (Italie), 214.
Calais (Pas-de-Calais), 247.
Cantorbery (Angleterre), 247. (*Contorbie*).
Cantorbery (de), Thomas.
Caourz. *Voy.* Cahors.
Cardinaux, 184, 185, 216 à 223, 225, 231, 232, 234, 236, 242, 300. *Voy. aussi* Légats.
Castille (Espagne), 126. *Castele.*
Castille (de), Bérengère, Blanche.
Castille (Roi de), ou d'Espagne, Alfonse IX, Ferdinand III.
Cauchon Voisin, échevin de Reims, 311.
Cauchon. *Voy aussi* Cochon.
Cécile de Champagne (*Sezile*), nom donné par erreur à Marguerite ou à Béatrix, filles de Thibaut IV, 353.
Césarée (Palestine), 209 à 211, 396. (*Sesaire, Sesayre*).
Césarée (Le marquis de), 209 à 211.
Cezile. *Voy.* Sicile.
Chalus (Haute-Vienne). *Voy.* Loches.
Chamelle (Le soudan de la), 149, 158, 391 à 394. *Eschamele.*

Champagne, province de France, 13, 63, 67, 285, 346, 347. *(Champaigne)*.

Champagne (de), Alix, Béatrix, Cécile, Guillaume, Henri, Marguerite, Pierre.

Champagne (Comte de), Henri Ier, Henri II, Thibaut IV, Thibaut V.

Champagne (Comtesse de), Agnès de Beaujeu, Blanche de Navarre, Gertrude de Dagsbourg, Marguerite de Bourbon.

Champagne (Sénéchal de), Oudard de Reson.

Champenois, 450, 452. *(Champenoys)*.

Charles de France, fils de Louis VIII, comte d'Anjou, 314, 367, 369, 371, 372, 389, 390, 394, 397, 401 à 404, 419 à 427, 431, 432, 435.

Chartres (Eure-et-Loir), 274, 279.

Chartres (Le comte de), 95, 98, 295.

Chasenai (de), Erard.

Chastilon. *Voy.* Châtillon.

Château Gaillard, aux Andelys (Eure), 260 à 267. *Gaillart*.

Château Gaillard (Châtelain de), Roger de Lascy.

Châteaudun (Le vidame de), 95. *(Chasteldunc)*.

Châteauneuf (de), Guillaume.

Châteauroux (de), Eudes.

Châteauvillain (de), Simon.

Châtelet, à Paris, 359.

Châtillon (de), Gaucher.

Châtillon-sur-Marne (Marne), 333. *(Chastilon)*.

Chèvre (Apologue de la) et du loup, 405 à 419.

Chipre, 56. *Voy.* Chypre.

Chypre, île de la Méditerranée, 56, 57, 68, 372. *Chipre*.

Chypre (Reine de), Alix.

Citeaux (Une abbaye de l'ordre de), 410, 418. *Citiaus*.

Citeaux (Moines de), 70.

Clairvaux (Aube), abbaye, 135, 136, 335. *Clerevaus (Clervaus)*.

Clément III. *Voy.* Lucius III.

Clerc (le), Jean.

Clerevaus, 136; Clervaus, 135. *Voy.* Clairvaux.

Clovis, roi de France, 309. *Cloovis*.

Cochon de Montlaurent, échevin de Reims, 311. *Monlorent*.

Cochon. *Voy. aussi.* Cauchon.

Cœur de Lion (Richard).

Coigne. *Voy.* Iconium.

Colmieu (de), Pierre.

Combats. *Voy.* Batailles.

Conciles, 144 à 146, 236, 238, 239.

Condamnés (Promenades publiques des), 240, 328.

Congé pris au départ, 18, 75, 82, 140, 206. — Départ sans congé, 91, 268, 476. *Voy.* Salut.

Conrad, fils de Frédéric II, marié à Elisabeth de Bavière, 142, 232.

Conrad de Montferrat, bailli de Sur, 45, 48, 52. — Élu roi de Jérusalem, 69, 134.

Conradin, héritier du royaume de Jérusalem, 142, 233.

Conseils tenus avec ou par les barons. *Voy.* Barons.

Constantinople. 1, 243, 316, 321; 322, 436, 439, 440. *Coustantinoble (Coustentinoble)*.

Constantinople (Empereur et impératrice de), Baudouin IX, comte de Flandre, Baudouin II, Jean Ducas Vatace, Marie de Jérusalem.

Conte, nom donné par le Ménestrel à son œuvre, 144, 230, 287. *Voy. le vocab. au mot* Ditier.

Contorbie, 12. *Voy.* Cantorbery.

Convoitise, 2, 35, 45, 47, 209 à 211, 228, 230, 231, 274, 299, 300, 402, 403, 463, 464, 466, 478.

Coq (le), Voisin.

Coradin ou Malec el Moaddem, sultan de Damas, 149.

Corbeau Pichet, échevin de Reims, 311.

DES MATIÈRES.

Corson, 146. *Voy.* Robert de Courçon.
Cortenai, 336. *Voy.* Courtenai.
Cos (li). *Voy.* Coq.
Coucy (de), Enguerran III, Raoul.
Courçon (de), Robert.
Courtenai (Le seigneur de), 336. (*Cortenai*).
Courtenai (de), Philippe II, Pierre.
Court Mantel (au), Henri.
Cousi, 295, 367. *Voy.* Coucy.
Coustantinoble, 1; Coustentinoble, 243. *Voy.* Constantinople.
Coutre (le), Gérard.
Crach, château à l'Est de la Mer Morte, 166, 168. *Cras.*
Cras. *Voy.* Crach, Gras.
Croisades, 6, 51, 146, 367.
Crozant (Creuse), 365, 366. *La Crosane.*

D.

Dagsbourg (de), Gertrude.
Damas (Soudan de), 391 à 394. *Voy. aussi* Malec el Moaddem, Saladin.
Damery (Marne), 345. *Dammeri.*
Damiette (Égypte), assiégée par Jean de Brienne, 147, 148, 150, 152, 153, 157, 158, 160, 161, 163, 165 à 169. — Prise par les croisés, 171 à 174, 177. — Rendue aux Sarrasins, 178, 179. — Assiégée par Louis IX, 373, 374, 376. — Occupée par les croisés, 377 à 379, 387, 388, 393, 394. — Rendue de nouveau aux Sarrasins, 395. *Damiete.*
Dammartin (Seine-et-Marne), 269. *Dan Martin.*
Dammartin (de), Renaud, Simon.
Dampierre (de), Gui, Guillaume, Jean.
Dan Martin, 269. *Voy.* Dammartin.
Dandolo (Henri).

Danemarck, nommé au lieu de la Frise, 428. *Danemarche.*
Danois, nommés au lieu des Frisons, 428.
Danpierre, 398; Danpiere, 401. *Voy.* Gui de Dampierre.
David, roi de Jérusalem, 2.
Dialogues, 4, 5, 8, 30, 33 à 35, 41, 46 à 48, 61, 64, 71 à 74, 78, 82, 110, 111, 114, 121, 122, 141, 154, 171, 174, 175, 188, 189, 192 à 194, 201, 202, 217, 218, 223, 224, 226, 227, 230, 248, 250, 262, 265, 269 à 271, 277, 293, 294, 301, 302, 321 à 323, 325, 337, 350, 379 à 383, 387, 389, 401, 405 à 409, 412 à 414, 416, 418, 421, 434, 439, 440, 445 à 447, 454, 455, 462, 463, 474.
Dieppe (Seine-Infér.), 93, 109, 130. *Diepre.*
Discours directs, 8, 10, 11, 14, 20, 21, 25, 29, 31, 32, 36, 38 à 41, 44, 55, 63, 70, 75, 84, 89, 90, 91, 95, 100, 102, 103, 120, 125, 132, 160, 164 à 166, 168, 173, 185, 187, 198 à 213, 220, 221, 228, 231, 233, 240, 247, 249, 258, 259, 260, 263, 264, 275, 278, 280 à 283, 289, 304, 316, 327, 328, 349, 370, 371, 377, 385, 286, 392, 402, 403, 411, 417, 425, 427, 442, 444, 448, 464, 465, 469, 471, 472, 475, 478, 479. *Voy. aussi* Apostrophes, Dialogues.
Douai (Nord), 426, 427. (*Doay*).
Douvre (Angleterre), 128, 247, 296. (*Dovre*), *Douvre.*
Dreux (de), Philippe.
Dreux (Comte de), Jean Ier, Robert Ier de France, Robert III.
Ducas (Jean).

E.

Échevins. *Voy.* Reims.
Ecosse, 18. *Escoce.*
Ecosse (Le roi de), 102.
Ecriture sainte citée, 2, 170, 244, 280, 368, 433, 461.

Édouard d'Angleterre, fils de Henri III, 458, 460.
Égypte (Soudan de), Saladin.
Eingleterre. *Voy.* Angleterre.
Eléonore d'Aquitaine, femme de Louis le Jeune, puis de Henri II, roi d'Angleterre, 6 à 12. *Elienor.*
Éléonore de Provence, femme de Henri III, roi d'Angleterre, 354, 458, 460.
Élisabeth de Bavière, femme de Conrad, 142, 233.
Empire (Barons de l'), 233.
Enghien (Belgique), 423, 431, 432. *Anguien.*
Enghien (de), Sohier.
Engins de guerre, 53 à 56, 105, 106, 254, 257, 260, 331, 332, 357, 376, 423.
Engleterre. *Voy.* Angleterre.
Englois. *Voy.* Anglois.
Enguerran III de Coucy, *Couci, (Cousi)*, 281, 295, 336, 347.
Épernay (Marne), 345. *Esparnai (Esparnay).*
Érard de Brienne, seigneur de Rameru, 67.
Érard II, comte de Brienne, père de Jean. *Voy.* Gautier de Brienne.
Érard de Chasenai, 325, 326.
Érard de Valery, 450.
Ermenie, 143. *Voy.* Arménie.
Escaloigne, Escaloingne. *Voy.* Ascalon.
Eschamele. *Voy.* Chamelle (la).
Escoce. *Voy.* Ecosse.
Escolonne. *Voy.* Ascalon.
Espagne, 21, 308, 436. *Espaingne (Espaigne, Espaygne).*
Espagne (Barons de), 121, 122.
Espagne (Reine de), Jeanne, comtesse de Ponthieu.
Espagne (Le roi de), 119 à 128; appelé par erreur Ferrand, 121, 122, 125, 128.
Espagne. *Voy. aussi* Castille.
Espagnols, 124, 127.
Esparnai. *Voy.* Épernay.
Estéfanie d'Arménie, seconde femme de Jean de Brienne, 143.

Étampes (Seine-et-Oise), 274, 279. *Estempes.*
Étoffes. *Voy. dans le vocab.* Bonet, Cendal, Escarlate, Estanfort, Pourpre, Toile.
Eu (Comte de), Jean de Brienne Ier.
Eudes de Châteauroux, légat du pape, à la croisade de 1248, 368, 387, 388.
Eudes Rigaut, archevêque de Rouen, 461, 465.
Eudes de Verselai. *Voy.* Wede.

F.

Ferdinand III, roi de Castille ou d'Espagne, 436.
Ferrand. *Voy.* Espagne (le roi de).
Ferrand de Portugal, comte de Flandre, 273 à 276, 278, 279, 287, 289, 291.
Feu gréjois, 53, 54, 388.
Fismes (Marne), 342, 343.
Flamands, 284, 287, 290, 451, 452.
Flandre, 72, 275, 291, 315, 317, 319, 399, 400.
Flandre (Barons de), 72, 73, 75.
Flandre (Comte de), Baudouin VIII, Baudouin IX, Ferrand, Guillaume de Dampierre, Philippe.
Flandre (Comtesse de), Jeanne, Marguerite.
Flandre (Seigneurs de), 315 à 317, 327, 328.
Fontaines (de), Pierre.
Formules diverses de transition, 6, 13, 17, 22, 27, 28, 46, 50, 57, 66, 67, 69, 70, 77, 104, 116, 118, 134, 135, 144, 151, 153, 165, 171, 184, 196, 214, 230, 242, 244, 246, 292, 308, 309, 314, 329, 330, 336, 339, 343, 354, 356, 372, 398, 404, 420, 425, 428, 430, 431, 433, 435, 436, 456, 466, 477. — Formule *atant ez vous*, 102, 125, 221, 250, 286, 381, 386, 454, 461.
Fourrure de vair, 217.
Français, 105, 284, 287.

France, prise dans un sens général, 1 à 4, 10, 11, 50, 63, 64, 71, 91, 146, 148, 179, 184, 188, 236, 278, 305, 306, 309, 335, 339, 347, 367, 370, 398, 430, 437, 458. — Prise pour l'Ile de France, 16, 27, 76, 116, 291, 307, 310, 324, 366, 424, 427.
France (de), Agnès, Alfonse, Blanche, Isabelle, Jean, Louis, Marguerite, Philippe, Pierre, Robert.
France (Barons de), 1, 3 à 6, 11, 13, 14, 51, 53, 56, 59, 71, 72, 95, 147, 153 à 157, 167 à 170, 173, 178, 179, 186 à 189, 268, 275, 280 à 283, 367. — Conjurés contre Blanche de Castille, 336, 338 à 341, 343 à 351, 366.
France (Pairs de), 3 à 5, 247 à 249, 251, 357, 456, 457, 474 à 476.
France (Reine de), Alix de Champagne, Blanche de Castille, Eléonore d'Aquitaine, Isabelle de Hainaut, Marguerite de Provence.
France (Roi de), Clovis, Louis le Gros, Louis le Jeune, Louis VIII, Louis IX, Philippe II, Raoul le Justicier.
François d'Assise (Saint), 195.
Frédéric II, empereur d'Allemagne, 142, 214, 215, 223 à 228, 232 à 243.
Frise. *Voy.* Danemarck.
Frisons. *Voy.* Danois.
Fuinon (Jean).

G.

Gaillart. *Voy.* Château Gaillard.
Gaillon (Eure), 255. *(Gailon).*
Galles (Pays de), en Angleterre, 102. *Wales.*
Galles (Le roi de), 102.
Garin, évêque de Senlis, 269 à 272, 276 à 278, 323. *(Saint Liz).*

Gascogne, prov. de France, 119, 125. *Gascoingne (Gascoigne).*
Gaucher de Châtillon, comte de Saint-Paul, 268, 269, 281, 285 à 287, 305.
Gaucher de Châtillon, neveu de Hugues V, comte de Saint-Paul, 367, 393.
Gaucher de Nanteuil, 151.
Gautier de Brienne, nom donné par erreur à Erard II, père de Jean, 135, 136, 138.
Gautier le Roi, échevin de Reims, 311.
Geoffroi II, comte de Bretagne, père d'Arthur, 245.
Gérard le Coutre, échevin de Reims, 311.
Gerberoi, abbaye à quatre lieues de Beauvais, 22, 23, 86. *Gerberoi (Gerbroys).*
Gertrude de Dagsbourg, d'Aubourc, première femme de Thibaut IV, comte de Champagne, 353.
Gilbert, abbé de Saint-Remi de Reims, 466 à 469, 477 à 479.
Gisors (Eure), 93, 94, 96 à 98, 104, 106 à 108, 111, 112, 116, 129, 252. *Gisors (Gizon, Gizot).*
Gisors (Le châtelain anglais de), 106 à 108.
Glocester (Le comte de), 102. *Glocetre.*
Godefroi de Bouillon *(Builon)*, roi de Jérusalem, 1, 2, 368.
Gornai. *Voy.* Gournay.
Goulet (Le), près Saint-Pierre d'Autils (Eure), 291.
Gournay (Seine-Inf.), 255. *Gournai (Gornai).*
Gras (le), Witier.
Grecs, 243. *Grifons.*
Grégoire IX, 216, 219, 222 à 224, 226, 228, 230 à 232, 234 à 236.
Grifons. *Voy.* Grecs.
Gros (le) Louis.
Gueldres (Comtesse de), Philippette de Ponthieu.
Guenelon, traître fameux, 277.

Gui de Dampierre *(Danpiere),* *Danpierre,* fils de Marguerite, comtesse de Flandre, 398, 401.

Gui de Lusignan, roi de Jérusalem, 28 à 32, 34, 36 à 38, 40 à 50, 56, 69, 209. *Lezinnon (Lesinon).*

Gui II, comte de Saint-Paul, 331 à 334.

Guillaume III d'Auvergne, évêque de Paris, 369.

Guillaume des Barres, 57, 58, 95, 97, 100, 109, 114, 253.

Guillaume Blanche Main, archevêque de Reims, 13, 15, 72, 467.

Guillaume de Brai, archidiacre de Reims, 479.

Guillaume de Champagne, nommé à tort comme fils de Thibaut IV, 353.

Guillaume de Châteauneuf, grand maître de l'Hôpital, 386.

Guillaume de Dampierre, second mari de Marguerite, comtesse de Flandre, 398.

Guillaume de Dampierre, héritier de Marguerite, comtesse de Flandre, qualifié comte, 367, 398, 399, 401.

Guillaume de Hollande, roi d'Allemagne, 420, 425 à 430, 433, 435.

Guillaume III, comte de Joigny, 450, 452. *Joingni (Joini, Joygni).*

Guillaume de Joinville, archevêque de Reims, 307, 309, 311 à 313, 331, 335.

Guillaume Longue Epée, frère de Jean, roi d'Angleterre, 278, 287, 289.

Guillaume III, comte de Ponthieu, mari d'Agnès de France, 20 à 22, 287, 289.

Guillaume, comte de Sancerre, 95, 97, 98, 104, 281. *Sansuere.*

Guillaume de Sonnac, grand maître du Temple, 382, 383, 386.

Guillaume III, dit le Vieux, marquis de Montferrat, 29, 40. *Monferrat (Monferal, Monferral).*

H.

Haimmon Cainoi en Flandre, nom de lieu douteux, 318.

Hainaut (France et Belgique), 318, 321, 400, 402, 403, 423, 426, 433, 435. *Hainnaut.*

Hainaut (de), Isabelle.

Hainaut (Les pairs de), 399.

Halape. *Voy.* Alep.

Halot (Pierre).

Hannouier. *Voy.* Hennuyers.

Hedin, 273. *Voy.* Hesdin.

Hennuyers, *Hannouier,* 451.

Henri II, roi d'Angleterre, épouse Éléonore d'Aquitaine, 12. — Il séduit la fiancée de son fils, 17 à 19. — Attaqué par Philippe II, il se donne la mort, 22 à 27, 60, 86. — Nommé dans le récit, 13, 15, 119.

Henri III, roi d'Angleterre, marié à Éléonore de Provence, 354. — Ligué avec le comte de la Marche et vaincu, 362, 364 à 366. — Il fait la paix avec Louis IX, 456, 458 à 460.

Henri de Brabant, fiancé à Marguerite de France, 355.

Henri III, duc de Brabant *(Brebant),* 355.

Henri de Braine, archevêque de Reims, 184, 338, 346.

Henri de Champagne, fils de Thibaut IV, 353.

Henri Ier, comte de Champagne, 13, 14.

Henri II, comte de Champagne, 51, 55, 59 à 61, 63, 64, 67. — Devenu roi de Jérusalem et non de Chypre, 67 à 69.

Henri au Court Mantel, fils de Henri II, roi d'Angleterre, 12, 17 à 19.

Henri Dandolo, doge de Venise, 1.

Henri III, comte de Luxembourg,

448, 449, 451, 453 à 455. *Lucembourc.*
Héraclius, patriarche de Jérusalem, 29 à 34, 50.
Hérode, roi des Juifs, 244.
Hersant, femme d'Isengrin le loup, 406, 417.
Hervé, comte de Nevers, 305.
Hesdin, auj. Vieil Hesdin (Pas-de-Calais), 74, 273, 274. *Hesdin (Hedin).*
Hollande (de), Alix, Guillaume.
Honorius III, 179, 180, 184.
Hôpital (Grand maître de l'), Guillaume de Châteauneuf.
Hospitaliers de Saint-Jean de Jérusalem, 178, 379, 381, 390.
Hospitaliers de Saint-Jean de Jérusalem à Acre, 199 à 208, 213.
Hugues de Boves, 274, 277, 279, 288.
Hugues X, comte de la Marche, 362 à 367.
Hugues, comte de Rethel, 342, 344. *Retest.*
Hugues V, comte de Saint-Paul, 344, 367.
Hugues de Sarcu, archidiacre de Reims, 311, 313.
Hurepel (Philippe).

I.

Iconium (Le soudan de), ou *dou Coigne*, 149, 158.
Iherusalem. *Voy.* Jérusalem.
Ihesu. *Voy.* Jésus.
Imbert de Beaujeu, 353. *Biaugeu.*
Innocent III, pape, 144, 214, 299, 300.
Innocent IV ou Senebaud, 236 à 240, 242, 437, 438.
Innocent IV, nom donné par erreur à Alexandre IV, 242.
Innocents, massacrés par Hérode, 244.
Instruments de musique. *Voy. dans le vocab.* Arainne, Buisine, Cor, Estrument, Gresle, Viele.

Ionne. *Voy.* Yonne.
Irlande (Le roi de), 102.
Isabelle de France, fille de Louis VIII, 308.
Isabelle de France, fille de Louis IX, femme de Thibaut II, roi de Navarre, 355, 370.
Isabelle de Hainaut, sœur de Baudouin, comte de Flandre, première femme de Philippe II, 72 à 76, 273.
Isabelle, reine de Jérusalem et non de Chypre, 67, 134.
Isengrin le loup, personnage d'apologue, 405 à 417, 419.
Iu, 450. *Voy.* Jean de Brienne Ier.

J.

Jacques (Saint), 63, 110, 260, 272, 293, 301, 325.
Jacques de Bazoche, évêque de Soissons *(Soyssons)*, 338.
Jacques le Borgne, échevin de Reims, 311.
Jean, roi d'Angleterre, fils de Henri II, 12. — Le pire des rois, meurtrier de son neveu, 244, 245. — Subit la confiscation de la Normandie, 246 à 251, 456, 457. — Laisse ses défenseurs sans secours, 255 à 259, 262. — Entre dans la ligue contre Philippe II, 274, 278, 288, 290. — En guerre avec ses barons, 292, 297. — A recours au pape, 299, 300. — Se réconcilie avec ses barons, 303, 304.
Jean d'Arcis, 151, 157, 167, 170.
Jean d'Avesnes, fils de Bouchard et de Marguerite, comtesse de Flandre, 398 à 401, 419, 420, 423, 425, 426, 433, 434.
Jean de Beaumont, 388. *Biaumont.*
Jean de Braine, comte de Mâcon, 336. *Mascon.*
Jean de Bretagne, fils de Pierre Mauclerc, 353, 356.
Jean de Brienne, déshérité par

son père, 135 à 138. — Surnommé Jean sans Terre, 138, 140 à 142. — Devient roi de Jérusalem par son mariage, 69, 139 à 143. — Assiège Damiette, 147, 148, 151 à 154, 157, 162 à 164, 166, 167, 169. — S'empare de cette ville, 171, 172, 174, 175, 177. — La rend aux Sarrasins, 178, 179. — Beau-père de Frédéric II, 142, 233. — Beau-père de Baudouin et régent de Constantinople, 243, 436. — Épouse Estéfanie d'Arménie, 143. — Nommé dans le récit, 144, 170, 196, 197, 244. *Brainne*.

Jean de Brienne, fils de Jean de Brienne et d'Estéfanie d'Arménie, mort en bas âge, 143.

Jean de Brienne Ier, fils d'Alfonse de Brienne, comte d'Eu *(d'Iu)*, 450.

Jean de Brienne, fils de Jean de Brienne, roi de Jérusalem, et de Bérengère de Castille, appelé comte de Montfort à cause de son mariage avec Jeanne de Châteaudun, veuve de Jean, comte de Montfort, 450.

Jean le Clerc de Bourg, 311.

Jean de Dampierre, fils de Marguerite, comtesse de Flandre, 398.

Jean Ier, comte de Dreux, 367.

Jean Ducas Vatace, empereur grec de Constantinople, 316, 438. *Vatage*.

Jean de France, fils de Louis IX, 355. *Voy*. Pierre Tristan.

Jean Fuinon, 151, 157.

Jean, comte de Montfort, 367. *Voy. aussi* Jean de Brienne.

Jean sans Terre, surnom donné à Jean de Brienne, 138, 140 à 142.

Jeanne, comtesse de Flandre, 273, 315, 318, 319, 321, 326 à 328.

Jeanne, comtesse de Ponthieu, reine d'Espagne, 21.

Jeanne de Toulouse, femme d'Alfonse de France, comte de Poitiers, 369, 371, 372.

Jérusalem, 1, 2, 28, 29, 38, 69, 141, 142, 209, 232, 243. *Jherusalem*.

Jérusalem (de), Marie.

Jérusalem (Patriarche de), Héraclius.

Jérusalem (Reine de), Isabelle, Marie, Sibylle, Yolande.

Jérusalem (Roi de), Baudouin, Conrad de Montferrat, David, Godefroi de Bouillon, Gui de Lusignan, Henri II, comte de Champagne, Jean de Brienne.

Jésus-Christ, 280. *Jhesu Crist*.

Jeune (le), Louis.

Job (Saint), 461.

Joigny (Comte de), Guillaume III.

Joinville (de), Guillaume, Simon.

Jourdain, nom donné par erreur au Nil, 380, 381, 385 à 387.

Juifs (Roi des), Hérode.

Julien de Péronne, 471, 472.

Justicier (le), Raoul.

L.

Lageri (de), Pierre.

Laie. *Voy*. Laye.

Lance de saint Jacques. *Voy*. Serment.

Laon. *Voy*. Loon, Monloon.

Laon (Évêque de), Renaud de Surdelle.

Laon (Prévôt de), 470.

Lascy (de), Roger.

Laye (Saint-Germain en), 402. *Laie*.

Légat du pape, 50. *Voy. aussi* Eudes de Châteauroux, Milan, Pélage, Robert de Courçon, Romain.

Lemaingne, Lemainne. *Voy*. Allemagne.

Léopold V, duc d'Autriche, 65, 77, 78, 83, 84, 85, 87.

Lesinon, 28; Lezinon, Lezinnon, 363. *Voy*. Lusignan.

Lille en Flandre, 72, 291, 328, 329. *Lisle (Lile)*.

Limisso, ville de Chypre, 372. *Limeson.*
Limoges (France), 6.
Lincoln (Angleterre), 247, 298, 299. *Nicole (Nichole).*
Lion, 238; (Lions, 239). *Voy.* Lyon.
Lisle. *Voy.* Lille.
Livon Ier, roi d'Arménie, 143. *Ermenie.*
Loches, nom donné par erreur à Chalus (Haute-Vienne), 130.
Locutions proverbiales, 2, 10, 20, 92, 111, 118, 119, 129, 178, 184, 195, 219, 222, 240, 245, 276, à 278, 286, 288, 300, 305, 306, 325, 365, 371, 374, 380, 382, 383, 392, 397, 414 à 417, 419, 427 à 429, 445, 448, 455, 456, 464, 466, 474. *Voy.* Proverbes.
Locys, 3. *Voy.* Louis le Jeune.
Lombardie, 148, 191.
Lombards, convoiteux par nature, 228.
Londres, 18, 91, 133, 245, 295, 297, 298.
Longaut (Prieuré de), près Châtillon-sur-Marne, 333. *Longue laue desouz (Chastilon).*
Longue Épée (Guillaume).
Longue Iaue. *Voy.* Longaut.
Loon, nom donné à Laon, 247, 470. *Voy. aussi* Monloon.
Loueys, 3. *Voy.* Louis le Jeune.
Louis de France, fils de Louis IX, 355, 370, 460, 461, 465.
Louis le Gros, roi de France. *Voy.* Raoul le Justicier.
Louis le Jeune, choisi par les barons pour succéder à son père, 3 à 5. — Son mariage avec Éléonore et son divorce, 6 à 12. — Il épouse une autre femme, 13, 14. — Ses enfants, 14. — Il fait couronner son fils, 15. — Il meurt, 16. — Nommé dans le récit, 25. *Loueys (Locys, Loys).*
Louis VIII, roi de France, fils de Philippe II, 76. — Son expédition en Angleterre, 293 à 305. — Il succède à son père, 308. — Ses enfants, 308, 314. — Son couronnement, 309 à 312. — Son entrevue avec Bertrand de Rais, 319 à 324. — Il assiége Avignon et meurt, 330 à 335. — Nommé dans le récit, 278, 290, 340, 349.
Louis IX, roi de France, fils de Louis VIII, 308. — Son couronnement, 337, 338. — Il soutient le comte de Champagne contre les barons, 347 à 350. — Son mariage et ses enfants, 354, 355. — Sa guerre contre le roi de Navarre, 356 à 359. — Ses expéditions contre le comte de Bretagne et le comte de la Marche, 360 à 366. — Il part pour la croisade, 367 à 371. — Son séjour en Chypre, 372, 373. — Il aborde à Damiette et s'en empare, 374 à 378. — Il cède aux instances du comte d'Artois, 379, 380. — Il apprend la mort de son frère, 385, 386. — Il est attaqué et fait prisonnier, 387 à 393. — Sa délivrance et son séjour en Syrie, 394 à 397. — Il revient en France, 430. — Sa réponse aux bourgeois de Namur, 446, 447. — Il fait la paix avec le roi d'Angleterre, 456 à 459. — Sa douleur après la mort de son fils, 460, 461, 465. — Sa part dans le procès pour l'abbaye de Saint-Remi, 468 à 479. — Nommé dans le récit, 184, 188, 190, 238, 339, 382, 401, 427, 431, 432, 435.
Louis Ier, comte de Sancerre, 305.
Loup (Apologue du) et de la chèvre, 405 à 419.
Loupines (Le sire de), 151, 157.
Louviers (Eure), 255.
Louvre (Le), à Paris, 191. *(Lovre).*
Loys, 13. *Voy.* Louis le Jeune.
Lucius III, pape, désigné par

erreur au lieu de Clément III, 50. *Lucie.*
Lusignan (Vienne), 363. *Lezinnon (Lezinon).*
Lusignan (de) Gui.
Luxembourg (Comte de), Henri III.
Lyon (Rhône), 238, 239, 242, 437, 438. *Lion (Lions).*

M.

Machine de guerre. *Voy.* Aubemarle. Male Voisine. *Voy. aussi* Engins.
Mâcon (Comte de), Jean de Braine.
Magdeleine (Sainte), 306, 308. *Madeleinne (Mazeleine).*
Mahomet, 35, 47, 55, 159, 165, 211. *Mahom.*
Maiente. *Voy.* Mantes.
Maine, province de France, 6. *Mainne.*
Mainfroi, fils de Frédéric II, 243.
Male Voisine, nom d'une machine de guerre, 56.
Malec el Camel. *Voy.* Saphadin.
Malec el Moaddem. *Voy.* Coradin.
Mansourah (Égypte), 381, 384. *(Amosorre, Amausorra).*
Mantes (Seine-et-Oise), 254, 306. *Maiente.*
Marcelles. *Voy.* Marseille.
Marche (Comte de), Hugues X.
Marguerite de Bourbon, troisième femme de Thibaut IV, comte de Champagne, 353.
Marguerite de Champagne, fille de Thibaut IV. *Voy.* Cécile de Champagne.
Marguerite, comtesse de Flandre, femme de Bouchard d'Avesnes, puis de Guillaume de Dampierre, 398 à 404, 419 à 423, 425, 433 à 436, 450, 451.
Marguerite de France, fiancée à Henri, fils de Henri III, duc de Brabant, 355.
Marguerite de Provence, femme de Louis IX, 354, 355, 369, 378, 395, 460.
Marie, reine de Jérusalem, fille de Conrad de Montferrat, femme de Jean de Brienne, 69, 134, 139, 141 à 143, 232.
Marie de Jérusalem, fille de Jean de Brienne, femme de Baudouin II, impératrice de Constantinople, 243, 436, 437, 439 à 442, 444 à 447, 449, 450, 455.
Marie, comtesse de Ponthieu, femme de Simon de Dammartin, 21.
Marie de Ponthieu, comtesse de Rouci, 21.
Marloy. *Voy.* Mormail.
Marne, rivière, 344, 345.
Marseille (Bouches-du-Rhône), 66, 140, 372, 438. *Marseilles (Marseille, Marcelles).*
Martin (Saint), 458.
Mascon. *Voy.* Jean de Braine.
Mathilde de Brabant, femme de Robert de France, comte d'Artois, 369, 371, 372.
Maubuisson (Abbaye de), près Pontoise, 424.
Mauclerc (Pierre).
Mazeleine. *Voy.* Magdeleine.
Meaux (Seine-et-Marne), 357. *Miaus (Mias).*
Meleun. *Voy.* Monloon.
Merlin (Prophétie de), 335.
Mésange (Apologue de la), et du paysan, 461 à 465.
Mias, Miaus. *Voy.* Meaux.
Michel (Saint), 147. *Michiel.*
Milan (Italie), 216, 218, 220, 222, 223, 225, 227 à 229, 232. *Mielent (Mielen).*
Milan (Les bourgeois de), 215 à 232, 234.
Milan (Les comtes de), 219, 222, 226.
Milan (L'évêque de), 215 à 217, 219, 232.
Milan (Légat du pape à), 216 à 222, 232.
Milan (Le podestat de), 219, 222, 226.

Milon de Nanteuil, évêque de Beauvais, 151 à 154, 157, 170, 179 à 196. *Nantueil (Nantuiel).*
Mirambeau (Le sire de), 366. *Mirabel.*
Moine de Mongon (Le), 344.
Monbleart. *Voy.* Montbéliard.
Monferal, Monferral, Monferrat. *Voy.* Montferrat.
Monfort. *Voy.* Montfort.
Mongon (de), le Moine.
Monjoie, cri de guerre, 375.
Monloon, nom donné à la ville Laon, 17, n. 4, 268. *(Meleun, Montleun).*
Monlorent. *Voy.* Cochon de Montlaurent.
Monmusart. *Voy.* Montmusart.
Monpensier. *Voy.* Montpensier.
Monroial. *Voy.* Montréal.
Mons en Hainaut, 318, 423.
Mont Aimé, près Vertus (Marne), 342. 345, 346. *Monwimer.*
Mont Musart, rue d'Acre, 396. *Monmusart.*
Montbéliard (Le comte de), 295. *Monbleart.*
Montereau-Faut-Yonne (Seine-et-Marne), 357, 359. *Mousteruel.*
Montferrat (de) Conrad.
Montferrat (Marquis de), Guillaume le Vieux.
Montfort (Le comte de), 295. *Montfort. Voy. aussi* Jean de Brienne, Jean comte de Montfort.
Montlaurent (de), Cochon.
Montleun. *Voy.* Monloon.
Montpensier (Puy-de-Dôme), 335. *Monpensier.*
Montréal, château au sud de la Mer Morte, 166, 168. *Monroial.*
Monwimer. *Voy.* Mont Aimé.
Morel, cheval du grand maistre des Hospitaliers d'Acre, 203, 204, 205, 208.
Mormail (Forêt de), en Flandre, nom douteux, 315, 316. *(Marloy,* 315 c; *Vicoingne, Vicongne,* 315, d e f).

Mousteruel. *Voy.* Montereau.
Musique. *Voy.* Instruments.

N.

Nabuchodonosor, 170.
Namur (Belgique), 439, 440, 442, 448 à 451, 453 à 456.
Namur (Bailli de), 444, 445.
Namur (Bourgeois de), 442 à 449.
Namur (Châtelain de), 453 à 455.
Namur (Comte de), Baudouin II, empereur de Constantinople, Philippe II de Courtenai.
Namur (Comtesse de), Marie de Jérusalem, femme de Baudouin II.
Nanteuil (de), André, Gaucher, Milon.
Naples (Italie), 237.
Navarre (de), Blanche.
Navarre (Barons de), 352.
Navarre (Reine de), Isabelle de France.
Navarre (Roi de), Sanche VII, Thibaut IV, comte de Champagne, Thibaut V, comte de Champagne.
Nevers (Comte de), Hervé, Pierre de Courtenai.
Nicole. *Voy.* Lincoln.
Nil, fleuve d'Égypte, 150, 161, 174, 176, 177. *Voy. aussi* Jourdain.
Niort (Deux-Sèvres), 107, 116, 129. *Nior.*
Noble le lion, personnage d'apologue, 405.
Nocera (Italie), 241. *Nochieres.*
Normandie, province de France, 27, 93, 108, 109, 246, 253, 255, 260, 267, 279, 291, 456, 457, 458. *Normandie (Normendie).*
Notre-Dame de Paris, 369.

O.

Olivier de Termes, 367.
Orléans (Loiret), 89, 91, 274, 279. *Orliens.*

Orléans (L'évêque de), 90.
Osteriche. *Voy.* Autriche.
Otages, 106, 178, 231, 234, 292, 294, 295, 305.
Othon IV, empereur d'Allemagne, 214, 274, 277 à 279, 288, 289.
Othon, duc de Bavière, père d'Elisabeth, 142, 233. *Baiviere.*
Oudard de Reson, indiqué par erreur comme sénéchal de Champagne, 285.
Outeriche. *Voy.* Autriche.

P.

Pacy (Eure), 254. *Paci (Pasci).*
Pairs. *Voy.* France, Hainaut.
Pampelune (Navarre), 352.
Paris, 75, 76, 248, 279, 291, 310, 358, 369, 458. *Voy. aussi* Châtelet, Louvre, Notre-Dame.
Paris (Evêque de), Guillaume III d'Auvergne.
Pasci. *Voy.* Pacy.
Paul (Saint), 224, 234. *Saint Pol.*
Paysan (Apologue du) et de la mésange, 461 à 465.
Pélage, légat en Terre Sainte, 153, 157, 166, 167, 169, 170, 172, 174, 175, 177, 178.
Perche (Comte du), Thomas.
Périgord (Comté de), 458. *Pieregort.*
Péronne (Somme), 74, 273, 274, 319. *Peronne (Perronne, Perone).*
Péronne (de), Julien.
Philippe II de Courtenai, comte de Namur, 334.
Philippe de Dreux, évêque de Beauvais, 247 à 249.
Philippe, comte de Flandre, 51, 55, 60 à 64, 72.
Philippe de France, fils aîné de Louis VIII, 308.
Philippe de France, fils de Louis IX, 355, 370.
Philippe II, roi de France, succède à son père Louis VII, 14 à 16. — Il accorde sa sœur Agnès au fils de Henri II, puis au comte de Ponthieu, 17 à 21. — Il attaque Henri II à Gerberoi, 22 à 25. — Il se croise et s'empare d'Acre, 51 à 56. — Menacé par Richard il retourne en France, 57 à 63. — Sa traversée, 70, 71. — Son mariage, 72 à 76. — Il est défié par Richard, 86 à 92. — Il réunit ses hommes à Beauvais, 94 à 97. — Il s'empare de Gisors, 104 à 108. — Il est surpris près de Gisors, 109 à 114. — Il tombe malade et se tient sur la défensive, 116 à 118, 121, 125, 129, 130. — Il réclame l'hommage de Jean sans Terre et le fait condamner, 246 à 251. — Ses conquêtes en Normandie, 252 à 259. — Prise du Château-Gaillard, 260 à 267. — Il essaie de pacifier la querelle du comte de Boulogne et du comte de Saint-Paul, 268 à 272. — Ennemis ligués contre lui, 273 à 279. — Il gagne la bataille de Bouvines, 280 à 291. — Il refuse le royaume d'Angleterre, 292, 293. — Il accorde un subside à son fils, 301, 302. — Sa mort, 306 à 308. — Nommé dans le récit, 1, 312, 456, 457, 467.
Philippe Hurepel, comte de Boulogne, 336, 339, 340, 347 à 351, 357. *Bouloingne.*
Philippette de Ponthieu, comtesse de Gueldres, 21. *Guelles.*
Philippine, fille de Henri II, comte de Champagne, femme d'Erard de Brienne, seigneur de Rameru, 67.
Pichet (Corbeau).
Pieregort. *Voy.* Périgord.
Pierre (Saint), 189, 217, 224, 234.
Pierre, comte d'Auxerre, 436. *Ausuere.*
Pierre de Champagne, fils de Thibaut IV, 353.

Pierre de Colmieu, archevêque de Rouen, 236. *Colemede.*
Pierre de Courtenai, comte de Nevers, 95, 98.
Pierre de Fontaines, 447, 475. *Fontainnes.*
Pierre de France, fils de Louis IX, 355.
Pierre Halot, 475.
Pierre de Lageri, doyen de Reims, 311, 313.
Pierre Mauclerc, comte de Bretagne, 353, 356, 360, 361, 367.
Pierre Tristan, nom attribué par erreur à Jean de France, dit Tristan, fils de Louis IX, 378.
Pierre, comte de Vendôme, 367.
Pierre de la Vigne, 238 à 240. *Vigne (Vine).*
Pigeons messagers, 159, 160.
Pingin (Le comte de), nom altéré, 151.
Plaisance (Italie), 228. *Plaisence.*
Poe Dieu, surnom de Louis le Jeune, 16.
Poitiers (Vienne), 363.
Poitiers (Comte de), Alfonse de France.
Poitou, province de France, 6, 27, 278, 314, 362. *Poiteu (Poytau).*
Pol. *Voy.* Paul.
Pons (Charente-Inf.), 364, 366. *Ponz.*
Pons (de), Renaut.
Pont de l'Arche (Eure), 255.
Ponthieu, province de France, 19, 20. *Pontiu (Pontif).*
Ponthieu (de), Marie, Philippette.
Ponthieu (Comte de), Guillaume III, Simon de Dammartin.
Ponthieu (Comtesse de), Agnès de France, Jeanne, Marie.
Pontoise (Seine-et-Oise), 249, 441.
Ponz. *Voy.* Pons.
Portugal, 273. *Voy.* Sanche Ier.
Portugal (de), Ferrand.
Portugal (Roi de), Sanche Ier.
Pouille (Italie), 214, 232. *(Puille).*
Poytau. *Voy.* Poitou.
Promenades publiques des condamnés, 240, 328.
Provence (Comté de), 354.
Provence (de), Eléonore, Marguerite, Sancie.
Provence (Comte et comtesse de), Béatrix, Charles de France, Raimond Bérenger.
Proverbes, 26, 109, 119, 121, 178, 279, 303, 329, 347, 350, 362, 417, 429, 431, 459, 466. *Voy.* Locutions proverbiales.
Provins (Seine-et-Marne), 342, 346.
Puille. *Voy.* Pouille.

R.

Raimond Bérenger, comte de Provence, 354.
Raimond II, comte de Tripoli, 29, 34, 35, 39 à 41, 44.
Rains. *Voy.* Reims.
Rais en Bourgogne, 324, 328.
Rais (de), Bertrand.
Rameru (Seigneur de), Érard de Brienne.
Raoul de Coucy, 367. *(Cousi).*
Raoul le Justicier, nom donné par erreur à Louis le Gros, roi de France, 2, 3, 16.
Raoul de Soissons, 367 *(Soisons).*
Reims (Marne), 6, 13, 15, 309, 312, 313, 337, 338, 345, 346, 470, 476, 477. *Rains (Reins).*
Reims (Archevêque de), Guillaume Blanchemain, Guillaume de Joinville, Henri de Braine, Thomas de Beaumetz.
Reims (Archidiacre de), Guillaume de Brai, Hugues de Sarcu.
Reims (Bourgeois de), 312, 313, 338.
Reims (Le chantre de), 311, 313.
Reims (Doyen de), Pierre de Lageri.
Reims (Échevins de), 13, 311 à 313.
Reims (Saint Remi de).
Remi (Saint), 5, 309.

Renart, compère d'Isengrin le loup, 413, 414, 416.
Renaud de Beronne, 312, 313.
Renaud de Dammartin, comte de Boulogne, 21, 268 à 279, 285 à 287, 289, 291. *(Boloingne)*.
Renaud de Pons, 366.
Renaud, seigneur de Sayette ou Sidon, 29, 40.
Renaud de Surdelle, évêque de Laon, 247 à 249.
Réole (La), dép. de la Gironde, 119, 120, 125. *La Riole*.
Reson (de), Oudard.
Rethel (Comte de), Hugues.
Reuil (Marne), 344. *Rueil*.
Rhône, fleuve, 238. *Rosne*.
Richard d'Angleterre, roi d'Allemagne, 354.
Richard Cœur de Lion, roi d'Angleterre, fils et successeur de Henri II, 12, 27. — Son rôle au siège d'Acre, 53 à 56. — Sa haine contre Guillaume des Barres, 57 à 59, 100, 101, 114. — Il trame la mort de Philippe II, 57, 60, 63, 64. — Il est fait prisonnier, puis délivré par Blondel, 65, 77 à 85. — Il déclare la guerre à Philippe II, 86 à 100. — Rappelé en Angleterre il perd Gisors, 102, 103, 106 à 108. — Sa victoire près de Gisors, 109 à 115. — Il ravage les terres de Philippe II, 116 à 118. — Il attaque le roi d'Espagne, 119 à 128. — Il assiége le château de Loches (Chalus) et meurt, 129 à 133. — Nommé dans le récit, 28, 51, 66, 104, 134, 244, 246.
Rigaut (Eudes).
Riole (La). *Voy.* Réole.
Ripemonde. *Voy.* Rupelmonde.
Robert de Courçon, légat en France, 146. *(Corson)*.
Robert III, comte de Dreux, 336. *Dreues*.
Robert Ier de France, frère de Louis le Jeune, comte de Dreux, 3 à 5. *Dreues*.
Robert de France, fils de Louis VIII, comte d'Artois, 308, 358, 359, 365, 367, 369, 371, 372, 378 à 386, 394.
Robert de France, fils de Louis IX, 355.
Robertois, descendants de Robert de France, frère de Louis le Jeune, 5.
Roche (La), à Marseille, éminence qui dominait le vieux port, 438.
Roche aux Moines en Poitou (La), 278, 290.
Rochelle en Poitou (La), 314.
Roenel le chien, personnage d'apologue, 410 à 415, 418, 419.
Roger de Lascy, châtelain de Château-Gaillard, 261 à 267.
Roger de Rozoy, 367.
Roi (le), Gautier.
Romain, légat en France, 184, 185.
Rome, 50, 144, 145, 179, 214, 230, 234 à 236, 242, 299, 479.
Rome (Cour de), 478, 479.
Rosne. *Voy.* Rhône.
Rouci (de), Alain.
Rouci (Comtesse de), Marie de Ponthieu.
Rouen en Normandie, 27, 93, 115, 116, 130, 133, 255, 256, 259. *Rouen (Ruen)*.
Rouen (Archevêque de), Eudes Rigaut, Pierre de Colmieu.
Rozoy (de), Roger.
Rueil. *Voy.* Reuil.
Rueil (Val de). *Voy.* Vaudreuil.
Ruen. *Voy.* Rouen.
Rupelmonde (Belgique), 400, 401, 403, 420. *Ripemonde*.

S.

Sacre d'un évêque (Cérémonie du), 180 à 183.
Saiete. *Voy.* Sayette.
Sainne. *Voy.* Seine.
Sainte-Croix d'Acre (Église de), 31, 64, 141, 143.

DES MATIÈRES. 329

Saint-Denis en France, abbaye, 16, 307, 335, 369.
Saint-Germain-en-Laye (Seine-et-Oise), 402.
Saint-Jean de Jérusalem (Hospitaliers de).
Saint-Jean, abbaye, à Valenciennes, 324.
Saint-Liz. *Voy.* Garin.
Saint-Nicolas, cimetière d'Acre, 64, 213.
Saint-Nicolas au Bar. *Voy.* Bari.
Saint-Omer (Pas-de-Calais), 74, 273, 274.
Saint-Paul (Comte de), Gaucher de Châtillon, Gui II, Hugues V.
Saint-Quentin (Aisne), 184. *Saint Quantin.*
Saint-Remi de Reims, abbaye, 466 à 474, 477.
Saint-Remi de Reims (Abbé de), Gilbert.
Saint-Sépulcre, 44.
Sainte-Sophie à Constantinople, 436. *Sainte Soufie.*
Saintes (Charente-Inf.), 364 à 366.
Saladin, soudan de Damas, d'Alep et d'Egypte, traite en secret avec les rivaux de Gui de Lusignan, 33 à 36. — Il prépare la guerre, 37, 38. — Il remporte une grande victoire et s'empare du royaume de Jérusalem, 40 à 45. — Sa générosité envers Gui de Lusignan, 46, 47, 49. — Ses aventures racontées par un prisonnier, 196 à 213. — Passion supposée qu'il inspire à la reine Éléonore, 7, 8, 10. — Nommé dans le récit, 1, 30. *Solehadin.*
Saladin, soudan de Damas (La mère de), 213.
Salenique. *Voy.* Thessalonique.
Salut donné à l'arrivée, 17, 73, 102, 191, 412. — Salut omis, 89, 91. *Voy.* Congé.
Sancerre (Comte de), Guillaume, Louis Ier.

Sanche VII, roi de Navarre, 352.
Sanche Ier, roi de Portugal, père de Ferrand, comte de Flandre, 273. *Portigal.*
Sancie de Provence, femme de Richard d'Angleterre, roi d'Allemagne, 354.
Sang bu en signe d'alliance, 35, 36.
Sansuere. *Voy.* Sancerre.
Saphadin, nom donné par erreur à Malec-el-Camel, soudan de Babylone, fils de Saphadin, 148, 149, 153, 155, 158, 160, 163, 165, 166, 170, 177, 178.
Sarcu (de), Hugues.
Sarrasins, victorieux à Tibériade, 43 à 45. — Assiégés dans Acre, 53, 55, 56. — Assiégés dans Damiette par Jean de Brienne, 147, 153, 155 à 157, 172 à 174. — Assiégés dans la même ville par Louis IX, 375, 376, 382, 384, 385, 387, 388, 390, 393. — Rentrent à Damiette, 178, 395. — Nommés dans le récit, 1, 6, 30, 141, 146, 196, 210, 241. — Appelés aussi Turcs, 43, 379. *Sarrezin.*
Sayette, ancienne Sidon (Syrie), 396. *Saiete.*
Sayette (Seigneur de), Renaud.
Sayne, Saynne. *Voy.* Seine.
Seine, fl. 115, 257, 260. *Sainne (Sayne, Saynne, Seinne).*
Senebaud ou Innocent IV, 236.
Senlis (Evêque de), Garin.
Serment sur le corps de Jésus Christ, 32; sur reliques, 224, 439; par saint Jacques, 325; par la lance de saint Jacques, 21, 63, 110, 260, 272, 293, 301; par saint Pierre, 189, 217, 224; par saint Pierre et saint Paul, 224, 234; par saint Thomas, 114. — Serments divers (par foi, 8, etc.; en nom Dieu, 10, etc.; en nom de moi, 380, 463; par l'âme de, 119). — Serments des Sarrasins (par Mahomet,

22

35, 47, 55, 159, 165, 211). — Serments faits par des animaux, 406, 407, 409, 411, 414, 463. *Voy. dans le Vocab.* Cuer beu, Laingue beu.

Sesaire, 209; Sesayre, 396. *Voy.* Césarée.

Sezanne (Marne), 345. *Sesanne.*

Sezile, 353. *Voy.* Cécile.

Sibylle, reine de Jérusalem, fille et non sœur d'Amauri Ier, 28 à 34, 45, 48 à 50, 56, 69.

Sicile (Royaume de), 214. (*Cezile*).

Sidon. *Voy.* Sayette.

Siéges, 51 à 56, 104 à 108, 116, 117, 119, 130, 131, 147 à 150, 157 à 172, 176, 210, 211, 225 à 232, 254, 257 à 267, 296 à 299, 305, 331 à 334, 361, 376, 377, 400 à 403, 420 à 423, 431, 432, 449 à 455.

Simon Ier, seigneur de Château-Villain, 137, 139. *Chastiau Vilain (Chastial Vilain).*

Simon de Dammartin, époux de Marie, comtesse de Ponthieu, 21.

Simon de Joinville, 139. *Joinvile.*

Simon de Trelou, 342.

Sohier d'Enghien, 423, 431, 432.

Soissons (de), Raoul.

Soissons (Evêque de), Jacques de Bazoche.

Solehadin. *Voy.* Saladin.

Sonnac (de), Guillaume.

Soudans. *Voy.* Alep, Babylone, Chamelle (La), Damas, Egypte, Iconium.

Spoleto (Duché de). *Voy.* Vaus d'Alise.

Sur, ancienne Tyr (Syrie), 6, 7, 45, 47 à 52, 69.

Sur (Bailli de), Conrad de Montferrat.

Surdelle (de), Renaud.

Surie. *Voy.* Syrie.

Syrie, 1, 6, 38, 42, 69, 139, 196, 396, 430. *Surie.*

T.

Taburel le chien, personnage d'apologue, 410 à 415, 418, 419.

Taillebourg (Le sire de), 366.

Tanis (Egypte) indiquée par erreur au lieu du Caire, 173, 175, 176. *Tenis.*

Tempêtes, 66, 70.

Temple (Grand-maître du), Guillaume de Sonnac.

Temple (Maison du), à Reims, 312.

Templiers, 178, 379, 381, 383, 390.

Tenis. *Voy.* Tanis.

Termes (de), Olivier.

Terre sainte, 6, 144, 146, 306.

Terre sainte (Barons de), 29 à 42, 44, 45, 47, 69, 134, 139, 141.

Thessalonique (Macédoine), 321. *Salenique.*

Thibaut V, comte de Blois, 51, 60, 61, 63, 64, 66.

Thibaut IV, comte de Champagne, ou Thibaut Ier, roi de Navarre, 305, 340 à 343, 345, 347, 349, 352 à 354, 356 à 359.

Thibaut V, comte de Champagne, ou Thibaut II, roi de Navarre, 353, 355.

Thomas de Beaumetz, archevêque de Reims, 431, 466 à 479. (*Tomas de Biamez*).

Thomas (Saint) de Cantorbery, 12, 114, 247. (*Thumas*).

Thomas, comte du Perche, 295, 298.

Torainne. *Voy.* Touraine.

Torins, Torines. *Voy.* Turin.

Tornai, Tornay. *Voy.* Tournai.

Toscane, 148.

Toulouse (Haute-Garonne), 305. *Toulose.*

Toulouse (de), Jeanne.

Touraine, province de France, 6. (*Torainne*).

Touran Schah, soudan de Babylone, 389 à 392.

Tournai (Belgique), 275, 276, 279, 280, 290. *(Tornai, Tornay).*
Tournai (L'évêque de), 280.
Transition. *Voy.* Formules.
Trelou (de), Simon.
Trèves (L'archevêque de), nommé par erreur au lieu de l'archevêque de Mayence, 214. *Trieves.*
Tripoli (Syrie), 29. *Tripe.*
Tripoli (Comte de), Raimond II.
Tristan (Pierre).
Turcs ou Sarrasins, 43, 379. *Voy.* Sarrasins.
Turin (Piémont), 191, 192, 194. *Torins (Torines).*
Turin (L'évêque de), 192 à 195.
Tyr. *Voy.* Sur.

V.

Vair, fourrure, 317.
Val de Rueil. *Voy.* Vaudreuil.
Valenciennes (Nord), 317, 324, 420 à 422, 426. (*Valancienes, Valencienes*).
Valery (de), Erard.
Vatace ou *Vatage* (Jean Ducas).
Vaudreuil (Eure), 255. *Val de Rueil.*
Vaus d'Alise, nom donné au duché de Spoleto et à la Marche d'Ancône, 184.
Vendôme (Le comte de), 95, 98. *Voy. aussi* Pierre.
Venise (Doge de), Henri Dandolo.
Vernon (Eure), 115, 255, 257 à 259.
Verselai (de), Wede.
Vêtements ecclésiastiques, 145, 180 à 183.—Vêtements divers. *Voy. dans le Vocab.* Chape, Chapel, Chemise, Cote, Escharpe, Esclavine, Mantel, Robe.
Vicoingne, Vicongne. *Voy.* Mormail.
Vieil Hesdin. *Voy.* Hesdin.
Vieux (Le), Guillaume.
Vigne ou Vine (de la), Pierre.
Voisin (Cauchon).
Voisin le Coq, échevin de Reims, 311. *Voisins li Cos.*
Vreselai. *Voy.* Verselai.

W.

Wales. *Voy.* Galles.
Wede ou Eudes de Verselai, échevin de Reims, 311. *Vreselai.*
Witier le Gras, échevin de Reims, 311. *Witiers li Gras.*

Y.

Yolande, reine de Jérusalem, femme de Frédéric II, 142.
Yonne, riv. emb. Seine, 357. *Ionne.*
Ysabel. *Voy.* Isabelle.

TABLE GÉNÉRALE

DES CHAPITRES.

	PAGES
Préface	j
Notice sur la présente édition	xvij
Sommaire critique	xlj
Table particulière du sommaire critique	lxix
Récits d'un Ménestrel de Reims au treizième siècle	1
Vocabulaire	251
Table alphabétique des matières	312
Table générale des chapitres	332

ERRATUM.

§ 333. *Après* Longue Iaue, *ajoutez :* desouz Chastillon.

Imprimerie GOUVERNEUR, G. DAUPELEY à Nogent-le-Rotrou.

Ouvrages publiés par la Société de l'Histoire de France depuis sa fondation en 1834.

Ouvrages in-octavo à 9 francs le volume.

L'Ystoire de li Normant. 1 vol. *Épuisé.*
Grégoire de Tours. Histoire ecclésiastique des Francs. Texte et traduction. 4 vol. *Épuisés.*
— Même ouvrage. Texte latin. 2 v.
— Même ouvrage. Traduction. 2 vol. *Épuisés.*
Lettres de Mazarin à la reine, etc. 1 vol. *Épuisé.*
Mémoires de Pierre de Fénin. 1 v.
Villehardouin. 1 vol. *Épuisé.*
Ordéric Vital. 5 vol.
Correspondance de l'Empereur Maximilien et de Marguerite, sa fille. 2 vol.
Histoire des Ducs de Normandie. 1 vol. *Épuisé.*
Œuvres d'Eginhard. Texte et traduction. 2 vol. T. Ier *épuisé.*
Mémoires de Philippe de Commynes. 3 vol. Tome Ier *épuisé.*
Lettres de Marguerite d'Angoulême, sœur de François Ier. 2 v.
Procès de Jeanne d'Arc. 5 vol.
Beaumanoir. Coutumes de Beauvoisis. 2 vol.
Mémoires et Lettres de Marguerite de Valois. 1 vol.
Chronique latine de Guillaume de Nangis. 2 v.
Mémoires de Coligny-Saligny. 1 v. *Épuisé.*
Richer. Histoire des Francs. Texte et traduction. 2 vol.
Registres de l'Hôtel de Ville de Paris pendant la Fronde. 3 v.
Le Nain de Tillemont. Vie de saint Louis. 6 vol.
Barbier. Journal du règne de Louis XV. 4 vol. T. I et II *épuisés.*
Bibliographie des Mazarinades. 3 vol.
Comptes de l'argenterie des rois de France au XIVe s. 1 v. *Épuisé.*
Mémoires de Daniel de Cosnac. 2 vol. *Épuisés.*
Choix de Mazarinades. 2 vol.
Journal d'un Bourgeois de Paris sous François Ier. 1 vol. *Épuisé.*
Mémoires de Mathieu Molé. 4 vol.
Histoire de Charles VII et de Louis XI, par Thomas Basin. 4 vol. Tomes I et II *épuisés.*
Chroniques des comtes d'Anjou. 1 vol. *Épuisé.*
Grégoire de Tours. Œuvres diverses. Texte et traduction. 4 vol. Tomes I et II *épuisés.*

Chroniques de Monstrelet. 6 vol. Tomes I et III *épuisés.*
Chroniques de J. de Wavrin. 3 v.
Miracles de Saint-Benoît. 1 vol.
Journal et Mémoires du marquis d'Argenson. 9 v. T. I et II *épuisés.*
Chronique des Valois. 1 vol.
Mémoires de Beauvais-Nangis. 1 v.
Chronique de Mathieu d'Escouchy. 3 vol.
Choix de pièces inédites relatives au règne de Charles VI. 2 vol.
Commentaires et Lettres de Blaise de Monluc. 5 vol. T. I ^{er} *épuisé.*
Œuvres de Brantôme. T. I-IX. Tomes I et II *épuisés.*
Comptes de l'hôtel des Rois de France aux XIVe et XVe s. 1 v.
Rouleaux des morts. 1 vol.
Œuvres de Suger. 1 vol.
Mémoires et Correspondance de Mme du Plessis-Mornay. 2 vol.
Joinville. Histoire de saint Louis. 1 vol.
Chroniques des églises d'Anjou. 1 vol.
Introduction aux Chroniques des Comtes d'Anjou. 1 v.
Chroniques de J. Froissart, T. I, 1e et 2e parties, et t. II à V.
Chroniques d'Ernoul et de Bernard le Trésorier. 1 v.
Annales de S. Bertin et de S. Vaast d'Arras. 1 vol.
Mémoires de Bassompierre. T. I à III.
Histoire de Béarn et Navarre. 1 v.
Chroniques de Saint-Martial de Limoges. 1 vol.
Nouveau recueil de comptes de l'argenterie des rois de France au XIVe siècle. 1 vol.
Chanson de la Croisade contre les Albigeois. Tome Ier.
Chronique du duc Louis II de Bourbon.
Chronique de Le Fèvre de Saint-Rémy. T. Ier.
Récits d'un Ménestrel de Reims au treizième siècle. 1 vol.

SOUS PRESSE :

Chanson de la Croisade contre les Albigeois. T. II.
Mémoires de Bassompierre. T. IV.
Chroniques de J. Froissart. T. VI.
Œuvres de Brantôme. Tome X.

BULLETINS ET ANNUAIRES.

Bulletin de la société, années 1834 et 1835. 4 vol. in-8°. — 18 fr.
Bulletin de la société, années 1836-1856. *Épuisé.*
Table du Bulletin, 1834-1856. In-8°. 3 fr.
Bulletin de la société, années 1857-1862. In-8°.—Chaque année, 3 fr.
Annuaires de la société, 1837-1863. In-18.— Chaque volume, de 1837 à 1844, 2 fr.; de 1848 à 1863, 3 fr. *Les années 1845, 1846, 1847, 1853, 1859, 1861 et 1862, épuisées.*
Annuaire-Bulletin, années 1863 à 1875. — Chaque année, 9 fr.
Annuaire-Bulletin, années 1869 à 1875. — Chaque année, 5 fr.

Imprimerie Gouverneur, G. Daupeley à Nogent-le-Rotrou.